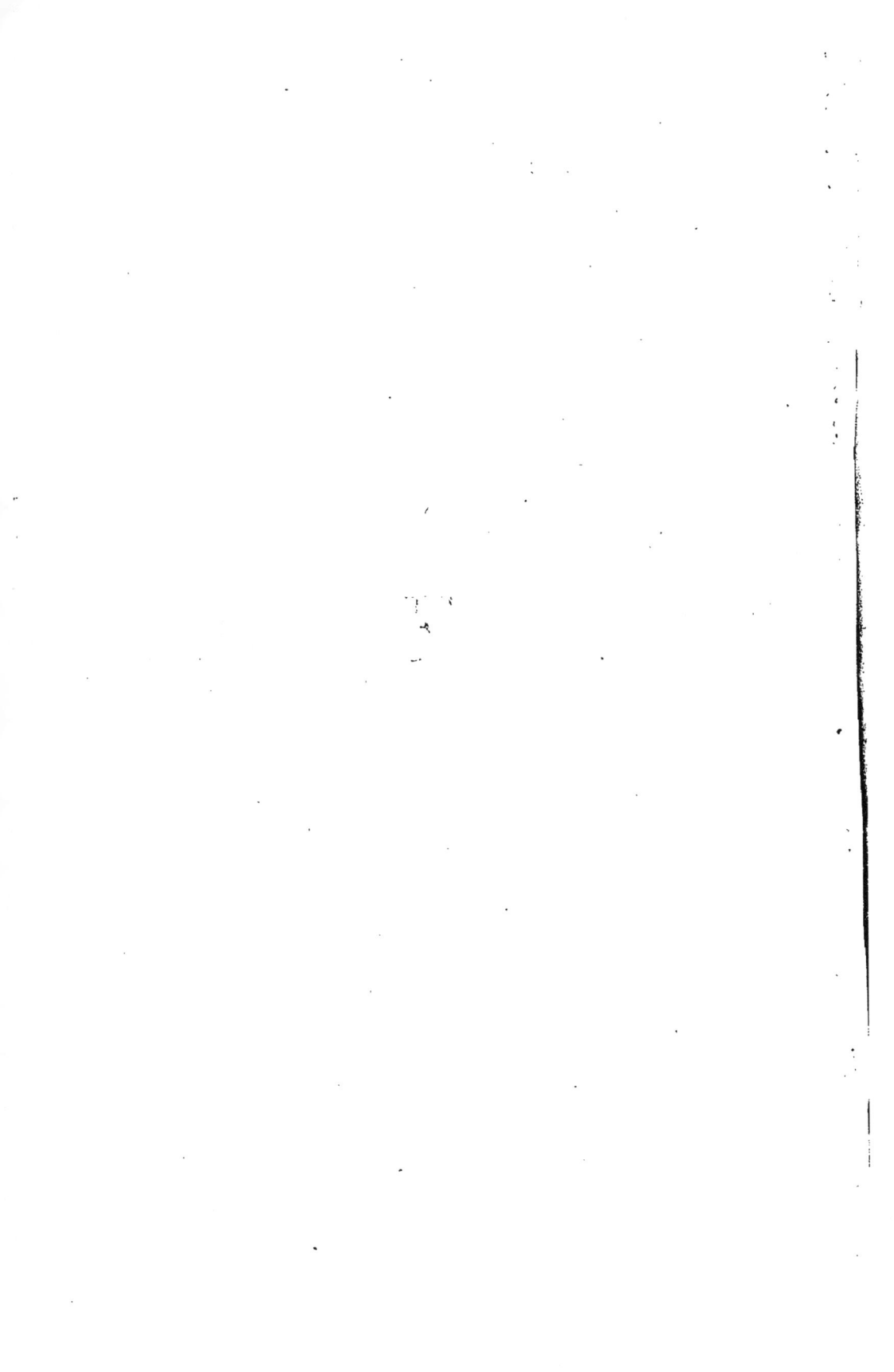

ESSAI

SUR LA

SYMBOLIQUE DU DROIT.

Du même Auteur :

TRAITÉ DES DÉLITS ET CONTRAVENTIONS DE LA PAROLE,

DE L'ÉCRITURE ET DE LA PRESSE.

2 vol. in-8, Deuxième Édition; 1846. Prix : 18 francs.

———

Se trouve aussi à Paris :

CHEZ E. VIDECOQ JEUNE ET FROMENT, LIBRAIRES,

6, cour du Harlay, au Palais de Justice.

Corbeil, imprimerie de Crété.

ESSAI

SUR LA

SYMBOLIQUE DU DROIT

PRÉCÉDÉ D'UNE INTRODUCTION

SUR LA POÉSIE DU DROIT PRIMITIF,

PAR

M. CHASSAN,

Premier Avocat général près la Cour royale de Rouen, Chevalier de la Légion d'honneur,

Membre de l'Académie royale des sciences, belles-lettres et arts de Rouen.

PARIS,

VIDECOQ FILS AÎNÉ, LIBRAIRE-EDITEUR,

1, place du Panthéon, près la Faculté de droit.

—

1847

A MONSIEUR HÉBERT,

GARDE DES SCEAUX DE FRANCE,

Ministre secrétaire d'État au département de la Justice et des Cultes, membre de la Chambre des Députés, etc.

———————

Monsieur le Garde des Sceaux,

Vous m'avez permis de publier cet ouvrage sous vos auspices. Veuillez aussi me permettre de dire ici que ce n'est pas seulement au chef de la magistrature française, que c'est encore au magistrat qui fut l'un des officiers les plus éminents du Ministère public que s'est adressé cet hommage de l'un des membres les plus obscurs de cette honorable milice. En m'autorisant à inscrire le nom de Votre Excellence en tête de ce livre émané d'un simple légiste, exclusivement attaché au culte de ses fonctions, vous m'avez donné le droit de vous remercier de la part de tous ceux qui considèrent l'accomplissement de leurs devoirs judiciaires comme leur meilleur titre à votre bienveillance, et vous avez prouvé, chose rare chez les hommes voués à la pratique des affaires, que les travaux purement scientifiques ne seront pas indifférents au chef de la justice.

Je suis avec respect,

Monsieur le Garde des Sceaux,

Votre très-humble et très-dévoué serviteur,

CHASSAN.

PRÉFACE.

Fruit de plusieurs années de recherches, de méditations et d'études, l'ouvrage que je publie est encore bien imparfait. Aussi est-ce avec une véritable crainte que je le confie à l'appréciation des hommes de la science. Cet état d'anxiété, j'ai voulu le constater en tête même de l'ouvrage. Le titre d'*Essai* est un appel sincère à l'équitable indulgence de la critique. Cette préface n'a d'autre but que d'invoquer cette indulgence. Je crois donc pouvoir me dispenser d'indiquer ici la pensée et le plan de l'ouvrage. J'ai consacré à ces deux objets un chapitre spécial. Je ne peux que renvoyer le lecteur à ce chapitre (1). Mais je dois dire, dès à présent, que l'*Introduction*

(1) *Voyez* le chapitre Ier de la *Symbolique*.

forme avec la *Symbolique* un tout, un ensemble indivisible. L'étude de la *Symbolique*, sans celle de l'*Introduction*, ne serait pas pour le lecteur une suffisante initiation à la connaissance de l'ouvrage. Je dois ajouter que ce livre, quoique entrepris dans une pensée toute scientifique, n'est pas étranger absolument à la pratique du Droit. Je me suis étudié à conduire mes recherches jusqu'aux usages et jusqu'aux lois écrites qui gouvernent encore aujourd'hui la France (1). Sous ce rapport, je peux dire, avec une entière confiance, que l'étude des Symboles juridiques demeure encore pour nous pleine d'intérêt.

(1) *Voyez* à la note O, page 392, à la fin du volume, le sommaire des lois, ordonnances, règlements et arrêts rendus depuis 1789 jusqu'à nos jours, cités dans le cours de l'ouvrage, avec l'indication des pages où ces documents sont cités.

INTRODUCTION.

De la poésie du Droit primitif.

I.

Quelle que soit la manière de compter et de caractériser les époques dont se compose l'âge du Monde ; qu'on les appelle âge divin, âge héroïque, âge humain, avec Jean-Baptiste Vico et les anciens Égyptiens ; qu'on les nomme règne des familles du ciel, des familles de la terre et des familles des hommes, comme font les Chinois ; ou qu'on préfère le système de Varron, et qu'on donne avec lui à ces diverses périodes le nom de temps obscurs, temps incertains ou fabuleux, et temps certains ou historiques, la science s'accorde à reconnaître trois grandes époques qui servent à diviser l'âge du Monde antique.

On peut aisément concevoir par la pensée une séparation précise entre les deux premiers âges ;

1

mais l'application est loin de donner la même exactitude. Ce qui est obscur touche, en effet, de bien près à ce qui est incertain. La fable est souvent mêlée à l'histoire., La chronologie, qui a, comme dit Plutarque, ses terres inconnues, aussi bien que la géographie, la chronologie la plus scrupuleuse ne peut guère échapper à une confusion de temps qu'une perspective aussi lointaine rend inévitable. Sans contester la vérité des trois grandes périodes admises par Varron et acceptées par la science, on doit reconnaître, ce me semble, que la limite des temps fabuleux et des temps historiques, comme celle des temps obscurs et des temps incertains, est presque toujours indéterminée, insaisissable, indécise. Il en est ainsi des deux premiers âges de Vico. L'époque historique elle-même, dans tous les pays, est à peine éclairée, dans ses commencements, par une lumière pâle et vacillante, qui projette longtemps encore sur les événements, sur les institutions et sur les hommes, une assez grande incertitude, et qui contribue, par cela même, à les élever ou à les embellir aux yeux de la postérité. Car dans cette lueur vague et crépusculaire que la distance et le temps laissent à leur suite, il y a une poésie des plus saisissantes.

La vie particulière des nations est l'image de celle du Monde. Les trois époques, avec les caractères qui distinguent chacune d'elles, se manifestent à peu près dans l'âge de chaque peuple, où elles se retrouvent dans le même ordre et avec des effets presque analogues.

Cette situation du genre humain, qui embrasse les deux premières époques et dont l'ombre couvre une partie de la troisième, on peut l'appeler l'âge poétique du Monde. Cet âge a, chez toutes les nations, un Droit qui reflète assez fidèlement l'état des mœurs et de la langue (1). Le Droit a, par conséquent, son âge poétique aussi bien que le genre humain, âge d'ignorance et de barbarie, où l'instinct étouffe la raison, où l'imagination domine l'intelligence, où les sensations du corps absorbent les perceptions de l'esprit.

C'est sur cet âge primitif du Droit, dans le Monde en général et plus particulièrement chez quelques nations, que je me propose de jeter ici un rapide coup d'œil pour servir à préparer l'exposition des règles qui président à la connaissance des symboles juridiques.

Au point de vue exclusivement métaphysique et en faisant abstraction d'ailleurs de la révélation, qui sert si heureusement à expliquer la grande énigme de la formation du langage (2), on peut dire que le mystérieux problème de cette création trouve la solution la plus raisonnable et la plus admissible dans le système qui accorde à l'homme la faculté innée de la parole se développant graduellement, comme ses

---

(1) Cf. Vico, *Scienza nuova*, lib. IV, *in pr*.

(2) M. de Bonald a dit : « Il est nécessaire que l'homme pense sa parole avant de parler sa pensée; ce qui veut dire qu'il est nécessaire que l'homme sache la parole avant de parler, proposition évidente et qui exclut toute idée d'invention de la parole par l'homme. » *Législation primitive*, Disc. prélim. — *Voy.* aussi liv. I, ch. I du même ouvrage.

autres facultés, au milieu du mouvement social pour lequel il est né et dans lequel son intelligence est destinée à s'étendre et à grandir progressivement. En partant de cette donnée toute humaine, il est permis de concevoir que, dans la première enfance du Monde, la langue parlée, articulée, puisse, jusqu'à un certain point, ne pas exister.

Ce système, contre lequel s'élève énergiquement la cosmogonie de Moïse, telle du moins que les interprétations reçues jusqu'à ce jour nous la représentent, ce système est le point de départ de Vico, qui fait pourtant profession d'orthodoxie, qui accepte la Genèse dans toutes ses dispositions, et qui considère Adam comme la souche unique du genre humain. Mais, pour prendre ce point de départ, Vico se place après la dispersion qui suit le déluge. Ne s'occupant d'ailleurs que du monde de la Gentilité, il laisse entièrement de côté le peuple juif, dépositaire et conservateur des traditions premières, peuple tout à fait à part, qui se mêla peu avec les autres nations, et qui en fut presque toujours inconnu. Frappé de la misère du reste des hommes errants et dispersés dans la vaste forêt de la terre, à peine sauvée des eaux, Vico se figure ces hommes primitifs livrés à un isolement complet, tombant bientôt dans le plus stupide abrutissement et finissant par oublier, avec l'idée des traditions divines, l'exercice et la faculté de la parole articulée. De là, pour les descendants de ces hommes qui ont peuplé l'Europe, l'Afrique et une partie de l'Asie, la nécessité d'une langue qu'on peut appeler primitive, au point de vue dont il vient d'être parlé, langue de formation humaine, que Vico et Fabre d'Olivet, à son exemple, font dériver toute entière du symbole ou du signe (1).

L'état d'abrutissement auquel ce système réduit les hommes, dans ces temps primitifs, ne suppose guère, on le sent, l'usage de la parole articulée. Les Pelasges, en effet, nous apparaissent s'exprimant d'abord dans un langage grossier, inintelligible. Avant la mission d'Orphée, les Ménades ne savent que pousser des sons barbares, sans suite et sans aucun sens. Leur célèbre *Evohè* n'est qu'un cri rauque, expression bruyante et vague d'une société encore au berceau. Les Troglodytes éthiopiens, peuplade sauvage encore du temps d'Hérodote, parlent une langue qui n'a de l'analogie qu'avec le cri de la chauve-souris. Homère dit qu'il y a des hommes qui parlent une langue articulée et d'autres qui ne connaissent qu'une langue inarticulée et sauvage. Horace et Lucrèce, bien moins voisins qu'Homère des traditions primitives, représentent pourtant encore l'espèce humaine, au commencement du monde, comme frappée d'une sorte de mutisme (2); et Plutarque avoue qu'avant que le mode que les grammairiens appellent le verbe ait été inventé, l'homme, incapable d'articuler une phrase, ne sait point parler, il bruit (3).

(1) Vico, *Scienza nuova*, passim ; Fabre d'Olivet, *Hist. du genre humain*, liv. I, ch. iv, t. I, p. 87-95.

(2) *Mutum et turpe pecus.*

(3) Tant que le verbe ne paroit pas dans la phrase, l'homme ne parle pas, il bruit (Plutarque, *Quest. Platoniciennes*, ch. ix, trad. d'Amyot).

Sans accorder tous les effets que Vico attache à la dégradation des races humaines éloignées du Sennaar, après la dispersion qui suivit le déluge, tout en reconnaissant même que le silence des traditions ne fut pas aussi complet que Vico l'enseigne, il n'est pas moins vrai que la misère et l'abrutissement de ces premiers âges sont un fait acquis, incontestable dans le monde de la Gentilité. On peut dès lors affirmer historiquement et physiologiquement, sans s'écarter du respect dû à la Genèse, sinon le mutisme absolu, ce qui est une véritable exagération permise aux seuls poètes, du moins une grave et profonde oblitération de la faculté de la parole articulée (1).

A l'époque de cette *nouveauté du monde,* pour parler comme Bossuet (2), les démonstrations de la logique et les notions intellectuelles de la raison ne sont pas à la portée des grossiers organes de l'homme. Les sens et l'imagination sont le seul chemin de son intelligence. Des représentations figurées, des images sensibles, une pantomime animée, servent de communication entre les hommes et expriment à leurs yeux toutes les vérités, les vérités religieuses aussi bien que les préceptes de la morale, qui sont le droit des hommes primitifs (3). Ces signes

---

(1) « On lit dans l'*Histoire des Voyages,* que Selkirk, écossois, avoit oublié sa langue et même perdu la faculté de parler, pour avoir passé cinq ans tout seul dans l'île de Juan Fernandez » (De Bonald, *Législ. prim.,* t. I, liv. I, ch. III, note *c,* p. 274; Édition de 1802).

(2) *Disc. sur l'Hist. universelle.*

(3) Cf. Creuzer, *Symbolik* (trad. franç. de M. Guigniaut, Introd., ch. I).

physiques, destinés à parler aux yeux, à enchanter
l'imagination, à suppléer à l'insuffisance de la langue, constituent une écriture pour ainsi dire hiéroglyphique, qui est l'une des premières manifestations extérieures de la pensée humaine, ce qui a fait
dire que le premier langage conventionnel fut d'a-
bord une sorte de langue écrite (1).

Les objets que la nature a répandus sur la surface
du globe sont, après le geste, les premiers éléments
de cette langue toute matérielle. La sculpture, qui
façonne les symboles, qui leur donne la forme plastique, est, parmi les beaux-arts, celui qui paraît le
premier, destiné qu'il est d'abord à représenter aux
yeux, sous l'apparence des symboles, les vérités religieuses ou les commandements de la morale, confondus ensemble à cette époque et liés étroitement
au droit. C'est ainsi que l'histoire des religions et
celle du droit se trouvent unies à l'histoire de
l'art (2).

(1) Tutte le nazioni prima parlarono scrivendo, come quelle che
furon dapprima mutole (Vico, t. II, *Corol. d'int. all' orig. del.
ling.*). — Goguet enseigne quelque chose d'analogue, lorsqu'il dit
que le dessin, la gravure, etc., sont « le seul moyen que les peuples
aient d'abord connu pour exprimer leurs pensées et transmettre
leurs connaissances à la postérité » (*Orig. des lois, des arts et des
sciences*, t. I, part. 1, liv. II, ch. v, p. 360 de l'édit. in-12). — Ce
qui est moins contestable, c'est que les symboles jouent le rôle le
plus important dans l'écriture primitive, dont ils sont l'élément principal.

(2) « Les prêtres, dit Creuzer, ont été les premiers sculpteurs.
Ils ont, par leur art, créé les premières images des dieux et personnifié la divinité » (*Symbolik*, trad. franç., Introd., ch. i).
— « Le moment qui marque l'origine véritable de la sculpture,
dit Hégel, fut celui où l'on commença à façonner la pierre ou la

A l'origine du monde, on le voit, l'intelligence humaine se sert de deux instruments de manifestation extérieure qui, tantôt isolément, et tantôt de concert, s'entr'aident l'un l'autre à l'aventure pour exprimer la pensée. Ces deux instruments sont la parole gesticulée ou symbolique, qui s'adresse aux yeux, et la parole inarticulée d'abord, parlée ensuite, qui s'adresse à l'oreille.

La parole phonique conserve longtemps le caractère tout matériel de la langue symbolique, à côté de laquelle on l'aperçoit grandir et se développer paralellement pour la remplacer enfin. Des images et des comparaisons, destinées à représenter le rapport naturel des idées avec les choses exprimées, constituent la langue symbolique. La langue parlée ne fait qu'imiter ce procédé. Toutes les inspirations de l'esprit s'y traduisent naturellement dans une langue métaphorique (1). Les métaphores des lan-

---

poutre informe tombée du ciel (διοπετής). Telle était, par exemple, la grande déesse de Pessinunte en Asie Mineure » (*Esthétique*, trad. franç. de M. Benard, t. II, p. 260). — Sur le caractère symbolique et mythologique des premiers ouvrages d'art, *voyez* aussi p. 7, 26, 27, 235 du même ouvrage. — Goguet pense que l'architecture est antérieure à la sculpture, ce qui peut être vrai, mais contesté ; il reconnaît néanmoins que « le culte des idoles remonte à une très-haute antiquité... L'idolâtrie a certainement beaucoup contribué aux progrès de la sculpture » (*Orig. des lois, des arts et des sciences*, t. I, part. I, liv. II, ch. v, p. 352).

(1) Il est même à remarquer que, dans toutes les langues, les mots relatifs aux choses inanimées se rapportent au corps de l'homme, à ses sens, à ses passions, comme si ces choses vivaient, sentaient ou pensaient ainsi que nous. « Partout, dit Creuzer, où il « s'agit d'enseignement ou d'instruction, c'est toujours d'expres- « sions relatives aux sens, et surtout à celui de la vue, que se ser-

gues parlées, comme l'a remarqué Denys d'Halicarnasse, ne sont autre chose, pour la plupart,
qu'une transformation des premiers symboles. La
poésie n'est donc pas le produit de l'art. Elle est née
d'elle-même ; car les premiers hommes pensent avec
des images. Les mots, dont ils se servent, ne sont pas,
comme aujourd'hui, des signes purement abstraits ,
uniquement destinés à l'entendement. Ces mots
s'adressent à l'imagination plus encore qu'à l'intelligence. On a donc pu dire, avec vérité, que le langage des premiers peuples est figuré comme celui des poètes, et que la poésie produit ses plus
grands effets à l'origine des sociétés, lorsqu'elles sont encore entièrement barbares (1). A travers les organes encore peu assouplis des hommes
grossiers de cette époque, la parole ne se fait jour
qu'avec effort. Elle est accentuée, haute et bruyante.
Aussi les premières langues se manifestent-elles
toutes dans une sorte de chant (2). Dans ces temps-

« vent les plus anciens écrivains, soit en vers, soit en prose » (*Symbolik*, trad. franç., Introd., t. I, part. I, ch. I, p. 9 à la note). On
dit, dans tous les idiomes, le *bras* d'un fleuve, le *sein* de la mer,
les *entrailles* de la terre, la *chair* d'un fruit, le *sifflement* du
vent, le *murmure* de l'onde, etc. (Cf. Vico, t. II, *Coroll. d'int. a'
tropi*, n. 1).

(1) Goethe, *Maximen und Reflexionen*, trad. fr. de M. Sklower,
Ire partie, p. 10.

(2) « Gli autori delle nazioni gentili eran andati in uno stato ferino
di bestie mute, e... dovettero formare le prime loro lingue cantando » (Vico, *Scienza nuova*, lib. I, *Degnità* LIX).—« Gli uomini mutoli, dovettero dapprima, come fanno i mutoli, mandar fuori le vo-
cali cantando » (*ibid.*, lib. II, *Corol. d'int. alla orig. della locuz.
poetica*, t. I, p. 290). — Cf. la note 1, à la fin de ce volume.

là, le monde est plein de poésie; la religion est un cantique; le droit ne s'écrit pas encore, on le chante (1).

Une ancienne tradition représente comme un des premiers législateurs Apollon lui-même, le dieu de la poésie, qui publia ses lois au son de la cithare.

Les premiers instituteurs de la Grèce sont ces Aèdes sacrés et tous ces poètes théologiens, si fameux sous le nom d'Orphée, d'Amphion, de Linus et de Musée, qui apparaissent, dans les légendes mythologiques, comme ayant initié les anciens Grecs à une vie meilleure, à des croyances plus saintes, à des usages plus humains, par le magnétique pouvoir de la musique associée à la poésie. Fondateurs de l'humanité païenne, ils réunissent les hommes en société, établissent des Etats, bâtissent des villes, et adoucissent ainsi, par le charme d'une musique et d'une poésie civilisatrices, les mœurs sauvages et le caractère farouche de leurs contemporains (2).

---

(1) Aristote, *Problem.*, sect. 19, prob. 28; — Goguet, *Orig. des lois*, t. I, part. I, l. I, ch. i, art. 1, p. 58, et t. III, part. II, l. I, ch. iv, art. 8, p. 157 de l'édit. in-12.

(2) Sur la puissance de la musique, chez les anciens, et particulièrement chez les peuples helléniques, *voyez* Barthélemy, *Anacharsis*, ch. xxvi et xxvii;—Robinson, *Ant. grecq.*, trad. fr., t. II, p. 367. — Ballanche, *Instit. soc.*, ch. x, IIᵉ partie, et *passim* dans ses œuvres. C'est à ce point de vue que M. Ballanche a dit, dans son *Orphée*, que « c'est la lyre qui civilise les hommes. » Mais Barthélemy n'attribue à la musique ses grands effets que tant qu'elle fut étroitement unie à la poésie. Cet effet de la musique et de la poésie sur les hommes, et surtout sur des hommes grossiers, se comprend à merveille; car la musique et la poésie sont les deux arts les plus pénétrants, les plus intimes, qui ont avec l'âme un

Ce n'est point là une simple fiction mythologique.

Dracon, d'après Suidas, avait mis en vers les lois qu'il donna aux Athéniens.

Solon est aussi célèbre par son génie poétique que par ses lois, qui furent aussi écrites en vers.

Lycurgue, avant de donner des lois à Lacédémone, apporte en Europe les poèmes d'Homère, et charge son ami Thaletas de préparer ses compatriotes, par la mélodie de ses odes, à recevoir les lois qu'il veut leur proposer (1). Ses lois elles-mêmes, dictées par Apollon, et calquées sur celles de Minos, que le maître des dieux avait communiquées en vers à son fils, doivent avoir été composées dans un langage cadencé, harmonieux, facile à pénétrer l'esprit et à se graver dans la mémoire, qualité nécessaire à toute législation destinée, comme la sienne, à se propager sans le secours de l'écriture (2).

Si l'on demande à Aristote pourquoi, de son vivant, on donnait le même nom aux lois et aux airs qui se chantaient, il répondra que c'est parce que,

---

rapport merveilleux, et qui ont dû opérer sur les hommes des temps primitifs cette influence extraordinaire à laquelle ne pourraient jamais atteindre les formules arides de nos Codes modernes. — Cf. Ballanche, *Inst. soc.*, ch. IV. — *Voy.* aussi la note 1 à la fin du volume.

(1) De la Barre, *Éclairc. sur l'hist. de Lyc.* (*Hist. de l'Acad. des insc. et bel. let.*, t. VII, p. 271);—Burette, Observ. à la suite de sa trad. du Dialogue de Plutarque sur la musique (*Acad. des insc. et bel. let.*, t. X, p. 288, n. 51); — Barthélemy, *Anach.*, Introd.

(2) Cf. de la Barre, *loc. cit.*, p. 269; — Robinson, *Ant. grecq.*, trad. fr., t. I, p. 24 et 335. — Vico dit même expressément que Lycurgue donna aux Spartiates ses lois en vers. I, *Coroll. d'int. all' orig. della locuz. poet.*

avant l'invention de l'écriture, les lois, mises en musique, étaient chantées, comme faisaient encore de son temps les Agathyrses (1).

Et qu'on ne croie pas que ce ne soit là qu'un phénomène isolé, un fait extraordinaire, exclusivement propre aux premiers jours de l'antique Hellénie. Si l'on interroge les traditions des peuples ou leurs annales, on voit que, dans tous les pays, les premières lois ont été enfantés par la lyre (2).

Les Egyptiens se vantent d'avoir reçu leurs lois de la déesse Isis, qui, d'après Vico (3) et M. Ballanche (4), les leur aurait transmises sous la forme de poèmes.

A l'époque de Strabon, les Turdétans des bords du Bœtis, regardés comme les plus instruits de tous les Ibères, possédaient encore des lois écrites en vers depuis six mille ans.

L'Inde, ce berceau de la civilisation antique, se glorifie encore du code de Manou, rédigé en distiques de trente-deux syllabes (5).

---

(1) Les lois et ces airs s'appelaient νόμος, *nomes*. — *Voy.* Arisrote, *Prob.*, sect. 19, p. 28; — Burette, *loc. cit.*, p. 218; — Goguet, *Orig. des lois*, t. III, part. II, l. I, ch. iv, art. 8, p. 157. — On verra plus loin, dans la IIᵉ partie de cette Introduction et à la note 1, à la fin du volume, qu'à Rome le mot *carmen* signifiait en même temps *sentence, loi, vers* et *chant.*

(2) « La legge, dit Vico, resto a' poeti deffinita *lyra regnorum.* » II, *le Repub. tutte sono nate da certi princ. eterni de' Feudi.* — Ailleurs : « La *lyra* significava la *legge.* » *Id., Politica degli Eroi.* — Cf. la note précédente

(3) *Scienza nuova*, l. II, *Coroll. d'int. all' orig. della locuz. poetica.*

(4) Ballanche, d'après Platon, *Palingénésie,* 1ʳᵉ addit. aux Prolég., Iʳᵉ partie.

(5) Ces distiques se nomment *Slokas.* — Cf. Loiseleur Deslongs-

Deux mille ans après Manou, Mahomet, si habile dans l'art de conduire les hommes, écrit le livre de sa loi dans un langage animé, élégant, harmonieux, orné de figures hardies, d'images magnifiques et sublimes, dont chaque sentence, quoiqu'en prose, est terminée par des rimes redoublées, qui charment l'oreille délicate des Arabes (1).

Rome elle-même, Rome, si austère et si grave, passe aussi par cette condition commune de l'humanité. Les plus anciennes de ses lois, venues jusqu'à nous, sous le nom de lois royales, sont conçues dans un style mesuré, et la loi des Douze-Tables elle-même, forme un véritable poème juridique, qui exprime assez heureusement toute la sévère poésie

champs, préface de sa traduction du *Manava-Dharma-sastra* ou Livre de la loi de Manou. — L'Agni-Pourâna, l'une des parties les plus considérables du recueil en vers des légendes antiques de l'Inde connu sous le nom de Pourânas, renferme des notions de politique, de jurisprudence, de médecine, de grammaire, etc. Le fond des Pourânas est ancien; mais quelques savants les regardent comme modernes dans la forme qu'ils ont maintenant (Loiseleur Deslongchamps, Livre de la loi de Manou, III, 232 note). — Au surplus, la plupart des ouvrages sanscrits sont en vers, et particulièrement, dit-on, les dictionnaires, les grammaires, les traités de logique, d'algèbre, etc. Le style poétique s'y allie assez bien à toute la rigueur de la démonstration et de l'ordre logique. L'assertion de M. Victor Hugo, dans sa préface *des Rayons et des Ombres,* « qu'il n'y a aucune incompatibilité entre l'exact et le poétique, » est vraie, du moins à l'égard du sanscrit. Les orientalistes citent comme dignes d'être remarqués, sur ce point, deux traités sur le droit d'héritage, le *Dymouta Vahana* et le *Vedjnanéavara,* édités à Calcutta par Colebrooke, en 1810.

(1) Ce genre de prose rimée se nomme *radjès.* Il tient le milieu entre la prose vulgaire et la composition poétique. On prétend qu'un grand nombre d'ouvrages arabes sont rédigés en *radjès.*

du génie quirinal, chant solennel, qui fit longtemps partie de l'éducation nationale et que les enfants apprenaient encore par cœur du temps de Cicéron (1), comme ils chantaient à Athènes les lois de Charondas (2), et celles de Minos, dans l'île de Crète (3).

Les Germains n'ont pas seulement des chants nationaux consacrés à perpétuer le souvenir des faits historiques de leur race, ils prétendent aussi que leur premier législateur avait mis ses lois en vers et qu'il les chantait (4).

Et la France, dont le droit aurait, dit-on, commencé par la prose (5), la France, quand elle veut remonter à la primitive origine de son droit indigène, trouve, dans le berceau même de la nation, les Bardes, avec leur lyre d'or, qui lui transmettent, dans le langage de la poésie, les lois du collége des Druides, ces premiers instituteurs de la Gaule et de la plus grande partie de l'Europe (6).

(1) *De Legibus.* — On verra ci-après, dans la seconde partie de cette introduction, un examen détaillé de la loi des Douze-Tables, au point de vue de la forme poétique. Cf. ci-devant la note 1 de la page 12, et ci-après les p. 42 et 43.

(2) *Athénée*, l. XIV.

(3) Ælian, *Var. Hist.*, l. II, cap. xxxix.

(4) Kuhn in Ælian, *Var. Hist.*, l. II, ch. xxxix, note 1. — Il est hors de doute, aux yeux de J. Grimm, que, dans l'antiquité la plus reculée, les lois des Germains furent transmises dans des récits et des histoires sous la forme de chants exprimés en vers : « Es liegt mir nämlich ausser Zweifel, dass unsere Gesetze im frühesten Alterthum wirklich nichts anders wie Sagen und Geschichten metrisch in Lieder gebunden waren. » (*Von der Poesie im Recht*, § 5).

(5) Michelet, *Orig. du Droit fr.*, Introd., p. 5, 7.

(6) On sait que les lois des druides étaient composées en vers et transmises oralement au peuple par les bardes, qui étaient les véri-

Dans quelque contrée que l'on porte ses pas, dans les climats glacés du nord de l'Europe, ou sur les rives du Bœtis, en Occident comme en Orient, dans l'Inde aussi bien qu'en Arabie, sous le ciel pur de l'Égypte, comme dans les sombres forêts de la Germanie et des Gaules, partout, on le voit, la poésie et la musique servent aux premiers législateurs à fixer leurs préceptes dans la mémoire des peuples. Sorties du même berceau que le droit, ayant avec lui une commune origine, la poésie et la musique en sont longtemps et en tous lieux les inséparables compagnes (1).

Lorsque les lois primitives, presque toujours composées et transmises oralement, sont oubliées, égarées ou perdues dans la mémoire des peuples, lorsque la coutume, qui est aussi un droit primitif né de l'absence de l'écriture, remplace les préceptes des législateurs sacrés, où retrouver les vestiges de la coutume antique, si ce n'est dans les chants des poètes profanes (2)?

Homère ne nous transporte pas seulement dans l'Olympe pour nous faire assister au conseil des

---

tables moniteurs officiels de ce temps-là. — Cf. Cæsar, *Bell. gall.*, l. V, cap. XIV ;—Duclos, *sur les Druides (Acad. des inscr. et bel. let.*, t. XIX, p. 486);—Mervesin, *Hist. de la poés. fr.*, p. 50, in-12, Paris, 1706;—Am. Thierry, *Hist. des Gaul.*, t. II, p. 101, 102, 1ʳᵉ éd.

(1) « Dass Recht und Poesie miteinander aus einem bette aufgestanden waren hält nicht schwer zu glauben » (J. Grimm, *Poesie im Recht*, § 2).

(2) « Les poètes sont les premiers dépositaires des *traditions* anciennes de la Grèce et les premiers historiens, puisqu'on ne commença que fort tard à y écrire en prose » (Bannier, *la Mythologie et la fable expliquées par l'hist.*, préface).

Dieux. Il ne se borne pas à décrire sur la terre les combats des enfants des hommes, à peindre en traits de feu les passions et leurs terribles résultats. Il raconte aussi avec bonheur les mœurs simples du siècle qu'il a chanté, la généalogie des hommes et des villes, l'histoire de la fondation des Etats et des familles. Nul ne pénètre plus profondément dans l'intimité de l'époque qu'il décrit. Aussi, longtemps encore après sa mort, les principales maisons de la Grèce cherchent-elles dans ses ouvrages les titres de leur origine. Son autorité suffit bien souvent pour fixer les limites de deux peuples. Il est l'historien de l'ordre social, le pontife et le chantre du droit naturel des nations helléniques, au temps de leur barbarie (1). Le plus grand des poètes est encore le premier des jurisconsultes.

Virgile, si versé dans les origines du Latium, ne recueille pas avec moins de sollicitude qu'Homère, sans avoir pourtant au même degré l'instinct des choses primitives, les vieilles coutumes de l'Italie, les cérémonies et les mystères de la religion païenne. C'est dans ses poèmes qu'il faut aller chercher les monuments les plus curieux de l'histoire et du droit des anciens Romains, qu'il a su y placer avec un art si admirable (2).

(1) Cf. Vico, *passim* et notamment lib. III, *I poemi d'Omero due grandi testim. di dir. natur.*

(2) « Quum poeta sit (Virgilius) doctissimus accuratissimusque, et in omnibus fere versibus antiquitatis veram imaginem curiosius referre studeat » (Christ. Sax, *Miscell. lipsiensia nova*, t. II, p. 417, édit. 1744). — « Virgile puisa largement, pour son Énéide, dans les annales des pontifes » (Vict. Leclerc, *Dissert. sur les anna-*

L'autorité d'Homère est grande auprès des juris-consultes romains. Ils le citent avec cette pieuse vé-nération qui explique le culte particulier dont sa mémoire fut l'objet dans l'antiquité (1).

Virgile, moins vénéré sans doute, mais non moins estimé pourtant, est invoqué plus d'une fois aussi par ces graves organes de la loi (2).

A une époque plus rapprochée de nous, les épo-pées chevaleresques du moyen âge, les lais et les fabliaux des trouvères forment le premier dépôt où s'épanouissent avec tous les caractères d'une naïveté charmante, les mœurs, les usages et le droit de la féodalité, ce régime qui sert encore de base aujour-d'hui à notre propriété foncière. Quand on étudie le droit de cette curieuse période, les poètes sont in-terrogés en même temps, et quelquefois avec plus de fruit que les jurisconsultes (3). C'est que les poètes du moyen âge ont chanté et conservé le droit de leur époque avant que les légistes aient songé à l'écrire. Les romans de *Brut* et de *Rou* de Robert-Wace ont devancé le *Conseil à un ami* de Pierre de Fontaines. Guillaume de Lorris, avec son roman de

---

les des pont., Ire partie, p. 24). — Bannier dit : « Virgile, si sa-vant dans les usages de son pays » (*Mythologie expliquée par l'hist.*, t. I, p. 416). — M. Ballanche dit que l'antiquité l'avait sur-nommé le *Compilateur* (*Palingénésie*, 1re add. aux Po] ég.).

(1) *Voy.* la note A à la fin du volume; — *Voy.* aussi la note 2 ci-après.

(2) « Sicuti cum *poetam* dicimus, nec addimus nomen, subauditur apud Græcos egregius Homerus, apud nos Virgilius. » *Justiniani Instit.*, I, 2, § 2.

(3) On le verra bien dans le cours de cet ouvrage.

2

la *Rose,* est venu avant les *Établissements* attribués à saint Louis; Lambert le Court, avec son poème d'*Alexandre,* avant Beaumanoir et Bouteiller ; avant les docteurs, les rhapsodes.

Cette époque intermédiaire entre le monde antique et le monde moderne, cette époque, que nous avons nommée le moyen âge, n'est pas sans analogie, on le voit, en ce qui concerne particulièrement la France, avec les siècles de la haute antiquité. Mais on doit se demander si cette analogie est limitée à la seule conservation du droit dans les chants des poètes. Est-il vrai que le peuple gaulois, après avoir été civilisé par la fusion de l'élément romain, ait été condamné, à la suite de l'invasion germaine, à recommencer exactement le cours des deux premières périodes du monde, et à reprendre les mœurs grossières, le droit matériel et symbolique, le mutisme primitif ou la parole à peine articulée des premiers âges ? Tel est, si l'on en croit Vico, l'ordre nécessaire des choses chez un peuple placé dans de pareilles conditions. Telle est même leur inévitable et permanente reproduction dans le monde (1).

Malgré les analogies qu'on trouve entre la barbarie des temps primitifs et celle du moyen âge, on ne saurait voir, dans ces deux époques, une identité qui n'existe réellement pas. Rien ne peut suppléer, en effet, dans le moyen âge, au point de départ des siècles primitifs de la gentilité, c'est-à-dire à cette absence presque absolue de toute tradition, et à cette

---

(1) *Voy.* le Vᵉ livre de la *Scienza nuova* intitulé : *del ricorso delle cose umane nel risorgere che fanno le nazioni.*

sorte de mutisme dont l'espèce humaine fut affligée, dans le monde de la gentilité, à la suite de la dispersion qui suivit le déluge.

Le torrent des hordes germaniques, quelle qu'ait pu être sa violence, ne brisa point la chaîne des traditions divines et profanes, dont l'écho, vague mais fidèle, ne cessa jamais de rappeler, sous l'influence du christianisme, la mémoire du grand empire qui avait gouverné l'univers. La nuit régna, il est vrai, mais non les ténèbres ; et la nuit vit toujours briller à l'horizon de lumineuses étoiles qui continuèrent à guider la marche des peuples. C'est là ce qui donne à la barbarie gallo et franco-romaine de cette époque une physionomie toute spéciale, et ce qui empêche de confondre l'ignorance du moyen âge avec la stupidité des temps primitifs.

Mais les Germains, en apportant dans la Gaule leur barbarie native, y transportent aussi leurs symboles, leurs mythes, leurs emblêmes, aussi bien que la poésie de leur langue juridique et de leurs coutumes. C'est ainsi que s'explique la recrudescence de ces éléments du droit primitif, qui se manifeste, en ce temps-là, sur le sol gallo-romain. Les vieux instincts de la race gallique, ses mystérieuses affinités avec la race germaine, et les souvenirs de l'ancien droit poétique des Galls, ces souvenirs qui sommeillaient, se réveillent alors avec la barbarie qui recommence. Mêlés aux éléments apportés du fond des forêts de la Germanie, les vestiges du génie druidique qui ressuscite, constituent, pour la Gaule, un nouvel âge poétique, qui répand son coloris sur les mœurs, sur les usages, dans le lan-

gage et dans le droit. Un grand poète de l'autre
côté du Rhin, Goëthe, a dit, en effet, avec raison,
que les époques où la civilisation change, et que les
siècles à demi-civilisés sont presque aussi favorables
aux grandes impressions de la poésie, que les premiers temps du monde où les sociétés commencent
à naître ; car la nouveauté est, par elle-même, l'un
des plus puissants véhicules de la poésie (1).

Pendant les premières périodes de cette barbarie
secondaire, le droit redevient symbolique, comme il
l'est dans les périodes correspondantes de la barbarie primitive. C'est aussi dans les chants des poètes,
on l'a vu, qu'il trouve un premier refuge, où les légistes vont le chercher ensuite. Mais, à l'époque de
notre moyen âge, on ne le voit plus, parmi nous, s'é-
chapper, de la bouche du législateur, dans un langage poétique, enfanté au son harmonieux de la lyre.
La législation poétique de ce temps-là n'est que la
traduction d'un droit original prosaïquement formulé (2). Aussi le droit de la France du moyen âge,
dans sa langue orale ou écrite, sans être un droit
tout prosaïque comme on l'a dit, ne brille-t-il que
d'un pâle reflet, emprunté tantôt à des souvenirs ef-
facés, et tantôt à un droit superposé. Il est loin d'être
empreint, au même degré, de la couleur poétique qui

(1) Goëthe, *Maximen und Reflexionen*, trad. fr. de M. Sklower.
(2) Dans le huitième et le neuvième siècle, on s'était avisé
de mettre en rimes latines les formulaires de pratique. Cette circonstance, inaperçue par Baluze, a été signalée par M. Giraud dans
son rapport à l'Académie des sciences morales et politiques sur
un manuscrit des Assises de Jérusalem. *Revue de législation de
Wolowski*, t. XVII, p. 23 (t. I de la 3ᵉ série).

distingue, à la même époque, le droit des Germains. La barbarie germaine, qui ne passa jamais, comme la barbarie gauloise, par l'épreuve d'une rénovation, put bien s'adoucir avec le temps, grâce au contact de l'Eglise et de la nationalité gallo-romaine ; mais elle ne cessa jamais de conserver quelque chose de sa pureté, ou, pour mieux dire, de sa rudesse primitive. De là, la différence qu'on remarque entre le droit des deux peuples, différence qui éclate principalement dans la rédaction orale ou écrite ; car les usages et les coutumes juridiques sont presque aussi symboliques et tout aussi pittoresques en France qu'en Allemagne.

On voit, par ce qui a été dit jusqu'à présent, que la manifestation extérieure et publique du droit, sa langue, son verbe se compose primitivement , d'une manière bien distincte, de deux éléments particuliers, qui sont : 1° La forme symbolique ; 2° l'expression et la forme poétiques. Ces deux éléments appartiennent, dans des proportions inégales, aux premiers âges des peuples, à leur époque de barbarie primitive ou renouvelée , en un mot, à la période poétique du droit, dont ils sont nécessairement le point de départ.

C'est le propre des faits primitifs, et jusqu'à un certain point, des faits secondaires, de produire des effets qui se prolongent pendant une suite infinie de siècles. Il semble même que la puissance de vie, dont ils sont doués, ne s'éteigne jamais, et qu'elle ne fasse que se transformer, sans perdre complétement son type originel. Aussi les premières législations

écrites conservent-elles presque toujours l'empreinte
de la rédaction poétique et des formes symboliques,
qui sont l'apanage des législations traditionnelles.
Cette empreinte se transmet aux siècles suivants, et
ces siècles, en étudiant ces vestiges, ont ainsi la pos-
sibilité de remonter d'âge en âge et d'anneau en anneau au delà de l'époque historique, de pénétrer,
par induction, dans l'obscurité même des temps mythologiques, et d'unir, à l'aide de cette chaîne, jamais interrompue, le droit des époques civilisées au
droit des âges de barbarie héroïque.

L'élément symbolique fait l'objet spécial de cet
ouvrage. On trouvera avec abondance, dans les divers
chapitres qui le composent, les débris historiques
de cet état primitif (1), tirés des coutumes, des usages judiciaires et du droit écrit qui ont jadis régi
l'Europe et la France, et qui gouvernent encore aujourd'hui notre pays.

La rédaction poétique du droit, qui appartient à
une époque un peu moins reculée, mais non moins
primitive, a laissé des vestiges presque aussi abondants et tout aussi précieux, qui sont le sujet d'une
partie de cette introduction. On comprend, en effet,
qu'une science qui bégaya, dès son berceau, la langue de la poésie, dont les rudiments dispersés, oubliés, furent recueillis ensuite dans les chants des
poètes, a dû retenir, pendant longtemps, et garder

---

(1) Ces mots s'appliquent aussi bien à l'état de barbarie primaire
qu'à l'état de barbarie renouvelée et secondaire du moyen âge. Cette
ernière époque admet, comme l'autre, un état primitif, sauf les
différences que j'ai déjà signalées.

encore, de nos jours, un grand nombre de mots empruntés au vocabulaire poétique, une certaine quantité d'expressions allégoriques, de figures, de phrases et de formes, dont la poésie seule a pu faire usage.

Le moment est venu d'appuyer les assertions de l'histoire et les inductions de la logique sur des exemples que la philologie emprunte au droit parvenu à l'état de rédaction écrite. Je rechercherai ensuite l'élément poétique du droit primitif dans les institutions juridiques et dans le fond même du droit et de la coutume.

II.

Il appartient à la géologie de manifester, dans le domaine des sciences physiques, l'histoire naturelle des temps primitifs. La philologie seule peut faire connaître leur histoire civile. Les langues, en effet, sont douées d'une merveilleuse aptitude pour exprimer la condition civile et morale des peuples. Elles sont, on l'a dit, comme une sorte de cosmogonie intellectuelle, où se trouvent déposées les archives du genre humain (1). La philologie possède le secret de lire dans ces archives mystérieuses, et d'y découvrir, de temps en temps, au milieu des débris accumulés par les âges, ces expressions insignifiantes ou inaperçues pour le vulgaire, qui sont, pour le penseur, la révéla-

(1) Ballanche, *Palingén.*, IIIe partie.

tion de tout un passé (1). Il faut donc sonder, avec une curieuse persévérance, les profondeurs des législations écrites ou traditionnelles, pour en extraire quelques-unes de ces formes ou de ces expressions fossiles, qui, interrogées avec sagacité, nous raconteront l'état de la rédaction du droit aux époques les plus obscures et les plus incertaines de l'histoire du Monde.

Il est bien évident, dès à présent, et il est inutile pour le lecteur attentif d'en faire l'observation, que ce qui va être dit sur la rédaction poétique du Droit, ne peut s'appliquer qu'aux législations primitives, dont il ne nous reste que des fragments isolés, à l'aide desquels on peut essayer de retrouver la physionomie et la forme première de ces antiques législations. La justification est toute faite à l'égard du Koran et du livre de la loi de Manou, que nous possédons dans un état parfait de conservation, et qui sont écrits, l'un en vers, et l'autre en prose rimée et cadencée (2).

La plus ancienne forme poétique, usitée chez les peuples teutoniques, est celle qui a reçu le nom d'*allitération*. On sait qu'elle consiste dans la répétition de deux consonnes radicales semblables dans deux mots différents d'un même vers, liées au vers suivant par

---

(1) « I parlari volgari debbon esser i testimonii più gravi degli antichi costumi de' popoli, che si celebrarono nel tempo, ch'essi si formaron le lingue. »(Vico, *Scienza nuova*, Degnit. XVII).—« Lingua di nazione antica, che si è conservata regnante, finchè pervenne al suo compimento, dev' esser un gran testimonio de' costumi de' primi tempi del mondo » (*ibid.*, XVIII).

(2) *Voy.* ce qui a été dit sur ces deux Codes, p. 12 et 13.

une troisième consonne identique. Cette similitude, cette harmonie des consonnes dans les radicaux fut en grand honneur chez les Allemands et chez les Anglo-Saxons, qui tenaient cette forme des anciens Scaldes (1). Toutes les poésies de l'ancienne Edda sont allitératives. On retrouve la même forme dans un vieux poème allemand du huitième siècle (2) et, dans un poème anglais postérieur au quatorzième siècle, relatif à la déposition du roi Richard II (3). Chaucer, Waller et Plowemann sont signalés pour l'avoir employée (4). On peut même citer un grand nombre de vers d'Accius, de Lucile, d'Horace, de Catulle, de Plaute, d'Ovide et de Virgile, etc., où les mêmes lettres, répétées avec intention, peuvent faire croire que cette forme poétique ne fut pas tout à fait inconnue aux Latins. Tel est, entre autres, à titre d'exemple seulement, ce

(1) Voici un exemple, en langue scandinave, dont la seule vue, sans qu'il soit besoin de connaître le sens des mots, suffit pour faire comprendre ce que c'est que l'*allitération :*

Fyllis Fiôvi
Feigra manna.

Voy., sur le système allitératif de la poésie scandinave, Roquefort, *Poésie française dans les douzième et treizième siècles,* ch. II, p. 55, 56; — Du Méril, *Hist. de la poésie scand.,* p. 45, 66 à 70.

(2) *Voy.* ce vieux poème allemand édité, en 1812, par les frères Grimm, sous ce titre : *Das Lied von Hildebrand und Hadubrand.*

(3) *Voy.* ce poème exhumé par M. Thomas Wright et indiqué par M. Michelet (*Hist. de Fr.,* t. IV, p. 81, note 2), sur la foi duquel je cite ce titre : *Alliterative poem on the deposition of king Richard II.*

(4) Marmier, *Lettres sur l'Islande,* p. 125 de la 1re édit., in-12.

vers de Virgile, qui est dans toutes les mémoires classiques :

Ducite ab urbe Domum, mea carmina, Ducite Daphnim,

Et ce vers de Lucile qui est moins connu :

Vis est Vita, Vides, Vis nos facere omnia cogit.

Cette répétition fait produire à ces vers un certain effet musical qui n'est peut-être pas dans le génie de notre langue (1). Mais c'est surtout, il faut le dire, avec les langues du nord de l'Europe que l'*allitération* a sa plus grande et sa véritable affinité. Elle convient médiocrement aux langues du midi, où, sans être, dans leur littérature ancienne, un pur effet du hasard, elle ne se présente néanmoins qu'avec hésitation et sobriété.

Les caractères qui viennent d'être signalés dans la poésie des peuples du nord et du midi de l'Europe, en ce qui concerne l'*allitération*, se trouvent avec les mêmes conditions et avec des proportions identiques dans la rédaction du droit de ces mêmes peuples.

Ainsi, les lois et la jurisprudence des peuples teutoniques, dont l'ancienne poésie aime la forme allitérée, sont tout imprégnées d'*allitération* (2).

(1) « Un de nos poètes, dit M. Marmier, celui de tous qui a peut-être le plus étudié la forme, me faisait remarquer dernièrement que l'allitération ne serait pas employée dans nos vers, sans produire un certain effet musical » (*Loc. cit.*).

(2) Je me borne à citer ici, à titre d'exemples, cette formule assez connue : « mit Hand und Halm » (Grimm, *Poesie im Recht*, § 5;); et celles-ci : so lang der Wind weht; gehen

La jurisprudence des Romains, dont la littérature est sobre d'*allitération*, ne possède qu'un très-petit nombre de formes de ce genre, parmi lesquelles je me contente de citer ici le *Vinctus, Verberatus* de la loi des Douze-Tables, et la célèbre formule du préteur *Do, Dico, aDDico* (1).

so weit der Wind weht, rapportées par Grimm (*Deuts. Rechtsalt.*, p. 58); Wonne und Weide, qui rappelle le *Quies et pabulum lætum* de Tite-Live (cités plusieurs fois par Grimm, *id.*, p. 46, 521, 751). Je renvoie d'ailleurs aux nombreuses citations du même auteur, p. 6 à 15, et à la page 52, où il rapporte des phrases entières marquées d'*allitération* dans le droit du nord et dans celui de la Frise.

La traduction des anciennes lois allemandes en langue latine laisse deviner quelques traces d'*allitération* dans l'original. Ainsi, dans cette phrase de la loi Ripuaire : « Si quis furem in *domo* receperit vel ei *hospitium* præstiterit (78) », Grimm croit voir la forme allemande « Hausen und Heimen. » D'autres fois, les documents écrits en latin cherchent à imiter la forme allitérative; c'est ce qui apparaît dans cette forme : « *Rite et Rationabiliter*, qu'on trouve dans les titres latins du moyen âge, et qui n'est que la traduction de recht und redlich, forme employée auparavant. Quelquefois aussi l'*allitération* du texte latin, quoiqu'essayée, est légèrement effacée, comme dans cette forme : *in Potestas aut Bannum* (le P pour le B, prononcés si souvent de la même manière dans nos langues européennes), forme qui n'est que le calque de « GeBot und Bann, » où l'*allitération* n'est pas pure.—*Voy.* Grimm, p. 12.

(1) *Do, Dico, aDDico* (Varro, *ling. lat.*, VI, 50. Voyez-en l'explication dans le *Traité des actions* de M. Bonjean, § 51, et dans le t. I, p. 518 de l'*Hist. du droit civil de Rome et du droit français* de M. Laferrière); *Nomen, Numenque*, qui rappelle ce vers d'Accius cité par Varron (*ling. lat.*, VII, 85):

    Multis Nomen vestrum Numenque sciendum.

Vinctus Verberatus (VIII, 10); *in Dies Dato* (*id.*, III, 4); *ut illa Palam, Prima, Postrema*, dans l'invocation du Feciale avant de recevoir le serment du *Pater patratus* des Romains et des Albains

La poésie française est étrangère à cette forme. On en trouve cependant un exemple dans cette vieille chanson :

> Tel pense Guiller Guillot,
> Que Guillot lou Guille (trompe).

Aussi n'en trouve-t-on dans notre Droit que quelques très-rares exemples, où le hasard a eu peut-être autant de part que l'intention. Telle est cette règle du Droit coutumier à nous transmise par Loisel : *De Foi, Fi : de Plège, Plaid* (1), et le commencement de cette autre règle : *Pleige, Plaide* (2). Telle est aussi la *Vive* et *Vaine pature* de l'ancien et du nouveau Droit (3).

La *Tautologie*, cette répétition, non plus de la même lettre, mais de la même idée dans plusieurs mots différents, est une forme inhérente à la poésie primitive. Cette forme possède une merveilleuse apti-

---

(Tite-Live, *Hist.*, I, 24) ; *cum Lance et Licio furtum concipere; Ferro Flammaque vastare.* Grimm présente ces deux dernières formes comme des formes de *tautologie allitérée* (*Poesie im Recht*, § 5). J'y vois plutôt une allitération simple. — *Voy.* ci-après d'autres citations d'*allitérations tautologiques.*

(1) *Inst. cout.*, l. IV, tit. v, règle 2. *De foi fi*, c'est-à-dire qu'il n'y a pas toujours sûreté de se fier à la foi ou promesse d'autrui. *Voy.* la note suivante.

(2) *Id.*, l. III, t. vii, règle 4. *Pleige, Plaide*, c'est-à-dire celui qui se rend *pleige* ou caution doit compter sur un procès.

(3) On peut citer encore la *terre Vaine et place Vuide* de l'ancienne coutume de Sedan (art. 289; Lauriere, *gloss.*, II, 432). C'était une sorte de communaux que M. Proudhon désigne encore aujourd'hui par les termes de *Places Vides et Vagues* (*Traité du dom. publ.*, II, p. 48, 50 et 358). Mais l'allitération n'est pas pure dans ces dernières formes; elle est mélangée de *tautologie. Voy.* ci-après, p. 33, 34, 35.

tude pour venir en aide à l'improvisation, et surtout à l'improvisation chantée, dont les premiers
poètes sont toujours doués. La *tautologie* se rencontre fréquemment dans les poètes de l'antiquité,
particulièrement dans Homère (1), et même, assez
rarement, toutefois, dans Virgile, car ce poète appartient à une époque très-civilisée. On peut citer
pour exemple cet hémistiche fort connu de Virgile :
Sic VOLO, *sic* JUBEO, et cet autre hémistiche de l'épisode d'Orphée : Vox *ipsa et frigida* LINGUA. La même
forme se rencontre également dans les vieux poètes
allemands (2), ainsi que dans nos anciens romans
français, dans le *Brut* de Robert Wace, par exemple,
comme dans ce vers :

> Quand PREST et APPAREILLÉ furent.

et dans celui-ci d'un autre poète, du roman d'*Ogier
le Danois* :

> Que si parent ont GUERPI et LAISSIÉ.

et dans ceux-ci du roman de Dolopatos :

> Sont ensemble au conseil allé ;
> Assez i ont DIT et PARLÉ,
> Lois et décrez CERQUENT et QUÉRENT,
> Les capitiax recommencèrent.

Cette forme est incompatible avec la poésie des

---

(1) *Voy.* entre autres, dans l'*Iliade* : *Fertile et nourricière*
(I, 155); — *ni questionner, ni scruter,* οὔτ' εἴρομαι, οὔτε μεταλλῶ
(*id.*, 553); — *conducteurs et chefs* des Grecs (II, 79); — *voir ni
apercevoir* (V, 475); — *remarquer et apercevoir* (*id.*, 665); —
confectionner et travailler (*id.*, 735); —*valeur et courage* (VI, 72).
(2) J. Grimm, *Poesie im Recht*, § 5.

temps civilisés ; car, avec la civilisation, les chants de la muse cessent de se faire entendre. La lyre, symbole d'un temps qui n'est plus, est alors dépouillée de toutes ses cordes. Cependant, on rencontre encore quelquefois dans nos poètes modernes des vestiges de la forme tautologique. Racine lui-même l'a employée et en a fait deux fois de suite l'application la plus heureuse dans ces vers de son *Britannicus* :

> Pour la dernière fois qu'il s'éloigne, qu'il parte ;
> Je le veux, je l'ordonne (1).

C'est une chose bien digne d'être signalée que l'existence de cette forme poétique tout à la fois dans la poésie et dans le droit des mêmes peuples.

Le Droit romain a son jus fasque, son juste pieque et tant d'autres formes du même genre, inutiles à rapporter ici (2).

Les Allemands montrent dans leurs vieilles lois, dans leurs anciens titres et dans le style de leurs chancelleries, leur pouvoir et vouloir (3), volonté et consentement (4), nous faisons et donnons (5).

Les Français ne sont pas moins riches. Dans nos titres latins du moyen âge, aussi bien que dans les

---

(1) *Voy.* d'autres exemples pris dans nos vieux poèmes français à la fin du volume, note B, § 1, n. 3 du premier et du deuxième groupe, et § 2, n. 3 du premier groupe, pour les formes tautologiques à trois termes.

(2) *Voy.* à la fin du volume, note B, § 1, n. 1, d'autres exemples de *tautologie* géminée tirés du droit romain.

(3) Mögen und sollen.

(4) Willen und Gefühl.

(5) Wir thun und geben. *Voy.*, pour d'autres exemples, la note B, § 1, n. 4, à la fin du volume.

diplomes, les chartes et les lois en langue vulgaire, on trouve à chaque instant des formes pareilles à celles qui viennent d'être citées, telles que STATUIMUS ET ORDINAMUS, OU VOULONS ET ENTENDONS, DÉFENDONS ET PROHIBONS (1).

La formule exécutoire, encore en vigueur en France aujourd'hui pour les actes et les jugements, continue à conserver le caractère tautologique des anciens jours dans ces mots si connus : MANDONS ET ORDONNONS, par lesquels cette formule commence.

Le style des arrêts modernes et de la procédure actuelle emploie souvent cette forme : MÊME ET SEMBLABLE ÉTAT, et celle-ci : SON PLEIN ET ENTIER EFFET, qui portent une irrécusable empreinte de tautologie. Notre Code civil lui-même en retient quelque chose dans plusieurs de ses dispositions, et notamment dans l'article 2073, qui ne se borne pas à dire que le gage confère au créancier un privilége sur la chose donnée en nantissement, mais qui exprime encore la pensée du législateur au moyen de cette formule véritablement tautologique : PAR PRIVILÉGE ET PRÉFÉRENCE, « comme « si, dit M. Duranton, le législateur, par cette es- « pèce de redondance, eut cru devoir caractériser « encore davantage l'effet du droit de gage (2). » Ce qui, aux yeux de M. Duranton, n'est qu'une *re-dondance,* est évidemment, dans la vérité historique et philologique, un reste des habitudes tautologiques des temps primitifs.

---

(1) *Voy.* la note B, § 1, n. 2 et 3, à la fin du volume.
(2) *Cours de droit français,* t. XVIII, p. 583, n. 508.

De même que, dans les chants allitérés des Scaldes, les deux premiers termes de l'*allitération* du premier vers sont liés à un troisième terme qui sert de début au vers suivant; de même que, dans les chants des Meistersinger allemands, les deux premiers vers sont ordinairement suivis d'un troisième qui leur sert de conclusion, de même aussi, la forme tautologique, dans la poésie et dans le Droit, imite cet exemple en Allemagne aussi bien qu'en France, et ne marche pas seulement sur deux pieds égaux et uniformes, mais prend son élan sur un seul pied et tombe ensuite sur les deux autres par l'effet d'une sorte de triade qui n'est pas sans un certain charme musical.

C'est ainsi qu'on lit dans les vieux poètes français :

BAUS (hilares) et JOYAUX et LIES (læti) (1).

et c'est ainsi qu'on trouve, en même temps, dans le Droit français, cette forme : FAISONS, CONTRACTONS ET CONCLUONS, et dans les titres latins du moyen âge : AD HABENDUM, POSSIDENDUM, TENENDUM, OU STATUIMUS, VOLUMUS ET MANDAMUS (2). C'est ainsi encore qu'on trouve dans le Droit allemand : NOUS ÉTABLISSONS, ORDONNONS ET FAISONS (3), forme qui se rencontre certainement aussi dans les chants des vieux poètes

(1) *Voy.* à la note B, § 2, n. 3, 1er groupe, à la fin du volume, d'autres exemples de formes tautologiques à trois termes pris dans nos vieux poètes français.

(2) *Voy.*, à la note B, § 2, n. 2, et 3, d'autres exemples.

(3) Wir setzen, ordnen und machen. — *Voy.* à la note B, § 2, n. 4, d'autres exemples.

de la même nation. On pourrait multiplier à l'infini les exemples de cette forme, en fouillant dans les cartulaires, dans les archives, dans les chancelleries, les greffes et les recueils de poésie de toutes les nations (1).

Le moyen âge est riche en ce genre, plus riche que l'antiquité, dont il nous reste peu de documents, quoiqu'il ne soit pas très-difficile de tirer encore du droit romain de nombreuses formes tout à fait identiques, telles que celle-ci que Tite-Live nous a conservée : Res dare, facere, solvere (2).

L'allitération s'unit quelquefois à la Tautologie.

La poésie romaine n'est pas absolument antipathique, comme la nôtre, à l'allitération. Elle se plaît également dans la forme tautologique. Aussi le droit des Romains n'est-il pas étranger à la tautologie allitérée. Leur Droit sacerdotal, surtout, n'est rien moins que stérile à cet égard. Les formes Templum Tescumque des livres des Pontifes (3), Sane Sarteque des écrits des Augures (4), Vis Victoriaque de la consécration aux dieux infernaux (5), et tant

---

(1) Voy. la note B, § 2, n. 2, à la fin du volume.

(2) Voy. la note B, § 2, n. 1, à la fin du volume.

(3) La phrase suivante, tirée des livres pontificaux et rapportée par Festus, offre plus d'un vestige d'allitération et de tautologie : « Templumque sedemque Tescumque, sive Deo, sive Deæ Dedicaverit » (Festus, v° Tesca). — Sur le sens de Tescum, indépendamment de Festus, voy. Varron, Ling. lat., VII, 10.

(4) Festus, v° Sarte. — Cette forme répond à la forme allemande Ganz und Gar. Elle rappelle aussi notre Sain et Sauf, qui appartient à cette catégorie.

(5) Tit. Liv., VIII, 8.

3

d'autres que je pourrais encore citer, sont d'assez riches vestiges de *tautologie allitérée* (1).

Quelle que soit, à cet égard, la richesse du droit romain, elle est loin de pouvoir être comparée à la puissante efflorescence du vieux droit de la Germanie (2), et surtout à celle du droit du Nord et de la Frise, ces pays classiques de la poésie allitérée, où l'on trouve non-seulement des formules de droit, mais encore des phrases entières fortement empreintes d'*allitération* (3).

La *Tautologie* simple, employée par nos vieux poètes, est très-abondante, on l'a vu, dans notre jurisprudence française, tandis que l'*Allitération,* sous quelque forme qu'elle se présente, pure ou alliée à la *Tautologie,* ne se plaît pas mieux dans notre poésie que dans notre droit, preuve nouvelle et bien convaincante de l'affinité qui existe, quant à la forme, entre le droit et la poésie d'un peuple. Le droit français est effectivement de la plus excessive pauvreté en fait de *tautologie allitérée.* Nos lois modernes ont conservé la vieille locution *terres Vuides, Vaines et Vagues* appliquée à certains

---

(1) *Voy.* d'autres exemples à la fin du volume, note C, n. 1.

(2) *Voy.* les exemples cités à la fin du volume, note C, n. 3.

(3) Grimm en rapporte de nombreux exemples appartenant à ces deux droits (*Poesie im Recht,* § 5, et *Deuts. Rechtsalt.,* p. 52).

C'est ici le lieu de faire observer que la loi salique et la loi ripuaire, dans leur vêtement latin, offrent peu de formes allitérées ou tautologiques. Les lois des Burgundes et des Wisigoths en ont moins encore. Quant au droit anglo-saxon, il est, en ce genre, le plus pauvre et le plus aride (Grimm, p. 52). Mais les diplômes latins du moyen âge ont d'assez nombreuses formes de *tautologie allitérée.* (*Voy.* la note C, n. 2, à la fin de ce volume.)

biens (1). Le droit ancien avait la formule *Sain et Sauf* en commun avec la poésie du moyen âge, où l'on trouve, à de rares intervalles, des vers tels que ceux-ci :

> Sain et sauf et vivant,
> Sain et sauf et vis (vivus),
> Sain et sauf et entier.

Notre ancien droit pouvait aussi produire la forme *Part et Portion* relative à l'hérédité (2), expressions conservées par notre Code civil (3). Mais tout cela est si peu de chose (car je ne sais trop si l'on pourrait multiplier les citations de ce genre), qu'on peut affirmer que la *Tautologie allitérée* est presque étrangère à notre droit, comme elle l'est, je l'ai déjà dit, à notre poésie.

La *mesure,* ainsi que la *rime* ou l'*assonance,* s'imposent presque toujours, soit ensemble, soit séparément, comme une condition substantielle à la forme des règles et des maximes de droit, qui tiennent une

---

(1) Édit. de février 1566 sur les petits domaines, préamb. (Fontanon, II, 291). — On retrouve cette forme, mais à deux termes seulement, *Terres Vaines et Vagues,* dans plusieurs lois de l'Assemblée constituante et de la Convention, etc. Elle est encore usitée aujourd'hui (*Voy.* le décret du 15-16 mai 1790, et les lois du 28 août 1792, 10 juin 1793, 14 ventôse an VII). — J'ai déjà fait remarquer que la forme *Terre Vaine et place Vuide* de l'ancienne coutume de Sedan, ou *Places Vides et Vaines* de notre vieux droit coutumier, appartiennent à cette catégorie plutôt qu'à l'*allitération simple.*

(2) Coût. de Paris; Lettres de rémission de Henri II en faveur des enfants de Robert Estienne, août 1552 (*Biblioth. de l'éc. des ch.,* t. I, p. 572).

(3) *Voy.* notamment les art. 1009 et 1012. *Voy.* encore ci-devant p. 21.

si grande place dans la pratique du palais. Il est rare, en effet, qu'une maxime juridique devienne populaire, si elle n'est pas rédigée de manière à pouvoir aisément se graver dans la mémoire. Car c'est le propre des maximes, des règles ou brocards de droit, de se transmettre par la tradition orale, plutôt que par l'écriture, et de passer de bouche en bouche, de siècle en siècle, jusqu'à la postérité la plus reculée.

Si l'on veut bien y faire attention, on verra que toute maxime, comme tout proverbe populaire, a une sorte de *mesure* métrique, à laquelle souvent vient se joindre l'*assonance*. Le droit romain, dans la rédaction arrêtée par Justinien lui-même, à une époque où les antiquités de ce droit étaient traitées avec tant de dédain par cet empereur (1), le droit romain des Pandectes n'a pas cherché à se soustraire à cette condition commune. On peut même dire qu'il y sacrifie avec empressement, avec bonheur, dans les règles et les maximes que le Digeste nous a transmises. Les maximes les plus courtes, en effet, ont constamment une certaine *mesure*, à laquelle se réunit, en outre, bien souvent, l'assonnance (2); celles

_____

(1) *Antiqui juris fabulas*, de la préface du Digeste.

(2) Cette *mesure*, qu'il ne faut pas confondre avec la *quantité* des vers grecs ou latins, dépend simplement du nombre des syllabes, sans égard ni pour les longues ni pour les brèves. C'est la *mesure syllabique* qu'on trouve dans certaines hymnes ou proses des offices de l'Église, où s'est conservée la *rime,* que les siècles de la basse latinité du moyen âge avaient rendue si fréquente dans la poésie latine. Il ne faut pas croire que la *rime* fut étrangère à la versification latine des âges classiques. (*Voy.* ci-après, p. 44, note 2.)

qui sont d'une certaine longueur ne sont pas toujours
dépourvues de ces deux ornements. Mais la *rime*, toutefois, ne s'y présente pas constamment avec une
régularité parfaite, comme dans les autres. C'est ce
que chacun peut aisément vérifier dans le titre du
Digeste, relatif aux règles de droit, où on lit un
assez grand nombre de règles mesurées et rimées
comme celle-ci :

> Qui in servitute est,
> Usucapcre non potest :
> Nam, cum possideatur,
> Possidere non videtur.

Ou celle-ci :

> Quatenùs cujus intersit,
> In facto, non in jure consistit (1).

Nous avons imité cet usage dans les maximes latines adaptées à notre droit ancien et dont quelques-unes sont encore en honneur aujourd'hui, soit
qu'elles aient été empruntées à des dispositions du
droit romain, usitées dans notre jurisprudence, soit
qu'elles appartiennent exclusivement à notre vieux
droit coutumier. Il suffit de citer ici quelques exemples, comme cette maxime de notre droit coutumier
en matière de saisie :

> Qui possidet et contendit,
> Deum tentat et offendit.

Et cette autre, citée dans le précaire :

> Qui negligit censum
> Perdat agrum (2).

(1) *Voy.* d'autres exemples rimés ou seulement mesurés dans la
note D à la fin du volume.
(2) *Voy.* d'autres exemples à la note E, n. 1, fin du volume.

Bacon est plein de ces aphorismes jetés dans ce moule poétique. Non-seulement il s'étudie à leur donner une forme concise et cadencée, mais il court encore, presque toujours, après l'*assonance* :

> Non placet Janus
> In legibus.

et ailleurs :

> Durum est torquere leges
> Ad hoc ut torqueant homines.

Le droit allemand abonde en maximes rimées (1).

Le droit français en possède un très-grand nombre qui, de même que dans le droit romain, ont seulement la *mesure* métrique, sans la *rime*, comme celle-ci :

> Le mort saisit le vif (2).

Mais, il ne le cède en rien, je crois, au droit allemand pour les règles et les maximes rimées, parmi lesquelles je me borne à rappeler ici la suivante, qui est bien connue :

> Que veut le Roi,
> Ce veut la Loi (3).

L'époque contemporaine elle-même n'a pas voulu rester en arrière à cet égard. Lorsqu'elle a créé quelque maxime, elle a toujours eu soin de lui donner la forme métrique, en y ajoutant même quelquefois l'*assonance*. C'est ainsi que, lors de la dernière guerre maritime contre l'Angleterre, notre diplomatie, ra-

---

(1) *Voy.* quelques exemples à la note F, à la fin du volume.
(2)-(3) *Voy.* à la note E, n. 2 et 3, quelques autres exemples.

jeunissant par la forme un principe déjà ancien, avait cherché à mettre le droit des neutres sous l'égide de la *mesure* métrique, en disant en leur faveur :

> Le pavillon couvre la marchandise (1).

C'est ainsi encore que, tout récemment, un orateur, aussi remarquable par sa science que par la tournure d'un esprit plein de verve et de saillie, s'écria un jour à la tribune, en repoussant l'intervention d'une puissance dans les affaires d'un Etat étranger :

> Chacun son droit,
> Chacun chez soi ;

maxime qui est restée, malgré les efforts qu'on a faits pour en pervertir le sens et la forme (2).

On ne saurait dire, d'une manière absolue, que la *rime* ou l'*assonance* appartienne rigoureusement, substantiellement, à la forme de la maxime de droit. Mais on peut assurer qu'elle en est fréquemment la compagne. On peut affirmer surtout que la *mesure syllabique* en est une indispensable condition.

La *rime* et la *mesure* sont restées, on le voit, à la suite des maximes, dans le domaine de la jurispru-

---

(1) Ce principe a été écrit notamment dans le traité entre la République française et les États-Unis de l'Amérique du Nord, conclu au mois d'octobre 1800. *Voy. l'Hist. du Consulat et de l'Empire*, de M. Thiers, t. II, p. 217, 218.

(2) On a prétendu que M. Dupin avait dit :

> Chacun pour soi,
> Chacun chez soi.

On comprend qu'il était aisé d'avoir beau jeu contre une pareille maxime.

dence, comme une preuve irrécusable du caractère et de l'origine poétiques de toute législation.

Mais la *mesure* et l'*assonance* ne furent pas exclusivement recueillies par la maxime juridique. S'il est vrai que le droit fut d'abord une poésie, d'autres parties de la science doivent porter encore quelques empreintes de cet état primitif.

Interrogeons d'abord le droit romain.

Les anciennes formules romaines, échappées au naufrage des siècles et antérieures aux lois Æbutia et Julia (1), ces formules qui accompagnaient les cérémonies symboliques avec lesquelles s'accomplissaient les principaux actes du droit, et qui devaient être prononcées sans y changer un mot, une lettre, sont presque toujours mesurées et se terminent fréquemment par une *assonance* (2). Il suffit, pour s'en convaincre, de citer, à titre d'exemple, cette fin de la formule de l'action *per manus injectionem* :

> Ob eam rem ego
> Tibi manum injicio.

Et celle-ci d'une autre nuance de la même action :

> Ob eam rem ego

---

(1) La loi *Æbutia* est du milieu du septième siècle de Rome, dans l'année 648 environ. Les lois *Julia* sont du commencement du huitième siècle, de l'époque de Jules-César et d'Auguste. A partir de ces lois, le Formulaire fut changé par l'abolition des *Actiones legis*.

(2) M. Michelet, *Origines*, Introd., p. 1, en a fait aussi l'observation. C'est peut-être par une réminiscence de cet état de choses que des légistes du moyen âge, aux huitième et neuvième siècles, mirent en rimes latines les formules de pratique de cette époque.

Tibi pro judicato
Manum injicio (1).

Ces *assonancés* reviennent trop fréquemment dans les formules de ce genre, pour qu'on puisse attribuer au hasard leur répétition, ainsi qu'on a voulu le faire croire, mais sans fondement, à l'égard des vers des poètes classiques, où la *rime* élève si souvent la voix, comme elle le fait notamment dans ces vers si connus de Virgile :

Ter frustra comprensa manus effugit imago,
Par levibus ventis, volucrique simillima somno.

Et dans ceux-ci plus connus encore, et où l'intention est si bien marquée :

Hos ego versiculos feci; tulit alter honores.
Sic vos non vobis nidificatis, aves;
Sic vos non vobis vellera fertis, oves;
Sic vos non vobis mellificatis, apes;
Sic vos non vobis fertis aratra, boves (2).

(1) *Voy.* de plus nombreuses citations à la note G de la fin du volume.

(2) J'ai recueilli un nombre si considérable de vers latins rimés, émanés des poètes les plus purs et les plus châtiés, que je n'hésite pas à dire que la *rime* ne fut pas chez les Romains l'effet du hasard. Quant à la *mesure syllabique*, elle dût être la forme de la versification latine avant l'introduction de la littérature grecque, sur le modèle de laquelle se forma la littérature latine; mais on sait que cette importation n'eut lieu qu'à la fin du sixième siècle. La loi des Douze-Tables est des premières années du quatrième siècle (303-305). Les *Actiones legis,* avec leurs formules, sont contemporaines de cette date. C'est aux Romains, et non aux Arabes ni aux Scandinaves, que les peuples du Midi doivent la *rime.* Quant aux Allemands, et aux Anglais ils peuvent l'avoir empruntée aux Germains. La forme la plus ancienne du vers latin classique, le vers saturnin, se rapproche plus de la *mesure syllabique* que de la *quantité.* Les chants populaires du temps de César étaient calqués sur la mesure syllabique.

Il n'y a rien non plus de contraire à la vraisemblance des choses d'admettre, avec M. Ballanche, que les formules des *Actiones legis* étaient d'abord chantées, ainsi que le fut le droit primitif; alors qu'il n'était pas encore confié à l'écriture (1). Il en dût être de ces formules romaines, comme des lois, à Athènes et dans la plupart des villes grecques. Ces lois, après avoir cessé d'être rendues en vers, furent, pendant longtemps encore, promulguées, dans une sorte de déclamation mesurée, et furent chantées dans les places et dans les carrefours, par le crieur public, au son de la cithare (2).

Ce même caractère métrique et rimé se rencontre aussi dans les fragments de la loi des Douzes-Tables, contemporaine des formules des *actiones legis,* dont il vient d'être parlé. Cette loi, dont la précision monumentale saisit, et dont la majestueuse simplicité subjugue, serait déjà par cela seul une sévère poésie, si elle ne possédait en même temps le charme qui naît de la *mesure*, et la grave mélodie que lui donne l'*assonance*. On comprend, pour lors, à tous ces titres, l'appellation de *carmen*, dont se sert Cicéron pour désigner cette loi (3), expression qui nous rappelle que dans la Grèce aussi, le même mot

On peut voir dans Suétone (*In Cæsare*, n. 80) les vers satiriques que les soldats chantaient derrière le char du dictateur. *Voy.* ce que je dis ci-après, p. 43 à 48 et cf. ci-devant, p. 36, note 2.

(1) *Palingénésie,* 5e partie.

(2) *Voy.* la note I à la fin du volume.

(3) Discebamus pueri XII, ut *carmen* necessarium, quas jam nemo discit. (Cicero, *de Legib.,* II, n. 23.) — *Voy.* la note I à la fin du volume.

(νόμος) signifiait *chant* et *loi* en même temps (1).

Les textes, en bien petit nombre, de la loi des Douze-Tables, qui paraissent être parvenus entiers jusqu'à nous, peuvent être étudiés, dans leur rhythme poétique, sous deux points de vue divers : sous le rapport de la *quantité*, ce qui les prive de l'*assonance;* et sous celui de la *mesure syllabique*, qui marche alors, presque toujours, avec la *rime* ou l'*assonance.*

Vico n'a porté son attention que sur la *quantité.* Il a, sur ce point, tout une théorie qu'il a su lier avec art à son système général sur la langue des deux âges primitifs (2).

La théorie générale de Vico, sur la naissance et sur la contexture de la forme du vers chez les Grecs et chez les Latins, ne s'accorde que médiocrement avec les fragments qui nous restent de la loi des Douze-Tables. Vico, au surplus, fausse lui-même complétement sa propre théorie générale, lorsque, voulant en faire l'application à cette loi, il affirme que ces fragments se terminent presque toujours par un vers adonique, qu'il présente comme le dernier vestige du vers des temps héroïques, assertion à laquelle un savant romaniste français refuse de croire (3).

(1) *Voy.* ci-devant, p. 12, note 1 et p. 13 et 14.

(2) *Voy.* l'exposition de ce système dans le corollaire du liv. II, intitulé : *Intorno all' orig. della locuz. poet.*

(3) M. Giraud ajoute, avec quelque hésitation toutefois, qu'à l'époque où fut publiée la loi des Douze-Tables, la jurisprudence romaine n'était déjà plus un poème sérieux. (*Introd. Hist. aux élém. du Dr. rom.*, p. 71, 72.) — On verra ci-après que ce n'était pas sans raison que le savant professeur hésitait à émettre une pareille opinion qui, en effet, n'est pas fondée.

Cette assertion, examinée de près, est, en effet, pleine d'erreurs. Vico paraît avoir pris, pour base de son affirmation, les textes qui se trouvent dans le *Traité des Lois* de Cicéron. Mais ces textes n'ont jamais fait partie de la loi des Douze-Tables. Ainsi, en admettant son observation comme vraie à l'égard des textes de Cicéron, elle ne pourrait être d'aucune application aux textes véritables.

Vico, au surplus, ne doit pas même être suivi dans ce qu'il dit sur la forme métrique des lois que Cicéron voulut imiter des célèbres tables décemvirales. La rédaction de Cicéron se rapproche beaucoup, il est vrai, de celle des fragments de la loi des Douze-Tables. Mais si, dans l'une et l'autre rédaction, on voit quelquefois des vers hexamètres, dont il n'est pas possible, d'ailleurs, de faire des vers adoniques, si même les véritables textes de la loi des Douze-Tables contiennent deux vers adoniques, on y trouve, en plus grande quantité, des vers qui se terminent, comme ceux des poèmes de Nœvius, par un ou plusieurs spondées, et d'autres qui présentent la fin d'un vers iambique.

Quant à tous ces fragments, véritables ou apocryphes, ceux des décemvirs, comme ceux de Cicéron, leur examen attentif, au point de vue de la *quantité*, pourrait donner lieu de croire qu'on s'était efforcé d'enchâsser ces textes dans des formes métriques diverses, et non uniformes. Celle qui aurait été le plus fréquemment employée, présenterait une sorte de vague analogie avec le vers saturnin, ou plutôt, avec le vers iambique dimètre ou trimètre, que les Romains empruntèrent des Grecs.

Mais tout cela est fort arbitraire, et ce point de vue, s'il faut que je le dise, manque entièrement de vérité. Les fragments de la loi des Douze-Tables ne paraissent pas avoir été rédigés avec la *quantité*, comme l'affirme Vico. A l'époque de leur promulgation, la *quantité*, avec ses dactyles, ses ïambes et ses spondées originaires de la Grèce, ne s'était pas encore introduite dans la versification latine; car la littérature grecque ne fut importée à Rome que vers la fin du sixième siècle; et l'on sait que la loi des Douze-Tables est des premières années du quatrième (1).

Au point de vue de la simple *mesure syllabique*, abstraction faite de la *quantité*, l'étude des véritables textes de la loi des Douze-Tables, et celle des lois faites par Cicéron à leur imitation, présente des résultats bien plus satisfaisants que ceux que Vico avait annoncés. Le style de tous ces textes est grave, toujours mesuré et souvent rimé, comme on peut s'en faire une idée par la citation suivante empruntée aux tables décemvirales :

SEI MORBOS AIVITASVE VITIOM ESCIT
QUEI ENDO IOUS VOCASSIT
IOUMENTON DATOD
SEI NOLET ARCERAM NEI STERNITOD (2).

Les lois de Cicéron donnent le même résultat, copiées qu'elles sont sur ce modèle. En voici également un exemple :

(1) *Voy. ci-devant*, p. 41, note 2.
(2) *Voy.* la note II à la fin du volume.

PIETATEM ADHIBENTO ;
OPES AMOVENTO.
QUI SECUS FAXIT,
DEUS IPSE VENDEX ERIT (1).

On a vu que les règles de droit, à l'époque de Justinien, sont rédigées dans un style mesuré, et se terminent souvent par une *rime*. En remontant à une époque plus ancienne, on vient de trouver la même forme dans les lois de Cicéron. Les formules des *Actiones legis* sont également mesurées et rimées. Une sentence de condamnation, que Tive-Live et Cicéron nous ont conservée, est calquée sur la même forme (2). Les mêmes conditions se rencontrent enfin dans plusieurs fragments de la loi des Douze-Tables. Comment admettre que le hasard ait produit ainsi les mêmes formes, le même *rhythme*, la même combinaison de l'*assonance*? Est-il possible de méconnaître la chaîne qui lie entre eux tous ces divers documents, la pensée commune qui les rattache à un seul et même système, dont la plus ancienne exécution, à nous connue, se révèle à l'époque de la loi des Douze Tables, pour se continuer, sans interruption, jusqu'au siècle de Justinien? De cette constante identité dans des documents qui appartiennent à des époques si éloignées, il faut évidemment conclure que la véritable forme métrique de la loi des Douze-Tables consiste, comme celle des

---

(1) *Voy*. la note II à la fin du volume.

(2) *Voy*. cette formule dans Tite-Live (I, 26) et dans Cicéron (*pro Rab.*, 4) :

Caput obnubito ;
Infelici arbori recte suspendito.

formules et des règles de droit, dans la *mesure syllabique*, et non pas dans la *quantité*. Avec la *mesure syllabique* marche l'*assonance* ou la *rime*, qui en est presque toujours la fidèle compagne.

Le droit des anciens Romains n'est pas le seul dont la rédaction, dans les fragments qui nous en restent, affecte la forme métrique et l'*assonance*. Si on interroge les vestiges du vieux droit allemand et ceux de l'ancien droit du nord de l'Europe, on y trouve aussi des phrases qui ont une certaine *mesure* avec de fréquentes *assonances*, d'où l'on est autorisé à induire que leur primitive rédaction dût être calquée sur ces deux formes (1).

C'est sans doute, par une réminiscence de ce mode de rédaction, que les Allemands possèdent quelques lois anciennes et plusieurs vieux recueils juridiques, tels que le *Miroir de la Saxe*, dont les préambules sont écrits en vers rimés (2). J. Grimm assure même qu'on peut citer un ancien recueil de droit écrit en *rimes* d'un bout à l'autre (3).

La rédaction primitive du droit suit partout, dans

_____

(1) J. Grimm (*Poesie im Recht*, § 5) cite, entre autres, cette phrase :

> Kommt der wolf zur heide,
> Der dieb zum eide,
> So haben sie gewonnen spiel.

Dans ses *Antiquités du droit allemand*, p. 33, le même auteur cite d'autres fragments, dont plusieurs appartiennent au droit du Nord.

(2) J. Grimm (*Deuts. Rechtsalt.* p. 33) indique l'*Asegabuch*, édition de Wiarda. — Repkow a écrit en vers rimés le préambule du *Sachsenspiegel*.

(3) *Loco citato*.

les conditions de sa forme, la forme de la poésie nationale. Il semble, dès lors, qu'il y ait pour la France
une exception à ce principe. Car, tandis que la poésie
française est toute rimée, notre vieux droit français
n'a pas un seul texte original composé avec la *rime*,
si ce n'est le préambule et la fin des *coutumes anciennes* de la ville de Châtillon-sur-Seine, rédigées en
l'année 1371 (1).

Comment se fait-il donc que le droit romain, dont
la poésie ne comporte la *rime* qu'accidentellement,
possède des textes de loi et des documents juridiques
rimés, alors que la France, où la *rime* est la suprême
grâce de la forme poétique, n'admet pas ce même
élément dans la rédaction de son droit ancien, si ce
n'est pour les règles et les brocards juridiques, ce qui
ne tire pas sérieusement à conséquence, puisque les
temps modernes eux-mêmes les produisent quelquefois encore avec la *rime* et la *mesure?*

Il y a là une contradiction plus apparente peut-être
que réelle.

La *rime,* en effet, chez les Romains, si elle fût employée sobrement par les poètes de l'âge d'or, fut
pourtant un produit indigène du sol italique. Car,
quoique la littérature latine soit en général une littérature d'imitation, on ne voit pas, néanmoins, que
la *rime* ait été importée à Rome par une littérature
étrangère. Il en est de même chez les nations teutoniques, dont la poésie usa largement de ce procédé
musical. De là, la *rime* qui se produit avec sobriété

(1) *Voy.* dans Giraud, *Essai sur l'hist. du Dr. français au moyen
âge,* t. II, p. 538 et 598.

dans le droit des Romains et dans leur poésie, et qui se manifeste, dans le droit des peuples du Nord, avec cette belle efflorescence qu'elle déploie dans leur système de versification.

En France, au contraire, la *rime* est un emprunt fait par les trouvères aux poètes latins, ou, si l'on veut, à la poésie arabe ou scandinave. Privée de tout caractère indigène dans notre langue et dans la poésie qu'elle enfanta, la *rime* a manqué de force pour s'introduire dans le droit.

Il ne faut pas oublier non plus que notre droit français actuel a pris naissance à une époque de barbarie secondaire. Sa promulgation primitive n'eut pas lieu dans une forme métrique, comme celle du droit des Romains, des Grecs et des Germains. Sa rédaction ne peut, par conséquent, être marquée du caractère poétique qu'à un degré assez incertain, et dans une mesure nécessairement incomplète et restreinte.

C'est de cette manière qu'on s'explique parfaitement l'absence de la *rime* dans les textes originaux du vieux droit français ; et c'est ainsi que se justifie, par l'exemple même de la France, ce principe que le droit, dans sa rédaction primitive, observe ordinairement les conditions inhérentes à la forme primitive de la poésie de chaque peuple.

La *rime* ne s'unit point à notre ancien droit français, parce qu'elle n'est, dans notre poésie, qu'un ornement emprunté. Mais s'il est vrai que la *rime* fut un élément indigène dans la poésie celtique, on peut dire, avec certitude, que les lois des Druides,

4

qui furent d'ailleurs rédigées en vers, durent être également rimées.

La *rime*, bannie des textes originaux de notre droit, prend sa revanche dans les traductions. La France, en effet, à l'exemple peut-être de ces légistes du huitième et du neuvième siècle qui avaient mis, en rimes latines, et transformé en une bizarre versification, les formulaires de pratique (1), la France peut produire les *Institutes* de Justinien, mises en vers rimés par un poète normand, et la *Coutume de Normandie,* qu'un autre poète de la même province, dans le treizième siècle, translata du latin en vers français rimés, œuvre qui, pour l'époque, n'est pas sans mérite, soit au point de vue de la versification, soit sous le rapport juridique (2).

La poésie n'est pas limitée à la forme matérielle tirée de la *mesure,* de l'*assonance,* de la *rime,* de l'*allitération* ou de la *tautologie.* Les expressions figurées, les images, les épithètes, constituent surtout l'un de ses principaux éléments. Par l'arrangement physique de la phrase, par le retour périodique des mêmes sons, la *mesure* et la *rime* charment l'oreille; par les figures, dont la poésie décore la pensée, par l'épithète qui ajoute à l'énergie ou à la grâce naïve de

(1) *Voy.* ci-devant, p. 40, note 2.

(2) Si je ne craignais d'altérer la gravité de cet ouvrage, je rappellerais, à cette occasion, que la France possède aussi plusieurs actes judiciaires écrits en vers rimés, tels que des diplômes et lettres patentes, des requêtes au parlement, et même des arrêts de Cour souveraine rédigés en vers. Ces documents ont été, pour la plupart, transcrits dans les registres des archives et des greffes.

l'expression, elle arrive jusqu'à l'imagination qu'elle saisit ou qu'elle enchante.

L'examen philologique que j'ai entrepris ne serait pas complet, si, avec l'*allitération*, la *tautologie*, la *mesure* et l'*assonance,* on ne pouvait faire entrer en même temps, dans la rédaction du droit des anciens jours, celui de tous les éléments de la poésie, qui brille du plus vif éclat, et qui a le plus de puissance sur les esprits. La poésie du droit, privée d'images et d'épithètes, ne serait plus qu'une plante sans fleurs.

En fait de métaphores et d'épithètes le droit des peuples teutoniques offre surtout une grande profusion de richesses.

Les dénominations y sont très-poétiques. Le proscrit s'y nomme *Vogelfrei, livré aux oiseaux,* pour signifier qu'il ne peut plus prétendre à la protection des hommes, ni vivre sous leur toit, qu'il est condamné à errer loin de la société de ses semblables, dans la profondeur des forêts, où il mourra privé de sépulture, abandonné comme une proie aux oiseaux du ciel (1). La phrase s'y colore à un degré éminent. L'incapacité héréditaire de celui qui a été condamné

_____

(1) Cf. Grimm, *Poesie im Recht*, § 6, où l'on peut voir une grande quantité de dénominations du même genre, tirées du droit allemand et du droit du nord. On comprend que je dois continuer à me borner ici à quelques exemples aisément intelligibles. Quant à cette expression, *vogelfrei, permissus avibus,* elle tire son origine des formules de bannissement qui livraient le corps du proscrit aux bêtes de la forêt, aux poissons qui sont dans l'eau et aux oiseaux qui volent dans les airs.—*Voy.* ci-après, p. 53, deux formules de ce genre. Cf. ce mot avec celui de *Wargus,* qu'on verra un peu plus loin, p. 60.

pour meurtre est proclamée en ces termes : « La main « sanglante ne doit toucher aucun héritage » (1). Pour exprimer l'imprescriptibilité et l'inaliénabilité des biens de l'Église, le droit allemand dit que « ces biens ont une dent de fer » (2). Dans les pays de servitude, où la résidence seule fait d'un homme libre le serf du seigneur, le même droit dit que, dans ces lieux, « l'air rend esclave » (3). Au lieu d'écrire prosaïquement : l'un des fils est marchand et l'autre reste à la maison, la loi wisigothe dit : « L'un des frères « fait le commerce, l'autre reste assis à la maison « auprès de la cendre du foyer paternel » (4). La disette, la cruelle disette que l'hiver apporte, voici en quels termes le droit du nord la décrit : « Quand la faim ardente passe par le pays, que le « sombre brouillard, et que l'hiver froid appro- « chent » (5) ; et pour expliquer que les intérêts d'une somme d'argent doivent être comptés en hiver, un vieux document se sert de cette périphrase : « Les « intérêts seront payés à l'époque où l'ours est cou- « ché dans la mousse » (6).

La formule du serment des membres du tribunal

(1) « Blutige Hand nimmt kein Erbe ». (Grimm, *Poesie im Recht*, § 7.)

(2) « Kirchengut hat eisernen Zahn ». (Grimm, *id.*) — *Voy.* ci-après, p. 65, un rapprochement avec le droit français.

(3) *Die Luft macht leibeigen.* Eisenhart, *Grundsætze des Deutschen Rechts in Sprüchwörtern;* Leipzig, 1822.

(4) *Lex Wisig.*, I, § 8, ap. Grimm, *id.*

(5) Grimm, *Poesie im Recht*, § 7.

(6) « Die Zinse ist zu reichen, wann der Bær im Moos liegt ». Fritsch, *suppl. Besoldi thes. pr.*, ap. Grimm, *Poesie im Recht,* § 7.

vehmique est d'une énergie où la poésie éclate à chaque ligne et presque à chaque mot : « Je jure de cé-
« ler la sainte vehme à ma femme et à mes enfants,
« à mon père et à ma mère, à mon frère et à ma
« sœur, au feu et au vent, à tout ce qui est éclairé
« par le soleil ou mouillé par la pluie, comme à tout
« ce qui flotte entre le ciel et la terre ». La formnle
du bannissement n'est pas moins belle : « Nous te
« jugeons et te condamnons, nous te mettons hors
« de tout droit. Ta femme, nous la déclarons veuve ;
« tes enfants orphelins et libres de tous liens envers
« toi. Nous donnons tes fiefs au seigneur de qui tu
« les reçus, ton patrimoine et tes propres à tes
« enfants, ton corps et ta chair aux bêtes des forêts,
« aux oiseaux de l'air, aux poissons qui sont dans
« l'eau (1). En quelque lieu que tu te trouves, nous
« te délaissons et te renions ; et là où tout homme
« doit avoir paix et protection, tu n'en trouveras,
« toi, d'aucune sorte. Nous te renvoyons enfin sur
« les quatre routes du monde » (2).

Le droit teutonique affectionne surtout l'épithète,
l'épithète parasite à la manière des poètes grecs et latins. « La mer salée, le lac agité, le jour clair et lumi-
« neux, le soleil luisant, la nuit sombre, l'hiver froid, le
« sombre brouillard, le bouclier éclatant, le fer froid,
« l'argent blanc, l'or brillant, le vert gazon, la forêt
« verte ou noire, le ciel libre, le ciel bleu, la bouche

---

(1) *Voy.* l'observation de la note 1, p. 51, qui précède.
(2) Grimm, *loc. cit.* — *Voy.* d'autres formules de condamnation
dans l'autre ouvrage déjà cité du même auteur, p. 39 à 43.

riante », et tant d'autres épithètes semblables se rencontrent à chaque ligne dans l'*asegabuch* et dans le Recueil du droit de la Frise (1). Toutes ces citations suffisent bien, je pense, pour m'autoriser à demander si un tel langage ne s'accorde pas mieux avec l'*Odyssée* ou l'*Iliade*, qu'avec l'idée qu'on se fait aujourd'hui d'une collection de droit ?

Le corps du droit romain, dans sa première partie, est presque tout composé de passages extraits des ouvrages ou des consultations des prudents. Ce recueil, ordinairement écrit avec élégance, ne présente pas le même intérêt que le droit allemand au point de vue de la poésie primitive. Le *Digeste* et le *Code* sont assez stériles à cet égard, ce qui se comprend très-bien, d'après la nature des matériaux sur lesquels la collection est rédigée. La loi des Douze-Tables est surtout remarquable par le caractère monumental de sa rédaction, sévère poésie qui, toutefois, n'exclut pas entièrement les expressions figurées. Les annales et les ouvrages historiques offriraient sans doute de grandes ressources aux investigations des philologues, si les plus anciens de ces livres étaient parvenus jusqu'à nous. Tite-Live n'est pas inutile à consulter.

Le *Digeste* conserve encore un certain nombre d'épithètes, qui peuvent se rattacher aux premiers âges du droit, telles que celle de « misérable » pour le dépôt fait en cas d'incendie ou de naufrage (2), et celle

---

(1) Grimm, *Poesie im Recht*, § 7, et *Deuts. Rechts alt.*, p. 34, 35, 37, 799.

(2) « Depositum miserabile... tumultûs, vel incendii, vel naufragii causa ». (L. 1, §§ 1 et 2, D. *Depositi vel contra.*)

de « pénible » donnée au remède de la cession de
biens (1). La sentence de celui qui était condamné au
supplice de la croix a surtout une assez belle couleur
de poésie antique : « Qu'on lui couvre la tête, et qu'on
le suspende à l'arbre du malheur » (2). Lorsque la
loi des Douze-Tables veut exprimer la liberté qui appartient au chef de famille de disposer de sa chose à
sa volonté, elle dit : « qu'il soit fait selon que sa bouche a prononcé » (3), solennité de la formule, religion de la parole (4) qui, dans les contrats, règle
aussi le for intérieur et domine la conscience. Le
patron qui a faussé la foi du client, l'enfant qui a
porté la main sur son père, l'homme qui a ravagé la
moisson d'autrui sont déclarés « sacrés, dévoués à la
divinité », par les lois royales ou par celles des Douze-
Tables, qui évitent par là de prononcer la peine de mort.
Sacré et *Condamné* à la peine capitale ont ainsi le même
sens dans cette jurisprudence symbolique (5). Et s'il
était vrai que Romulus, en interdisant aux femmes de
boire du vin, eut entendu, par le mot *mulieres*, désigner
la classe entière des plébéiens, et par le mot *vinum*, indiquer le droit de cité, le *vin civil,* interdit aux plébéiens, aux profanes, assimilés au sexe passif, à la
femme, la loi royale qui contiendrait une pareille dis-

(1) « Cessionis flebile adjutorium ». (L. 7, *Cod. qui bonis cedere poss.*, VII, 71.)

(2) « Caput obnubito, infelici arbori suspendito. (Tite-Live, I,
10 ; — Cic. *pro Rabirio*, 4).—*Voy.*, sur cette formule, l'observation
faite à la page 46.

(3) « Utei lingua noncupassit ». (VI, 1).

(4) *Verborum religio;* Ballanche, IV, 193, édit. in-18.

(5) « Sacer esto; diris devotus, cereri suspensus ».

position, et la loi des Douze-Tables qui se serait approprié cette rédaction, en désignant aussi par le même mot *mulieres* les plébéiens qui vont aux funérailles de leur patron (1), ces deux lois présenteraient, sans contredit, ce qu'il y a de plus poétique en fait de trope judiciaire. Cette poésie mythique porterait au plus haut degré le caractère des temps primitifs (2).

Mais cette expression « l'*Univers romain* », pour désigner l'empire, cette expression (3), quoique fort belle, n'a rien qui puisse se rattacher au droit des premiers âges (4) ; et cette phrase, dont se sert l'empereur Léon le Philosophe, au sujet du régime municipal : « Ces lois errent, en quelque sorte, vainement et sans objet, autour du sol légal, nous les abolissons » (5), cette phrase n'est qu'une phrase

(1) « Mulieres cenas ne raduntod neive lesom fonereis ercod habento ». (X, 3 et 4).

(2) Je laisse à M. Ballanche l'honneur et la responsabilité de ce système, qui a été inspiré par Vico. M. Ballanche l'a exposé dans plusieurs endroits de sa *Palingénésie*, mais sans indiquer ses autorités, pas plus que Vico.

(3) « In orbe romano qui sunt ex constitutione imperatoris Antonini cives romani effecti sunt ». (Ulpian., *ad edict.*, l. 17, D. I, 5, *de statu hom.*) C'est dans ce sens qu'il faut entendre ces mots : « mère de l'univers », *genitrix orbi*, qu'on lit sur quelques-unes des médailles frappées au type de Livie, femme d'Auguste. Cf. Am. Thierry, *Hist. de la Gaule sous la domin. rom.*, t. I, p. 145, introduct.

(4) Il en est de même de cette phrase, fort élégante assurément, relative au testament des militaires, qui pouvait être écrit avec leur sang sur leur bouclier : « Si quid (milites) in vaginâ aut clypeo, litteris, sanguine suo rutilantibus, adnotaverint ». (l. 15, *Cod.* VI, 21 *de test. mil.*)

(5) « Quæ nunc...tanquam incassum circa legale solum oberrent,

ambitieuse, où l'on voit les efforts de la rhétorique qui veut briller, bien plutôt que les vestiges d'un ancien état historique. Le sentiment et l'expression des choses primitives ne sont pour rien dans tout cela (1).

Dans les fragments incomplets et mutilés qui nous sont restés du droit de l'ancienne Grèce, des expressions figurées se présentent souvent aux recherches de l'érudit. Ainsi, à Athènes, l'urne dans laquelle on déposait le suffrage de la condamnation, s'appelait « l'urne de la mort », et celle destinée à l'acquittement, « l'urne de la miséricorde » (2). Les archontes, qui avaient pour insigne une couronne de myrte, portaient le nom de *Myrtœi* (3). A Sparte, l'emploi de sénateur se nommait « la récompense de la vertu », l'élection à cette charge, la « conquête de la ver-

---

nostro decreto illinc submoventur ». (Léon. XLVI, *Abrog. quarund. decret. et decurionib. lat. legum.*)

(1) Il en est de même des mots *inter dormientes,* dont se servent les jurisconsultes romains pour indiquer poétiquement que la compensation s'opère à l'insu des parties, *inter dormientes.* La métaphore est très-élégante, mais elle n'a rien de primitif.

(2) « Duæ calculorum urnæ erant ; una, misericordiæ, quæ posterior : altera, anterior, et hæc mortis ». (Scholiast. Aristoph., *Vespis*, ap. Meursius, *Areopagus*, cap. VIII. — *Voy.* Barthélemy, *Anach.*, ch. XVII.)

(3) On appliquait la même dénomination, *Myrtœi,* à tout ce qui se rapportait à l'exercice d'un certain pouvoir : « Myrtæi, quod spectat ad quoddam imperium ; sic autem videtur figuratum esse quia archontes myrtis coronabantur ». (Hesychius, ap. Meursium, *Attic. lect.*, l. VI, cap. VI.) — Celui qui aspirait à devenir archonte, on le nommait, par la même raison, *Myrtinans :* « Myrtinans, dit Suidas, magistratum appetens, myrtis enim archontes coronabantur ». (Suidas, v° Μυρρινᾶν).

tu » (1). Des noms affectueux et tendres, tels que ceux de fille, de sœur, de mère, désignaient les colonies et les villes qui les avaient fondées, pour indiquer les liens qui les unissaient et leurs engagements réciproques (2). Les lois de Sparte et de Crète, unies par une commune origine (c'est de l'île de Crète que Lycurgue apporta ses lois), s'appelaient des « lois fraternelles, consanguines » (3). A Athènes, les curies de chaque tribut portaient la dénomination de « confraternité; » car ceux d'une même curie, ayant des temples, des fêtes, des sacrifices communs, fraternisaient entre eux (4).

Ces expressions métaphoriques, et toutes celles du même genre, qu'on trouve dans le droit de l'ancienne Hellénie, sont-elles des restes des temps primitifs? ne faut-il pas y voir plutôt le raffinement de l'esprit de civilisation? On sait qu'à Athènes, qui donna ses lois à la plus grande partie des peuples helléniques, le droit écrit, substitué par Solon aux lois de Dracon, qu'il abolit, reçut à diverses reprises de profondes modifications, et pour le fonds et dans la forme (5). Ce droit lui-même, ainsi défiguré, ne

---

(1) Robinson, *Ant. grecq.*, trad. fr., t. I, p. 320.

(2) Barthélemy, *Anach.*, t. II, p. 35, édit. de 1791.

(3) ἀδελφοῖς νόμοις. *Voy.* Robinson, t. I, p. 334.

(4) Barthélemy, *Anach.*, ch., xxvi, t. III, p. 9, édit. de 1791.

(5) On voyait encore, du temps de Plutarque, dans le Prytanée, quelques faibles restes des anciennes tables sur lesquelles étaient gravées les lois de Solon (Plut., *in Sol.*; — Meursius, *in Sol.*, caput xxiv). — Le grammairien Didyme avait écrit sur une partie de ces lois un ouvrage, et Seleucus un commentaire, qui ne sont parvenus ni l'un ni l'autre jusqu'à nous. Les écrivains de l'antiquité, et, entre autres, l'orateur Lysias, accusent surtout Nicomaque, qui

nous est parvenu, comme celui de Dracon, qu'à travers les énonciations souvent fautives des historiens,
et les citations tronquées des orateurs. S'il ne s'agissait que de chercher le sens d'une disposition, il serait bien possible, par un travail de comparaison et
de critique, de reconnaître la signification d'une loi
dans un texte défiguré ou dans une citation incomplète. Mais la forme elle-même, mais l'expression ,
comment les saisir dans des textes absents ou bou-
leversés ? Sur la physionomie de l'expression venue
jusqu'à nous, comment distinguer ce qui se rattache
au droit des premiers jours de ce qui n'est que l'in-
terpolation du copiste inattentif, la transfiguration
intéressée de l'orateur, ou la criminelle corruption de
Nicomaque ! Les matériaux manquent, à cet égard,
pour remonter des siècles civilisés aux âges de la barbarie. Quant au droit de Lacédémone, les obstacles
ne sont pas moins grands. Les lois de Lycurgue, on
le sait, ne furent pas écrites, et il était défendu, sous
des peines sévères, de les confier à l'écriture. La
tradition orale, lorsque l'écriture s'en empara, fut-
elle, pour la forme et pour l'expression, religieusement consultée et fidèlement recueillie? L'état de la
science, en ce qui concerne le droit hellénique en
lui-même , et surtout dans ses textes primitifs, ne
permet guère que les plus timides conjectures. On

avait été chargé de faire la recension de ces lois, de les avoir cor-
rompues à dessein et souvent à prix d'argent, dans leur sens et dans
leur texte : « Quotidie, dit Lysias, accepto pretio leges illas inscri-
bebat, has delebat; eoque reducti sumus ut ex ejus manibus leges
acciperemus... Vobis in mari periclitantibus, ipse, hic manens, leges
Solonis corrumpebat (*Orat.*, XXIX).

comprend dès lors la sobriété que j'ai dû m'imposer. La Grèce, d'ailleurs, fut sans influence sur le droit ; elle est la patrie des philosophes, des orateurs et des poètes ; Rome seule eut des jurisconsultes. C'est sur la terre romaine que le droit aima surtout à s'épanouir.

Notre moyen âge, sans être probablement plus riche en réalité que l'antiquité païenne, nous a transmis cependant des matériaux plus considérables et moins douteux. On en a vu déjà de nombreux exemples dans le droit allemand et dans celui du Nord. Les autres parties de l'Europe sont tout aussi fécondes.

Le droit anglo-saxon, que J. Grimm considère comme assez pauvre en ce genre, établit, par une figure toute poétique, la différence qui existe entre le délit forestier et le vol ordinaire, en disant que : « La hache sonne mieux que le voleur » (1). La fiction d'Édouard le Confesseur, qui assimile le banni au loup, en lui donnant la tête de cette bête fauve, que chacun peut tuer impunément, cette fiction est une poésie des plus saisissantes qui rappelle la dénomination germaine de *Vogelfrei* (2). Dans les lois que Guillaume le Conquérant présenta à l'Angleterre comme une résurrection du saint roi Édouard, on peut citer la qualification donnée aux bestiaux destinés à être vendus, qui sont appelés *pecunia viva*

---

(1) Grimm, *Poesie im Recht*, § 7.

(2) *Voy*. Ducange, *Caput lupinum gerere*, II, 294. — Cette fiction est rappelée plusieurs fois dans le cours de la Symbolique. (*Voy*. notamment ce que j'y dis, liv. I, chap. III, § 5, sur le *Mythe* juridique.) Cf. ci-devant, p. 51.

par opposition à *pecunia sicca,* qu'on donnait à l'argent en espèce (1).

A Gand, « Loi, juge et magistrat » sont synonymes (2). Car, avant qu'elle fût écrite, le magistrat seul savait la loi et la retenait dans sa mémoire (3). Il était ainsi la loi personnifiée, la loi vivante. De là, le nom de « Loi », que la ville de Gand donnait au magistrat.

Le droit ancien de la France n'est pas stérile en expressions poétiques et en appellations pittoresques. Mais ce qu'il y a de bien remarquable à cet égard, c'est que plusieurs de ces locutions se rencontrent dans les coutumes des pays, dont l'origine est teutonique, ou se retrouvent presque identiquement dans le droit des peuples germains. Notre vieux droit normand donne le nom de « Plaids de l'épée » aux pro-

---

(1) « Interdicimus etiam ut nulla viva pecunia vendetur aut ematur, nisi, etc. ». (*Leg. Willelmi, reg. Ang.,* LX; — *Voy.* Houard, *Anc. lois fr.,* II, 136 et 140). — Le pittoresque de l'expression latine, *pecunia viva, sicca,* est mis encore en saillie par l'étymologie du mot *pecunia,* qui vient de *pecus,* la tête de bétail empreinte sur la première monnaie romaine frappée sous Servius Tullius, et destinée à représenter les troupeaux qui étaient la principale richesse des Romains primitifs. *Voy.* Cicéron, *de Repub.,* l. II;—Pline, *Hist. nat.,* l. XVIII, cap. III. — On dit encore aujourd'hui, en Provence, *capitaux vivants,* pour désigner les bestiaux attachés à un bien rural, et *capitaux morts,* pour les engrais, les ustensiles aratoires, etc.

(2) Michelet, *Hist. de Fr.,* V, 350-352.

(3) « En Islande, dit M. Marmier, l'assemblée de l'*Althing* était présidée par les douze représentants des districts, et au-dessus d'eux s'élevait le chef judiciaire élu par le peuple et proclamé *homme de la loi.* C'était bien l'homme de la loi; car, à une époque où elle n'était pas encore écrite, il devait la savoir littéralement par cœur, et la répéter chaque année aux diverses tribus. Pendant deux cents ans ce code primitif se perpétua ainsi par le souvenir et par la parole » (*Lettres sur l'Islande,* p. 105, édit. in-18.) — Cf. Michelet, *Hist. de Fr.,* V, 345.

cès criminels, et désigne par « l'épée du Duc », la juridiction criminelle du duc de Normandie (1). Il veut que tout malfaiteur se purge « par jugement de fer » (2). Il comprend sous le nom de Varech et choses gaives tout ce que la mer jette au rivage si près de terre « qu'un homme à cheval y puisse toucher avec sa lance » (3). La qualification de confraternité appliquée à la curie d'Athènes reparaît, avec un caractère plus primitif, avec plus de fraîcheur poétique, dans la charte de la ville d'Aire, en Artois, pays de filiation allemande, où l'association communale est nommée « l'Amitié de la ville », et le chef de la municipalité, « Préfet de l'amitié » (4). A Lille, la loi municipale porte aussi le nom de « Loi de l'amitié », et le chef de la magistrature urbaine, le titre de « Surveillant de l'Amitié » (5).

Dans les coutumes de Hainaut, de Mons, de Tournay, autres pays tout imprégnés de germanisme, comme aussi dans la *Somme rurale* de notre Bouteillier, l'enfant est : « en pain » de son père, lorsqu'il est encore sous son autorité; il est « hors de pain », quand il est émancipé (6); et, dans les coutumes

(1) Marnier, *Établ. et cout. de Norm.*, p. 50 et 81, note 4.
(2) *Id.*, p. 29.
(3) Coutume réformée, art. 596.
(4) Ducange, *Amicitia*, I, 385 ; *Ordonn. des rois de Fr.*, XII, 563. — M. Aug. Thierry (*Récits mérov.*, I, 388) cite les statuts municipaux de cette ville. Il estime (p. 291, 292, note 1) que la Charte est du douzième siècle. (*Voy.* aussi Michelet, *Hist. de Fr.*, V, 315-317.)
(5) *Respector amicitiæ*, charte de 1258; `Rewart`, en langue flamande. — Ducange, *loc. cit.*;—Aug. Thierry (*Réc. mérov.*, Introd., t. I, p. 291); — Michelet (*loc. cit.*).
(6) Hainaut, ch. XLII, XCVIII, CVI; Mons, ch. VI, VIII, IX, X, XXXVI ;

toutes françaises du Nivernais et de la Marche, on « fait pain séparé », quand on dissout une communauté établie (1). Le *pain* devient ainsi le grand symbole de la famille, du foyer domestique, de la communauté. La coutume lorraine, dont on ne peut méconnaître la parenté teutonique, a ses « fenêtres borgnes », par lesquelles on ne peut regarder qu'avec un œil, et ses « fenêtres aveugles », qui ne donnent d'autre aspect que celui du ciel (2). Le For de Béarn ne s'exprime pas moins poétiquement, lorsqu'il désigne le droit de faire paître un troupeau sur le fonds d'autrui par le nom de « servitude de dent » (3). Et le gardien du troupeau, celui qui le dirige avec la houlette, ce sceptre des bergers, la coutume de Troyes lui donne la dénomination de « Baston », ce qui fait dire qu'un troupeau est sous un seul « Baston », quand il n'a qu'un seul pâtre pour le conduire (4). « Le royaume de France ne tombe

Somme rurale, l. I, p. 590. — *Voy.* Ducange, II, 109 ; — Loisel, *Inst.*, l. I, tit. I, règle 58, t. I, p. 84, édit. Dupin et Laboulaye ; — Delaunay, *Comment. sur les Inst. cout. de Loisel*, p. 284.—Les mêmes expressions se lisent dans un titre d'Édouard, roi d'Angleterre, au registre de la connétablie de Bordeaux, fol. 202 : « Scilicet dominus hæreditatis vel filius suus, vel alius qui secum sit in domo ad panem et vinum. (Ducange, *loc. cit.*, et *obs. sur les Étab. de saint Louis* à la suite de Joinville, p. 167).— Notre droit féodal disait aussi de celui qui était sous la puissance d'un seigneur, qu'il était « au « pain et au vin » du seigneur. (*Voy. Étab. de saint Louis*, I, c. xxx de l'édit. de Ducange à la suite de Joinville.)

(1) Delaunay, *ouv. cité*, règle 75, p. 452.

(2) Lorraine, art. 247, et tit. XIV, art. 21 ;—Laurière, *Gloss.*, I, 168.

(3) Rubrique de *Bocages*, art. 9 ; — Laurière, II, 373.

(4) Troyes, art. 169 ; — Laurière, I, 155. — Les sergents ou huissiers à verge, en Angleterre, s'appelaient autrefois *Baston*, de no-

point en quenouille », c'est ainsi que notre vieux droit politique déclare que les femmes n'héritent pas de la couronne (1). De là, les femmes ou leurs représentants venant à une succession qualifiés « hoirs de quenouilles », expressions qui descendent en droite ligne des anciennes lois thuringiennes (2). «Les mariages se font au ciel, dit notre ancien droit coutumier, et se consomment en la terre » (3). Pour exprimer que la parole a chez nous autant de valeur juridique que la stipulation romaine, une règle de notre droit coutumier dit très-pittoresquement : « on lie les bœufs par les cornes, et les hommes par les paroles » (4). Pendant la vie de la femme, des enfants et du mari, pour indiquer que le douaire de la femme est incertain, notre droit coutumier l'appelle « Douaire égaré » (5). Les choses données en gage se divisent en « vif-gage », pour désigner celui dont les fruits sont imputés sur le principal de la dette, et « mort-gage », celui dont les fruits appartiennent au créancier, sans imputation au profit du débiteur, pour lequel le gage est véritablement *mort*, puisqu'il ne lui produit rien, tandis qu'il est *vif*, dans l'autre cas, puisqu'il profite de ses fruits (6). Quand la coutume de Loudun veut parler du printemps elle dit : « Le mois de mai »; quand elle veut exprimer l'âge

tre vieux mot français importé dans ce pays par les Normands.

(1) Laurière, II, 13.
(2) *Ibid.*, « Hæreditas a lancea ad fusum transit ».
(3) Loisel, *Inst.*, l. I, tit. II, règle 2.
(4) *Id.*, l. III, tit. I, règle 2.
(5) Loisel, *Inst.*, l. I, tit. III, règle 37.
(6) *Ibib.*, l. III, tit. VII, règles 1 et 2.

des arbres et l'époque à laquelle ils veulent être coupés, elle ordonne d'attendre qu'ils aient tant de « feuilles ». Quatre «mois de mai» signifient quatre années, quatre printemps; quatrième feuille est synonyme de quatrième année (1), manière de parler qui remonte tout à fait à l'enfance du monde ou d'un peuple, à cette époque d'ignorance astronomique où l'on compte l'année par les travaux des champs au lieu de la compter par la révolution des astres. Pendant longtemps, en Chine, pour dire un an, on a dit *un changement de feuilles* (2), locution qui se retrouve dans tous les poètes de l'antiquité grecque ou latine, et qui rappelle particulièrement la *tertia messis erat* de Virgile (3). Le droit allemand, on l'a vu, donne aux biens de l'Église une « Dent de fer », à cause de leur imprescriptibilité. Notre ancien droit français appelle aussi « Bêtes de fer », les bestiaux donnés à bail, avec l'obligation pour les fermiers de toujours les remplacer; car ces sortes de bêtes sont ainsi éter-

(1) Loudun, tit. XIV, art. 3 : « Le seigneur coupera les bois taillis accoutumez d'être payez, pourveu qu'ils ayent quatre feüilles et quatre mois de mai passez ». (Laurières, I, 459.)—Ailleurs, Laurières lui-même se sert du mot feuille pour année, expression, au surplus, encore en usage aujourd'hui. « Dans les bois taillis, dit-il, la pâture « est vive depuis le temps de la coupe jusqu'après la quatrième « feuille ou la quatrième année ». (II, 204) — Notre Code forestier n'a pas conservé cette locution.

(2) Leroux des Hautes-Rayes, *Lettre sur les Chinois*, à la suite de l'*Origine des lois* de Goguet, t. VI, p. 303 de l'édit. in-12.

(3) On dit aussi trois épis pour trois années. Les paysans disent : La moisson dernière, la moisson prochaine, pour l'an dernier, l'année prochaine. Cette manière de compter est entièrement primitive et toute poétique. (Cf. Vico, l. II, *Cronologia poetica ; Coroll. d'int. a' troppi, et passim*).

5

nelles, *et ne peuvent mourir à leur seigneur* (1). Notre Code civil conserve et s'approprie ce contrat avec cette même dénomination « cheptel de fer » (2), dont ses rédacteurs, faute d'études historiques, ne se sont fait qu'une idée très-incomplète (3). C'est avec les mêmes couleurs et la même poésie dans l'expression que, pour exprimer l'avantage du seigneur qui a saisi

(1) Beaumanoir, ch. LXVIII ; — Laurières, *Bestiaux de fer*, I, 158, *Cheptel*, I, 224 ; — Michelet, *Origines*, 95 ; — Troplong, *Louage,* III, 408. — En Allemagne : Bêtes de fer, d'acier, bêtes éternelles (Zuchtvieh, hausvieh... eisernes, stæhlernes, ewiges). De là, le brocard allemand : Bête de fer ne meurt pas (Eisern vieh stirbt nicht). — Grimm, *Deuts. Rechtsalt.,* 595. — Le hêtre de fer (die isern Boke), nom du lieu où le franc juge de la Marche siégeait encore, en Allemagne, en 1490, peut se rattacher à la même pensée. — Cf. Grimm, p. 797, à la note, et p. 808, à la note ; — Michelet, *Orig.,* p. 302, 307.

(2) « Ce cheptel, aussi appelé cheptel de fer, est celui par lequel, etc. » (art. 1821).

(3) « Ce cheptel, dit M. Mouricault, dans son rapport au tribunat, ce cheptel, aussi appelé cheptel de fer, *parce qu'il est comme enchaîné à la ferme* ». (Fenet, XIV, 347). — M. Duranton n'est pas plus heureux dans son explication qui présente la même inexactitude, sans avoir la même élégance. « On l'appelle, dit-il, cheptel de « fer, pour marquer qu'il est attaché à la métairie ». (*Cours de Code civil*, XVII, 294, n. 296). — MM. Mouricault et Duranton ont en cela suivi littéralement Pothier (*des Cheptels*, sect. 2, art. 2, n. 65). — « L'un et l'autre, dit M. Troplong (*loc. cit.*), laissent dans « l'ombre le trait saillant du cheptel de fer, qui est de ne pas périr « pour le propriétaire », d'être éternel, comme dit le droit allemand, immortel, comme les hommes de la garde de Xerxès qu'on appelait *immortels,* parce qu'ils étaient toujours remplacés, n'étant jamais ni plus ni moins de dix mille (Hérodote, VII, § 83). C'est un de ces *immortels* que Xerxès donna pour gardien, devant être toujours remplacé, *au beau platane,* dont il s'était rendu amoureux et qu'il fit orner de colliers et de bracelets d'or (Hérod., *id.*, § 31). — Le sens de l'expression *cheptel de fer* n'a pas échappé à M. Michelet. Cf. *Orig.*, p. 95.

le bien de son vassal et qui plaide, avec la main-garnie, contre le vassal qui a fait opposition à la saisie, le droit coutumier dit que « un seigneur de paille, feurre (foin) ou beurre, vainc et mange un vassal d'acier » (1).

On pourrait multiplier les citations et les pousser assez souvent jusqu'à l'époque contemporaine. Ainsi, les mots « tige, souche, ramage », de notre ancien droit coutumier (2), se trouvent dans les mots « souche, branche » employés encore métaphoriquement par notre Code civil en matière de succession (3); les expressions « enfants d'un autre lit, du même lit », usitées en jurisprudence, et dont le Code civil se sert aussi, pour désigner les enfants issus de la même union ou de mariages divers (4), sont des manières de parler qui ont un regard en même temps sur la poésie antique et sur l'état primitif du droit. Prises dans la nature même des choses, ces sortes de locutions ont dû toujours être employées et le seront sans doute constamment. Aussi, voit-on l'ancienne coutume de Bar, dire « Lit brisé », pour indiquer la séparation de corps (5), expression qu'on peut rattacher à la poésie mythologique du nord de l'Europe et à celle de l'ancienne Grèce, car l'Edda dit « faire lit ensemble » pour se marier (6); et l'Iliade, lorsqu'elle

(1) Loisel, *Inst.*, l. IV, tit. III, règle 102.
(2) Loisel, *Inst.*, l. II, tit. V, règle 7. — « L'on a dit autrefois qu'*où ramage défaut; lignage succède* ». (*Id.*, règle 26).
(3) Art. 734, 743, 745, etc.
(4) Code civ., art. 1098.
(5) Art. 16; Laurière, *hoc verbo*.
(6) Entre l'Edda et la coutume de Bar on pourrait placer, pour

parle de personnes unies par le mariage, ne les désigne souvent que par cette circonstance qu'elles partagent le même lit (1). Dans la poésie aussi bien que dans le droit, le mot « Lit », comme symbole du mariage, appartient, on le voit, à la plus haute antiquité poétique.

Mais l'expression n'est que la superficie du Droit, et la poésie est incomplète, si, de l'écorce, elle ne pénètre pas jusqu'au noyau. La poésie, dans la rédaction du droit, s'élève à la plénitude de sa puissance, lorsque l'expression et l'idée parlent en même temps au cœur ou saisissent ensemble l'imagination. Telle est, dans ce dernier genre, cette manière de mesurer la distance par le son que produit la hache du bûcheron tombant à coups redoublés sur un arbre, mode d'appréciation consacré par notre ordonnance de 1669 et par notre Code forestier, lorsque ces documents parlent des délits commis « à l'ouïe de la cognée » (2). Ce système de mensuration est poétique par lui-même et par l'antiquité de son origine qui remonte à l'enfance de chaque peuple. Sa poésie nous enchanterait, alors même qu'elle ne serait pas

lier ces textes l'un à l'autre, des textes analogues pris dans le vieux droit allemand, à qui cette manière de s'exprimer a peut-être été empruntée par la coutume de Bar. Cf. Heineccius, *Ant. germ.*, III, 149, 150, 261.

(1) *Voy.* la fin du chant I, vers 609, 610 et 611. A cette observation, qui est de J. Grimm, on peut ajouter, dans le sens du même rapprochement, que le même mot en grec Εὐνή (en poésie Εὐναίη) signifie *Lit*, dans le sens propre, et *mariage* au figuré ; aussi Εὐναστής signifie-t-il *mari, amant, celui qui partage le Lit.*

(2) *Voy.* les art. 51 et 45 du Code forestier de 1827.

relevée par le charme naïf de ces expressions vieil-
lies, *l'ouïe de la cognée*, qui sont exclusivement propres à nos poètes (1). L'ordonnance de 1669 avait
reproduit une autre expression, qui ne se retrouve
plus dans notre Code forestier et qui à elle seule est
un poème tout entier. Elle avait des prohibitions et
des peines contre ceux qui *charment* les bois, se rattachant ainsi à la législation des Douze-Tables, laquelle
punissait ceux qui, par des chants magiques, avaient
empêché le développement des moissons, *qui fruges
excantassit,* et rappelant, par ce seul mot, toute une
époque de simplicité, où l'on croyait que les arbres
gâtés par le pied n'avaient pu périr que par l'effet
d'un *charme* ou d'un sort émané d'un pouvoir sur-
naturel (2). Aujourd'hui, le Code forestier ne voit,
avec raison, dans un fait de cette nature, qu'un acte
purement humain, un acte de méchanceté, qu'il
punit dans la mesure du préjudice causé (3). Rien
dans la sécheresse et la roideur de sa rédaction ne se
rattache plus à la poésie des croyances primitives,
conservée par l'expression de l'ordonnance de 1669.
Mais, chose digne d'être remarquée, si la poésie
primitive s'est éclipsée dans ces dispositions du Code
forestier, qui défendent si prosaïquement de mutiler
les arbres et qui en punissent la coupe ou l'abattage,
cette poésie s'est réfugiée dans le langage et dans les

(1) Sur ces anciens modes de mensuration, *voyez* ce qui est dit
ci-après, p. 96 à 105 et notamment p. 102 et 103.

(2) Ord. 1669, art. 22, tit. XXVII. *Voy.* le Dictionnaire de Bau-
drillart, v° *Bois charmés*, et Jousse, *Justice crim.,* IV, p. 284;
Loi des Douze Tables, VIII, 8.

(3) Art. 196.

procès-verbaux des agents forestiers. C'est ainsi que pour désigner un arbre écorcé, éhouppé, mutilé, les agents forestiers, plus fidèles que le Code aux croyances traditionnelles des anciens jours, ne manquent jamais de dire que l'arbre a été « déshonoré »; s'il s'agit de désigner un arbre récemment abattu, le procès-verbal n'oublie pas de constater que l'arbre a été trouvé encore « saignant». Ce sont là des locutions tout à la fois élégantes et métaphoriques qui, en reportant nos souvenirs sur l'un des plus grands noms et sur l'une des plus brillantes fictions de la poésie latine, rappellent, en outre, les croyances des premiers jours du monde, dont ces expressions et ces fictions poétiques sont l'image, et reproduisent à nos yeux l'ancien culte de la nature et des éléments, ainsi que tous ces curieux systèmes de l'Inde, sur la souffrance du grain d'orge, alors qu'il pourrit au fond de la terre, et sur la douleur de l'arbre qu'on abat, qui tremble, gémit et crie sous la hache impie *(manus impia)* du bûcheron :

> Dixit; et obliquos dum telum librat in ictus
> Contremuit, gemitumque dedit Deoia quercus :
> Et pariter frondes, pariter pallescere glandes
> Cœpere, ac longi pallorem ducere rami.
> Cujus ut in trunco fecit manus impia vulnus,
> Haud aliter fluxit, discussa cortice, sanguis,
> Quam solet ante aras ingens ubi victima taurus
> Concidit, abrupte cruor e cervice profusus (1).

L'humble agent forestier et les rédacteurs de l'ordonnance de 1669, qui se servent de ces expressions, ne songent, sans contredit, ni au nom d'Ovide, ni à

_____

(1) Ovide, *Métamorph.*, VIII, n. 7.

toutes ces belles réminiscences poétiques. Ils sont loin de se douter aussi qu'ils ressuscitent, dans le cadre aride d'un procès-verbal judiciaire ou d'une disposition législative, cette époque primitive du genre humain, où l'imagination animait tous les objets de la création, et leur donnait, comme à l'homme lui-même, le sentiment et la pensée. Il n'est pas moins vrai cependant que ces expressions en sont un saisissant reflet.

Arrêtons-nous ici avant d'aborder un autre genre de poésie juridique, auquel nous touchons par cette exhumation des croyances primitives du monde antique, et reconnaissons, dans tous ces textes empruntés au droit de tant de peuples divers, la preuve authentique, irrécusable de la rédaction poétique qui distingue, en tous lieux, le droit des premiers jours. Dans ces matériaux des temps passés, toujours si pieusement conservés et transmis, depuis l'enfance du monde, par l'âge présent au siècle qui suit, admirons aussi, dès maintenant, l'opiniâtre et énergique vitalité de l'élément historique dans la législation.

III.

La poésie ne consiste pas seulement dans la forme et dans ses embellissements. Elle peut bien être entièrement là pour le vulgaire ; mais les esprits élevés la cherchent ailleurs encore, et demandent à la fleur autre chose que l'incarnat qui charme les yeux. Pour le penseur, pour le sage, c'est surtout dans les choses, dans le parfum qui s'exhale de la pensée ou du sentiment que l'essence de la poésie réside. Si l'expression toute seule la constituait, l'homme qui, dans son orgueil, croit avoir fait sa langue, pourrait se flatter d'être, pour ainsi dire, le créateur de la poésie. Mais l'homme ne crée rien, il produit. Il manifeste ce qu'il sent, ce qu'il voit, ce qu'il pense ; il invente, il applique, il trouve ; mais il ne trouve que ce qui déjà existe, soit dans la nature, soit en lui-même, dans son organisation intime, au fond de son être (1). Dieu seul fait la poésie, comme il fait

---

(1) De là, notre expression *troubadour, trouvère*, qui a son analogue dans l'allemand *Finder*, trouveur, pour dire *Poète*. Grimm, après avoir indiqué ce rapprochement, ajoute que le poète est *créateur*, comme le désigne le ποιητής des grecs (*Poesie im Recht*, § 3). Mais ποιητής *(faiseur, compositeur, artisan, auteur)*, ne rend pas plus le sens de *trouvère* que celui de *créateur*, quoiqu'il soit pris quelquefois avec cette acception, dans le sens d'*auteur, fabricateur*. « *Poème,* a dit avec raison Racine le fils, c'est-à-dire, l'ouvrage par « excellence, et celui qui le compose s'appelle *Poète*, nom qui ne « signifie pas *créateur* ou *inventeur* de fictions, mais seulement « *ouvrier*, comme si l'on voulait dire le parfait ouvrier, celui dont « les ouvrages sont uniques et admirables ». *Essence de la poésie* (*Insc. et bel. let.*, VI, 262). — « L'œuvre, ποίημα, dit l'abbé Fraguier; « et l'auteur d'une imitation si admirable on l'a nommé, comme par « excellence, l'*ouvrier*, ποιητής ». *Diss. sur les poèmes en prose* (*Insc. et bel. let.*, id., 267). Vico dit bien quelque part que *Poète*, en grec et en général, signifie *créateur;* mais il a soin d'expliquer qu'il n'entend par ce mot qu'une création imaginaire et non réelle (lib. II, *Metafisica poetica*). Il révèle même encore ailleurs sa pensée, lorsqu'il dit expressément que la *poésie* n'est qu'une *imitation* (lib. I, *Degnita*, 52; — lib. II, *Ultimi corol.*, n. 5). M. Cousin a dit aussi que le génie crée « et n'imite pas », mais il s'est hâté d'ajouter, « que sans doute, en un sens, l'art est une imitation, car la création « absolue n'appartient qu'à Dieu ». *Du beau et de l'art (Revue des Deux-Mondes*, 1er sept. 1845, p. 793). Dans les langues tudesques,

toutes choses, et il la répand dans les spectacles de la nature, aussi bien que dans le cœur et dans l'imagination humaine. L'homme, interprète de Dieu, mais non son rival, exprime, à sa manière, la poésie échappée du sein de la divinité, que la nature exprime aussi à la sienne; et l'homme, simple imitateur de Dieu et de la nature, transporte cette poésie dans sa parole et dans les choses qu'il établit.

C'est cette poésie réelle, la poésie des choses, plutôt que celle des mots, cette poésie primitive qui, donnée par l'idée elle-même, s'épanouit dans les institutions, ou étincèle à travers les dispositions constitutives du droit, qu'il s'agit à présent de demander à la science.

On a vu l'ancien culte de la nature et des éléments se reproduire, à l'insu des agents forestiers, avec une saisissante et transparente vérité, à travers les expressions, dont ils se servent, pour constater la coupe ou l'abattage des arbres. Nous sommes ici sur le terrain du grossier panthéisme du monde primitif. A cette époque, en effet, les croyances religieuses sont toutes plus ou moins panthéistiques. Nous allons voir ce panthéisme s'infiltrer, avec plus ou moins d'intensité, dans les institutions, dans les dispositions juridiques, et les animer des plus naïves couleurs de la poésie.

Finder signifie également *juge, juriste* et *poète*, parce que les juges des anciens jours trouvent le droit, comme les poètes trouvent la poésie. Cf. Grimm, *loc. cit.;* Michelet, *Hist. de Fr.*, V, p. 331, note 2; *origines,* Introd., LXXII.

A cette époque du monde, Dieu vit et se révèle dans toutes les formes et dans tous les êtres. Tout, jusqu'aux plantes, jusqu'aux pierres elles-mêmes, est peuplé d'esprits merveilleux, issus d'une céleste origine. De là, l'adoration de tous les corps de la nature en général, et spécialement de la terre, des pierres, des arbres, de la mer et des fleuves, qu'on trouve chez presque tous les anciens peuples. La mythologie grecque personnifie aussi la mer, les fleuves, les montagnes, les forêts et les prairies; elle fait de la nature matérielle le fond de ses dieux à forme humaine. Mais, à la différence de quelques autres mythologies, l'élément humain domine le sens physique dans ces représentations extérieures (1).

Quelle que soit la superstition de l'antiquité grecque, romaine ou parsique pour les forêts et pour les arbres, elle est loin d'égaler, à cet égard, le culte grossier et l'attachement tout matériel de la race gauloise et de tous les membres de la grande famille teutonique. Odin et les Druides, ces premiers civilisateurs des Scandinaves, des Galls et des Germains, ne peuvent pas plus déraciner les habitudes invétérées de ces peuples pour le culte des arbres, que pour celui des pierres et des fontaines (2). Afin de

___

(1) Cf. Hegel, *Esthétique*, trad. fr. de M. Bénard, t. II, p. 68.

(2) « Lucos ac nemora consecrant, » dit Tacite en parlant des Germains (*De mor. Germ.*, cap. IX). En parlant des Sennonais, il dit : « Stato tempore in silvam, auguriis patrum et priscâ formidine sacram... coeunt » (*id.*, cap. XXXIX). Le nom même des *Galls* indique leur prédilection pour les forêts; *Galls*, habitants des bois, *Gael, Guilh*, forêt, terre inculte. — Ch. Giraud, *Rech. hist. sur les cout. de Bretagne*, § 1; *Rev. de législ. de Wolowski*, t. XVII

se conformer à cette tendance, la cosmogonie odinique admet deux branches d'arbre, comme origine du genre humain. Les dieux, passant sur le
rivage de la mer, aperçoivent deux rameaux flottants; ils les ramassent, et en font l'homme et la
femme.

Les Druides chatouillent agréablement le superstitieux fétichisme des Galls, qu'ils viennent instruire,
lorsqu'ils consacrent, comme l'objet d'un culte, le
gui, qu'ils cueillent avec une serpe d'or. C'est avec
des rameaux de divers arbres, assez analogues aux
caractères runiques, qu'ils composent leur alphabet
secret. On trouve encore aujourd'hui, dans le pays
de Galles, des pierres druidiques couvertes de cise-
lures diverses, et portant, entre autres, certains signes qui semblent représenter des arbres entrelacés,
hiéroglyphes inintelligibles sans doute, mais qui
ont un regard incontestable sur l'ancien culte des
arbres.

Ce culte, saint Boniface, l'apôtre de l'Allemagne,
le trouve établi au huitième siècle chez les Hessois;
Anschaire, l'apôtre du Nord, chez les Scandinaves;
Charlemagne, chez les Saxons. Dans la Gaule chrétienne des cinquième, sixième et septième siècles,

(I de la 3e sér.), p. 304. Sous la période romaine, la population ar-
moricaine, pauvre et indépendante, vivait dans les forêts (*Ibid.*,
§ 2, p. 312). — Sur ce culte des arbres, chez les Germains, les Scandinaves et les Galls, *Voy.* Agathias, l. I ; — Procope, *Bel. goth.*,
l. II, cap. xv ; — Dupuis, *Orig. des cultes*, L. I, chap. ii, tom. I,
p. 21, édit. in-4o; — Michelet, *Hist. de Fr.*, t. I, p. 41 et 458,
sur les pierres celtiques, aux éclaircissements de la fin du volume.

malgré la conversion déjà fort ancienne des Galls, et celle plus récente, mais non moins sincère, des Francs, malgré le véritable attachement des deux peuples pour l'Eglise catholique, des conciles sont obligés de défendre le culte des pierres, des arbres et des fontaines. Du temps de Grégoire de Tours, les peuples du Gévaudan rendent hommage à un lac situé sur le mont Hélanus. Une multitude de paysans s'assemble, chaque année, pendant trois jours, sur les bords du lac; ils lui offrent du pain, de la cire, des étoffes, qu'ils jettent dans ses eaux (1). Au onzième siècle même, Canut, roi d'Angleterre, est encore obligé de proscrire, dans ses Etats, le culte qu'on rendait au soleil, à la lune, au feu, à l'eau courante, aux fontaines, aux forêts, aux pierres même, tant fut profonde la sympathie de toutes ces races pour l'adoration de la nature matérielle.

Les légendes chrétiennes elles-mêmes s'associent à ces croyances. Qui n'a ouï conter, en effet, que les arbres d'une forêt, traversée un jour par le Christ, s'inclinèrent presque tous pour rendre hommage à sa divinité? Voulez-vous savoir pourquoi le peuplier frémit sans cesse et tremble au moindre vent? Seul de tous les arbres de cette pieuse forêt, il est resté debout sans abaisser sa tête superbe, et le Christ lui a dit : Tu as refusé de te courber devant moi, mais

---

(1) Dupuis, *Orig. des cultes*, t. I, l. I, chap. II, p. 22. On assure même que, dans notre Bretagne, le respect des lacs et des fontaines s'est encore conservé, de telle sorte que, dans quelques lieux, les habitants y apportent à certain jour du beurre et du pain.

tu te courberas incessamment à la brise du soir et au vent du matin.

A l'origine du monde, aussi bien que dans nos jours de civilisation, les bois exhalent comme une sorte de magie mystérieuse et secrète, qui inspire un religieux respect, une sainte ferveur à tous. C'est une émanation des croyances panthéistiques des temps primitifs.

On comprend sans peine, à présent, ces superstitions du moyen âge catholique qui peuplent les forêts d'esprits, de fées et de merveilles, les hommages de Jeanne d'Arc à cet arbre des fées qu'elle consulte pendant les rêveries de son enfance, et, pour rentrer dans le droit, ces expressions de l'agent forestier, qui considère un arbre comme un corps humain, rendant son sang par les incisions qu'on lui a faites, qui en parle comme d'un être sensible à la souffrance et accessible au déshonneur. On comprend tout aussi bien l'usage de ces nombreux symboles pris dans la nature végétale, empruntés surtout aux arbres, à leurs branches, à leurs rameaux, transportés par les Germains et acceptés avec empressement par la race gallo-romaine dans le domaine du droit, ainsi que dans les coutumes de la vie civile. Après ce regard jeté sur les croyances primitives, on sent mieux également tout ce qu'il y a de poétique et de touchant dans cette habitude des anciens Germains et des Galls de s'assembler près d'un arbre (1) ; on comprend la coutume des Allemands du moyen âge, qui tenaient leurs conférences politiques

(1) Dupuis, *Orig. des cultes*, l. I, chap. III, t. I, p. 43, in-4º.

et judiciaires dans l'intérieur de la forêt (1), qui désignaient par la même appellation une forêt ou une assemblée publique. Aller au plaid, au parlement ou à la forêt, c'était, pour les hommes de ce temps et de ces pays, une seule et même idée, une seule et même chose (2). De là, le juge de cette époque plaçant pieusement son prétoire au pied de l'arbre sacré, sous les tilleuls, sous l'orme, auprès de l'aubépine en fleur (3), coutume consacrée par la religion des souvenirs (4). Les chênes séculaires de la forêt de Vincennes ne sont pas les seuls qui aient abrité la justice sous leur ombre (5).

(1) « Feci conventum fieri in foreste vierbeche, sub præsentià Ruggeri comitis, ibique iterum juravit (Sigebodus) cum XII suæ conditionis hominibus, etc. » (Wenk., *Hess. Gesch.*, II, n. 7, an. 1073, ap. Grimm, *Deut. Rechstalt.*, 794); — « Præsidente Erf. comite in foresto vierbecha ad hujus rei judicium » (*Ibid.*, II, n. 41, an. 1095; Grimm, *id.*). — « In placito quod fuit in silva, quæ dicitur vorst prope civitatem Casle » (Kopp, n. 55, an. 1294; Grimm, *id.*).

(2) *Forst (forestum) et Placitum, conventus, generale concilium*, étaient synonymes (Grimm, *Loc. cit.*).

(3) Sous les trois, les cinq, les sept chênes; sous les tilleuls, sous les sept tilleuls; sous le sureau; sous le poirier; sous le hêtre de fer; sous l'orme, dans le baillage de Remiremont; le tribunal de l'aubépine. — Cf. Grimm, 795-797 et Michelet, *Orig.*, 301, 302.

(4) Unter geheiligten bæumen, dit Dümge, *Symbolik der germ. Völker in einigen Rechtsgewohn*, 50.

(5) « Maintefois, dit Joinville, ay veu le bon saint (Louis IX), après qu'il avoit ouï messe en esté, il se alloit esbattre au bois de Vincennes, et se seoit au piè d'un chesne, et nous faisoit seoir tous emprès luy : et tous ceulx qui avoient affaire à luy venoient à luy parler, sans ce que aucun huissier ne autre lui donnast empeschement, et demandoit haultement de sa bouche, s'il y avoit nul qui eust partie... » (*Hist. de saint Louis*, p. 12 et 13, édit. in-f° Ducange, 1668).

Les *rochers* et les *pierres,* ces fétiches des anciens Celtes et de tous les peuples du Nord, adoptés par les Druides dans leurs sacrifices, par Odin, dans certains usages de son culte, se maintiennent longtemps, comme objets dignes de respect, dans la mémoire et dans les habitudes de la plupart des peuples (1), sans excepter les Athéniens eux-mêmes. C'est auprès d'une *pierre* située sur la place publique, que les Thesmothètes et les Athéniens viennent prêter serment (2). Mais chez les peuples de race teutonique, ces habitudes sont plus marquées encore et ont un caractère plus poétique. Les *rochers* servent de siége au chef scandinave qui vient d'être élu, au juge du Nord, qui prononce la sentence, et aux électeurs d'Allemagne qui viennent, jusqu'au seizième siècle, du haut de leur dur fauteuil de pierre, proclamer en plein air et jeter aux vents, aux nuages et au peuple le nom de l'empereur qn'ils ont choisi, cérémonies solennelles qui s'harmonisent merveilleusement avec la rude nature de ces hommes de granit, avec la barbarie épique de ces siècles de fer.

Le culte pour les fontaines, pour les lacs, pour la mer et pour les fleuves, est l'origine de ces jugements rendus, pendant le moyen âge, sur le bord des fleu-

(1) On trouve en France de nombreuses traces de ce culte des pierres, non-seulement dans les traditions, mais encore dans les noms de diverses localités, dans toutes les parties du royaume, dans le Gévaudan, le Languedoc, la Provence, la Lorraine, le Limousin, la Normandie, etc., tels que *Pierre-Feu, Pierre-Fiche, Pierre-Figues, Pierre-Fitte,* etc.

(2) Plutarque, *in vita Solonis;* J. Meursius, *Attic. lect.,* lib. I, cap. VI.

ves (1) et des lacs (2), auprès d'une fontaine (3), d'une source ou d'un puits (4), sur un pont (5), sur des bateaux. Le tribunal du lac de Grandlieu, à qui appartient haute, basse et moyenne justice, siége dans un bateau à deux cents pas de la rive. Le juge, lorsqu'il prononce la sentence, doit toucher l'eau du lac de son pied droit (6). Cette coutume rappelle le ˜

(1) « In loco juxta fluvium pheterach » (Meichelbeck, *Hist. fri-sing.*, n. 368, ap. Grimm, 799).— « Actum super fluvium Moin in loco nuncupante Franconofurd » (Ried, *Cod. dipl. Ratisb.*, n. 10, an. 794; Grimm, *id.*). — « Super vadum amnis dicti burke prope Poslar, sede liberi comitatus » (Kindlinger, 3, 285, an. 1305; Grimm, *id.*).

(2) « Acta sunt hæc apud Velbach in littore laci turicini » (Neugart, *Cod. dipl. alleman.*, n. 1030, an. 1282; ap. Grimm, 799. — Sous les deux premières races de nos rois Francs, le roi convoquait quelquefois le *placitum generale* sur les bords d'un fleuve. (*Vita sancti Salv.; Script. rer. gallic. et franc.*, III, 647, *ap.* Hélie, *Traité de l'inst. crim.*, t. I, p, 206, 207).

(3) « Zu dem richtbrunnen an dem landtag bi stuhlingen ». (Wegelin, II, 221, an. 1391, ap. Grimm, 799).

(4) « Beim Born zu Pfungstatt ». (Wenk., *Hess. Gesch.*, I, 82, ap. Grimm, 799).

(5) « Placitum juxta pontem fluminis ». (Grimm, 799); — « Hæc autem mutuatorum prædiorum alternatio facta est super ripam fluminis Werra, secus pontem Fuldensis oppidi, quod Fach vocatum est ». (*Thuring. sacr.*, I, 97, an. 1189, ap. Grimm, *Loc. cit.*). — « Gauding in Grebenstein auf der brücke unter freiem himmel ». (Kopp, I, 393; Grimm, *id.*).—« Gericht zu husen vor der brücken ». (Kopp, n. 73, an. 1462; Grimm, *id.*).— « Sein gericht mag er (der Landrichter) setzen vor der brucke ». (Walch, *Vermischte Beitr. zu dem deuts. Recht,* III, 257; Grimm, *id.*).—On retrouve quelque chose de cette ancienne coutume pendant le dix-huitième siècle, dans l'usage où l'on était encore à cette époque, en Allemagne, de célébrer certaines fêtes solennelles sur un pont et d'y faire des festins (Grimm, 800).

(6) *Mém. de l'acad. celtique*, V, 143, ap. Grimm, p. 800 à la note.

tribunal établi à Athènes sur le bord de la mer, dans le Pirée, pour juger celui qui, déjà condamné à l'exil, se trouve poursuivi pour un autre crime, tel qu'un homicide volontaire. L'accusé, sans pouvoir jeter l'ancre ni toucher le rivage, plaide sa cause dans une barque qui flotte à quelque distance. Coupable, il est livré sans gouvernail et sans rames à la merci des vents et des flots (1).

Ce même culte pour les fleuves inspire à quelques nations gauloises de la Belgique l'idée d'une bizarre institution, qui sert à éprouver la sainteté du lit conjugal. A peine le nouveau-né a-t-il poussé le premier cri, que l'époux s'en empare. Il l'étend sur son bouclier, et l'expose au cours impétueux du Rhin. C'est au Rhin, au fleuve sacré, juge et vengeur du mariage, qu'il remet le soin de révéler la légitimité de l'enfant. Il ne sentira pas dans sa poitrine battre un cœur de père, avant que le Rhin n'ait prononcé l'arrêt fatal. A l'onde inconstante de proclamer la fidélité de l'épouse, en laissant surnager le bouclier et son précieux fardeau, ou de prononcer son déshonneur en s'entr'ouvrant pour engloutir le fruit du crime. C'est la poésie de la superstition juridique portée peut-être à sa plus sublime expression.

(1) Selon quelques auteurs, il subissait, en cas de conviction, la peine ordinaire réservée à son crime : « Hic judicabatur, si quis, cædis involuntariæ reus, alteram insuper voluntariam commisisset. Erat vero judicium in mari ; et reum quidem adnavigantem, terram non attingentem, e navi causam dicere oportebat, neque scalam, neque anchoram in terram injicientem. » (Pollux, *in Phreatt.*) — *Voy.* aussi Demosth., *in Aristocratem* ; — Meursius, *Areopag.* ; c. xi, et Robinson, *Ant. grecq.*, trad. franç., t. I, p. 170, 282.

Dans cette adoration du monde primitif en l'honneur de la nature matérielle, les animaux jouent le rôle le plus élevé. C'est de l'Inde encore que viennent et ce respect religieux et cette charité pour les animaux, qui sont au nombre des causes premières du culte antique, dont ils furent presque généralement l'objet. Partout où respire la vie universelle, l'homme est tenu de la respecter. Par pitié pour les papillons, il s'interdit d'allumer la lampe. Par compassion pour l'agneau qu'on va égorger, prenez ce manteau, et qu'il serve à le racheter de la boucherie (1). Le panthéisme ne peut se manifester d'une manière plus touchante et plus enfantine. Cette charité de l'homme envers les animaux éclate dans les livres des Hébreux. Le repos du septième jour, Dieu l'ordonne aussi en faveur des animaux domestiques, afin qu'ils prennent un peu de relâche (2). N'y a-t-il pas, en effet, entre les animaux et l'espèce humaine, une sorte de communauté de destinée, à laquelle ils ont été réservés, formés comme elle d'un grossier limon (3), nommés par l'homme (4), condamnés qu'ils furent avec lui et soumis à partager ensemble, pour l'alléger peut-être, le lourd fardeau du mal (5) ?

(1) Ce trait, bien digne des Hindous, est de saint François d'Assises, ce moine inspiré de l'amour de Dieu, qui, par ses austérités, a tant de rapports avec les faquirs de l'Inde. Un autre jour, il sauve un lièvre poursuivi par des chasseurs. Il prêche les animaux, auxquels il donne le nom de frères, et les bénit, comme on fait d'ailleurs encore à Naples aujourd'hui. — Cf. Michelet, *Hist. de Fr.*, II, 539, 653.

(2) *Exode*, XXIII, 12.

(3) *Gen.*, II, 19.

(4) *Id.*, 19, 20.

(5) Ballanche, *Palingénésie*, Pro] ég., IIIe part.

Un motif moins pur, plus intéressé, tel que la crainte de certains dangers, ou l'espérance de certains services de la part de quelques espèces utiles ou malfaisantes, dicte quelquefois les hommages adressés aux animaux. Ces hommages ont alors pour cause l'éloignement d'une influence funeste ou l'expression d'une pieuse reconnaissance.

Une origine plus naïve, et en même temps plus philosophique, se manifeste assez souvent dans cette adoration. En voyant dans les animaux ces mouvements réguliers, uniformes, nécessaires, qui les distinguent, l'homme des premiers âges est porté à adorer, en eux, les saintes lois de la nature. Dans la forme extérieure de l'organisme vivant, il contemple un principe intérieur qui anime les êtres, il admire la vie comme puissance supérieure à l'existence matérielle. Cette force mystérieuse, aveugle, stupide, qui se manifeste dans la vie animale, lui révèle le principe divin qui semble apparaître comme présent dans ces êtres. Les prêtres, avec une pensée plus élevée, plus générale, y voient le secret de l'existence qui s'ignore elle-même, et d'où résulte un état d'innocence et de calme, qui est l'attribut des animaux et que repousse, dans tous les temps, le principe de la liberté humaine, cette lutte perpétuelle de l'esprit avec la partie matérielle de la nature de l'homme (1).

Les oiseaux qui habitent les régions de l'air, qui se posent sur les cimes les plus élevées des montagnes, prennent, dans ce voisinage du ciel, je ne sais quoi

_____

(1) Creuzer, *Symb.*, trad. fr., l. III, ch. IX.

de divin et de pur , qui les recommande surtout à l'attention du genre humain. Mieux que les autres animaux, ils semblent à portée de surprendre à la Divinité sa pensée, et de recevoir communication de sa volonté. Partout, en effet, dans l'Italie, en Perse, chez les Grecs, les oiseaux, mus par une impulsion divine, sont les interprètes du ciel. Dans la religion des anciens Perses, les esprits vigilants et pénétrants sont représentés par des oiseaux , qui sont les ennemis d'Ahriman, et qui appartiennent à l'ordre pur. Le christianisme lui-même n'est pas absolument étranger à cette symbolique animale. Les livres des Hébreux et l'Apocalypse sont pleins de bêtes merveilleuses, qui décèlent des rapports anciens, plus ou moins directs, avec le culte primitif des animaux (1). C'est ainsi que les antiques croyances sur les inspirations divines , dont paraît douée la nature des bêtes en général, et particulièrement celle des oiseaux, se perpétuent en traversant l'antiquité, parcourent le moyen âge, et arrivent même jusqu'aux siècles qui touchent à notre époque, affaiblies et défigurées, sans doute, par le temps et par les doctrines spiritualistes des chrétiens, mais non assez effacées pour que leur origine première échappe à des regards exercés.

(1) Cf. Daniel , VII, 3, 4, 5, 6, 7 ; VIII, 3, 4, 5, 6, 7, 8 ;—S. Luc, x, 19 ; — Apocalyp.,XII, 3, 4; XIII, 1, 2, 3, 4.—*Voy*. aussi le serpent de la Genèse, et les années figurées par des vaches dans je ne sais plus quelle partie de l'Ancien Testament.— Sur les rapports des symboles persans , pris dans les animaux purs ou impurs , avec les origines du christianisme , *Voy*. Creuzer , *Symb*. (trad. fr., l. II, ch. III), et M. Guigniaut, *Relig. de l'ant*., t. I, IIe part., p. 721 et suiv.

Grâce à cet état d'innocence ou de mystérieuse inspiration, le prêtre du paganisme interroge les animaux dans les cérémonies du culte, et le peuple, quelle que soit sa religion, les choisit souvent pour fixer l'incertitude de sa volonté, lorsqu'il est appelé à prendre une détermination (1) ou à faire un acte de juridiction souveraine (2). Il se plait à les choisir aussi ou à les consulter pour établir une mesure de durée, d'étendue, d'espace, de limite dans la possession ou la propriété (3).

Ce culte des animaux élève nécessairement, aux yeux de l'homme, la nature de la bête et la rapproche, si même il ne la met au-dessus de sa propre

---

(1) Les Sabins descendent de leurs montagnes guidés par un loup, un bœuf, un pivert : le pivert, inspiré par le dieu Mars, oiseau prophétique de ce peuple, et dont on donna plus tard le nom au Jupiter Romain, *Jupiter-Picus*. Cadmus se laisse conduire par une vache en Béotie. A la fin de notre douzième siècle, le petit peuple qui se met en marche, à la voix de Pierre l'Ermite, pour aller conquérir le Saint-Sépulcre, s'écrie, d'après Albert d'Aix, qu'il n'est pas besoin de tant de préparatifs ni de précautions, qu'il n'y a qu'à aller devant soi et à se laisser guider par une oie et une chèvre, bêtes remplies de l'esprit de Dieu : « Anserem quondam divino spiritu asserebant afflatum, et capellam non minus eodem repletam ; et hos sibi duces fecerant. » (Albert. Aquens., l. I, c. xxxi. — Cf. Michaud, *Hist. des crois.*, l. II, t. I, p. 142, 143 et Michelet, *Hist. rom.*, l. I, ch. iv et v ; *Hist. de Fr.*, II, 228 ; *Origines*, p. 71, 72). — D'après les vieilles légendes chrétiennes, les bœufs attelés au char funèbre indiquent eux-mêmes, par l'endroit où ils s'arrêtent, le lieu où doit être enseveli le corps d'un saint. (Matter, *Hist. univ. de l'Égl. chrét.*, I, 145).

(2) *Voy.* ci-après, à la *Symbolique,* chap. iii, le paragraphe relatif au *symbole juridique proprement dit.* Cf. aussi *infrà,* p. 103, 104, 105.

(3) *Voy.* à cet égard ci-après p. 102 à 105.

nature. Il est évident qu'en consultant leur vol, leur cri, leur mouvement, l'homme prête, tout au moins, aux animaux une partie de son intelligence. Il les personnifie en se les assimilant. Le Lapon parle à l'oreille du renne. L'Arabe nomade, de même que le Grec des siècles héroïques, traite avec son coursier comme avec son semblable, converse avec lui, et lui attribue les facultés morales de l'homme. Telle est l'origine de cette habitude d'esprit, si générale dans l'antiquité, de les proposer aux hommes pour modèles dans ces leçons symboliques que nous nommons apologues (1). C'est encore là ce qui explique les interpellations adressées aux animaux, et leur comparution devant le juge en qualité de témoins (2); c'est ce qui donne la raison des nombreux procès qui leur sont intentés pour les dommages qu'ils ont commis, pour les meurtres dont ils se sont rendus coupables, et ce qui nous fait comprendre les condamnations et les exécutions judiciaires, qui sont la conséquence de ces procédures chez les Hébreux (3), en Grè-

(1) Creuzer, *Symb.* (trad. fr., Introd., ch. II).

(2) L'homme qui a tué en légitime défense le meurtrier qui s'était introduit dans sa demeure, prouvera, en l'absence de tout témoignage humain, la tentative criminelle dont il fut l'objet : il prendra trois brins de son toit de chaume ; il attachera avec une corde le chien qui gardait sa cour, ou bien il prendra le chat qui était assis au foyer, ou le coq, qui veillait sur l'échelle du poulailler ; il les amènera devant le juge, et, en leur présence, il affirmera par serment ce qui se sera passé, persuadé que Dieu pourra le démentir, au besoin, par la plus infime de ses créatures. (J. Grimm, *Poesie im Recht*, § 10.)

(3) La Genèse contient à cet égard une disposition générale, lorsqu'elle déclare qu'il sera demandé compte à tous les animaux du sang humain qu'ils auront répandu (IX, 5). Les livres mosaïques ont,

ce (1), à Rome (2), surtout dans notre moyen âge, qui
observe scrupuleusement à leur égard toutes les formalités légales, qui les fait emprisonner, leur nomme
un avocat pour plaider en leur faveur (3), les juge,

en outre, des dispositions particulières, qui condamnent à être tués
et lapidés les animaux qui ont donné la mort à un homme ou à une
femme. Ces livres défendent aussi de manger de la chair de ces animaux (*Exod.*, xxi, 28, 29, 31, 32). — Indépendamment de ces passages, *Voy.* encore ceux où les animaux se trouvent condamnés à
raison des crimes contre nature commis avec eux par l'homme ou
par la femme (*Exod.*, xxii, 19; *Levit.*, xx, 15, 16). Mais ces dernières exécutions ont aussi un motif particulier qui est expliqué
ci-après p. 88, note 1.

(1) C'est Solon qui avait établi que l'animal ayant occasionné un
dommage à autrui, ou le chien qui avait mordu quelqu'un, devait
être livré enchaîné à celui qui en avait souffert : « Scripsit etiam de
pauperie, a quadrupedibus facta, legem, in qua canem qui momor-
derit, catena quatuor cubitos longa alligatum, noxæ dandum esse
præcipit. » (Plutarch., *in Solone*). — « Quemadmodum qui canes eos,
qui momorderint, catena vinctos noxæ dedunt. » (Xenoph., *Hist.*,
lib. II). — « Si quadrupes pauperiem fecisset, noxæ dedi statuit. »
(Meursius, *Solon*, cap. xix).

(2) La disposition de la loi des Douze-Tables, *Si quadrupes pauperiem*, est à peu près la même que celle de la loi de Solon. On attribue
à Numa une loi qui condamnait à la peine capitale, en les déclarant
sacrés, les bœufs, aussi bien que leurs maîtres, qui avaient dépassé
les bornes limitatives d'un champ. C'est la loi *Qui terminum exaras-
sit et ipsum et boves ejus sacros esse*, rapportée par Festus au mot
Terminus, et qui ne se trouve pas dans l'édition donnée récemment
par M. Egger. On peut lire cette loi dans quelques collections anciennes de la loi des Douze-Tables. M. Ballanche fait sans doute allusion à cette loi, lorsqu'il dit que le mot *sacré*, comme synonyme
de condamné, « s'applique aux animaux, aux hommes et même aux
choses. » (*Paling.*, IIIᵉ part.).

(3) C'est un plaidoyer de ce genre, en faveur des rats du diocèse
d'Autun, qui commença la réputation du célèbre commentateur
de la Coutume de Bourgogne, qui fut premier président au Par-

les condamne en suivant exactement toutes les prescriptions de la procédure, en les faisant périr, de la
main même de l'exécuteur des arrêts criminels, par
le même genre de mort réservé pour les hommes, et
qui continue à mettre l'homme et là bête sur la
même ligne, en payant au même taux les frais de
leur supplice (1).

lement de Provence, et qui est connu sous le nom de *Chassanée*
ou *Chassaneux*, du latin *Chassanæus*, mis en tête de ses ouvrages écrits en latin.

(1) D'après les vieilles Coutumes du duché de Bourgogne, antérieures à la révision de 1459, le cheval qui tue un enfant « est commis à la justice du seigneur. » (Coust. et stilles gardez ou duchié de
Bourgoingne, *de delictis et pænis*, art. 57; Ch. Giraud, *Hist. du
Droit au moyen âge*.) « La chievre prise en revenue pert la langue. »
(Id., *de animalibus*, art. 71). On peut voir dans Carpentier (*Homi-
cidium*, II, 754, 755), plusieurs exemples d'exécutions pénales
sur des animaux, en 1268, 1322, 1323, 1378, 1414, à la suite de
délibérations du conseil. Il cite aussi une sentence du 11 décembre 1621, tirée des Archives de Meudon. Beaumanoir blâme
l'application des formes judiciaires à de tels accidens; car, dit-
il, « bestes muez n'ont pas entendement qui est biens ne qu'est
maus, et por che est che justice perdue. » M. le professeur Ber-
riat Saint-Prix et M. Vernet, avocat, ont publié de curieux détails à
ce sujet (*Thémis.*, I, 178 et suiv.; VIII, 34 et suiv.). Une lettre
insérée dans ce recueil donne sur ces procès d'ingénieuses explications, dont quelques-unes font bien comprendre le maintien de ces
procédures. Mais la cause première, si l'on veut y réfléchir, la cause
cachée, mais vraie de tous ces procès, est dans les croyances primitives du genre humain. L'auteur de cette lettre a touché ce point
(*Thémis*, IX, 440 et suiv.).

Il ne faut pas confondre, d'une manière trop absolue, ainsi qu'on
le fait ordinairement, les procès, dont il est ici question, avec ceux
où les animaux figurent, à côté d'un homme ou d'une femme, comme
complices d'un crime charnel contre nature. La destruction de l'animal avait encore, dans ce cas, un but tout spécial, qui était de ne

On retrouve quelque chose de l'influence de ces croyances primitives, mais avec des caractères plus touchants, dans cette ancienne loi d'Athènes, dont on ignore l'auteur, qui défend d'attenter à la vie du taureau que la charrue et son joug ont élevé à la qualité d'agriculteur, en l'associant aux travaux de l'homme. Ministre de Cérès et compagnon du laboureur, sa mort est un crime capital assimilé au meurtre d'un citoyen (1). Laboure et creuse ton pénible sillon, vénérable taureau, mais dors en paix; car la loi veille aussi sur toi. L'homme ingrat ne lèvera pas sur ta tête une main impie. Tes jours ne s'éteindront que d'après le terme fixé par la nature.

La loi de Moïse contient une disposition qui fait penser à cette loi attique, avec laquelle elle n'est pas sans quelque analogie. Si un Israélite trouve un nid

laisser aucune trace du crime horrible dont il avait été l'occasion. C'est ce que dit très-clairement la loi canonique. — Voy. *Canon. Mulier* 4, *causa* 15, *quæst.* 1;—Vernet, *Thémis*, VIII, 44.—Ce n'était pas, en effet, l'animal seulement que l'on tuait ou qu'on brûlait, c'était aussi son complice. La procédure même était brûlée ou détruite, afin d'ensevelir la mémoire du fait qui y avait donné lieu. Le dernier arrêt de ce genre a été rendu par le parlement de Paris, le 12 oct. 1741, d'après Jousse, *Just. crim.*, IV, 124.

(1) « Lex etiam hæc est attica : ne et bos arator mactetur, qui sub jugo laboravit, sive aratro sit, sive plaustro : quod et ipse agricola esset et laborum inter homines socius. » (Ælian., *Variæ Hist.*, l. V, cap. xiv). — « Hic (bos) socius hominum in rustico opere et Cereris minister. Ab hoc antiqui manus ita abstineri voluerunt, ut capitale sanxerint si quis occidisset. » (Varro, *de Re rust.*, l. II, cap. v). — « Cujus tanta fuit apud antiquos veneratio ut tam capitale esset bovem necasse, quam civem. » (Columel., *in proem.*, l. VI).

avec la mère sur ses petits ou sur les œufs, il lui est
permis de prendre les petits ou les œufs ; mais s'il
veut vivre de longs jours, il doit laisser la mère s'en-
voler (1). C'est une raison de prévoyance économi-
que, sans doute, qui a dicté cette loi. Mais il n'en
faut pas moins avouer qu'elle touche vivement le
cœur par son ineffable mansuétude. Cette compassion
pour cette pauvre mère est destinée à habituer
l'homme à la douceur, à l'humanité envers ses semblables, et c'est par un motif entièrement identique
que les lois attribuées à Triptolème ordonnaient de
ne faire aucun mal aux animaux (2).

Toutes ces croyances naïves, et toutes ces dispositions, qui font des bêtes les propres compagnons de
l'homme, qui les mettent dans la confraternité humaine, en les plaçant dans le droit (3), sont un des
éléments juridiques qui ont, par eux-mêmes, le plus
de charme et le plus de poésie.

Remarquons ici, avant de passer à un autre ordre
d'idées, l'énergie des croyances des temps primitifs,
dont l'effet se prolonge souvent jusque dans les âges
de civilisation. Ces influences panthéistiques des premiers jours du monde nous enlacent encore aujour-
d'hui. Nos institutions, notre langage, nos mœurs et

---

(1) « Si ambulans per viam, in arbore vel in terra nidum avis in-
veneris, et matrem pullis vel ovis desuper incubantem : non tene-
bis eam cum filiis ; sed abire patieris, captos tenens filios, ut bene
sit tibi et longo vivas tempore. » (*Deuter.*, xxii, 6, 7).

(2) Cf. Goguet, *Orig. des lois*, t. I, p. 74, 75, et t. III, p. 140
de l'édit. in-12.

(3) Expression de M. Michelet, *Orig.*, Introd., p. 55.

nos coutumes, sont loin d'en être entièrement affranchies.

La femme, que les époques de barbarie montrent presque toujours dans un état d'asservissement et de dégradante nullité, livrée au caprice du despotisme le plus dur, le plus illimité, le plus brutal de la part de l'homme, la femme est placée souvent aussi bas, plus bas même que les animaux. Mais sa noble nature n'est pas toujours ravalée ni méconnue. Le Germain trouve en elle quelque chose qui ressemble à un rayon de la Divinité. Il consulte la femme dans les affaires publiques les plus délicates ou les plus importantes. Attentif à ses réponses, il suit avec un pieux respect les conseils qui s'échappent de ses lèvres inspirées (1). Il y a, en effet, dans la nature de la femme, une intime et profonde analogie avec la faculté de prévision des destinées humaines, faculté mystérieuse, qui frappe l'esprit des Aquitains et des Ligures de la Gaule méridionale, et qui les porte à investir leurs femmes d'une autorité politique supérieure à celle des hommes. Ce sont elles qu'ils chargent de prononcer sur les différends survenus avec leurs alliés, et c'est un tribunal de femmes qui statue, en dernier ressort, sur les demandes et les plaintes d'Annibal prêt à traverser les Gaules pour aller faire trembler Rome (2).

(1) « Inesse quin etiam sanctum aliquid et providum putant, nec aut consilia earum aspernantur aut responsa negligunt. » (Tacite, de Mor. Germ.).

(2) Plutarque, de Virt. mulierum. — Mais Plutarque, suivi par la plupart des auteurs, attribue cette institution aux Gaulois en général, tandis que, d'après M. Amédée Thierry, c'est aux Aquitains

Quels que soient l'appareil et la pompe des cérémonies solennelles de nos modernes assemblées judiciaires, quel que soit l'éclat du costume ou de la
renommée des hommes qui y figurent, il n'est pas de
cour de justice qui puisse rivaliser, pour le prestige
poétique, avec ce simple tribunal de quelques femmes
à demi sauvages et à demi nues, tenant leurs assises
sur les rives du Tet. Car la femme c'est la poésie
même.

Cette inspiration que plusieurs peuples ont cherchée dans la bête, que les Ligures et les Germains de-
mandaient au sexe, on l'a quelquefois demandée à
l'enfance ; car l'innocence de l'âge, comme la simplicité de la bête, est aussi une inspiration. L'ancienne coutume du Puy place sur le siége du juge
de jeunes enfants pleins de candeur, des enfants de
chœur bien naïfs, qu'elle charge de décider, toutes
les fois qu'il s'élève un débat entre deux juifs, « afin
que la grande innocence des juges corrige la grande
malice des plaideurs (1). »

Il y a un caractère très-poétique encore, mais
moins saisissant pour l'imagination, dans ces tribunaux si célèbres, sous le nom de *Cours d'amour,* qui
se formèrent, au temps du moyen âge, en plusieurs
lieux du royaume de France, et surtout, dit-on, en
Provence, au castel de Signe, à Romarin, à Pierre-
Feu, pour juger souverainement les débats et les dis-
putes des poètes sur le mérite de leurs écrits, et pour

---

et aux Ligures, issus de la race ibérique, qu'il faut la reporter.
Cf. *Hist. des Gaul.*, t. 1, p. 267, 268, 1re édit.

(1) Michelet, *Hist. de Fr.*, II, 422.

prononcer, en dernier ressort, sur les querelles des amants. A cette époque de galanterie et de chansons, *amour* et *poésie* furent à peu près synonymes (1). Ces parlements de courtoisie et de gentillesse, comme les appelle Fauchet (2), composés de seigneurs et de dames du grand monde, siégeaient sous l'*Ormel*, imposaient des peines, prescrivaient la forme des ruptures ou les articles des réconciliations, et nulle puissance ne se fut permis d'enfreindre leurs arrêts ou de décliner leur juridiction. Longtemps en crédit par toute la France, ces tribunaux, s'il faut en croire des hommes très-érudits, eurent leur législateur et leur Code, recueilli en trente-un articles par un chapelain du roi, une jurisprudence respectueusement invoquée et fidèlement suivie, un recueil d'arrêts, dont un docteur en droit fit un savant, mais peu poétique commentaire. Comparé à la légèreté du sujet, ce

(1) C'est dans ce sens que Pétrarque (*Trionfo d'amore,* iv) a dit du troubadour Arnaud Daniel :

> Gran maestro d'*amor,* ch' alla sua terra
> Ancor fa onor col dir polito e bello.

Aussi un recueil, encore inédit, composé à Toulouse au quatorzième siècle et qui renferme une grammaire, une poétique et une rhétorique, est-il intitulé *Leys d'amor,* littéralement *lois d'amour,* quoiqu'il ne fût pas à l'usage des cours d'amour. Les règlements de la Société des troubadours, à Toulouse, portaient aussi le nom de *Leys d'amor.* Cette acception du mot *amour,* pour signifier *poésie,* est bien en rapport avec la nature et l'essence de la poésie romane. (*Voy.* un article de M. Guessard sur les *grammaires romanes du treizième siècle, Biblioth. de l'éc. des chart.,* t. I, p. 128, et l'*Essai sur les cours d'amour* de M. Frédéric Diez, professeur à l'université de Bonn, traduit de l'allemand par M. Ferdinand de Roisin, p. 69).

(2) *Orig. de la lang. et poés. fr.,* l. II, p. 578.

lourd commentaire ressemble assez aux marques et aux étiquettes de plomb que la douane attache aux fines gazes d'Italie (1). L'élégance et la grâce correcte des siècles civilisés se révèlent déjà dans ces juridictions, où trônent l'analyse et la subtilité, et qui, tout anciennes qu'elles sont, n'exhalent pas, il s'en faut de beaucoup, ce parfum de primitive antiquité qu'on sent s'échapper du simple tribunal des femmes liguriennes, et qui embaume le naïf prétoire des jeunes enfants de chœur de la ville du Puy.

La chevalerie, ce sacerdoce militaire du moyen âge, qui rappelle les travaux des demi-dieux, ces autres chevaliers des temps fabuleux de l'Hellénie, peut, elle aussi, revendiquer un Code. Mais elle a pour Code un poème (2), et pour commentateurs, les troubadours et les trouvères, Aèdes galants, poètes du gai savoir, qui remplacent les graves poètes théologiens de la vieille Grèce, et qui, comme eux, mais par des chants profanes, adoucissent la rudesse de leur époque, et préparent les voies à la civilisation moderne. Les cérémonies toutes symboliques de la chevalerie, sa langue allégorique et le but qu'elle se propose, qui n'est autre qu'une pensée de modération pour le fort, de protection et de justice pour le faible, font de cette institution, dont l'organisation eut un caractère juridique, une source de poésie qui inonde les expressions de ses règle-

---

(1) Observation de M. Marchangy, *Gaul. poét.*, t. III, p. 422, note 2 de la fin du volume, 1re édition.

(2) L'*Ordene de chevalerie*, par messire Hues de Tabarie.

ments (1), et qui féconde toutes les dispositions de ses lois (2).

Le moyen âge nous a transmis, sur la poésie du droit, les plus abondants matériaux. Ses usages juridiques, les formalités et les prescriptions de ses coutumes, presque toutes ses institutions, en un mot, qu'il serait trop long d'énumérer ici, mais surtout les prestations et les redevances féodales, portent une empreinte souvent enfantine, mais toujours éminemment poétique.

Quoi de plus curieux, en ce dernier genre, que la *baillée de roses* due et remise solennellement en pleine audience, avec accompagnement de hautbois, aux parlements de Paris et de Toulouse (3)! Quoi de plus poétique aussi que la forme de la redevance du seigneur de Saint-Péreuze, obligé d'amener, tous les ans, en grande cérémonie, dans le Nivernais, au manoir du seigneur de Champdiou, un tout petit roitelet placé sur un immense chariot couvert de mousse, traîné par de vigoureux et superbes taureaux (4)!

---

(1) Les armes, dont les tournois prescrivent l'usage, se nomment des « armes courtoises et gracieuses. » Pour exprimer que les héraults d'armes donnent à chaque combattant l'égalité du terrain, on dit qu'ils « partagent la terre et le soleil aux combattants. » Ces deux exemples suffisent pour faire apprécier la langue des règlements de la chevalerie.

(2) *Voy.* entre autres, ci-après, liv. I, au chapitre relatif à la *Symbolique du Droit pénal* les cérémonies de la dégradation du chevalier.

(5) *Voy.* sur ce point le livre I, chap. III, § 4, de la *Symbolique*.

(4) Ce serait à ne plus finir, s'il me fallait rapporter ici tous les usages du même genre qui sont pleins de poésie. J'empiéterais, d'ailleurs, sur la *Symbolique;* car ces usages sont, pour la plupart,

La couleur poétique qui brille dans la plupart des usages judiciaires du moyen âge a sa cause dans l'état psychologique de cette époque, encore barbare, entièrement soumise au pouvoir de l'imagination et de son éblouissant mirage. Les traditions des âges primitifs y sont sans doute aussi pour beaucoup (1).

C'est avec ces dispositions psychologiques que le moyen âge et les temps primitifs s'occupent de l'invention d'un type dans le pesage et la mensuration; et c'est en se pénétrant de cette condition morale de l'humanité et en regardant à travers le prisme de l'imagination, que les antiques procédés, propres à mesurer le temps, l'espace, les quantités, veulent être examinés pour être bien appréciés. La nécessité de déterminer l'étendue d'un champ, la durée d'un droit, d'un devoir, d'une fonction, de fixer les limites d'une commune, d'une ville, d'un empire, se fait sentir à l'homme civilisé, aussi bien qu'à l'homme dans l'état de barbarie. De là, dans tous les temps, la création d'un type conventionnel pour servir de point de départ dans les mesures d'étendue, de poids, de temps,

de vrais symboles, de véritables allégories qui n'appartiennent pas à cette Introduction et qui ont leur place dans la *Symbolique*, où il faut aller les chercher.

(1) L'antiquité dût être, à tous égards, plus riche que le moyen âge, tel qu'il a existé, du moins en France, en Italie, en Espagne, parce que la barbarie de l'antiquité fut une barbarie primitive, et non une barbarie renouvelée, comme celle du moyen âge dans ces contrées. Mais cette dernière époque nous est mieux connue, et c'est ce qui a fait dire que le moyen âge fut plus symbolique et plus poétique que l'antiquité. Cette observation ne s'applique pas à la Germanie, dont la barbarie n'a pas eu une époque de rénovation. *Voy.* ci-devant p. 20, 21.

de capacité. Ce type est nécessairement arbitraire. Il est toujours grossier dans les temps primitifs. La science n'intervient pas pour le créer, car la science n'existe pas encore. Il est pris ordinairement dans la nature, dans la personne de l'homme ou dans ses occupations journalières.

Le point de départ, pris dans la nature, est un *grain d'orge* chez les Gallois. L'ancien chef breton, Dynwald Mœlmud, mesure toute l'île en partant de la longueur d'un *grain d'orge* (1). C'était, avant notre nouveau système décimal, l'une des premières subdivisions de l'ancienne livre, dont le denier se composait de vingt-quatre *grains* (2).

Chez les Hindous, le type primitif du poids, la première quantité perceptible, c'est l'*atome de poussière,* flottant dans un rayon de soleil, et qui se nomme

(1) Michelet, *Origines*, p. 106. — *Dynwald Moelmud* fut un chef breton qui vécut, à ce qu'on dit, 400 ans avant Jésus-Christ; c'est le *Dunvalo Molinus,* dont Wace raconte l'histoire dans son roman de *Brut,* vers 2291 à 2360 ; *Voy.* l'édit. de Leroux de Lincy, t. I, p. 107 à 110, et t. II, p.113 de l'analyse. Dynwald Mœlmud passe pour avoir réuni les vieilles triades galloises et donné des lois à son pays. C'est à cette croyance que Wace fait allusion dans ces deux vers :

Cist mist les langues et les lois
Qu'encor tiennent li Anglois.

(2) En médecine, le *grain* était et est encore aujourd'hui, chez nous, le point de départ. 12 *grains* font une *obole* (Denisart, v° *Poids*). Le *poids médicinal,* autorisé par nos lois modernes, n'est autre chose que le débit des drogues et préparations médicamenteuses au *grain,* et non au gramme. (*Voy.* loi du 21 germinal an XI, art. 35 et 36). Les pharmaciens mettaient quelquefois encore, il n'y a pas longtemps, dans leur balance des *grains* d'orge ou de blé en nature.

trasarénou; le second des types primitifs, c'est la *graine de pavot,* qui pèse autant que huit *grains* de cette poussière; le troisième, la *graine de moutarde noire,* qui égale trois *graines de pavot;* le quatrième, celle de *moutarde blanche,* qui équivaut à trois *graines de moutarde noire;* le cinquième, le *grain d'orge,* qui en égale six de *moutarde blanche;* et le sixième, le *chrichnala,* baie d'un petit arbrisseau (1), qui vaut trois *grains d'orge* (2).

La personnalité humaine fournit un membre du corps, la *main,* le *bras,* le *coude,* le *doigt,* le *pied* (3). C'est le système des Grecs, des Romains, des Lombards.

La mesure du jour, chez les Hindous, est même un *clin d'œil* (4). Le *pas,* comme moyen de préciser l'étendue, ne leur est pas étranger. Ce mode de dé-

(1) Nommé Goundjâ. (*Abrus precatorius*).

(2) Manou, l. VIII, sl. 132, 134. — Sur la valeur de ces poids et sur leur-rapport avec les nôtres, voyez les notes de M. Loiseleur Deslongschamps, dans sa traduction. (*Livres sacrés de l'Orient,* p. 408, notes 1, 2, et p. 397, note 4).

(3) M. Victor Hugo (*le Rhin,* I, 79) croit que c'est le pied de Charlemagne qui donna lieu à cette appellation, *pied de roi,* qui servait de type à l'ancienne mesure française. Notre *pied* fut emprunté au *pes* des Romains. Mais l'expression *pied de roi* se rattache, d'après Grimm, non à Charlemagne, mais à Luitprand, roi des Lombards, dont le pied, par sa longueur, servit aux Lombards à déterminer la mesure de leurs terres. (*Deutsche Rechtsalterthümur,* 541). M. Michelet a suivi cette opinion. Le pied du roi Luitprand rappelle le pied d'Hercule ayant deux coudées de longueur, empreint sur un rocher de la Scythie, près du Tyras, et la sandale de Persée, de la même longueur, que le dieu laissait quelquefois dans son temple à Chemnis, ville de la Thébaïde. *Hérodot.,* IV, § 82, et II, 91.

(4) Manou, l. I, sloca 64. (*Livres sacrés de l'Orient,* p. 337).

termination se présente dans l'Inde, avec un caractère mythologique. Vichnou prend la figure d'un brahmane d'une taille extrêmement petite, et, sous les traits d'un nain appelé Vamana, il se présente devant le géant Mahabali, qui était devenu pour les dieux un objet de colère. Il lui demande la concession de trois *pas* de terrain. Mahabali promet sur sa parole. Le nain, développant alors un corps immense, mesure la terre d'un *pas*, le ciel de l'autre; il va du troisième embrasser les enfers, lorsque Mahabali, tombant à genoux, reconnaît le pouvoir du Dieu suprême (1).

Les occupations journalières de l'homme, dans les premiers âges du Monde, sont presque toujours la chasse, la pêche, le pâturage et la guerre. Les instruments propres à ces divers genres de vie servent de type à la mensuration, et sont tirés ordinairement de la *pique,* de la *lance,* de la *flèche,* du *javelot,* du *bâton.*

Le jet de ces armes détermine la distance, fixe l'étendue, établit la propriété.

Ce mode de mensuration se rencontre dans la Germanie, en Irlande, en Angleterre, aussi bien que dans l'Inde et dans la Perse. Il n'est pas étranger à la France. D'après la coutume du Bourbonnais, un *trait d'arc,* un *jet de pierre,* une *portée d'arquebuse,* indiquent un espace de terre (2). Dans

(1) La théogonie indienne a conservé le souvenir de ce mythe. Le nain merveilleux y porte encore le nom de *Trivikrama,* trois pas. — Cf. Creuzer, *Symbolik* (trad. fr., l. I, ch. III); Grimm, *Von der poesie im recht,* § 8.

(2) Art. 524; — Laurière, *Gloss.,* II, 426. — Nous nous servons

le Berry, un archer, armé d'une arbalète, est choisi pour régler les limites d'un terrain dépendant d'une église, appartenant à l'abbaye de Saint-Sulpice de Bourges. Cet archer se place aux quatre aspects, et décoche successivement quatre *flèches*. Au point où tombent ces *flèches*, on plante des croix en signe du salut de cette église (1).

Au lieu de ces armes, on trouve quelquefois le *marteau* (2). Le *jet du marteau* est célèbre chez les peuples de l'Europe septentrionale. Dans la mythologie scandinave, Thor, dieu de la Force, a pour attribut un *marteau*. Il se peut que, chez ces peuples, une antique réminiscence religieuse se mêle, même à leur insu, à ce mode de mensuration.

Le *rayon du soleil*, tout ce qu'il couvre de sa lumière, est une mesure d'étendue ou de durée. Aussi loin que brille le soleil, aussi longtemps que le soleil marche, disent les lois de la Frise (3). La *durée du jour*, le *lever* et le *coucher du soleil* servent aussi, comme mesure d'étendue, dont notre ancien *journal* a pris le nom (4), ou comme détermination du jour légal;

---

encore aujourd'hui dans le langage usuel des mots *portée de fusil*, pour déterminer une distance.

(1) *Étude hist. sur les cout. du Berry*, par M. Rainal. (*Rev. de législ.* de Wolowski, t. XII de la collect., et t. II de la nouv. série, page 25).

(2) Grimm, *Deutsche Rechtsalt.*, p. 55, 57; — le même, *Von der poesie im recht*, § 8.

(3) « Also lang als diu sonne schint; — als die sunn ofgêt. » (Grimm, *Deuts. Rechtsalt.*, p. 38).

(4) Le *Journal* désignait aussi certaines prestations de travail. (*Voy.* Ducange, *Jornale* et ses dérivés, tels que *jornancia, jor-*

et telle est, à cet égard, l'ancienne coutume romaine, *solis occasus suprema tempestas esto* (Tab. 1, 8,). Tel est aussi, sur ce dernier point, le principe chez les Francs. Notre civilisation actuelle , si savante , si raffinée, qui possède des procédés si exacts pour mesurer le temps, retient encore, aujourd'hui même, quelque chose de ce mode de mensuration si indéterminé, si variable, si fautif, qui ne convient qu'aux époques d'ignorance. Avant le *lever* et le *coucher du soleil*, le pauvre doit s'abstenir de glaner ou de grapiller dans les champs (1) ; avant le *lever* et le *coucher du soleil,* aucune coupe ni enlèvement de bois ne peuvent être effectués par les adjudicataires (2).

Quelquefois c'est le *son du cor* (3), de la *cloche* (4), le

---

naria, jornata, jorneia, III, 1546, 1547, 1548). — Les paysans, en Provence, n'ont pas encore entièrement abandonné cette dénomination et cette mesure.

(1) Code pén., art. 471, n. 10; arr. de règlem. du parlem. de Paris du 16 fév. 1784.

(2) Code forest., art. 55. — Sous l'ancienne jurisprudence, il n'était permis d'exploiter qu'*entre deux soleils,* c'est-à-dire depuis le *soleil levant* jusqu'au *soleil couchant.* L'art. 1057 de notre nouveau Code de procédure a établi à ce sujet des heures fixes et invariables, auxquelles le Code forestier, quoique rédigé en 1827, ne s'est pas conformé. En général, les traces des coutumes et des croyances anciennes se retrouvent plus souvent ou plus profondément dans les matières rurales, quelle que soit la loi nouvelle qui les régit, que dans les autres matières. On en a vu ci-dessus quelques exemples; on en trouvera un autre tout à l'heure pris aussi dans le Code forestier. Grimm a fait une remarque analogue pour l'Allemagne. Il dit qu'on trouve plus de poésie dans le droit sur la chasse (*im Jagerrecht*) que dans tout autre. — Cf. *Von der poesie im recht*, § 4 *in fine.*

(3) Michelet, *Orig.*, p. 82.

(4) Grimm, *Deutsche Rechtsalt.*, 76, n. 4.

souffle du vent (1), qui sert à fixer l'étendue ou la durée d'un droit de chasse, de pêche, de pâturage, de juridiction, de propriété.

Ici, on prend pour règle le *cri* d'un *animal*, comme celui d'un *éléphant* chez les Birmans (2) ; là, c'est *l'aboiement d'un chien* (3); ailleurs, c'est le *chant du coq* (4), ce chant qui fait évanouir les charmes (5).

Notre ancien et notre nouveau droit forestier ont retenu un souvenir de ces antiques modes de mensuration, qui remontent presque au berceau du

(1) « So lange der wind weht. — Gehen so weit wind weht. » (Grimm, p. 38).

(2) Grimm, *ibid.*, 76, n. 5.

(3) *Ibid.*

(4) « So lang der wind weit und der hane creit. — So lange der wind weht, der hahn kräht. » (Grimm, p. 38).

(5) Le *chant du coq* passait jadis, chez les anciens peuples du Nord, et passe encore aujourd'hui, même chez nous, pour avoir cette propriété de faire évanouir les charmes, parce qu'il annonce la venue du jour, incompatible avec les esprits malins, qui sont des esprits de ténèbres. Depuis la conversion de l'Europe au christianisme, il se mêle peut-être dans cette croyance une réminiscence confuse de l'épisode de saint Pierre dans le Nouveau-Testament.

Voici un conte populaire qui a son origine dans les Mythes du nord de l'Europe. Le *chant du coq* y figure comme une condition résolutoire des conventions; mais il se rattache implicitement à la croyance dont je viens de parler. « Le diable s'était engagé à bâtir une maison pour un paysan et à l'achever avant le *chant du coq,* ce qui voulait dire avant le jour, mais sans que le diable eût songé à s'exprimer avec cette précision. Si le coq chantait avant que la maison fût achevée, le paysan demeurait libre de tout engagement envers l'esprit des ténèbres, et celui-ci perdait la partie. L'ouvrage touchait à sa fin; il ne restait plus qu'à placer une tuile, une seule, et le jour n'était pas sur le point d'arriver. Le paysan se prit à imiter le *chant du coq*, et soudain tous les coqs du voisinage de lui répondre. Le diable avait perdu. » (*Voy.* Grimm, *Von der poesie im recht*, § 8).

Monde, en fixant, dans certains cas, la distance d'après le *son* que produit la hâche du bûcheron tombant sur un arbre. Ils la déterminent selon l'*ouïe de la cognée* (1).

Ces moyens, tout arbitraires et variables qu'ils soient, n'ont pourtant, pour la plupart, presque rien d'aléatoire; car le *jet* d'un arc, la *portée* d'une arbalète, le *cri* d'un animal, le *son* d'une cloche, le *bruit* de la cognée peuvent s'estimer approximativement. Mais l'homme des temps barbares ne se borne pas là. Superstitieux à l'excès, comme on l'est toujours à ces époques du Monde, il ne consulte bien souvent que le hasard. Pour mesurer la possession, il s'en rapporte au *vol* d'un oiseau, à la *marche* d'un animal (2), au *vol* d'une plume que le vent chasse (3), comme J. J. Rousseau, le philosophe, qui cherche dans le *jet* d'une pierre, lancée contre un arbre, la résolution qu'il doit prendre.

S'agit-il de déterminer jusqu'à quel point doit s'étendre une chose, combien de temps elle doit durer? Les anciennes lois allemandes disent : « Aussi loin que *marche* ou que *vole* le *coq*, que *saute* le *chat*, plus près que l'*éperon du coq* ou que le *saut du chat* (4). »

(1) Ordonn. de 1669; Code forest., art. 31 et 45. Mais l'art. 31 prend soin de déterminer en mètres la distance indiquée par l'*ouïe de la cognée*. Dans le cas que cet article prévoit, il fixe cette distance à 250 mètres, à partir de la coupe. *Cf. supra*, p. 68, 69.

(2) Sur le *vol* des oiseaux et la *marche* des animaux, comme modes de mensuration, comme moyen de détermination d'un droit, d'une possession, *voy.* la *Symbolique*, liv. I, ch. iii, § I, et *supra*, p. 85.

(3) Grimm, *Deuts. Rechtsalt.*, p. 83.

(4) Grimm, *Von der poesie im Recht*, § 8.

En France, nous revendiquons, comme propre, le *vol du chapon,* qui sert à désigner la quantité de terre que l'aîné des enfants peut prendre avec le principal manoir (1).

Cette préférence donnée au *cri* des animaux, à leur *vol,* à leur *instinct,* pour guider la volonté de l'homme, pour mesurer la possession, se rattache au culte des animaux, et se lie à cette primitive époque du Monde, où l'homme adorait, dans les animaux, les lois saintes, mais cachées, de la nature. La science augurale et l'influence théocratique s'y révèlent évidemment (2). Sous ce rapport, on peut, jusqu'à un certain point, considérer comme symboliques, dans le sens transcendant, antique et religieux de ce mot, les divers procédés de mensuration et de détermination quelconque pris dans la nature animale. Moyens saisissants pour l'imagination, bien autrement que nos mesures actuelles, où tout est froidement et exactement prescrit, ces procédés anciens ont, au plus haut degré, un caractère poétique, comme tout ce qui se rattache, d'ailleurs, aux temps primitifs. Par leur sens indéterminé, aléatoire, ils ont aussi je ne sais quoi de mystérieux, qui sanctifie, en quelque sorte, l'acquisition, la donation, l'autorité, dont ils fixent le territoire (3).

Quelques-uns de ces modes de mensuration ont

_____

(1) *Voy.* dans le *Glossaire* de Laurière (t. II, p. 468) l'énumération des coutumes qui parlaient du *vol du chapon.* Dans certaines coutumes, le *vol du chapon* se nommait *chèze. Voy.* ce mot dans Laurière, t. I, p. 252.

(2) Michelet, p. 71.

(3) Grimm, *Von der poesie im Recht,* § 8.

un caractère symbolique sur lequel je reviendrai
plus tard. Mais, comme le fait observer M. Grimm,
bien que les symboles et les mesures se présentent
souvent sous la même forme, il y a néanmoins entre
eux une différence des plus saillantes, qui les distingue essentiellement. Dans la mesure, la chose sert
à déterminer l'acte, comme le *jet* du *marteau*, de la
flèche, le *son* de la *cloche*. Dans le symbole, la chose
accompagne, en qualité de signe, un acte qui s'accomplit, comme la *paille* à l'occasion de l'investiture.
Le symbole est plus durable, plus pratique. Il résiste
plus énergiquement aux progrès de la civilisation.
Les vieux et antiques modes de mensuration sont
depuis longtemps abandonnés, alors qu'une foule de
symboles conservent encore leur puissance et leurs
attraits (1).

La mesure, dans le degré de la pénalité, la forme
de la peine et ses rapports avec le fait qu'il s'agit de
réprimer, se lient souvent à l'âge poétique du droit.
Sans parler ici des peines symboliques, dont il sera
question dans un autre endroit de cet ouvrage et qui
ne sont pas la partie la moins intéressante du droit
des anciens jours (2), la peine porte fréquemment

(1) J. Grimm, *Deuts. Rechtsalt.*, p. 110. — Dans sa *Poesie im
Recht*, J. Grimm a aussi consacré le § 8 tout entier aux divers
modes de mensuration, de numération et de pesage usités jadis. Il
les examine toujours sous leur point de vue poétique; il ne dit pas
un mot qui puisse faire penser qu'il les regarde comme des procédés
symboliques. C'est cette considération qui m'a déterminé à placer
dans l'*Introduction,* et non dans la *Symbolique,* ce qui concerne
les anciens modes de mensuration, de numération et de pesage,
dont je viens de parler.

(2) *Voy.* ci-après, la *Symbolique,* liv. I, chap. xii.

avec elle un caractère invariablement poétique qu'elle tient, comme le caractère symbolique, des époques de barbarie. Si le crime a sa poésie qui saisit l'âme et qui frappe l'imagination, la loi pénale aussi a la sienne, lorsque le châtiment est exaspéré. Sous ce rapport, l'atrocité du droit antique ne le cède en rien à celle du droit du moyen âge.

Rome permet aux créanciers de mettre à mort le débiteur insolvable et de se partager son corps (1). Dans notre moyen âge, un Juif stipule une livre de chair à couper sur le corps de son débiteur, si celui-ci ne paie pas sa dette au terme convenu. Le juge à qui le contrat est soumis se croit obligé d'en permettre l'exécution (2).

(1) « Tertiis nundinis partis secanto, si plus minusve secuerunt se (sive) fraude esto. » (*Tab.*, III, 6). — *Partes secanto* s'entend réellement de la personne, du corps, et non des biens, dans le sens du partage réel du corps du débiteur. Cf. Aulu-Gelle, *Noct. attic.*, XX, 1 ; — Quintilien, *Inst.*, III, 6 ; — Tertullien, *Apol.*, c. iv ; — J. Grimm. *Deuts. Rechtsalt.*, p. 616 ; le même, *Poesie im Recht*, § 12 ; — Michelet, *Hist. rom.*, I, 154-7, 2e édition ; le même, *Origines*, p. 393 ; — Bonjean, *des Actions*, § 160, t. I, p. 403 et 404. — Mais les auteurs latins ci-dessus cités nous apprennent que la pratique n'avait pas accepté ce droit barbare : *quam legem mos publicus repudiavit*, dit formellement Quintilien (*loc. cit.*). D'autres auteurs se refusent à admettre l'autorité du texte ci-dessus cité. M. Laferrière essaie de concilier tout le monde en regardant la disposition comme comminatoire. (*Hist. du Dr. civ. rom. et du Dr. fr.*, t. I, p. 135, 136).

(2) Cette reconnaissance de la juridicité du contrat résulte de la réponse même du juge, que, « s'il coupe plus ou moins, il sera lui-même mis à mort. » (J. Grimm, *Poesie im Recht*, § 12). Cette tradition est bien antérieure à Shakspeare, qui en a fait usage dans son *Marchand de Venise*. Sur cette tradition, *Voy.* les autorités indiquées par Grimm, *loc. cit.*, et p. 616, 617 de ses *Antiquités*.

La fable représente Prométhée condamné par les Dieux à être déchiré tout vivant par un cruel vautour, qui ronge ses entrailles sans cesse renaissantes (1). Les Burgundes copient le mythe grec, dans les proportions autorisées par la réalité, en condamnant le voleur d'un vautour à livrer six livres de la chair de sa poitrine à l'avidité de cet oiseau de proie, s'il n'aime mieux payer au propriétaire la somme de six schellings (2).

Le parricide romain est cousu vivant dans un sac de cuir, avec une vipère, un chien, un coq et un singe, et jeté à l'eau pour y périr de faim ou pour être dévoré par ces quatre animaux symboliques (3). Sous nos Valois, les condamnés, cousus aussi dans un sac, sont jetés à la rivière avec cette célèbre inscription : « Laissez passer la justice du roi ».

En cas de meurtre commis sur la flotte qui transporte Richard Cœur-de-Lion en Palestine, ce roi ordonne que le coupable, lié au cadavre, soit lancé dans la mer (4). Les Égyptiens ne font pas mourir le père qui a tué son enfant, mais ils le condamnent

---

(1) .... Rostroque immanis vultur obunco
Immortale jecur tundens, fœcundaque pœnis
Viscera, rimaturque epulis, habitatque sub alto
Pectore : nec fibris requies datur ulla renatis.
(*Æn.*, VI, 597 et suiv.)

(2) « Si quis acceptorem alienum involare præsumpserit, aut sex uncias carnis acceptor ipse (ipsi) super testones comedat, aut certe si noluerit, sex solidos illi cujus acceptor est, cogatur exsolvere. » (*Lex Burg.*, tit. xi).

(3) Sur ce supplice, *voy.* ci-après à la *Symbolique*, liv. I, ch. xv, et l. II, ch. iii.

(4) Michelet, *Orig.*, 573.

à un supplice plus cruel que la mort même, en l'obligeant à tenir, dans ses bras, pendant trois jours et trois nuits, le cadavre de sa victime (1).

Cambyse fait mourir et écorcher après sa mort un juge prévaricateur (2). Les païens écorchent les chrétiens tout vivants; et les Perses, quand un homme a touché des vêtements impurs, lui enlèvent la peau dans toute la largeur de la ceinture (3).

Rome donne à la curiosité populaire le spectacle de malheureux esclaves ou de glorieux martyrs livrés aux bêtes féroces. Le droit allemand n'a aucun exemple semblable. Mais le droit du Nord eut sans doute des prescriptions de ce genre, car les *sagas* font souvent mention de ce supplice, et la tradition attribue au roi scandinave, Fröde VII, une loi qui condamne le voleur à être attaché à une potence, avec un loup vivant à ses côtés, destiné à le dévorer, pour indiquer la rapacité de l'un et de l'autre (4).

Au quatorzième, au quinzième, au seizième siècle même, on fait brûler vifs les sorciers qui ont commis des maléfices (5). Les faux monnayeurs sont

(1) Diod. de Sic., l. I;—Goguet, *Orig. des lois*, l. I, part. I, ch. I, art. 4, t. I, p. 122, édit. in-12.

(2) M. Michelet dit qu'il fut écorché vif; mais Hérodote nous apprend que Cambyse le fit mourir d'abord, et écorcher ensuite; puis on découpa sa peau par bandes, et l'on en recouvrit le siége où il rendait la justice. Cela fait, Cambyse donna au fils la place du père, lui recommandant d'avoir toujours ce siége présent à l'esprit. (Hérod., V, § 25).

(3) J. Grimm, p. 705.

(4) Grimm, 686, 701; — Michelet, p. 368. — Cette peine est symbolique.

(5) Jousse, *Just. crim.*, III, 759, 761 et suiv.

bouillis tout vivants dans une chaudière (1), genre de supplice ignominieux, souvent réservé pour les hérétiques, et que, dans un temps plus reculé, le roi Théodat avait appliqué au crime de parricide (2). Les Scythes placent les faux devins sur un chariot rempli de menu bois, ayant les pieds attachés, les mains liées derrière le dos et un bâillon devant la bouche. Ils mettent ensuite le feu aux fagots, en chassant les bœufs attachés au char (3). Les Égyptiens font brûler les parricides, enveloppés dans des fagots d'épines auxquels on met le feu, après avoir préalablement enfoncé dans toutes les parties du corps du condamné des pointes de roseaux de la longueur du doigt, destinées à s'enflammer sur le corps du supplicié (4).

La vestale infidèle descend toute vivante dans la nuit du tombeau. Le meurtrier, dans le comté de Bigorre, est enterré vif sous l'homme qu'il a tué (5). Le duc de Bretagne, Pierre Mauclerc, ordonne

(1) Telle était la coutume presque générale en France.—Cf. l'article 634 de la Coutume de Bretagne, réformée en 1580, et *voyez* les détails que donne à ce sujet M. Floquet, ainsi que les pièces qu'il cite, dans son *Hist. du Privilége de saint Romàin*, I, 226, 227.

(2) « Hic vero (Theodatus rex) cum didisset quæ meretrix illa commiserat, qualiter propter servum quem acceperat, in matrem exliterat parricida, succenso vehementer balneo, eam in eodem cum unâ puellâ includi præcepit. Quæ nec morâ inter arduos vapores ingressa in pavimento corruens mortua atque consumpta est. » (Greg. Turon., III, 31;— Grimm, 700, 701).

(3) Hérodote, IV, § 79.

(4) Diod. Sic., l. I;— Goguet, t. I, p. 121.

(5) « Interfector sub mortuo vivus sepeliatur. » (*Charta*, an. 1258; Ducange, *Sepeliri*, VI, 389).

aussi qu'un prêtre qui a refusé d'enterrer un ex-communié soit lui-même enterré vivant avec le cadavre (1).

Amestris, femme de Xercès, fait couper les mamelles à la femme de Masistès, et, après lui avoir fait aussi couper le nez, les oreilles, les lèvres et la langue, la renvoie chez elle ainsi mutilée, pour la punir d'avoir favorisé les amours de Xercès avec Artaynte (2). Guillaume-le-Conquérant, roi d'Angleterre, défend de tuer ou de pendre le criminel, mais il veut qu'on lui arrache les yeux et qu'on lui coupe les pieds, les parties sexuelles ou les mains, afin qu'il ne reste plus de lui qu'un corps vivant en mémoire de son crime (3).

Abandonnons cette effroyable poésie des supplices, et portons nos regards sur des tableaux moins sombres.

C'est avec bonheur que l'imagination se repose sur un droit plus miséricordieux, plus humain et non moins poétique, en songeant à la pauvre glaneuse de la bible. L'épi qui tombe de la main du moissonneur, la grappe que le vendangeur oublie, ou l'olive qui reste sur l'arbre après qu'on l'a dé-pouillé, le Seigneur commande à Israël, en commé-

(1) Daru, *Hist. de Bretagne,* ap. Michelet, *Hist. de Fr.*, II, p. 550.

(2) Hérodote, IX, § 111.

(3) « Interdicimus etiam ne quis occidatur vel suspendatur pro aliquà culpà, sed evernantur oculi et abscindantur pedes, vel testiculæ, vel manus; ita quod truncus remaneat vivus in signum proditionis et nequitiæ suæ. » (*Leg. reg. Willelmi,* art. 68, *de Suppl. modo;* — Houard, *Anc. lois fr.,* II, 138).

moration de la servitude d'Egypte, de les laisser à
la veuve, à l'orphelin, à l'étranger, comme le patrimoine du malheur, qui doit attirer la bénédiction
du ciel sur les travaux du propriétaire (1). L'antiquité n'a rien de pareil à opposer à cette disposition touchante, à cette tendre loi de fraternité qui
fait déjà pressentir la charité universelle de l'é-
vangile.

Recueillie par nos anciennes coutumes (2), cette
disposition passe dans les lois de saint Louis, en
faveur « des pauvres, membres de Dieu ». Un édit
de Henri II appelle à son bénéfice « les gens vieux et
débilités de membres, les petits enfants et tous
ceux qui n'ont pouvoir ni force de scier (3)». Ces expressions, empreintes d'un caractère si doux et tout
chrétien, on les retrouve encore, jusqu'en 1784, dans
un arrêt de règlement du parlement de Paris (4).
Une loi de la Révolution et notre Code pénal consacrent ce droit, mais c'est presque avec regret que le
Code pénal le maintient (5). Ce sentiment de regret

(1) Lévit., xix, 9, 10; *Deuter.*, xxiv, 18, 19, 20, 21.
(2) Melun, Étampes, Dourdan.
(3) Édit. du 2 nov. 1554, art. 10.
(4) Arrêt du 16 fév. 1784. — Un arrêt du 7 juin 1779 du même
parlement contient les mêmes dispositions.
(5) La loi du 28 sept. — 6 oct. 1791, tit. ii, art. 21, maintient le
droit des « glaneurs, râteleurs et grappilleurs, dans les lieux où les
« usages de glaner, de râteler et de grappiller sont reçus, toutefois
« après l'enlèvement des fruits ». — L'art. 471, n. 10, du Code pénal affranchit de toute peine « ceux qui auront glané, râtelé ou grap-
« pillé dans les champs entièrement dépouillés de leurs récoltes. »
—Mais ces deux lois ne déterminent pas ceux auxquels le droit appartient, ce que faisaient les anciens arrêts et règlements.

et le ton d'aridité qui règne à cet égard dans la rédaction de ce Code, flétrissent, dans sa fleur, la poésie intime de cette pieuse disposition (1). La jurisprudence moderne a fait reverdir sa tige en ressuscitant, sur ce point, les règlements des anciens jours (2).

Cette sécheresse de cœur ne dépare pas toujours nos lois modernes. Un sentiment de pitié pour le malheur, de commisération pour de grandes infirmités y éclate quelquefois en termes aussi simples qu'attendrissants. Ce n'est pas sans une vive émotion qu'on voit le sévère législateur de notre Code pénal de 1810, tout en punissant la mendicité en réunion de personnes, s'empresser d'excepter de cette disposition le mari qui mendie avec sa femme (3), le

(1) Ce reproche n'atteint pas l'Assemblée constituante, qui, dans son *Instruction aux assemblées administratives* (12-20 août 1790, ch. vi), tient un langage vraiment évangélique. Elle invite ces autorités à porter « un regard attentif sur le glanage, patrimoine du « pauvre. »

(2) *Voy.* un arrêt de la Cour de cassation du 16 oct. 1840, qui rappelle et applique les anciens règlements. (*Journ. du Palais*, t. II, de 1840, p. 521).—Mais la Cour suprême n'a pas toujours pu être aussi miséricordieuse envers les pauvres. Une cour royale avait renvoyé de la poursuite des individus prévenus d'avoir ramassé dans une forêt du bois mort, en disant que ce fait n'était pas défendu, lorsqu'il était commis par de pauvres gens, qui destinaient ce bois mort à leur usage personnel. La Cour de cassation a été obligée de casser cet arrêt, parce que les art. 192, 194, 198 du Code forestier ne font aucune distinction, ni entre les diverses sortes de bois, ni entre les diverses classes de personnes. (C. C. 7 mars 1845, cass. J. P. 1845-2-33).

(3) A Athènes, une loi allait plus loin ; elle obligeait la femme à servir elle-même de guide à son mari devenu aveugle : « Lex est, ut marito, qui cæcus sit, uxor manum porrigat. » (Marcellinus, *in Hermogen*.; — Meursius, *Themis attica*, l. II, cap. viii).

père ou la mère avec leurs jeunes enfants, et le pauvre aveugle qui demande le pain de l'aumône, guidé par son jeune et lamentable conducteur, religieuse et touchante exception, qui reporte involontairement le souvenir sur trois grands noms de l'antiquité, qui rappelle le merveilleux aveugle de l'Ionie, le roi des poëtes (1), réduit à mendier par la mélodie de ses chants, la stérile pitié de ses contemporains (2), le vieillard fatal du Citheron, fuyant Thèbes avec la pieuse Antigone, et l'illustre guerrier, repoussé par une cour ingrate, Bélisaire, que le grand capitaine de nos jours, avait peut-être présent à la mémoire, on se prend à le penser, lorsqu'il rédigeait cet article de son Code pénal (3). En Angleterre, le chien de l'aveugle n'est pas soumis à la taxe qui frappe tous les animaux de cette espèce, pieuse exception, où brille l'esprit de charité, qui dicta l'art. 276 de notre Code pénal.

Ces dispositions juridiques ne se rattachent pas, dans toutes leurs parties, au droit des temps primitifs. On me pardonnera, sans doute, de les avoir rappelées ici, bien moins comme des documents historiques que comme une preuve du caractère poéti-

---

(1) Poeta soverano, comme dit Dante.

(2) Son nom était, dit-on, Mélésigènes; mais son infirmité lui valut le nom d'*Homère,* lequel, dans le dialecte des Cyméens, signifie *aveugle.* On raconte à ce sujet une curieuse anecdote qu'on peut voir dans la Vie d'Homère attribuée à Hérodote.

(3) Code pén., art. 276, n. 5. — L'Assemblée constituante n'a pas eu cette bonne pensée, qui appartient toute entière à Napoléon. L'art 22, tit. ii du Code correctionnel du 19-22 juillet 1791 punit sèchement la mendicité par deux ou plusieurs personnes ensemble.

que auquel le droit a, par lui-même, l'aptitude de s'élever.

Telle est, en peu de mots, l'esquisse fidèle, mais bien réduite, de l'ancien et poétique édifice que l'esprit humain éleva lentement en l'honneur du droit, édifice auquel chaque siècle, chaque peuple a mis la main, pour y apporter ou en enlever une pierre, et qui voit à son sommet planer, les ailes déployées, le génie des fictions de droit, fictions matérielles ou symboles dans les temps de barbarie, fictions intellectuelles dans les jours de civilisation, alors que le droit se spiritualise (1). En trouvant dans le droit même qui nous régit encore aujourd'hui, dans ce droit si savant, si positif, tant de vestiges des siècles écoulés, de si nombreux, et quelquefois encore de si curieux débris de cette grande et sévère poésie juridique, qui fut l'attribut de la jurisprudence romaine (2), mais qui fut propre aussi au droit primitif de tout le genre humain, en suivant ainsi l'élément historique jusqu'à nous, à travers ses transformations séculaires, on peut se faire une idée exacte de la puissance immortelle de cet élément dans la législation, et de la nécessité d'en faire l'objet d'une sérieuse et profonde étude.

(1) Sur les Fictions de droit, *Voy.* ci-après, à la *Symbolique*, l. I, ch. III, § 7.

(2) « Tutto il diritto antiquo romano fu un serioso poema, che si rappresentava da' Romani nel Foro, e l'antica giurisprudenza fu una severa poesia. » (Vico, *Scienza nuova*, l. IV, dernier corollaire).

IV.

Le droit , en effet¹, représente toujours plus ou
moins fidèlement la nature, les besoins et la destinée
d'une nation. Aussi bien que la langue, il est identique au génie d'un peuple. S'il est vrai , comme on
l'a dit, que le caractère national résulte d'un fait
primitif, caché dans le mystère des origines, régnant
sur le peuple, le gouvernant à son insu et souvent
malgré lui, pendant tout le temps de son existence,
il est également vrai que le droit et la langue, par
leur identité avec le génie d'une nation, n'ont pas
par eux-mêmes une vie propre et indépendante. Déterminés l'un et l'autre par le passé et par le caractère du peuple, ils sont inséparablement unis à ses
conditions d'existence. Le droit et la langue d'une
nation croissent, se développent et périssent avec la
nation elle-même.

Malheur à la législation qui oublie que pour pouvoir étendre ses rameaux dans l'avenir, elle doit avoir
sa racine dans le passé ! Que sont devenues les tentatives de l'Assemblée constituante pour fonder un
nouvel ordre de choses sur la raison pure et sur l'i-
déal de la logique ? Ces tentatives ont avorté, en ne
laissant après elles que les plus tristes souvenirs.
Mais ils sont et resteront immuables, malgré les va-
riations des choses politiques, ceux de ses travaux
qui, se rattachant à des précédents historiques, empruntèrent au christianisme le principe de l'égalité

devant la loi, cette réalisation juridique du dogme de
la fraternité de tous les hommes, prophétisé jadis par
Cicéron, qui avait annoncé la grande loi de charité
et la loi de perfectibilité fondée sur notre nature spirituelle (1), ce principe d'égalité que le christianisme
seul a pu développer, mais qui avait été entrevu par
les grands jurisconsultes de Rome encore païenne (2)
et enseigné par le génie tout évangélique de Sénèque, le philosophe (3). Elles sont et demeureront
immuables, malgré les efforts insensés dont nous
sommes encore témoins, celles de ses conceptions,

(1) « Cùm animus cognitis perceptisque virtutibus, societatem
caritatis coierit cum suis, omnesque natura conjunctos suos duxe-
rit..., quid eo dici aut cogitari beatiùs? » (*de Legib.*, I, 23.) — Il dit
aussi ailleurs *caritas generis humani ;* mais je ne retrouve plus le
passage.

« Nunc quoniam hominem, quod principium reliquarum rerum
esse voluit, generavit et ornavit Deus, perspicuum sit illud (ne omnia disserantur), ipsam per se naturam longiùs *progredi :* quæ
etiam nullo docente profecta ab iis quorum, ex primâ et inchoatâ
intelligentiâ, genera cognovit, confirmat ipsa per se rationem, et
perficit. » (*id.* I, 9).

(2) Le mouvement intellectuel commençait à se répandre dans
le monde avant la venue du christianisme, qui trouva le monde préparé et qui féconda le germe déjà existant, en donnant une formule intelligible et saisissante pour les masses.

(3) On connaît la tradition populaire sur les rapports de Sénèque avec
les chrétiens et avec saint Paul. Plusieurs passages des ouvrages de Sénèque sembleraient donner quelque vraisemblance à cette tradition.
Ce sont ces passages qui l'ont fait appeler par les Pères de l'Église *Se-
neca noster.* Ceux qui l'ont revendiqué pour le christianisme sont :
saint Jérôme, *de Scriptoribus ecclesiasticis,* c. XII, et saint Augustin, *Civ. Dei,* l. VI, c. x ; *Epist. ad Maced.,* LIII. — Sénèque
avait environ 60 ans lorsque saint Paul vint à Rome. *Voy.* ce que
dit M. Troplong à ce sujet (*Influence du Christ. sur le Dr. rom.,*
p. 71 et suiv.).

qui eurent pour objet de restaurer énergiquement sur notre ancien sol politique trop morcelé le vieux type de centralisation et d'unité légué par l'empire romain à l'empire de Charlemagne (1). Il restera immuable aussi sur sa base, non-seulement logique, mais encore profondément historique, ce Code civil, appelé pendant si longtemps par les vœux des peuples, préparé par les travaux des rois depuis plus de trois siècles, et animé, en dernier lieu, par le souffle fécond du génie d'un grand homme (2).

Quelles que soient les imperfections inévitables de notre nouveau droit civil, il est devenu, il sera longtemps encore, pour le monde moderne, ce que fut le droit romain pour le monde ancien et pour l'époque du moyen âge. Il se peut que, dans son ensemble, et dans plusieurs de ses parties, il ne soit pas toujours rigoureusement scientifique. Mais notre Code civil ne s'est pas révélé aux hommes pour être une spéculation scolastique. Son caractère est d'être une œuvre pratique avant tout. Sa prétention, semblable, en ce point, à celle de l'Evangile, fût moins d'éclairer l'intelligence et de rechercher la vérité philosophique, que de régler la vie et de gouverner la conduite des hommes et des peuples. Système scolastique, son influence se fût bornée à un petit nombre de disciples. Réforme pratique, il se préoccupe fort peu de la critique ou de l'approbation de quelques esprits d'élite, aristocratie intellectuelle

(1) Cf. Aug. Thierry, *Récits mérov.*, Introd., t. I, p. 153, 154.
(2) *Voy.* le Discours préliminaire de la commission chargée de rédiger le projet de Code civil.

trop restreinte, en vérité, pour son ambition, qui est de régir les masses et de gouverner un jour une grande partie de l'Europe. *Tu populos regere imperio !....*

Mais si elle veut retenir toujours dans ses mains le sceptre d'or de la législation, la France n'oubliera point qu'il ne lui est pas permis de s'endormir dans sa gloire. A la supériorité de son droit pratique, elle sera jalouse d'ajouter la supériorité de l'enseignement et de l'interprétation, afin de pouvoir redevenir un jour ce qu'elle fut jadis, ce qu'elle fut longtemps, la reine du droit scientifique.

L'application usuelle ne révèle pas tous les jours, il est vrai, l'utilité immédiate des hautes études juridiques. Placées dans une sphère élevée, la philosophie et l'histoire du droit semblent ne consentir qu'avec peine à descendre dans la vulgaire région où les affaires s'élaborent. Mais de quel sillon de lumière ne marquent-elles pas leur passage, lorsqu'elles daignent venir prendre place dans les discussions juridiques ! Quiconque se sent épris d'un noble amour pour la profession à laquelle il s'est voué, n'éprouve-t-il pas , d'ailleurs, le besoin d'avoir, de temps en temps, avec ces vierges fécondes, quelques-uns de ces intimes et mystérieux entretiens, qui en marquant de leurs inspirations puissantes les heures de la nuit consacrées à la méditation, transportent la pensée humaine hors de l'épaisse atmosphère de la pratique, et ont seuls le pouvoir de nous réconcilier, par la science, avec la partie purement mécanique de nos fonctions ? C'est là ce qui ennoblit la jurisprudence, ce qui en fait une science et non un métier, une grande science destinée à développer ce qu'il y a de plus élevé et de plus noble dans nos facultés intellectuelles, et non à satisfaire une vaine curiosité d'artiste ou d'érudit; c'est là ce qui contribue à mettre un immense intervalle entre l'orateur et l'avocat, ce qui distingue le jurisconsulte du simple légiste, et c'est ainsi que s'établissent dans l'éloquence judiciaire ou dans le droit, ces noms qui traversent les siècles et qui se perpétuent avec honneur, dans le souvenir de tous les hommes.

Le droit fut jadis à Rome, il est encore dans les sociétés modernes, la plus vaste des sciences humaines. Préposée à l'administration des choses et des personnes, chargée de régler les intérêts, de prévenir ou de réprimer les passions, touchant aux éléments de toutes les études morales et physiques, cette science marche et se développe appuyée sur la double base de la philosophie et de l'histoire, ces deux grandes institutrices du genre humain, qui enseignent la nature des choses et la nature des peuples, qui tiennent à l'invisible monde des idées et au monde matériel des faits, et qui racontent ensemble, d'une commune voix, le principe et la destinée de l'homme, l'origine et le sort des nations. Renfermé dans une sphère plus étroite, limité aux objets qui sont plus directement du domaine judiciaire, le droit n'en reste pas moins une science encore immense, qui suffit à remplir la vie la plus studieuse, et qu'il n'est donné de posséder qu'à un très-petit nombre d'intelligences d'élite.

Les législations mortes, la législation vivante et la législation à venir, c'est-à-dire l'histoire du droit, son application et sa théorie, tel est encore, dans sa spécialité restreinte, le triple point de vue qui s'offre à l'étude du publiciste, du jurisconsulte et du légiste.

Aux yeux du publiciste exclusivement voué au culte de la logique et de la raison, la loi n'est trop souvent qu'une abstraction, un thème donné, dans lequel la philosophie absorbe le droit, sans aucun égard pour les exigences de la réalité. Ce publiciste ne connaît de la science que l'idéal.

Esclave des textes, enchaîné à la loi du jour par une expérience d'hier, le praticien-légiste ne voit, pour ainsi dire, dans le droit, qu'un instrument propre à distribuer chaque jour le pain de la justice aux plaideurs. Celui-là n'aperçoit que le profil matériel de la science.

Le jurisconsulte seul en embrasse tous les rapports.

La législation passée, en lui découvrant l'esprit de la législation présente, lui révèle en même temps la véritable loi de l'âge à venir. Sous des textes oubliés et dans des usages éteints, l'histoire du droit fait apparaître à ses yeux le génie des nations qui ne sont plus, et lui apprend ce que comportent les mœurs des peuples, ce que réclame leur caractère, et ce qu'exigent les formes diverses de leur gouvernement.

A ce portrait, tout le monde a nommé Montesquieu, ce puissant génie trop peu compris par ses contemporains; Montesquieu, le plus grand jurisconsulte des temps anciens et des temps modernes, qui fit de l'histoire du droit, qu'il créa, une science nouvelle et positive, indispensable désormais au praticien comme au publiciste, science tout à la fois utile et agréable, dont l'importance, longtemps méconnue, appelle aujourd'hui toute l'attention des amis des fortes études juridiques.

Le droit, et plus particulièrement le droit privé, dans lequel surtout les peuples mettent l'empreinte de leur caractère, le droit a ses progrès et sa décadence comme les nations. Sa physionomie varie avec celle de la société; ses conditions d'existence changent comme celles des Etats. Est-ce à dire, toutefois, que le droit se dépouille entièrement du type spécial qui le distinguait à son origine? Quels que soient les changements continuels arrivés dans l'existence d'un peuple, et à moins de quelque grand cataclysme qui l'abolisse entièrement et à jamais, ce peuple conserve toujours en lui, avec son individualité physique, le sentiment de son identité morale. Le droit exprime ce sentiment, et retient toujours, à travers les vicissitudes des siècles, des signes plus ou moins évidents de sa physionomie primitive. Rien, en effet, ne peut soustraire le législateur à la puissance de l'élément historique, « aux usages, aux « coutumes, aux lois antérieures, aux règles géné- « rales, aux maximes reçues, parce que tout cela ré- « pond à des besoins et à des habitudes qu'il est « hors de son pouvoir de changer. Aussi, à peu d'ex- « ceptions près, tout cela passe-t-il dans ses lois

« nouvelles, souvent malgré lui ou même à son
« insu?... Quelques violents efforts que les révolu-
« tions fassent pour l'interrompre, quelques ridi-
« cules prétentions que les restaurations affichent
« de la renouer, la chaîne des temps se déroule avec
« une inaltérable constance, et le passé le plus re-
« culé, comme le plus prochain, rentre toujours
« dans ses droits » (1).

Le droit civil qui régit la France du dix-neuvième
siècle, n'est pas un droit spontané, sans liaison avec
le passé, séparé des traditions antiques de la nation
ou du genre humain, véritable enfant perdu dans la
science juridique, éclos d'un seul jet au soleil de notre première révolution. Complément et dernier
mot de cette immense crise sociale, le texte de notre
Code civil réfléchit sans doute admirablement le
nouvel ordre de choses enfanté par ce grand mouvement politique, du sein duquel il est sorti. Toutefois,
sous ce texte, tout empreint des couleurs démocra-
tiques de 1789, qui oserait dire qu'on ne trouvera pas
cachées, mais vivantes encore, un grand nombre de
dispositions des législations diverses, qui se parta-
geaient autrefois la France, et qui semblent à l'œil
inexercé avoir entièrement disparu?

A la surface même de notre nouveau sol juridique,
ne rencontre-t-on pas, en abondance, les plus riches
matériaux appartenant à l'ancienne jurisprudence
parlementaire, aux ordonnances de nos rois, aux
coutumes écrites, au droit romain et au droit cano-

_____

(1) Klimrath, *Essai sur l'étude hist. du Dr. et son utilité pour
l'interprétation du Code civil.*

nique, ces deux législations auxquelles la France est redevable du salutaire principe d'unité qui fait sa gloire et sa puissance?

La France moderne a, sans aucun doute, rompu complétement et sans retour avec la Féodalité, comme système politique. Qui pourra dire, cependant, que nous ne continuons pas à vivre, en ce moment, sur les débris et dans les liens de la Féodalité, de ce régime qui avait organisé l'Europe et créé la propriété foncière du moyen âge, type encore si visiblement marqué aujourd'hui dans notre propriété territoriale?

En creusant un peu plus dans les fondements de notre droit actuel, qui sait même si nous ne rencontrerons pas, sous d'autres couches, des vestiges très-apparents de l'antique esprit des Germains, implanté en France par la conquête, cet élément si longtemps méconnu, qui contribue pourtant à expliquer l'homme et la civilisation modernes (1)?

Mais la Gaule, avant de courber la tête sous le joug des Romains ou sous la francisque des Sicambres, la Gaule n'avait-elle pas des usages, des coutumes, un droit privé, qui se rattachaient au temps de la puissance des Druides, ces premiers législateurs de notre pays? Le droit indigène de nos pères a-t-il été absorbé par la législation des peuples vainqueurs? Serait-il vrai qu'il eût entièrement péri, alors qu'une partie de la langue celtique s'est con-

(1) En ce qui concerne le caractère du droit et des symboles juridiques des Germains, et leur rapport avec le droit français, *Voyez* ci-après, dans la *Symbolique,* liv. II, chap. III, VI, et VII.

servée dans notre vocabulaire (1), alors surtout que nous voyons rayonner encore, sur notre physionomie, le caractère des anciens Galls, ce peuple toujours remuant, et toujours prêt à bouleverser gaîment le monde avec son épée (2)? Graves et difficiles problèmes de géologie juridique, par lesquels, en re-

(1) Lévesque de la Ravallière pense que la langue vulgaire de la Gaule jusqu'à Philippe-Auguste eut pour base la langue celtique, que tel est même le fond de notre langue aujourd'hui, et non le latin. *Insc. et bel. let.* (*Hist.*), t. XXIII, p. 244-249. — Duclos et l'abbé Lebœuf enseignent, au contraire, que le latin a toujours formé le fond de notre langue (*Insc. et bel. let.*, t. XV, p. 565, et t. XVII, p. 171, 709 et 729). Bonamy a publié sur ce sujet trois savantes dissertations, dans lesquelles il établit que la langue latine vulgaire fut celle qu'on parla dans les Gaules après la conquête romaine. Il admet néanmoins qu'il y a dans le français un alliage de l'ancien gaulois, qu'il n'évalue tout au plus qu'à un trentième. *Insc. et bel. let.*, t. XXIV, p. 582 et suiv., p. 603 et suiv., 657 et suiv. Sans entrer dans une appréciation détaillée, M. Fabre d'Olivet enseigne que notre langue actuelle est formée des débris du latin et du celte (*Hist. du genre humain*, t. II, p. 161). M. Ballanche, sans indiquer ses autorités suivant son usage, dit que le fond de notre langue est la langue celtique, à laquelle les Romains eurent tant de peine à substituer le latin. Il semble voir la source de l'universalité de la langue française dans le génie de la langue celtique, dont elle a hérité (*Inst. soc.*, ch. x, 1re partie, p. 321, 322, 324). M. Michelet place, en effet, dans l'élément celtique la faculté de sociabilité qui distingue notre nation (*Hist. de Fr.*, t. I, *passim*, et t. II, *passim*). Cf. ci-après, dans la *Symbolique*, liv. II, chap. III, VI et VII.

(2) J'avais fait cette observation en 1841, dans un discours de rentrée prononcé devant la Cour royale de Rouen, d'où ce fragment est extrait. M. Laferrière, qui avait négligé les origines celtiques de notre droit dans la 1re édition de son *Histoire du Droit français*, a comblé cette lacune en exposant le droit gallique et le droit gallo-romain (*Voy.* t. II de la nouvelle édition de son *Histoire du droit français.*—Sur les vestiges et les caractères des symboles celtiques, *Voy.* ci-après dans la *Symbolique*, liv. II, ch. II, III, VI et VII).

montant d'âge en âge, nous nous sentons transportés aux époques primitives, où se découvre à nos yeux le berceau du monde et du droit, avec sa poésie, ses mystères et ses symboles, dont on aperçoit encore, dans nos usages et dans nos lois, les immenses débris, ces vestiges qui, par leur opiniâtre vitalité, seront toujours, pour l'esprit humain, un inépuisable sujet de méditation et de surprise !

La véritable science juridique consiste à savoir discerner et allier, dans l'étude ou dans l'élaboration de la loi, les deux grands éléments, dont le droit se compose, l'élément historique qui représente la réalité, l'élément philosophique qui vient de la région des idées, le fait et la pensée, la matière et l'esprit, ces deux immuables principes du droit, qui sont aussi les principes essentiels de l'homme (1).

Les théories philosophiques sont sans doute la plus haute expression de l'intelligence humaine. Elles veulent être examinées et sérieusement étudiées par quiconque désire se rendre compte de la raison métaphysique du droit qu'elles éclairent, en indiquant les rapports de la loi avec la nature des choses et avec la nature de l'homme et de la société. Mais leurs dogmes trop absolus donnent lieu trop souvent à de cruelles méprises. L'histoire, qui raconte les faits et qui expose leur enchaînement progressif, of-

(1) Parmi les éléments qui composent le droit, je ne comprends pas l'économie publique. Il importe sans doute de mettre, autant que possible, cette science en parfait accord avec le droit ; mais elle n'est pas un des éléments particuliers et distincts qui le constituent. Les principes de cette science, d'ailleurs, demandent à être expérimentés et mûris.

fre au jurisconsulte un point d'appui plus assuré, moins exposé au vent des passions, à l'influence pernicieuse des préjugés. Utiles et nobles auxiliaires de l'exégèse, la philosophie la féconde, les recherches historiques la complètent.

Homme de théorie, le jurisconsulte ne s'en tient pas à la raison pure; homme d'application, il interroge autre chose que le texte de la loi et que les souvenirs de la veille. Pour lui, la connaissance du passé n'est pas un but, mais un moyen. L'état présent de la société, avec ses passions et ses besoins, attire ses regards, et fait l'objet de sa sollicitude. Eclairé par une philosophie intelligente, et guidé par la raison pratique, il remonte le sillon des âges écoulés, et, à la lueur de ce double flambeau, il demande aux usages et aux lois qui ne sont plus les leçons de l'expérience pour l'interprétation des lois et des coutumes vivantes. C'est seulement ainsi que la jurisprudence peut acquérir, sur les esprits, l'autorité qui, souvent, lui manque, et dont elle a besoin pour devenir le refuge du droit dans les jours d'impuissance législative, et pour obvier, dans tous les temps, à sa décadence, en signalant, en réparant même, dans les matières civiles, l'imperfection de la loi, et en sachant la mettre, autant que possible, en rapport avec les nécessités toujours mobiles d'une civilisation toujours en progrès.

ESSAI

SUR LA

SYMBOLIQUE DU DROIT.

LIVRE I.

TECHNOLOGIE.

CHAPITRE I.

OBJET DE LA SYMBOLIQUE DU DROIT.

Le droit, dans ses manifestations extérieures, n'a pas toujours exclusivement revêtu la forme de la parole ou de l'écriture alphabétique. Pour être compris et retenu par les rudes intelligences des hommes grossiers des temps primitifs, le droit a besoin d'images sensibles, de représentations figurées et de signes physiques qui parlent aux yeux et à l'imagination (1). Ces signes réels ou animés ont reçu le nom de *symboles*. On les appelle ici *symboles juridiques*, pour caractériser mieux leur spécialité (2). La science qui enseigne la formation et l'origine de ces symboles et qui, à l'aide des matériaux fournis par l'érudition, crée sur les symboles, dont le droit fait usage, un corps de doctrine, tout à la fois

(1) *Voy.* l'Introduction, p. 3 à 10.
(2) Sur l'étymologie du mot *symbole*, *Voy.* la note J à la fin du volume.

philosophique et pratique , un ensemble de règles et de préceptes conduisant à l'explication des symboles en général et à la connaissance de chaque symbole particulier, cette science se nomme *la symbolique du droit.*

Le Droit (1) a son siége dans la nature de l'homme et dans la conscience. Il se compose de deux éléments essentiels, inséparables, comme tout ce qui tient à l'humanité. Il comprend l'élément historique, qui donne les faits ; et l'élément philosophique, qui détermine l'idée, dans ses rapports avec la nature de l'homme et de la société. La législation, la loi (*lex*) choisit (2) dans les faits ou dans l'idée ; elle pose et établit, comme règle obligatoire pour tous, ce que les besoins présents de la société ont sanctionné (3). Le droit est donc indépendant de la législation. Au lieu d'être constitué par elle, c'est par lui-même, au contraire, que la législation se constitue. Il est l'édifice, dont la législation n'est que la charpente. L'un est la pensée et la vie ; l'autre est le verbe et le corps. Mais cette définition, qui constitue le droit élevé à toute sa hauteur scientifique, ne peut être comprise qu'aux époques de civilisation. Le droit, qui fait l'objet de cet ouvrage, appartient soit aux époques les plus primitives du monde, soit aux jours de barbarie secondaire des sociétés civiles. On sent dès lors que le droit, dont il va être question, ne doit pas être formulé toujours avec les caractères scientifiques indiqués par la théorie philosophique ou acceptés par la jurisprudence pratique des tribunaux. Le Droit, pris à son berceau, dans son enfance, dans ses rudiments les plus incomplets, les plus

---

(1) Du latin *rectum*, en allemand *recht*, ce qui est bien, moral, honnête, raisonnable. Cf. d'ailleurs ci-après, liv. I, ch. IX.

(2) *A legendo... delectûs* vim in *lege* ponimus. Cicéron, *de Legibus*, l. I.

(3) En allemand *gesetz*, ce qui est posé, établi par les hommes, qui tirent la loi du fonds même et de la substance du droit.

confus, les plus informes, ne saurait être assimilée au droit parvenu à l'âge viril, tel que celui qui s'épanouit dans notre législation écrite ou dans les décisions de nos cours de justice régulièrement instituées. Quelles que soient les phases de son existence, le Droit, sans doute, a toujours son siége dans la nature de l'homme; mais il prend, dans cet ouvrage, l'acception, sinon la plus haute, du moins la plus variée. Application pratique aux affaires de la vie civile, il ne se borne pas seulement aux choses de la jurisprudence. Manifestation de l'idée juridique, il n'est pas limité aux seules prescriptions de la loi écrite, qui n'est, comme les symboles, qu'un mode particulier de la langue du droit. Il embrasse tout ce qui, dans la vie des hommes et des peuples, soit quant au fond, soit quant à la forme, constitue un rapport obligatoire et tout ce qui exprime une idée juridique, quel que soit l'objet auquel s'appliquent ce rapport et cette idée, liberté, propriété, contrat civil ou politique, pouvoir, commandement, peine, redevance, paix, guerre, alliance ou mariage, si indécis d'ailleurs que soit ce rapport, si incertaine que soit cette idée, si confus et si obscurs, en un mot, que puissent être le rapport et l'idée.

La Religion et le Droit, mêlés ensemble, dans les premiers âges du monde, ont révélé leur enseignement au genre humain, à l'aide des mèmes fictions emblématiques. La connaissance des antiques symboles religieux est donc le point de départ de toute étude sérieuse des symboles juridiques. Toutefois, loin de confondre ces diverses natures de symboles, il faut, au contraire, en les comparant, les distinguer toujours exactement les uns des autres, car ils appartiennent à deux ordres d'idées différents. Les uns régissent la vie religieuse, et les autres, la vie civile ou juridique.

Le plan de cet ouvrage est très-simple. L'*Introduction*

sur les caractères poétiques du droit primitif forme, avec
la *Symbolique*, un tout indivisible, dont elle ne pourrait
être détachée sans nuire à l'intelligence de l'ouvrage.
C'est là, en effet, qu'on doit aller chercher l'origine physiologique des symboles et un grand nombre de notions
générales, sans lesquelles l'esprit du lecteur, privé des
secours d'une utile préparation, serait exposé à errer à
l'aventure dans l'étude des symboles juridiques. Indépendamment de cette *Introduction*, la *Symbolique* proprement
dite, se divise en deux livres, dont le premier comprend
toute la partie purement didactique, définition, caractères,
classification, applications et explications diverses des
symboles. J'ai réservé pour un second livre toutes les
idées générales, autres que celles qui étaient nécessaires
pour l'intelligence de la partie didactique de la science, et
celles qui avaient naturellement leur place dans l'*Introduction*. L'exposition technologique de l'ouvrage se trouve
ainsi placée entre les idées philosophiques de l'*Introduction* et les observations générales du second livre.

On a plus songé, jusqu'à présent, à découvrir des symboles juridiques qu'à les expliquer. On s'est plus étudié à
les expliquer qu'à les coordonner entre eux dans un système rationnel de classification. Ce sont des ruines d'un
temps qui n'est plus, qu'on a pris plaisir à exhumer de leur
sépulcre et qu'on s'est occupé à décrire avec intelligence,
esprit et savoir, mais sans leur demander autre chose et
sans vouloir en tirer une théorie générale et des principes
didactiques. L'ouvrage a pour mission d'exposer les règles
et les principes, par lesquels se constitue, comme théorie
scientifique, la *Symbolique* du Droit, qui, à ce point de
vue, est une science tout à fait nouvelle. En ayant soin de
mettre toujours l'exemple à côté du précepte, il est
d'ailleurs facile de faire figurer, dans une théorie générale, un grand nombre de ces curieux emblèmes et

de ces saisissantes allégories qu'on rencontre si souvent
dans le domaine du Droit, matériaux intéressants qui,
sans être par eux-mêmes la *Symbolique*, entrent nécessairement dans la composition de l'édifice. Constater chaque symbole, lui demander son origine, suivre les phases
diverses de sa biographie juridique, c'est le propre de la
théorie particulière des symboles. J'ai essayé toutefois
de remplir cette condition, autant que le permet le cadre
d'une théorie générale, en ce qui concerne les nombreux
symboles cités dans les divers systèmes de classification indiqués dans cet ouvrage. J'ai tenté, en outre, de
pénétrer le sens qu'ils renferment, en dégageant ces
curieuses énigmes du voile mystérieux qui les enveloppe.

Cet Essai a nécessairement de nombreux points de contact avec plusieurs ouvrages déjà publiés, notamment
avec les *Origines du Droit français* de M. Michelet, avec
les *Antiquités du Droit allemand* de J. Grimm et avec sa
dissertation *sur la poésie qu'on trouve dans le Droit,* ouvrages éminemment érudits, dont les *Origines* de M. Michelet ne sont qu'une libre reproduction. De fréquents
emprunts, toujours consciencieusement indiqués, ont été
faits à ces savantes publications. Mais le peu que j'ai dit
jusqu'à présent a déjà suffi, sans doute, pour montrer à
ceux qui connaissent ces ouvrages qu'ils diffèrent entièrement de la pensée, du plan et de l'exécution de cet Essai.

Les *Antiquités* de J. Grimm, sa dissertation sur la
poésie juridique et les *Origines* de M. Michelet, renferment, il est vrai, un très-grand nombre de symboles,
mêlés à un plus grand nombre d'usages ou de dispositions
juridiques, qui n'ont aucun des caractères du symbole;
mais on ne saurait trouver dans aucun de ces trois ouvrages
une *Symbolique* du Droit. Le traité *sur l'origine du Droit
allemand*, dont la première partie est consacrée à la
Symbolique du Droit germain, ce traité du professeur

Reyscher, de Tubingue, est le seul ouvrage où se rencontre la pensée d'une *Symbolique* du Droit, en tant que science didactique. Car l'opuscule du docteur Dümge, malgré son titre de *Symbolique des peuples germains dans quelques-unes de leurs coutumes judiciaires*, n'est que l'exposition d'une très-petite quantité de symboles juridiques. L'exécution du traité du professeur Reyscher s'éloigne d'ailleurs de celle que j'ai suivie, aussi bien pour le développement et la variété des matières que pour leur distribution. On peut ajouter à ces ouvrages la dissertation de M. le comte Beugnot sur les *Cérémonies symboliques usitées dans l'ancienne jurisprudence française*, dissertation peu étendue qui se fait remarquer par une saine érudition. Il ne m'est pas donné, au surplus, d'entrer dans des explications plus précises sur ce dernier écrit qui, n'ayant jamais été mis en vente, n'est connu que par les souvenirs nécessairement incomplets, et toujours incertains, des personnes auxquelles il a été possible d'en prendre une rapide lecture.

Ces observations sont nécessaires, afin d'écarter toute idée d'assimilation entre ces doctes travaux et le faible Essai que je livre à la publicité. Si des écrivains tels que ceux qui viennent d'être nommés, avaient fait ou voulu faire la *Symbolique* du Droit, il y aurait plus que de la témérité à vouloir après eux traiter le même sujet.

Ce serait méconnaître la pensée qui préside à la rédaction de cet ouvrage que de le considérer comme ayant pour objet une vaine curiosité d'artiste ou d'érudit. La direction de mes études n'a cessé de me porter vers un but sérieux d'application, qui se révèle dans chaque chapitre et pour ainsi dire à chaque ligne. L'ouvrage touche, en effet, à tant de textes de loi actuellement en vigueur en France, il explique un si grand nombre de dispositions législatives encore existantes, il met au jour l'origine ou le sens de tant de coutumes suivies encore au Palais, que son utilité peut n'être pas absolument incompatible avec l'application de notre Droit français (1). Tel est, comme conclusion pratique et de détail, l'enseignement particulier qui résulte de cet ouvrage.

L'importance de l'élément historique, sa réalité, sa puissance dans le Droit, et la nécessité d'en faire l'objet de nos méditations, voilà, comme conclusion générale, l'enseignement qui doit rester dans les esprits après la lecture de la *Symbolique* du Droit et de l'*Introduction*.

Les rapports des symboles judiciaires avec l'idée de la civilisation d'un peuple; l'esprit de la législation indiqué par l'esprit des symboles juridiques, dont le règne ou la décadence sont déterminés par le principe politique de la société, telle est, enfin, au point de vue de la philosophie, l'utile et curieuse révélation donnée par l'appréciation des symboles judiciaires.

L'étude des symboles juridiques, on le voit, demeure toujours pour nous pleine d'intérêt.

En terminant ce rapide aperçu du plan et du but de cet ouvrage, on me permettra de dire ici, avant d'entrer en matière, que ce but est entièrement scientifique, et que je n'ai pas écrit précisément pour les hommes qui appliquent le droit aux besoins du jour. Mais qu'on me permette aussi de faire observer que, tout en ne destinant pas ce livre aux légistes, légiste moi-même, je n'ai pas dû perdre de vue ceux avec lesquels je suis tous les jours en communion de travaux et d'études. Je n'ai pas oublié que, parmi les hommes voués à l'application usuelle du Droit, il y a, dans tous les pays, un grand nombre d'esprits élevés et de nobles intelligences, qui savent se dégager, autant qu'il est en

(1) *Voyez* à la fin du volume la note O, qui contient la récapitulation des lois, décrets, ordonnances et arrêts cités dans le cours de l'ouvrage.

eux, du courant des affaires qui les entraîne au rivage, et qui aiment, de temps en temps, voguer à pleines voiles vers les hautes et limpides eaux de la science. Ceux-là ne se regarderont pas comme étrangers à la pensée de cet ouvrage.

CHAPITRE II.

CARACTÈRES GÉNÉRAUX DU SYMBOLE JURIDIQUE.

Les causes qui ont produit les symboles religieux ont donné naissance aux symboles juridiques, mais les premiers ont sur les symboles juridiques une incontestable prééminence. Les prêtres, qui sont chez presque tous les peuples de la gentilité les premiers instituteurs et les premiers législateurs des nations, témoins de l'emploi des signes symboliques dans les pratiques usuelles de la vie civile, frappés de la sympathie des peuples pour ces pratiques et convaincus de l'impuissance de toute démonstration logique pour se mettre en communication avec le genre humain encore dans l'enfance, imaginent de revêtir d'un corps sensible la pure lumière des notions intellectuelles qui, sans cette précaution, éblouirait de son trop vif éclat les faibles yeux de ces hommes barbares. La pensée morale et religieuse, au lieu d'être énoncée ouvertement, s'enveloppe d'une forme emblématique. L'image parvient ainsi jusqu'à l'âme et saisit l'esprit par les sens (1). Le symbole et le dogme sont alors identiques (2). C'est à l'aide de cet ingénieux procédé que la vérité d'une salutaire leçon parvient à pénétrer ces grossières intelligences.

Ce mode de manifestation de la pensée, cette manière

(1) Cf. Creuzer, *Symbolik* (trad. fr. de Guiguiaut, *introd.*, ch. I).

(2) Il n'en était pas de même, sans doute, pour les initiés dans les mystères. Le dogme leur apparaissait sans voile, et le nuage produit par l'emblème était dissipé.

d'instruire les peuples et de promulguer la Religion, la Morale et le Droit, longtemps mêlés et confondus ensemble, remonte à la plus haute antiquité et se rattache au berceau de tous les peuples. Ce procédé est fondé sur la nécessité, aussi bien que sur la nature des choses (1).

De tous les divers modes de manifestation de la pensée, le symbole est assurément le plus original. Il a régné longtemps dans la coutume et dans la jurisprudence. Il domine encore dans la religion. Il occupe aussi une place importante dans le domaine de l'art plastique. Tels sont les trois points de vue sous lesquels cette expression de la pensée humaine doit être d'abord considérée, le Droit, la Religion et l'Art, mystérieuse trilogie, dans laquelle le Symbole, comme fiction poétique, se crée un rôle animé, saisissant et pittoresque (2).

Dans ces trois phases diverses de son existence, le symbole conserve-t-il le même caractère? Identique en ce qui concerne son origine physiologique et psychologique (3), sa nature se révèle-t-elle avec la même identité? N'apparaît-il pas, au contraire, sur cette triple scène, marqué chaque fois d'un sceau particulier qui le différencie et le caractérise? Essayons de définir le symbole sous chacun de ces trois aspects.

Des idées pures, une moralité élevée et sublime, sous des formes corporelles, voilà ce qui constitue, à proprement parler, le symbole religieux. Émanation du ciel, mais revêtu d'une apparence toute physique, sous laquelle

(1) *Voy.* ci-devant l'*Introduction*, p. 3 à 9 ; — Cf. aussi le ch. ɪ qui précède, et le commencement du ch. ɪɪɪ du livre II ci-après.

(2) Sur l'origine commune de la sculpture, de la religion et du droit, *voy.* mon *Introduction*, p. 6 et 7 et les notes, et ci-après vers la fin de ce chapitre, p. 14, 15, 16.

(3) Sur l'origine physiologique des symboles. *voy.* mon *Introduction*, p. 1 à 9, et particulièrement sur leur origine psychologique, *voy.* ci-après liv. II, ch. ɪɪɪ.

il se manifeste à la terre, la nature de ce symbole est double, comme celle de l'humánité. Cette dualité dans son essence et dans son origine obscurcit en lui le rayon divin, dont il est pénétré, et communique à tout son être un reflet douteux et une teinte mystérieuse. La grande idée renfermée dans le symbole religieux flotte ainsi, impalpable, indécise, au milieu d'une lumière vacillante et d'un vague plein de mystère, qui sont précisément les attributs de sa puissance. Car, ce que l'homme ne fait que pressentir laisse, en son àme, une impression bien plus formidable que ce qui se présente ouvertement à ses yeux (1).

Le symbole juridique n'est pas appelé à la mème destinée. Sa mission ne consiste ni à révéler à l'homme les grands mystères du ciel, ni à lui enseigner les profondes vérités de la philosophie. Mais le symbole juridique proprement dit, dans sa signification la plus élevée, est aussi une véritable émanation du ciel, signe soudain, imprévu, mystérieux, qui avertit l'homme de son droit, qui règle une détermination juridique ou qui fixe la solution d'une difficulté judiciaire. Son rôle n'atteint pas toujours à cette hauteur et son caractère est loin d'être constamment aussi auguste. Fils de la terre et création de l'homme, sa destinée est ordinairement plus humble et sa nature plus simple. A ce point de vue, il ne se propose pas de représenter une idée pure, ni une haute et sublime moralité. Traduction matérielle d'une idée pratique ou d'une chose terrestre, le symbole juridique, dans son acception ordinaire, mais inférieure, est un signe qui a pour objet de représenter, d'une manière fictive, soit une chose physique ou abstraite appartenant au monde de la vie usuelle, soit un acte ou une personne. Une *motte de terre,* une *glèbe,* figure un champ; une *tuile,* une *clef,* signifie une maison; l'*effigie* d'un in-

_____

(1) Cf. Creuzer, *Symbolik* (trad. fr. de M. Guiguiaut, *introd.,* ch. II).

dividu ou son *chapeau* représente sa personne. La *chevelure* est le signe de la liberté, du pouvoir, du commandement. Un *sceptre*, surmonté d'une *main* ouverte, devient le symbole de la justice en général ; une *épée* est particulièrement celui de la justice criminelle (1). En d'autres termes, et pour adopter une définition plus large, plus synthétique du symbole, dans son acception inférieure et purement terrestre, le symbole est la perpétration figurée d'un acte de la vie (2).

Cette définition embrasse le symbole juridique aussi bien que le symbole civil, si souvent confondus ensemble. Expression l'un et l'autre des mœurs d'un peuple, ils ont, en effet, et doivent avoir, à ce titre, une physionomie identique. Semblables dans leur origine et dans leur forme extérieure, ils eurent longtemps un empire commun et une commune existence. Séparés aujourd'hui et distincts, mais non opposés, l'un a pris pour apanage l'expression de la vie pratique en général ; l'autre, la représentation spéciale des actes de la vie juridique. Voilà toute leur différence. Des exemples la feront mieux sentir encore. Tout le monde comprend que les *vêtements blancs* donnés à Jeanne d'Arc, lorsque sa mission divine fut reconnue par Charles VII, sont un véritable symbole ayant pour but de manifester aux yeux de tous la pureté et l'innocence de cette sainte fille. Mais il n'y a là aucun rapport juridique. Le signe constitue simplement un symbole civil. La même couleur *blanche* adoptée, chez les Romains, pour les vêtements des candidats aux fonctions publiques, a pour objet d'exprimer la même idée de candeur et de pureté. Mais en se produisant ainsi devant le peuple assemblé pour vaquer à un acte juridique, ce symbole prend lui-même

---

(1) Ces symboles sont très-simples ; ils sont choisis et cités précisémen t dans ce chapitre à cause de leur simplicité même.

(2) J. Grimm, *Deutsche Rechtsalterthümer*, p. 109.

un caractère tout juridique et appartient, dans ce cas, à la *Symbolique* du droit.

Le symbole, en général, renferme en lui-même le sens à la représentation duquel il est employé. A ce point de vue, la forme symbolique n'est pas absolument arbitraire, puisqu'elle n'est pas absolument étrangère à la pensée qu'elle exprime. Mais comme cette forme ne représente jamais parfaitement l'idée, comme elle a d'ailleurs une foule de propriétés qui n'ont, pour la plupart, rien de commun avec l'idée, et comme la même image peut exprimer des idées différentes (1), il suit de là que le rapport qui unit le signe à l'idée est souvent très-arbitraire ; et c'est là ce qui donne au symbole, principalement à celui d'un ordre inférieur, une nature essentiellement équivoque (2). Car, dans le symbole proprement dit, dans le symbole qui se produit en vertu d'un signe céleste, l'idée se révèle ordinairement à l'instant même.

Il en est ainsi, quel que soit le domaine auquel appartient le symbole, et surtout dans le symbole religieux. Mais en ce qui concerne spécialement le symbole juridique, une explication est nécessaire.

Pour approprier ce mode de manifestation du Droit à l'état intellectuel des hommes grossiers auxquels il est destiné, il est évident que la forme symbolique doit être en rapport direct, peu éloigné du moins, avec l'objet représenté. S'il en était autrement, la perspicacité publique serait en défaut et le but du langage symbolique ne serait pas atteint. Car il n'y a pas pour le Droit, comme il y eut dans les religions antiques, une initiation destinée à déchirer, au fond du sanctuaire, le voile qui couvrait la vérité religieuse ou cosmogonique cachée sous le symbole. De là, pour le symbole juridique, nécessité d'une forme

(1) *Voy.* ci-après ch. xv, *Règles d'interprétation générale.*
(2) Cf. Hegel, *Esthétique*, trad. fr. de M. Ch. Benard, t. II, p. 8 à 11.

et d'un sens qui soient simples, clairs, précis dans l'origine (1). Mais cela est vrai pour le symbole considéré dans son acception la moins élevée. Quant au symbole juridique, qui se manifeste aux yeux éblouis des hommes et qui saisit instantanément l'esprit sous l'apparence d'un avertissement divin ou d'un présage céleste, il se laisse pénétrer aussi de cette teinte mystérieuse et sublime qui fait l'essence aussi bien que la force du symbole religieux. A mesure qu'il vieillit et qu'on s'éloigne des temps primitifs, le symbole inférieur s'altère dans sa forme, son sens originel se perd, et, mêlé qu'il est depuis tant de siècles aux habitudes du peuple, confondu qu'il a été, dans les premiers âges, avec les vieilles pratiques religieuses, il acquiert, à ces divers titres, comme tout ce qui est ancien, une apparence pour ainsi dire fabuleuse, qui lui imprime dès lors, à ce seul titre, une sorte de caractère solennel et sacré. C'est ainsi qu'associé aux croyances ou aux superstitions populaires, uni aux traditions mythologiques et lié au berceau de la nation, ce symbole, quelle que soit l'infériorité de sa condition, prend néanmoins une haute signification et revêt, lui aussi, un sens mystérieux, qui charme également le savant et l'homme du peuple (2).

Cette simplicité, dans le sens et dans la forme, qui distingue primitivement les symboles juridiques, n'existe qu'à la condition que ces symboles aient une origine et une application exclusivement civiles (3). Ceux d'entre eux qui se rattachent plus directement aux idées religieuses s'éloignent ordinairement de ce double caractère de simplicité. Alors, soit que le symbole appartienne à l'antique

---

(1) Reyscher, *Symbolik des germanischen Rechts.*

(2) Cf. J. Grimm, *Poesie im Recht*, § 10.

(3) Ce dernier mot est pris ici par opposition aux symboles religieux. Il embrasse le symbole civil proprement dit, aussi bien que le symbole juridique, lequel est civil, relativement au symbole religieux.

Gentilité, soit qu'il ait été adopté par l'Église chrétienne qui affectionne aussi les symboles, son sens est toujours profond, sa forme, presque toujours noble. Dans cette alliance plus intime avec la religion, le symbole juridique reçoit en même temps le reflet de ses grandeurs et l'ombre de ses mystères.

Indépendamment de son affiliation avec la Religion et le Droit, le symbole s'allie aussi aux Arts plastiques.

Lorsqu'il est entré dans le domaine public, l'Art plastique, dont la mission est de chercher le beau, de le représenter dans une image sensible, et dont l'immuable problème est d'idéaliser le réel et de réaliser l'idéal, l'art arrive par degrés à une énergique et éloquente simplicité. Il doit la chercher et l'atteindre dans l'allégorie et le symbole. Mais cette qualité, dans l'art, est loin de ressembler à la simplicité vulgaire qui distingue ordinairement, comme on l'a vu, le symbole juridique d'un ordre inférieur. La simplicité de l'art est celle de la perfection, de l'idéal. Son caractère est aussi noble que sublime. Le Jupiter, emprunté par Phidias à Homère, en sera éternellement l'inimitable modèle (1). C'est en cela que le symbolisme dans l'Art diffère du symbolisme dans le Droit.

Arts figuratifs et d'imitation, la Peinture et la Sculpture prennent ordinairement la forme de leurs allégories et de leurs emblèmes dans les formes du monde visible et dans les manifestations extérieures de la nature. C'est ce qui rend leur *Symbolique* intelligible et populaire; car les emblèmes de l'art ne sont pas une chose d'érudition, destinée à un petit nombre d'esprits privilégiés. Au lieu de s'adresser seulement à l'aristocratie de la pensée, ils doivent se faire comprendre et se faire goûter immédiatement (2).

(1) Cf. Hegel, *Esthétique*, t. I, p. 33, 34, 66, 69, 70, 76, 129, 306, de la trad. fr. de M. Bénard.

(2) Les représentations de l'art ne sortent de cette sphère que lorsque

Par suite de cet emprunt fait aux formes extérieures de la nature, la *Symbolique* de l'Art se confond presque toujours, par ses apparences extrinsèques, avec la *Symbolique* du Droit et avec celle de la Religion. Dans chacune de ces trois grandes phases de son existence, le symbole réel prend, en effet, sa forme dans la nature inorganique ou vivante ; il l'emprunte aux objets créés par l'industrie humaine, comme à ceux qui sont le produit spontané de la terre. Dans la Religion et le Droit, ainsi que dans la Peinture et la Sculpture, le symbole se présente couronné de *feuillage* ou paré d'une *ceinture*, le front ceint de *fleurs* ou portant dans sa main, à ses côtés, une *clef*, une *baguette*, une *épée*. Il se montre aux regards des hommes sous la figure d'un noble *cheval blanc* ou sous la forme d'un bruyant *molosse*, sous l'éclatant plumage d'un *coq* ou sous les écailles d'un *reptile*.

Les mêmes signes physiques sont presque toujours communs aux symboles du Droit, de la Religion et de l'Art ; mais c'est tantôt avec un sens égal ou analogue, tantôt avec une signification différente. Pendant le moyen âge, le *rameau* est un symbole très-usité pour représenter la propriété foncière, tandis que, chez les Grecs, il se rattache surtout aux croyances religieuses, sans aucun rapport avec l'idée de la propriété civile. Mais la Religion, le Droit et l'Art admettent également la *clef* comme un symbole de commandement, de surveillance. Le Dieu Janus, chez les Romains, chez les Chrétiens l'apôtre saint Pierre, la Minerve de Phidias, chez

l'art cherche ses images ou ses sujets dans des croyances ou dans des mythologies étrangères. Il en est ainsi de la sculpture moderne, quand elle veut figurer les anciennes divinités du paganisme. Ses représentations ne sont pour lors accessibles qu'à un petit nombre d'esprits cultivés, de connaisseurs et d'érudits. Mais il en fut autrement de la sculpture de l'antiquité, parce que les artistes recevaient leurs sujets de la religion populaire.

les Grecs, ont des *clefs* pour attribut, en qualité de sur-
veillants et de gardiens des portes du ciel et de la terre.
Il y a là un signe d'autorité qui se retrouve, avec le même
sens, dans la *clef*, dont la femme romaine et la femme du
moyen âge se servaient comme emblème de leur autorité
domestique. Ainsi, l'aspect seul d'une forme symbolique
ne peut pas plus caractériser son sens et son application
que déterminer le domaine auquel l'emblème appartient.

La *Symbolique* de l'art plastique n'est pas liée à celle
du droit, par l'identité seule de la forme ou par l'analogie de la pensée dans leurs symboles respectifs ; on voit
souvent l'Art et le Droit se donner la main pour la création
des symboles juridiques (1). La sculpture prête au droit
ces gigantesques *statues de Rolland* qu'on trouve en Allemagne comme symboles de juridiction. La peinture
fournit à l'ancienne jurisprudence criminelle ces *tableaux*
symboliques qui représentent trait pour trait la figure du
condamné, avec toutes les circonstances de son supplice,
exécuté sur l'*effigie* ou le *portrait* du coupable, à défaut de sa personne vivante. Le *tableau infamant*, affiché
jadis sur la place publique, ce tableau qui représente le
débiteur dans une position humiliante et qui annonce à
tous son mauvais vouloir ou son insolvabilité, afin de l'o-
bliger, par ce scandale, à satisfaire son créancier, est
aussi une peinture symbolique, admise pendant longtemps
en Allemagne, dans le domaine du droit pratique. Le
blason, cette riche et poétique partie de la *Symbolique* du
Droit, emprunte à la peinture ses couleurs et ses dessins
les plus variés. Pour marquer qu'un tribunal avait le droit
de haute justice, on plaçait dans l'auditoire un tableau représentant des champions combattant l'un contre l'autre ;

(1) *Voy.* aussi, sur l'origine de la sculpture, mon *Introduction*,
p. 7 et les notes.

car il n'y avait que les cas de haute justice qui pouvaient primitivement se décider par juges de bataille (1).

L'union des trois termes de la Trilogie symbolique est complète : chacun de ces trois termes touche l'autre par plusieurs côtés ; ils s'unissent souvent et quelquefois ils se confondent, formant ainsi, dans la diversité de leurs parties, un tout et un ensemble harmoniques, où se révèle une heureuse et poétique unité.

Rien de plus admirable, dans ses modifications nombreuses, que la riche efflorescence du *Symbole religieux*. Destiné, comme on l'a vu, à transmettre à l'homme les vérités du ciel et de la terre, appelé fréquemment, dans les premiers âges, au rôle que prend la philosophie dans les siècles de civilisation, il ne se contente pas, pour arriver à l'intelligence, de revêtir une forme matérielle, il emprunte souvent à la parole et ses couleurs et sa puissance. À ses côtés marchent le *mythe*, l'*emblème*, l'*allégorie*, l'*apologue*, la *parabole*, la *sentence* et la *maxime*, branches issues du même tronc, enfants sortis de sa propre souche et procréés par son génie, qui ont ensemble et avec lui le même but, celui de bercer par d'instructives et curieuses leçons le genre humain encore dans les langes (2).

J'expliquerai plus tard, en détail, chacune de ces nuances du *Symbole religieux*, qui ont leur analogue dans la *Symbolique* du Droit (3). Mais je dois dire quelques mots

(1) Loisel, *Instit.*, l. II, tit. II, règle 47, — et Delaurière sur Loisel; — *Établissem. de saint Louis*, l. I, ch. IV.

(2) « Chez les nations de la haute antiquité, dit Creuzer, toute croyance, toute science, toute connaissance un peu relevée rentrait dans le vaste sein de la religion. » (*Symb.*, trad. fr., Introd., ch. II.) — Cf. Dupuis, *Orig. des cultes*, l. II, ch. II, t. I, p. 137 de l'édit. in-4°. — Decorde, *des Facultés humaines comme éléments originaires de la civilis. et du progrès*, préface, p. 27 à la note.

(3) *Voy.* ci-après, ch. III, § 1, 2, 4, 5.

sur celles de ces nuances que la *Symbolique* du Droit n'a pas admises.

L'*Apologue* appartient à la *Symbolique* religieuse comme *allégorie* parlée. Leçon indirecte qui procède par compa-- raison et prend ses images dans le monde matériel, l'*a-pologue* est un vrai *symbole* moral et développé dans sa forme primitive, qui, en accordant aux plantes ou aux ani- maux l'intelligence ou la parole humaine, nous présente la vérité dans un ingénieux miroir allégorique (1).

La *Parabole,* cet *apologue* des Chrétiens, qu'ils se sont approprié par la supériorité de celles qu'inventa Jésus- Christ, sorte de fiction, chérie dans tous les temps des an- ciennes nations orientales, au lieu de chercher la forme de son enseignement dans la nature végétale et dans le règne animal, prend une situation et les circonstances de la vie humaine pour offrir au peuple une leçon vivante. A ce ti- tre, elle figure, avec raison, dans la *Symbolique* religieuse.

La *Sentence* et la *Maxime* lui semblent étrangères. Mais elles s'y rattachent lorsqu'elles s'enveloppent d'une forme allégorique, comme celles dont se servaient quel- ques sages de la Grèce, et particulièrement la secte des Py- thagoriciens, pour communiquer aux initiés les vérités pratiques ou religieuses et les découvertes philosophiques qu'ils voulaient transmettre au genre humain. « Ne t'as- sieds point sur le boisseau, » disait la secte de Pythagore: c'est-à-dire, ne vis point dans l'inaction ; telle est une de ces célèbres *maximes* pythagoriciennes destinées, sous cette apparence véritablement symbolique , à servir d'exemple et de guide aux mortels (2).

---

(1) Sur l'origine de l'intervention des animaux dans l'*Apologue, voy.* mon *Introduction*, p. 86.

(2) *Voy.* à la fin du volume, note K, un tableau de toutes les repré- sentations figurées, admises dans la Symbolique générale, et particu- lièrement dans la Symbolique religieuse, emprunté à l'ouvrage de

La *Symbolique* des arts plastiques est loin de présenter la même richesse d'expansion, limitée qu'elle est à l'*emblème* et à l'*allégorie*.

La *Symbolique* du Droit est moins bornée dans ses ramifications. Elle transporte sur la scène judiciaire, à côté du *symbole* proprement dit, l'*emblème*, la *marque* ou l'*étiquette*, l'*allégorie*, le *mythe*, la *formule* et la *fiction de Droit* (1).

Au nombre des ramifications du symbole juridique je ne comprends pas les *règles, sentences, brocards* et *maximes* de Droit, quoiqu'elles soient souvent rendues dans un langage figuré. Ces *sentences* et ces *maximes*, en effet, ne peuvent pas se comparer à celles dont il a été parlé à l'occasion de la *Symbolique* religieuse. Par leur forme métaphorique et souvent énigmatique, qui dit une chose et en exprime une autre, les *sentences* et *maximes*, dont il a été question précédemment, ont un regard de sympathie sur la *Symbolique* en général et tiennent même, par un lien assez étroit, aux vrais symboles religieux. L'*allégorie* en fait le fond aussi bien que la forme. Mais, malgré la forme souvent poétique des *règles* et des *maximes* judiciaires, forme qui leur assigne une place incontestable dans la poésie du Droit, qui est un tout dont les symboles ne sont seulement qu'une partie, on sent très-bien que ces *maximes* n'appartiennent point à la *Symbolique* du Droit : car, à la différence des *sentences* pythagoriciennes, les *règles* et les *maximes* de Droit doivent toujours présenter un sens parfaitement clair, sans aucune allusion allégorique, qui, en obscurcissant l'idée, ferait manquer le but que ces *maximes* se proposent (2).

Creuzer.— Cf. le tableau que j'ai dressé moi-même pour la classification générale de la *Symbolique* du Droit, note M à la fin du volume.

(1) *Voy.* l'explication de ces diverses nuances dans le chapitre suivant.

(2) *Voyez*, au surplus, ce qui a été déjà dit sur les *maximes* de Droit dans l'*Introduction*, p. 35 à 40.

Telles sont, dans un cadre restreint, les principales parties de cette grande Trilogie emblématique, où le symbole judiciaire occupe une place assez considérable pour réclamer l'attention des sincères amis de la science du Droit.

CHAPITRE III.

EXPLICATION DES DIVERSES NUANCES DU SYMBOLE JURIDIQUE.

§ 1. — Du Symbole juridique proprement dit (1).

Manifestation sensible, révélation instantanée, mystérieuse de l'idée, le *symbole proprement dit*, dans l'acception la plus élevée, la plus auguste du mot *symbole*, frappe les sens et avertit l'esprit qu'il maîtrise et qu'il dirige, sans qu'il soit donné à l'homme de se soustraire à son irrésistible influence. C'est du ciel, en effet, que descendent ces signes, ces avis que les dieux communiquent à l'homme comme une règle de conduite. Pendant que les sept Perses discutent entre eux, sans pouvoir s'accorder, pour savoir s'il convient d'attaquer sur-le-champ l'usurpateur du trône de Cambyse et le Mage son frère, ils aperçoivent sept éperviers qui poursuivent deux vautours et qui les déchirent. A cette vue, leur irrésolution cesse. Encouragés par ce signe imprévu, ils se mettent en marche pour aller au palais attaquer l'usurpateur et son frère (2). Hélénus, après le sac de Troie, cherchant une patrie nouvelle, arrive en Épire, où un taureau, échappé

(1) *Voy.* les notes J, K et M à la fin du volume.
(2) Hérodote, III, § 77.

subitement au couteau du sacrificateur, lui révèle, en tombant, la volonté des dieux et la place qui verra s'élever la ville que le héros troyen doit fonder (1).

Ce sont les signes de cette espèce que les anciens appelaient des *symboles divins.*

Le vrai *symbole* juridique présente les mêmes caractères et découle de la même origine. Il peut être assimilé au *symbole divin* pour la sublimité de l'idée comme pour la mystérieuse soudaineté de l'expression. Signe du ciel, il éveille aussi en nous le sentiment de l'infini.

Une *colombe* indique par son vol l'étendue d'un monastère (2). Une autre fois, c'est la marche irrégulière de l'*écrevisse* qui sert à tracer la ligne séparative de deux communes. Si l'on en croit une tradition populaire de la Hesse, il s'éleva jadis un différend entre deux communes de ce pays sur leurs limites respectives. On finit par convenir de prendre une *écrevisse*, de la laisser aller à travers champs, et de poser des bornes partout où elle aurait passé. C'est ce qui explique les irrégularités et les échancrures de leur ligne séparative (3). Cette préférence donnée au vol des oiseaux, à l'instinct des animaux pour guider la volonté de l'homme, pour mesurer la possession, se rattache à cette époque primitive du monde où l'homme adorait dans les animaux les lois saintes, mais cachées de la nature (4). Sous ce rapport, ces sortes de procédés ont le caractère du *symbole proprement dit,* comme fondés sur un signe du ciel, sur une manifestation instantanée de l'idée divine. Il faut mettre dans cette catégorie les anciennes épreuves par le Duel, celles plus

---

(1) Creuzer, *Symb.* (trad. fr. de M. Guigniaut, Introd., ch. ii).
(2) Michelet, *Origines*, p. 72, 431.
(3) Grimm, *Poesie im Recht*, § 11.
(4) *Voy.* ce que j'ai déjà dit à cet égard dans mon Introduction, p. 82 à 90, et p. 103, 104.

anciennes encore qu'on trouve dans la Germanie et dans le Moyen âge, sur les épreuves par le fer brûlant, par l'eau chaude, mais dont Sophocle atteste déjà l'existence dans la procédure criminelle usitée pendant les temps primitifs de la Grèce antique (1). Le Christianisme trouva cette coutume employée par les Germains; il ne la repoussa pas; et ce fut du huitième au onzième siècle que les épreuves judiciaires furent l'objet d'une adoption universelle. L'homme, à défaut de preuves suffisantes, désespérant de reconnaître le droit ou l'innocence d'une partie, s'en remet à l'intervention divine qui se manifeste symboliquement par le résultat de l'épreuve ou par l'issue du combat dans la personne du vainqueur (2). Le Sort, en si grand crédit dans les temps barbares comme preuve judiciaire, le Sort encore admis dans nos temps modernes par nos lois civiles, comme détermination d'une possession (3), et, par notre Code d'instruction criminelle, comme signe d'un droit de juridiction, comme sanction d'un rang, d'une prééminence juridiques (4), le Sort n'est autre chose que la mystérieuse et symbolique expression de l'idée divine se manifestant d'une manière irrésistible à tous les yeux. Quelquefois à l'épreuve du Sort se joint la candeur et la simplicité de l'enfance, intervenant pour aider à la manifestation divine. Telle est la disposition de la loi qui régit aujourd'hui la presse dans l'empire du Brésil, d'après laquelle le tirage au Sort des jurés d'accusation et de jugement doit être fait par un jeune enfant (5); et c'est dans ce sens qu'on peut considérer comme symbolique ce tribunal

---

(1) *Antigone*, acte 1er, *apud* F. Hélie, *Traité de l'Inst. crim.*, t. I, page 28.

(2) Sur ces épreuves, *voy.* F. Hélie, *Inst. crim.*, t. I, p. 236, 237, 328, 239, 240, 280, 281, 332.

(3) Code civil, art. 834; — Code de procédure, art. 982.

(4) Code d'inst. crim., art. 266, 309, 342, 393, 394, 399, 403, 404.

(5) Loi du 20 sept. 1830, art. 20 et 26, citée à la fin du second volume

de jeunes enfants, institué par l'ancienne coutume du Puy, pour décider les débats qui s'élevaient entre deux juifs, afin de pouvoir corriger la grande malice des plaideurs par la grande innocence des juges (1).

§ 2.— De l'Emblème et par occasion du Blason (2).

Comme le *symbole divin*, l'*emblème* religieux est une image sensible ; mais c'est une image dépourvue de tout caractère auguste et sacré, où la pensée humaine se révèle bien plutôt que l'inspiration divine, attribut déterminé, mode de conception limité et fini dans son objet et dans son idée, qui ne fournit qu'une ressemblance et une comparaison, et qui s'écarte de la profondeur mystérieuse du *vrai symbole*, du *symbole divin*, dont il n'est qu'une imitation et une acception inférieure. L'*emblème* d'ailleurs est toujours essentiellement allégorique, et c'est particulièrement à cette nuance du symbole que se rapporte le caractère éminemment équivoque, qui a été indiqué comme signe distinctif du symbole dans son acception inférieure (3). Comme *emblème* de la vigilance et du réveil de la nature, le *coq* est l'attribut de Janus qui ouvre l'année, de saint Pierre chargé de garder et d'ouvrir les portes du ciel. Le *laurier,* toujours vert, est l'emblème de l'immortalité du temps que le soleil mesure. Il est, à ce titre, consacré à Apollon, dieu du soleil.

L'*emblème* figure dans le domaine juridique avec le sens déterminé, limité et fini qu'il a dans l'ordre religieux.

---

de mon *Traité des délits de la parole, de l'écriture et de la presse*, p. 801, 2e édition.

(1) *Voy.* ci-devant, p. 92 de l'*Introduction.*

(2) *Voy.* les notes K, L et M à la fin du volume.

(3) *Voy.* ci-devant ch. II, p. 12 et 13, et ci-après, au § 4, la définition de l'*allégorie.*

Dépouillé comme lui du caractère solennel et sacré, qui est l'apanage du vrai symbole, du *symbole proprement dit*, même dans le Droit, sa mission consiste aussi, comme celle de l'emblème religieux, à exprimer l'idée juridique au moyen de l'allégorie. L'*emblème* se rencontre avec profusion dans le domaine de l'ancien Droit. Cet élément, par l'abondance des matériaux dont il dispose, constitue la plus riche partie de la *Symbolique* du Droit. On peut citer ici le *Chapel de roses*, cette dot des filles dans certains pays de l'ancienne France, allégorie chargée d'enseigner à la femme, que les grâces et la beauté, apanage de son sexe, dont la *rose* est l'*emblème*, sont une dot suffisante pour compenser ce qu'il y a d'odieux dans l'exclusion de l'héritage paternel prononcée contre la femme par la loi politique. Cette fiction a peut-être aussi pour objet de représenter l'idéal du mariage. La femme, en passant entre les mains de l'homme, sans autre dot que son simple *chapel de roses*, n'a pu être recherchée et aimée que pour elle-même (1). J'ajoute seulement, comme exemple tiré du Droit nouveau qui nous régit, que le *cœur* est un *emblème* conservé par notre Code d'instruction criminelle pour représenter la conscience du juré (2). Les autres exemples se présenteront en très-grand nombre dans le cours de cet ouvrage.

L'*emblème* désigne encore plus particulièrement, dans le Droit, une image ou représentation allégorique souvent accompagnée d'une légende ou devise. Cette fiction ne fut pas absolument étrangère à l'antiquité (3). Mais les temps modernes peuvent, à juste titre, se l'attribuer par l'importance qu'ils lui donnèrent depuis l'époque des

(1) Michelet, *Origines*, introduction, xx.
(2) Art. 348 du Code d'inst. crim.
(3) *Voy.* la note L à la fin du volume.

croisades sous le nom d'*armoiries* ou de *blason*, cette langue symbolique de la féodalité du moyen âge (1). Lié à la peinture et à la sculpture par le choix des couleurs et par l'emploi du dessin, associé à la poésie par l'application de ses légendes rimées ou de ses énigmatiques devises, l'art héraldique fait partie du domaine judiciaire, comme science des signes distinctifs des États et des villes, et comme explication des marques héréditaires des familles. Il s'élève, sous ce rapport, à toute la hauteur du droit de propriété et du droit sur l'état civil des personnes (2). Lorsqu'il ne dégénère pas en un symbolisme puéril, comme les symboles chantants ou les devises en *rébus* d'un grand nombre de villes et de maisons, même dans l'antiquité (3), cet art, il faut bien l'avouer, est une riche et poétique ramification de la *Symbolique* judiciaire. Mais il compose, à vrai dire, un art tout spécial et forme une science entièrement distincte, qui veulent dès lors être étudiés et enseignés en particulier (4).

(1) Le nom d'*armoiries* vient de ce que ces signes se portaient ordinairement sur les armes, sur le bouclier, sur la cotte d'armes, dans les bannières et pennons. Le mot *blason* signifie une chose proclamée à son de trompe, et vient de l'allemand *blasen* (sonner de la trompe), parce que ceux qui se présentaient aux tournois montraient leurs armoiries, en faisant sonner de la trompette pour appeler les gardes du pas.—Menestrier, *Nouv. méthode raisonnée du blason*, p. 1 et 2; Lyon, in-12, 1761.

(2) Dans l'ancienne jurisprudence, les *armoiries* ont été l'objet d'un grand nombre de contestations judiciaires. La jurisprudence moderne a eu également à s'en occuper (C. cass., 25 février 1823; — S. V. XXIII, 1, 821; — J. P. XVII, 920; 3e édition). — Depuis la Charte de 1830, et malgré la loi du 28 avril 1832, qui a retranché de l'art. 259 du Code pénal la disposition relative à l'usurpation des titres royaux, les auteurs de l'*Encyclopédie du Droit* (vo *Armes, armoiries*) pensent que, s'il n'y a plus lieu à une peine corporelle pour le port d'une *armoirie*, l'action civile n'en doit pas moins subsister, et la famille, dont on aurait usurpé l'*armoirie*, aurait le droit de demander aux tribunaux civils de faire cesser cette usurpation. Cette opinion est parfaitement juridique.

(3) *Voy.* la note L à la fin du volume.

(4) *Voy.* à cet égard, à la suite du *Traité de la noblesse* de Laroque, son

§ 3. — De la Marque ou Étiquette.

Comme l'*emblème*, dont elle est une imitation, la *marque* ou l'*étiquette* (1) est une image sensible, et comme le *blason*, qu'elle semble se proposer plus particulière-ment pour modèle, elle admet quelquefois la devise. Un arrêt a honoré la *marque* ou l'*étiquette* des fabricants du nom et du rang de symbole (2). Elle est, à propre-ment parler, le *blason* de la marchandise.

La *marque* est tantôt le signe de la propriété et tantôt une simple indication d'ordre. Sous ce dernier point de vue elle est étrangère à cet ouvrage. Mais comme signe de la propriété, ou comme preuve d'une tradition con-sommée, l'*étiquette* ou la *marque* joue un rôle important dans le domaine du droit commercial (3).

Usitée dans les manufactures pour éviter ou prévenir la contrefaçon de leurs produits, la *marque* est l'objet d'une

---

Traité singulier du blason, et les auteurs qu'il cite. —*Voy.* aussi le petit traité sur les *Livrées* ou *couleurs des pavillons des navires*, inséré par Cleirac à la suite de ses *Us et coutumes de la mer*, où se trouve une explica-tion des *devises, cris et blasons* les plus remarquables ; — l'*Origine des che-valiers, armoiries et héraults* du président Fauchet, l. I, ch. II ;— la *Nou-velle méthode raisonnée du blason* du P. Ménestrier, in-12, Lyon, 1761 ; — les *Origines du Droit* de M. Michelet, qui a résumé ce qu'on trouve de plus curieux dans les ouvrages ci-dessus, et consultez également le tome V, page 400, note 1, de l'*Histoire de France* du même auteur.

(1) Le P. Gary, savant Minime, a donné l'étymologie de ce mot. Dans les temps où la langue latine était en usage au barreau, les hommes du palais écrivaient sur les sacs des procès : *Est hìc quæstio inter N et N* (C'est ici l'affaire pendante entre tel et tel), et par abréviation : *Est hìc quæst.;* d'où le mot *estiqueste* dans l'origine (*est-t-queste*), et mainte-nant *étiquette*.

(2) Un arrêt de la cour de Rouen du 30 nov. 1840 donne le nom de *signe symbolique* à une *étoile* imprimée sur un carton, marque adoptée par un fabricant pour désigner les produits de sa filature (J. P. 1841, 1, 232).

(3) *Voy.* ci-après, au chapitre XIV, l'application de la *Symbolique* du Droit à notre Code de commerce.

législation spéciale. Usitée dans le commerce pour le transport des marchandises, elle est recommandée par notre Code de commerce, non comme marque d'ordre, mais comme signe de propriété. La *marque,* lorsque la vente d'une marchandise est constante, est même assimilée à la preuve de la tradition (1).

La *monnaie,* avec les *marques* et les devises dont elle est accompagnée, doit être considérée aussi comme un signe symbolique. En disant que la *monnaie* est un signe symbolique, je n'entends pas enseigner que ce signe ait la vertu de donner à la *monnaie* une valeur arbitraire. Que la *monnaie* métallique soit ou ne soit point une marchandise, c'est une question qui n'est pas de la compétence de cet ouvrage. Il n'en est pas moins vrai que l'empreinte portée par la *monnaie,* en général, avec les devises dont cette empreinte est ordinairement accompagnée, constitue une *marque* officielle et publique, attestant soit la somme que le *papier-monnaie* donne le droit de percevoir, soit le titre et le poids réel ou conventionnel du cuivre, de l'or, de l'argent, et dispensant de l'opération de l'essai et du pesage. Cette *marque* est donc, par elle-même, un véritable signe, une représentation emblématique de la valeur intrinsèque ou fictive de la pièce de *monnaie.* Ceci s'applique, on le voit, à la *monnaie* métallique aussi bien qu'au *papier-monnaie,* qui est un signe symbolique à un plus haut degré que la *monnaie* métallique, et qui ne peut même être autre chose qu'une fiction, un *emblème* n'ayant qu'une valeur imaginaire. Car si, par l'effet du temps ou par la fraude des gouvernements, la valeur de la *monnaie* métallique n'est pas toujours égale à la valeur exprimée par la *marque* symbolique, elle n'en

---

(1) *Voy.* ci-après, au ch. xiv, sur la *Symbolique* de notre Code de commerce.

a pas moins toujours, dans une certaine mesure, une valeur véritable et réelle.

On trouve incontestablement un caractère emblématique dans la première *monnaie* dont les Romains se servirent, lorsque Servius Tullius fit frapper l'*as* d'une empreinte représentant une tête de bétail; car, chez les premiers Romains, la richesse consistait surtout en troupeaux (*pecus, pecora*) figurés symboliquement sous l'apparence de la *monnaie*, d'où sont venus les mots *pecunia* et *pecuniosus* des Romains (1).

§ 4. — De l'Allégorie (2).

L'*allégorie*, souvent prise dans l'usage pour le *symbole*, peut être définie, dans le domaine religieux comme dans l'ordre juridique, un sens caché sous une figure qui exprime une chose et en signifie une autre. C'est l'indication d'une idée qui doit être cherchée sous son enveloppe diaphane et qui n'a rien d'instantané, tandis que le *véritable symbole*, dans la Religion et dans le Droit, est l'idée rendue sensible et qui se révèle à l'instant même. Cette définition comprend l'*allégorie* renfermée dans l'*emblème* aussi bien que la nuance du symbole à laquelle je donne plus spécialement le nom d'*allégorie*. Mais cette dernière qualification s'applique plus particulièrement à toute représentation dans laquelle l'*allégorie* religieuse ou juridique a besoin, pour se produire, du mouvement et de l'action d'un ou de plusieurs êtres vivants et animés. Comme exemple d'*allégorie* religieuse ou phi-

---

(1) « Tum erat res in *pecore* et locorum possessionibus, ex quo *pecuniosi* et locupletes vocabantur. » Cicero, *de Republicâ*, l. II, édition de Panckouke, t. XXXIV, p. 100. — « Locupletes dicebant loci, hoc est agri, plenos. *Pecunia* à *pecore* appellabatur. » Pline, *Hist. nat.*, l. XVIII, ch. III. — Sur l'étymologie de *Pecunia* conférez Saumaise, *de Usuris*, p. 305, 467, in-18, Elzévir.

(2) *Voy.* les notes K et M, à la fin du volume.

losophique, on peut citer la forme représentant un homme conduisant un char, employée pour désigner l'âme (1). On doit également citer l'*allégorie* si connue de Psyché et l'Amour , Psyché représentant l'âme humaine, s'éveillant aux plus douces impressions de la vie, sous le souffle créateur de l'amour (2). Il y avait également une poétique *allégorie* dans ces danses armées des Corybantes de la Phrygie, des Curètes de l'île de Crète, des prêtres Saliens de Rome, qui cherchaient à figurer le cours des astres et la marche harmonieuse des planètes, cette armée mystérieuse qui fait ses évolutions dans les cieux (3). L'Église catholique peut aussi revendiquer un grand nombre de drames allégoriques. A la fête de la Pentecôte, on lâchait autrefois dans l'église des pigeons blancs pour représenter la descente du Saint-Esprit, et ces pigeons voltigeaient dans la nef, parmi des langues de feu, pendant qu'une pluie de fleurs tombait sur les fidèles et que les galeries intérieures étaient illuminées (4). Dans la procession qu'on fait à Messine, le jour de l'Assomption, au moment où la statue de la Vierge, arrivant sur la grande place, aperçoit l'image du Sauveur, douze oiseaux échappés du sein de la sainte Vierge portent à Dieu l'effusion de la joie maternelle (5). Les Floridiens avaient une *allégorie* analogue dans la fête qu'ils célébraient en l'honneur du Soleil sur la montagne d'Olaimy. Un festin sui-

---

(1) Platon , *Phœd.*

(2) Ψυχή, âme et papillon (ἄλαινα). *Voy.* Bannier, *Mythol. expliquée par l'hist.*, t. V, p. 89.

(3) *Voy.* Creuzer, *Symb.*, trad. fr. de M. Guigniaut, Iʳᵉ part., t. II, l. V, ch. II et V, p. 278 , 307 et 507 à 513. C'est de cette danse symbolique que les prêtres Saliens avaient tiré leur nom (*salire*), comme le disent Varron (*de Ling. lat.*, V, 85), Denys d'Halicarnasse (*Ant. rom.*, l. II) et Festus (*hoc v°*).

(4) Michelet, *Hist. de France*, II, 658.

(5) J. Blunt, sur les vestiges des anciennes mœurs et coutumes existant encore en Italie et en Sicile, p. 158 ; apud Michelet, *loc. cit.*

vait la cérémonie religieuse, et dès que le soleil, parvenu aux deux tiers de sa course, dorait de ses rayons les bords de la table, les prêtres brûlaient de nouveaux parfums et donnaient la liberté à six oiseaux mystérieux (1).

L'*allégorie* juridique aime aussi à se manifester sous l'apparence d'une action dramatique et sous la forme d'une cérémonie solennelle. Souvent aussi on la voit rechercher avec plaisir les chants et les accords d'une musique harmonieuse, les nuages embaumés de l'encens, le parfum ou l'éclat des fleurs jetées à pleines mains sur son passage. Ce mouvement et cette animation, émanés de l'action dramatique, constituent à vrai dire la forme particulière, la nuance spéciale qui distingue l'*allégorie* de l'*emblême*, et qui assigne un caractère exclusif à chacune de ces deux expressions de l'idée juridique ou religieuse (2). Sous ce rapport, le *chapel de roses,* dont il a été déjà parlé dans le § 2, malgré son caractère allégorique, n'est pas à proprement parler cette nuance du symbole juridique à laquelle appartient privativement le nom d'*allégorie.* C'est un *emblême,* dont le sens sans doute est allégorique, parce que telle est l'essence de toutes les représentations de ce genre, ce n'est pas à proprement parler une *allégorie.* Mais on trouve une véritable *allégorie* d'un caractère *mixte* , tout à la fois juridique et religieux, dans la liberté donnée à ces essaims de petits *oiseaux* qui voltigent en poussant de joyeux cris, au milieu de l'église de Reims, alors que le roi de France vient de recevoir la confirmation du saint Chrème ; — fiction charmante et solennelle, destinée à rappeler la faveur accordée, en tout temps, par nos rois à l'affranchissement du peuple,

---

(1) Const. d'Orville, t. V, p. 501, *apud* Dupuis, *Origine des cultes,* t. I, l. I, ch. II, p. 39 et 40, édit. in-4.

(2) Cette nuance du symbole forme, dans la nomenclature symbolique, la famille des *symboles en action. Voy.* ci-après ch. VIII, sect. II, art. 4.

dont ces chantres des airs sont une poétique image. Quoique placée à la fin d'une cérémonie religieuse et quoique empruntée pour la forme, et non toutefois pour
le fond de l'idée, à l'ancienne fête de la Pentecôte, ou à
la procession de la Vierge célébrée à Messine le jour de
l'Assomption (1), cette *allégorie* n'en a pas moins un caractère juridique, comme d'ailleurs, jusqu'à un certain
point, toute la cérémonie même du Sacre, par l'idée de liberté que l'action allégorique exprime et par la promesse
qu'elle implique de favoriser l'émancipation du peuple (2).
C'est l'idée que les poètes contemporains n'ont pas manqué de saisir dans cette cérémonie et qu'ils ont célébrée
dans leurs vers :

> Mille chantres des airs, du peuple heureuse image,
>   Mêlant leur voix et leur plumage,
>   Croisent leur vol sous les arceaux :
> Car les Francs, nos aïeux, croyaient voir dans la nue,
> Planer la liberté, leur mère bien connue,
>   Sur l'aile errante des oiseaux (3).

Les pairs de France, dont les pairies se trouvaient dans
le ressort des parlements de Paris et de Toulouse, leur devaient et leur présentaient eux-mêmes, chaque année, des
bouquets de roses. La présentation avait lieu pendant que
l'audience se tenait à la grand'chambre. Toutes les salles
du parlement étaient alors jonchées de fleurs et d'herbes
odoriférantes, d'après l'ordre et aux frais du pair qui présentait ses *roses*. Il se transportait ensuite dans chaque
chambre, précédé par un valet portant un grand bassin
d'argent, plein de bouquets composés de *roses* et d'autres
fleurs naturelles ou artificielles. Il y avait autant de bouquets que d'officiers du parlement. Toute cette cérémonie

---

(1) *Voy.* ci-devant, p. 29.
(2) Sur cette *allégorie*, *Voy.* ci-après ch. VIII, v° *Oiseaux*.
(3) Vict. Hugo, *le Sacre de Charles X*.

s'accomplissait au son des hautbois qui ne cessaient de
jouer, si ce n'est pendant le temps que le pair recevait audience. Cet usage, dont on ignore le commencement et
qui a existé jusque vers la fin du dix-septième siècle (1),
présente, sous la forme d'une gracieuse *allégorie*, l'image
de la soumission des pairs de France, en ce qui concerne
les terres de leurs pairies, à l'autorité du parlement (2).

Quoi de plus poétique encore que la forme de la redevance du seigneur de Saint–Péreuse, obligé d'amener, tous
les ans, en grande cérémonie, dans le Nivernais, au manoir
du seigneur de Champdiou, un tout petit *roitelet* placé sur
un immense chariot couvert de mousse, traîné par plusieurs vigoureux et superbes taureaux! Ensuite, nu-tête,
sans épée ni éperons, le vassal se met à genoux sur le seuil
de la principale porte du château de son suzerain, baise
le *verrou*, donne à l'*oiseau* sa volée et se retire.

C'est par ces pantomimes allégoriques, souvent gracieuses, quelquefois solennelles, et le plus fréquemment naïves, que le Droit revêt ce caractère pittoresque et cette
physionomie poétique, qui sont le brillant et bizarre apanage des temps anciens (3).

§ 5. — Du Mythe (4).

Il y a une *mythologie* pour le Droit aussi bien que pour
la Religion et pour l'Histoire. Dans l'ordre religieux et dans
son acception la plus haute, le *mythe* est l'explication traditionnelle de l'impénétrable mystère des anciens *symboles*. Dans l'ordre juridique, le *mythe* est une légende ou
croyance populaire, qui raconte et conserve, sous une

(1) *Voy.* Sauval, *Antiquités de Paris*, II, 409.
(2) *Voy.* ci-après le ch. xiii, sur les *Prestations, les Droits et Redevances
symboliques*.
(3) *Voy.* ci-devant, à l'*Introduction*, p. 95.
(4) *Voy.* les notes K et M à la fin du volume.

forme métaphorique, un ancien usage, un ancien fait juridique.

La *Mythologie juridique* est de deux sortes : l'une appartient en commun au Droit, à la Religion et à l'Histoire; l'autre est plus particulièrement propre au Droit et constitue spécialement sa véritable *mythologie.*

La *Mythologie* générale, à laquelle le Droit vient se rattacher, consiste dans la personnification d'un fait, d'un temps, d'une abstraction, d'un principe. Ces personnifications qu'on rencontre souvent dans le domaine de la Religion, aussi bien que dans celui du Droit et de l'Histoire, sont tantôt un dieu, et tantôt un héros ou un homme. D'autres fois, la transformation s'opère sous les apparences d'un animal. La réalité se change ainsi en *symbole*, qui devient par la suite une légende, mirage de la vérité, embellie par les fictions des poètes, dénaturée par les traditions populaires (1). La *Saga* du Nord, le *mythe* de l'antiquité, appliqués au Droit, ne sont pas autre chose que le récit allégorique d'un fait réel, d'un usage, d'une institution, d'une coutume, cachés dans le mystère des origines, obscurcis par la rouille du temps et défigurés par l'ignorance des hommes, une fable juridique, en un mot, transmise par les ancêtres.

Il est quelquefois possible de distinguer, dans la tradition, le vrai du fabuleux, et de reconnaître le fil qui unit au Droit la superstition et la croyance populaire. Mais souvent aussi les traces du fait, de l'institution, de l'idée première s'effacent, et le simple et vague souvenir de la transformation symbolique brille seul, d'une clarté douteuse, au sein des nuages amoncelés par les siècles. Plus souvent encore la fiction tout entière a surnagé, mais

_____

(1) *Voy.* Bannier, *la Mythologie et les fables expliquées par l'histoire*, t. I, p. 6, 35, 47, 52 ; — Vico, *Scienza nuova, degnità* XVI, XLIII, XLVI.

elle a surnagé seule, le flot séculaire ayant pour toujours englouti la notion du Droit, dont le *mythe* est la narration. Dans ces dernières hypothèses, la reconnaissance du Droit sous les plis de la robe du *mythe* est presque toujours impossible.

Essayons de citer quelques exemples et de saisir le Droit en le dégageant de la forme du *mythe*.

Le *mythe* si connu de Cérès cherchant par toute la terre Proserpine, sa fille, et enseignant aux peuples l'art d'ensemencer les terres, n'a pas seulement pour objet de consacrer le souvenir des arts et de l'agriculture (1). Ce *mythe* a pour but encore la commémoration de l'élément moral de la propriété que l'agriculture a fondée (2). A ce dernier titre, il possède un caractère éminemment juridique.

L'institution de la propriété, en tant qu'idée abstraite, est figurée dans le *mythe* de Cérès. Mais cette institution amène la division du sol, sa mensuration, ses limites, éléments nécessaires de l'idée concrète de la propriété. De là, le dieu Terme pour représenter le principe pratique de l'institution.

Le propre des législations primitives est d'être rédigées en vers et d'être promulguées au son de la musique. Ce fait historique, caché dans la nuit des siècles, donne lieu à cette opinion qui fait du Dieu de la poésie et de la musique le premier des législateurs (3). Apollon, dans cette

_____

(1) Bannier, t. I, p. 43; Ovide, *Métam.*, V, n. 2 :

> Prima Ceres unco glebas dimovit aratro;
> Prima dedit fruges, alimentaque mitia terris.

(2) Cf. Hegel, *Esthétique*, t. II, p. 252, 293, 320 de la trad. franç. de M. Benard; — Ballanche, *Palingén.*, prolég., 1re partie; — Ovide, *Métam.* (*loc. cit.*) :

> *Prima dedit leges :* Cereris sunt omnia munus.

(3) *Voy.* mon *Introduction*, Ire part., p. 10 et suiv.

légende, n'est autre chose évidemment que la forme d'un *mythe* juridique, par lequel l'imagination des peuples a personnifié une antique tradition.

Les conceptions semblables à celle des *Mores*, ces croyances antérieures à la formation de toute société civile, qui ont précédé la coutume, à laquelle elles donnèrent naissance, dont la coutume n'est d'ailleurs qu'une réminiscence, une sorte de manifestation religieuse (1), ces conceptions sont de véritables représentations mythiques des idées de Droit en général (2).

Dans la célèbre légende transmise par la tradition populaire au poëte, qui en a peut-être affaibli l'idée, tout en embellissant ses détails par les ornements de sa brillante fantaisie, quel est ce pasteur Aristée, fils d'Apollon? Aristée qui cherche à ravir Eurydice (3), la tendre épouse du héros plébéien, n'est-il pas la personnification du Droit qui repose sur la force, de ce Droit rigoureux, inexorable, qui veut étouffer le Droit plus souple, plus accessible, reposant sur l'équité, mère de l'égalité humaine? Aristée, en d'autres termes, n'est-il point un *mythe* qui figure le patriciat s'efforçant de placer le plébéianisme sous son indissoluble domination? Et les Abeilles, issues des flancs du taureau immolé par Aristée, pour apaiser Orphée irrité contre lui (4), ne sont-elles pas l'image d'une société humaine, de la Cité primitive fondée par les patriciens (5)?

(1) « Mos ergò præcessit et cultus moris secutus est, quod est consuetudo.» (Macrob., *Saturn.*, III, 8). — Sur la *Loi-Mos, voyez*, en outre, Ballanche, *Orphée*, arg. du l. I et du l. IX; *Palingén., passim*, et notammen 1re addit. aux prolég.

(2) Cf. Hegel, *Esthétique*, trad. franç. de M. Benard, t. II, p. 272, 273.

(3)   Et raptâ graviter pro conjuge sævit.
                              (Virg., *Georg.*, IV, 456.)

(4) Virgile, *Georgiq.*, *ib.*, 550 et suiv.

(5) C'est le point de vue proposé par M. Ballanche que j'ai indiqué, en conservant, autant que possible, les expressions et le mouvement dubita-

L'idée générale de la justice répressive respire dans les *mythes* célèbres de Némésis et des Euménides, ces redoutables vierges, vengeresses du crime.

Enfin, la pénalité pratique, le châtiment infligé à des actes déterminés, se manifeste clairement dans ces nombreuses métamorphoses d'hommes changés en animaux, qui, du domaine de la *mythologie* populaire, prennent place dans les brillantes fictions des poëtes. Tel est le châtiment de ce roi d'Arcadie, surnommé Lycaon, métamorphosé en loup pour ses crimes, et pour avoir douté de Jupiter (1). Philomèle et Procné, changées en oiseaux, représentent la peine d'un acte de cruauté (2). Arné, convertie en corneille, parce qu'elle avait livré sa patrie pour de l'or, est un exemple offert à tous les traîtres (3); et, dans un ordre d'idées purement moral, en dehors du droit, la métamorphose des compagnons d'Ulysse figure la peine de la dégradation à laquelle l'homme est réduit par l'usage des voluptés immondes (4).

Les écrivains de l'antiquité n'aperçoivent pas toujours le sens intime de ces *mythes*. Les métamorphoses pénales,

tif de sa phrase. — Cf. *Orphée*, l. I, p. 113, 114; 1re add. aux prolég., t. V, p. 33 de l'éd. in-18.—Sur les *Abeilles*, *Voy.* ci-après ch. VIII au mot *Abeilles*.

(1) Ovide, *Métam.*, I, n. 4;—Lactantius Placidus, *Fab.* VI (*Myth. lat.*, t. II, p. 192, 193, édit. in-8 de Muncker);—Bannier, t. I, p. 131.

(2) Ovide, *Métam.*, VI, n. 6.

(3) Ovide, *Métam.*, VII, n. 7 :

> Quamque impia prodidit Arne,
> Sithonis accepto, quod avara poposcerat, auro :
> Mutata est in avem, quæ nunc quoque diligit aurum ;
> Nigra pedum, nigris velata monedula pennis.

(4) Ovide, *Métam.*, XIV, n. 3;—Bannier, t. I, p. 70. —Il y a un *mythe* moral du même genre que celui des compagnons d'Ulysse dans cette croyance, qui existait encore en Italie du temps de saint Augustin, et d'après laquelle certaines hôtesses, en donnant à goûter aux voyageurs une espèce de fromage empoisonné, les métamorphosaient par là en juments prêtes à porter le joug, après quoi ces voyageurs reprenaient leur orme première (*De civit. Dei*, l. XVIII, cap. XVIII).

surtout, échappent à leur appréciation. Ils ne voient, pour la plupart, dans ces derniers *mythes*, qu'un vain mensonge ou que le résultat de maléfices magiques. Prenant à la lettre le conte populaire et la légende poétique, ils ne savent découvrir ni le sens judiciaire, ni même le sens moral caché sous le vêtement allégorique (1).

Tel est le côté juridique que présente la *mythologie* des religions de l'antiquité hellénique ou latine.

Le droit trouve aussi sa place dans la *mythologie religieuse* des Scandinaves.

A la suite d'une gageure avec un nain, Loki, ce dieu moqueur des banquets de Valhalla, ayant manqué à sa parole, est obligé de se laisser coudre les lèvres par le nain devenu son vainqueur. Ce *mythe*, que l'Edda nous a transmis, a un caractère tout juridique, destiné qu'il est à servir de leçon à ceux qui faussent leurs engagements. Il se lie, en outre, au délit des calomniateurs, que les anciens usages du Nord condamnaient à avoir la *langue arrachée* ou les *lèvres cousues* (2).

Le moyen âge chrétien lui-même, qui a aussi sa *mythologie religieuse*, réminiscence de la *mythologie* odinique, ou mélange naïf des fables du paganisme et des sévères préceptes de l'Église chrétienne, le moyen âge n'est pas étranger aux fictions mythologiques du même genre. Hellequin, ce malheureux fils d'Hella, errant éternellement, après sa mort, de forêts en forêts, poursuivant un sanglier sans pouvoir jamais s'arrêter, et souvent poursuivi lui-même par une ardente meute d'enfer, ce mysté-

---

(1) « Les Scythes ont beau dire, ils ne me feront pas croire de pareils contes. » Hérodote, IV, § 105.—Homines in lupos verti, rursùmque restitui sibi falsum esse confitenter existimare debemus, aut credere omnia quæ fabulosa tot sæculis comperimus. Pline, *Hist. nat.*, VIII, cap. xxii. —Hæc vel falsa sunt, vel tam inusitata ut meritò non credantur. S. August., *loc. cit.*

(2) J. Grimm, *Poesie im Recht*, § 13.

rieux chasseur de la Normandie, que le duc Richard-sans-Peur rencontra un jour dans la forêt, représente la punition réservée à ceux qui, jetés dans une mauvaise voie, se livrent à des actes de brigandage (1).

Après ces exemples que le Droit emprunte à la *mythologie religieuse,* citons-en d'autres où la *mythologie du Droit* se présente avec un caractère exclusivement juridique, entièrement pure de tout alliage religieux.

L'homme loup, le *loup-garou,* si célèbre jadis, et qui sert encore aujourd'hui d'épouvantail à la superstition populaire de toutes les provinces de la France, rappelle quelques-unes des métamorphoses pénales de l'antiquité. Il existait encore, il y a environ deux siècles, en Livonie, une curieuse légende tout à fait analogue à celle qu'Hérodote raconte du pays des Hyperboréens, et à celle que Pline a placée en Arcadie. D'après Hérodote, des hommes, appartenant aux peuples hyperboréens, prenaient chaque année, pour quelques jours, la forme de loups (2). D'après les traditions de la Livonie, tous les ans, à la fin du mois d'octobre, les sorciers de la contrée étaient sommés et forcés de se rendre à un endroit désigné, où, une fois réunis, ils se jetaient dans un fleuve qu'ils passaient à la nage. Parvenus sur la rive opposée, ils se trouvaient soudain tous changés en loups. Après douze jours, ils revenaient au même endroit, traversaient de nouveau le fleuve, et reprenaient leur forme première (3).

Dans cette légende, comme dans celle racontée par Hérodote et comme dans la croyance relative au *loup-garou,* il y a un véritable *mythe* qui représente allégoriquement un

(1) Sur la *mythologie* du moyen âge, *Voy.* un article du *Quarterly Magazine,* inséré dans la *Revue Britannique,* 4ᵉ série, t. X, p. 274 et suiv.

(2) Hérodote, *loc. cit.*

(3) Claude Prieur, *Dialogue de la Lycanthropie,* p. 36 et suiv.; Louvain, 1596.

usage juridique, un seul et même fait de pénalité judiciaire défiguré par la tradition, mais heureusement attesté, en ce qui concerne le moyen âge, par de nombreux
documents venus jusqu'à nous.

N'est-il pas évident, en effet, que ces *hommes-loups*,
ces *loups-garous* errant au milieu des forêts, sortant de
leur refuge pendant la nuit, que ces hommes de la Livonie qui, en passant de l'une à l'autre rive d'un fleuve, sont
tout à coup métamorphosés en une bête fauve, qu'il est licite
de tuer, ne sont autre chose que ces proscrits *à tête de
loup, caput lupinum gerentes*, dont parle le vieux Droit
anglo-saxon , proscrits qui, par la sentence dont ils sont
frappés, sont assimilés à des loups, qu'il est permis de
tuer impunément comme des animaux nuisibles, s'ils reviennent dans le pays d'où ils ont été expulsés (1)? Les
hommes des contes populaires de la Livonie reprennent
leur première forme humaine dès qu'ils ont repassé le
fleuve. Le condamné, mis hors la loi, recouvre ses droits
d'homme, et cesse de porter une *tête de loup* dès qu'il
quitte son pays pour retourner sur la terre de l'exil, ou
dès que la durée de son bannissement a cessé. Cette analogie est frappante, et décèle la vérité juridique cachée
sous la fiction de tous les *mythes* du même genre, à quelque époque et à quelque contrée qu'ils appartiennent.

---

(1) *Voy. Leges Edwardi confess.*, cap. VII, *ap.* Ducange, *caput lupinum
gerere*, II, 292 ; — Bracton, l. III, tit. II, cap. XIII, § 3, *ap.* Ducange, *loc.
cit.*;— Fleta, l. II, cap. XXVII;— Houard, *Anc. Lois fr.*, t. I, p. 275.— La
loi salique (tit. LVII, § 5) et la loi ripuaire (tit. LXXXV, § 2) donnent au proscrit le nom de *wargus.* Leur disposition est d'ailleurs conforme, à l'é-
gard du *wargus*, à celle du droit anglo-saxon. (Ducange, VI, 1416.) Or, le
mot *wargus* signifie *loup.* La célèbre formule *wargus sit* de ces deux lois
gnifie donc *qu'il soit loup*, c'est-à-dire proscrit. C'est bien le *caput lupinum* des Anglo-Saxons. M. Du Méril (*Hist. de la Poés. scand.*, p. 115,
116) dit que tel était le droit des Scandinaves. Il ajoute qu'en islandais, *vargr*, signifie en même temps *loup* et *proscrit.* Cf. Michelet,
Orig., 403, et *voy.* ci-après, p. 44.

C'est aussi à une fiction de la même origine qu'on peut rattacher la célèbre légende de Mélusine, dont la destinée fut d'être moitié serpent tous les samedis, pour avoir osé tenir captif l'auteur de ses jours, ou pour s'être rendue coupable d'adultère, si l'on en croit une autre interprétation (1).

L'histoire du chien de Montargis, autorisé à combattre en champ clos, en présence du roi de France et de toute sa cour, contre un gentilhomme accusé d'avoir tué son maître, ce récit dont la saine critique a démontré la fiction, soit qu'on le place sous le règne de notre Charles V, soit qu'on en recule l'époque jusqu'à Charlemagne, n'est autre chose qu'un *Mythe,* une merveilleuse légende (évidemment inspirée par un passage de Plutarque relatif au roi Pyrrhus), et imaginée pour perpétuer le souvenir de l'ancienne institution du Duel judiciaire (2).

La légende populaire, on le voit, est un élément qui n'est pas sans importance dans l'étude du Droit historique. Si étrange et si bizarre que soit une fable, elle a, dit Vico, presque toujours pour base un fait vrai dans son origine (3). Elle peut dès lors reposer assez souvent sur un ancien usage judiciaire. C'est ainsi que le conte le plus naïf du temps passé apporte quelquefois au plus grave érudit du siècle présent, sur l'aile des superstitions populaires, la révélation et l'explication d'une coutume ou d'une loi qui fut longtemps incomprise ou perdue.

§ 6. — **De la Formule juridique** (4).

Il est des *formules* qui n'ont absolument rien de sym-

---

(1) *Voy.* Bullet, *Mythologie française*, p. 2 et 20; in-12, Paris, 1771.

(2) *Voy.* Bullet, *Myth. franç.*, p. 64 et suiv.

(3) *Scienza nuova*, degnità XVI, XLIII, XLVI. *Sic*, Bannier, t. I, p. 6, 35, 47, 52.

(4) *Voy.* ce que j'ai dit sur les formules romaines dans mon *Introduction*, p. 27, 30, 31, 40 à 42, 52, 53, 55, et dans la note G à la fin du volume.

bolique, soit parce qu'elles ne possèdent par elles-mêmes aucune vertu allégorique, soit parce qu'elles ne présentent aucune image, aucune allusion, aucune figure qui rappelle d'anciens actes symboliques, dont la *formule* aurait pris la place. On ne peut voir dès lors dans les *formules* de ce genre qu'un cadre prosaïque et sec, n'ayant aucun regard sur la *Symbolique*. Telles sont les paroles des formules de la stipulation et généralement celles que le Droit romain nous a transmises (1). La rigoureuse solennité des mots, le secret qui les enveloppe et qui en cache mystérieusement le sens aux plébéiens, aux profanes, à ceux qui ne jouissent pas de la parole civile, n'ont rien non plus de symbolique. Le symbole est dans l'action, dans la pantomime dont la *formule* est un accessoire; mais la *formule* n'est pas le symbole lui-même. Il en est, à plus forte raison, de même des *formules* recueillies par Marculfe, et de celles qui furent usitées plus tard, pendant le moyen âge, soit en France, soit ailleurs.

Après la disparition de l'acte ou de la chose symbolique, souvent la *formule* s'en va aussi, sans qu'on puisse dire qui est parti le premier, de la *formule* parlée ou du symbole muet. Souvent aussi la *formule* reste seule dans les usages judiciaires, comme on l'a vu dans la stipulation romaine. Mais les paroles de la *formule* ne sont pas destinées à tenir lieu du symbole. C'est un vestige de ce qui fut, ce n'est pas une métamorphose.

On trouve des exemples de *formules* prosaïques, jointes à des actes symboliques, dans les usages judiciaires et dans la législation actuelle de la France.

Notre Code d'instruction criminelle indique la *formule*

(1) « Sunt, dit Cujas, qui dicunt verba solemnia quæ interveniunt in stipulationibus esse symbola quædam... Verba non sunt symbola, nisi sint allegorica. Stipulationum verba non sunt ejusmodi; ergo stipulationum verba non sunt symbola. » (*De verb. obligat.*).

du serment que doit prêter le témoin, à qui on demande s'il jure « de parler sans haine et sans crainte, de dire la vérité, toute la vérité » (1). La coutume détermine, à l'égard du témoin, le *geste* qu'il doit faire pendant la prononciation de la *formule*, et alors qu'il y répond. Ce *geste,* qui consiste à tenir la *main* droite levée en signe d'invocation à la Divinité, est tout symbolique (2). La *formule,* ici, est à côté du symbole. Elle n'a évidemment rien d'allégorique. Supprimez le *geste* symbolique, la *formule* ne sera pas un symbole, on ne pourra pas dire qu'elle en tient la place.

Dans ce cas, comme dans plusieurs autres, la *formule* est le commentaire parlé du *geste*, du symbole. Elle a pour objet d'éclaircir ce qu'il peut y avoir dans le symbole d'équivoque et d'obscur (3). De son côté, le symbole a pour but de donner plus d'énergie à la *formule*.

On connaît encore la belle formule du serment des jurés, décrite dans l'art. 312 du même Code, qui établit en même temps deux formalités symboliques que doivent remplir les jurés. Pendant la lecture de la *formule*, ils doivent être *debout* et *découverts*, alors que le président, qui la prononce, est *assis* et conserve la tête *couverte*. A mesure que chacun d'eux dit : je le jure, il est obligé de *lever la main* (4). Cette *formule,* quoique noble et belle, n'offre rien de symbolique. Qu'on fasse disparaître l'*attitude* et le *geste* symboliques, la *formule* ne sera pas plus symbolique qu'auparavant. Où sera d'ailleurs le progrès,

(1) Art. 317 ; *voy.* aussi les art. 155, 189.
(2) Cet usage est consacré par l'art. 312, dont il va être parlé.
(3) A ce point de vue, une partie de l'assertion de M. Michelet est vraie, lorsqu'il représente le symbole matériel, immobile et muet, souverainement équivoque, s'éclaircissant dans la *formule;* mais il est loin d'en être ainsi lorsque M. Michelet donne à la *formule* le nom de symbole parlé, destiné à remplacer le symbole muet, à le simplifier. *Origines,* Introd., p. cxi. *Voy.* ci-après p. 45, 46, 47.
(4) On verra ailleurs l'origine de ces symboles et leur explication.

quand la *formule* seule aura été conservée? Pourra-t-on dire que le Droit sera devenu plus savant ou plus clair, parce qu'on aura retranché ces deux actes symboliques, qui animent la cérémonie, ces deux images qui en rehaussent la solennité? Ce qu'on devrait regretter, dans ce cas, ce serait un excès de spiritualisation dans le Droit (1).

Le système des *formules* n'est pas la substitution de certaines paroles à des symboles anciens. Il y a toujours eu des *formules* qui ont existé en même temps que les symboles et à côté d'eux. Tel est le point de vue général.

Mais n'y a–t-il pas des *formules* qui sont, par elles-mêmes, de vrais symboles? N'en existe-t-il pas aussi qui, à la suite d'une transformation, ont pris un sens et une valeur symboliques? C'est là le point de vue particulier de la *formule*.

La *formule* n'est souvent qu'une légende chargée d'images, de figures, donnant quelquefois aux bêtes la raison, l'intelligence, et les faisant intervenir dans les actes juridiques, comme on le voit dans cette curieuse et poétique *formule* déjà citée, où plusieurs animaux domestiques sont amenés devant le juge pour déposer avec leur maître sur le meurtre qui a été commis (2). On ne pourrait donner aux *formules* de ce genre la qualification de symboles que par les souvenirs qu'elles éveillent sur les croyances des temps primitifs, et par le rapport qu'elles révèlent avec l'ancien culte des animaux. Ces *formules* peuvent donc, jusqu'à un certain point, prendre place, à ce titre, dans la *Symbolique* judiciaire; car, sous la forme d'une légende, elles sont une sorte d'apologue juridique.

Le symbole se dessine plus nettement dans la *formule*,

---

(1) Cf. ce que je dis ci-après, dans le ch. VII du l. II, sur la spiritualisation du Droit.

(2) *Voy.* ce que j'ai déjà dit à cet égard dans mon *Introduction*, p. 86.

lorsque, s'enveloppant dans l'obscurité et dans l'équivoque des anciens oracles, elle tombe comme la foudre au milieu des hommes épouvantés par ses énigmes trop transparentes. Telle est cette terrible *formule* des Romains, *ignis et aquæ interdictio* (1), et la *formule extra sermonem regis* de nos rois Mérovingiens (2). Les *formules sacer esto*, *diris devotus* des Latins, ces redoutables excommunications, en style d'oracle, présentent le même caractère et sont encore évidemment symboliques (3). Il en est de même de cette curieuse *formule* du moyen âge *wargus sit, wargus habeatur*, appliquée à celui qui, banni et chassé de son pays, pouvait être tué impunément comme un loup, s'il y rentrait sans autorisation (4).

Ubi tu Gajus, ego Gaja, disait solennellement l'épouse romaine, interrogée sur son nom, en entrant dans la maison du mari. Cette *formule*, d'après M. Guerard, réservée originairement au mariage par confarréation, rappelait les droits que la femme tenait de cette forme particulière de mariage (5). C'est comme si elle eût dit : tout sera, désormais, égal et commun entre nous ; là où tu es seigneur et maître, là, moi aussi, je suis maîtresse (6);

---

(1) *Voyez*, sur ce symbole, l'explication indiquée dans le chapitre VIII ci-après v_is *Eau et Feu*.

(2) *Lex salica emend.*, cap. LIX, 1. *Voy.* ci-après, chap. VIII, v° *Bouche*.

(3) *Voy.* sur ces formules le ch. XII ci-après.

(4) Ducange, *Wargi, Warganeus*, VI, 1416, 1417, et *Caput lupinum gerere*, II, 292. — *Voy.* le § précédent, p. 38 et 39.

(5) Guerard, *Essai sur l'histoire du droit privé des Romains*, p. 167.

(6) Rosini *Antiq. rom.*, l. V, ch. XXXVII, p. 465, in-f°, Lutet. Paris., 1613;—Guerard, *loc. cit.*—Mais ce nom de Caja ou Caia aurait été choisi, d'après Valère Maxime, pour rappeler Caia Cæcilia, femme de Tarquin l'Ancien, renommée pour son habileté à apprêter la laine. « Antiquarum mulierum in usu frequenti prænomina fuerunt, Rutilla, etc... ista prænomina a viris tracta sunt, Caia, etc. . Cæterum Caia, ut super omnia celebrata est. Fertur enim Caiam Cæciliam Tarquinii Prisci regis uxorem

ou bien, d'après une explication plus mystique et plus conforme peut-être aux conceptions du génie de l'antiquité, *Gajus* signifiait primitivement le taureau propre au labourage et à la guerre ; *Gaja*, la vache féconde, utile, qui partage ses travaux. *Gaja*, c'était aussi la terre fertile et nourricière ; *Gajus* et *Gaja* représentaient les soins réunis de l'homme et de la femme pour cultiver le sein de la terre (1).

Ces symboles qui s'adressent à l'oreille et non aux yeux, on les appelle des symboles *parlés*, pour les distinguer des autres symboles qui, revêtus de formes matérielles, s'adressent au regard et se nomment symboles matériels ou *muets* (2). Mais les symboles parlés, appartenant à la catégorie des *formules*, ne sont pas venus pour simplifier ni pour éclaircir d'autres symboles. Plus compliqués, plus obscurs souvent que les symboles réels, se rattachant quelquefois aussi aux époques les plus primitives, les *formules* allégoriques de ce genre sont des symboles qui ont une existence propre et qui ne doivent pas leur origine à un symbole antérieur. Vrais symboles autochthones, elles ne procèdent que d'elles-mêmes et excluent l'idée d'une transformation et la supposition d'une métamorphose.

Toutefois, la transformation du symbole matériel ou muet se manifeste quelquefois dans la *formule*. Les locutions de la vie usuelle sont pleines de ces métamorphoses que le Droit romain a connues. Dans la cérémonie du mariage sacerdotal et patricien des Romains, les époux tou-

---

optimam lanificam fuisse : et ideo institutum esse, ut novæ nuptæ ante januam mariti interrogatæ, quænam vocarentur, Caiam esse se dicerent.» Lib. X, *de Pronom.*

(1) Creuzer, *Symbolik*, trad. fr., l. V, ch. v.

(2) Sur cette distinction des symboles en *muets* et *parlés*, voy. ci-après ch. VII.

chaient primitivement le *feu* et *l'eau*, comme symboles de
la communauté qui s'établissait entre eux, comme signes
emblématiques de la communication à la femme de la cité
et du culte du mari, du Droit divin et du Droit humain
qui étaient son apanage (1). Plus tard, ce symbole devient
une simple *formule, ignis et aquæ communicatio*, communication qui s'opère par le fait seul de ce mariage.

Nos lois conservent plus d'un vestige de *formules* symboliques qui furent autrefois des symboles réels et muets.
Dans l'antiquité comme dans le moyen âge, la *main* fut
le symbole de la puissance. Le sergent, qui faisait jadis
une saisie, devait poser la *main* sur la chose. De là, nos
expressions de *main mise, main levée ;* de là, aussi, les
formules des mandements de justice, par lesquelles on ordonne de *tenir la main*, de *prêter main-forte*, expressions
allégoriques, symboles parlés, après avoir été jadis des
symboles muets et avoir joué un rôle matériel dans le domaine de la justice.

Lorsqu'elle prend la place du symbole muet, la *formule*
retient toujours quelque chose de la nature primitive et
du caractère poétique qui est le propre du symbole. Elle
parle par images, elle s'exprime en termes figurés. La *formule* qui n'a pas ce caractère ne peut pas être acceptée
comme la métamorphose d'un ancien symbole. S'il est vrai
toutefois que, pour être la substitution d'un ancien symbole, la *formule* doive avoir un caractère poétique, il ne
s'en suit pas que toute *formule* poétique soit la représentation d'un symbole.

C'est de cette manière que la *formule* remplace le symbole, que la parole se substitue à la chose ou à l'acte, que
l'allégorie matérielle se spiritualise ; et c'est véritablement

---

(1) Cf. Guerard, *Essai sur l'hist. du Droit privé des Romains*, *passim.*
Il y a d'autres explications à donner sur ces symboles. *Voy.* ci-après le
ch. VIII, v^is *Eau et Feu*, et le ch. XV.

ainsi que, peu à peu, par une série de transitions et par des transformations graduelles, le Droit symbolique arrive à la simplicité et enfin à la spiritualisation, à la clarté de la prose.

§ 7. — **De la Fiction de droit** (1).

Les beaux-arts, la morale et les sciences les plus exactes ne vivent que de fictions. La science des quantités et des grandeurs n'a-t-elle pas ses suppositions et ses infiniment petits? L'astronomie et la physique n'ont-elles pas leurs hypothèses ; la morale, ses apologues ; la grammaire, ses tropes ; et la religion elle-même, ses victimes fictives (2)?

Quand on s'élève contre la *fiction de Droit* et qu'on la présente comme indigne du législateur, comme la ressource de la faiblesse ou de l'impuissance, on oublie que ces reproches, s'ils étaient fondés, s'adresseraient à tous les arts, à toutes les sciences, à toutes les législations des peuples civilisés. On méconnaît le but, l'emploi, l'utilité, la nécessité des *fictions de Droit*. On ne songe pas que c'est sur une *fiction* que repose le mécanisme entier de l'administration de la justice, non-seulement le fait matériel de la promulgation de la loi, qu'on suppose arrivée, par le mode de publication employé, à toutes les extrémités d'un grand empire, mais encore la connaissance intellectuelle, intime, de chaque disposition de la loi, que nul n'est censé ignorer.

La réhabilitation des *fictions de Droit* serait déplacée ici. Elle n'est pas nécessaire d'ailleurs pour les hommes sérieux, réfléchis, qui ne confondent pas avec l'institution l'abus qu'en ont fait les Romains et que les Anglais

(1) Voyez ce que j'ai déjà dit sur les *fictions de Droit* dans l'*Introduction*, p. 114.

(2) « Diis gratæ fuêre fictitiæ victimæ, » a dit Hauteserre, *de Fictionibus juris*. — *Voy.* Duval, *le Droit dans les Maximes*.

en font encore ; et c'est cependant, par cet abus même, que la jurisprudence prétorienne a conduit le Droit romain à sa perfection. Le mensonge du préteur a contribué à donner au Droit la vérité pour base.

Le Droit a toujours aimé les *fictions*. Il s'y plaît, elles sont sa vie. Dans son enfance, le Droit joue avec les emblèmes, qui sont des *fictions* matérielles. Lorsque, en grandissant, son esprit se dégage des entraves matérielles qui soutiennent ses premiers pas, il a des *fictions* d'un autre genre, *fictions* intellectuelles, qui sont en harmonie avec l'état de spiritualisation auquel il est alors arrivé et qui font partie de cette poésie intime que le Droit porte essentiellement en lui.

Les *fictions de Droit* des législations avancées, les *fictions* vraiment dignes de cette qualification, ne sont pas de grossiers mensonges. On peut dire d'elles ce qui a été dit des *fictions* de la poésie, qu'elles sont vraies en cela qu'elles ont leur fondement dans les plus nobles facultés de l'homme. Elles sont vraies surtout, en ce qu'elles sont une image de la vérité, un emblème de ce qui fut ou de ce qui doit être (1).

C'est par le fond et non par la forme que la *fiction de Droit*, comme image de la vérité, prend les caractères du

(1) On n'est pas assez juste envers les *fictions* de la poésie, en les représentant comme un délassement sans importance, comme une pure frivolité de l'esprit, qui ne communique à la poésie que faiblesse et langueur. (Cf. Decorde, *des Facultés humaines*, t. II, p. 291, 272 et 814). Lorsqu'on conteste que la poésie vive de *fictions*, et quand on dit que sa vie est essentiellement dans la vérité du sentiment et de la pensée, on ne fait pas attention que la *fiction* poétique est presque toujours la vérité même, vérité que la poésie exprime et qu'elle veut faire pénétrer dans les esprits par les ressorts merveilleux qu'elle met en mouvement. La morale, parce qu'elle emprunte la forme de l'apologue, en est-elle moins la morale et la vérité? Comme adaptée à la nature de l homme qui aime les images, la *fiction* n'est-elle pas encore l'expression vraie de la manière de sentir propre à l'humanité? Et n'est-ce pas un grand philosophe, n'est-ce point

symbole. A ce titre elle occupe, dans la *Symbolique* du Droit, une place toute spéciale, au milieu des symboles *parlés*, avec lesquels elle a des points de contact, mais qu'il ne faut pas confondre ensemble (1).

Le symbole *parlé* n'est souvent que la transformation d'un ancien symbole *réel*. La fiction de Droit est un emblème *sui generis*. Le symbole *parlé* n'existe qu'autant que l'expression qui le constitue est allégorique. L'allégorie et l'équivoque n'entrent pour rien dans la forme, ni dans l'essence, dont se compose la *fiction de Droit*, toujours claire dans son expression. Car la *fiction de Droit* n'a pas pour mission de dire une chose et d'en signifier une autre. Mais la clarté et la simplicité, dans la *fiction de Droit*, s'allient très-bien avec la poésie de l'expression. On peut citer à ce titre la règle *Le mort saisit le vif*, que notre ancien Droit coutumier et notre Droit moderne possèdent en commun avec le Droit germanique, où elle se rencontre dans les mêmes termes, avec le même sens et avec le même vêtement poétique. La *fiction de Droit* intervient entre deux faits pour les lier ensemble, en proclamant ce qui doit être et en donnant à une supposition l'autorité et la force de la vérité. C'est ainsi qu'elle devient emblématique, parce qu'elle est chargée de représenter le vrai, plutôt qu'elle ne le manifeste en réalité. La règle qui décide que la chose jugée est une vérité, celle qui veut que les lois soient connues de tous après leur promulgation officielle, le principe d'après lequel nul n'est censé ignorer la loi, sont des *fictions* de ce qui doit être, bien plutôt que l'expression de ce qui est.

Bacon lui-même qui a dit que la Mythologie, ce tissu de merveilles et de *fictions*, fut la sagesse de l'antiquité?

(1) La *fiction de Droit* appartient cependant au genre des symboles *parlés*, parce qu'elle se manifeste par le son et non par la matière, parce qu'elle s'adresse à l'oreille et non aux yeux.—Cf. le ch. VII ci-après.

Entre la vérité juridique établie par la *fiction* et la vérité réelle, entre la vérité du Droit et celle du Fait, il y a cette ressemblance que chacune, dans sa sphère, produit les mêmes effets ; mais il existe entre ces deux ordres de vérité une différence remarquable, essentielle. La vérité effective, la vérité vraie, pour être reconnue, a besoin de s'entourer de preuves et de s'appuyer sur l'attestation des écrits ou sur le témoignage des hommes, ce qui lui donne une puissance incertaine et rend sa condition précaire en la soumettant à l'empire de toutes les vicissitudes humaines ; la vérité fictive, subsistant par la seule autorité de la loi, tire de son existence même et sa preuve et sa force, ce qui lui imprime un caractère de certitude, qui lui donne, auprès de la justice, une efficacité et une vigueur, dont la vérité réelle est souvent privée (1).

La vérité réelle, une fois reconnue, autorise l'application de toutes les conséquences qui en résultent ; son empire s'étend à toutes les circonstances du même genre qui rentrent dans le domaine de l'analogie. La vérité fictive ne s'applique qu'à l'hypothèse pour laquelle elle fut créée. Elle ne s'étend point d'un cas à un autre.

CHAPITRE IV.

DIVISION GÉNÉRALE DES SYMBOLES JURIDIQUES.

Les Symboles juridiques se produisent sous quatre points de vue différents :

On peut les considérer :

1° D'après leur origine ;

(1) Louet, *Notæ ad Molinæi comment. in regulas cancellariæ apost.*, *de publicandis resignationibus*, n. 155, p. 421.

2° D'après leur rapport avec l'idée ou la chose qu'ils représentent ;

3° D'après leur nature ;

4° D'après leur forme.

L'étude de ces quatre points de vue peut seule initier à l'appréciation générale et particulière de la *Symbolique du Droit*, en tant que science didactique. Chacun de ces quatre points de vue réclame donc un examen spécial (1).

CHAPITRE V.

CLASSIFICATION PARTICULIÈRE DES SYMBOLES JURIDIQUES D'APRÈS LEUR ORIGINE.

Les Symboles juridiques ont quelquefois un caractère de généralité qui les fait adopter et reconnaître par tous les peuples. A ce titre, ils appartiennent au monde entier, parce qu'ils sont en sympathie avec la manière générale de voir et de sentir, qui est propre au genre humain. D'autres fois, leur individualité, restreinte à l'individualité d'une nation, se confond exclusivement avec les mœurs spéciales d'un peuple, avec les usages particuliers adoptés dans un pays. Dans ce cas, le symbole a un caractère exclusif, local et national. De là, deux genres de symboles, les symboles *humains* et les symboles *nationaux*, dont chaque genre admet quelques modifications, et est susceptible de revêtir certaines nuances qui atténuent son caractère de généralité, ou qui étendent sa physionomie particulière.

---

(1) On trouvera à la fin du volume un tableau synoptique de la classification des symboles, qui comprend l'idée de ce chapitre et des développements contenus dans les quatre chapitres qui suivent. *Voy.* la note M à la fin du volume.

Ces deux natures du symbole donnent lieu à des con-
sidérations philosophiques pleines d'intérêt, déplacées
dans une nomenclature toute didactique. Ces considéra-
tions seront exposées ultérieurement à l'occasion de la
nationalité des symboles juridiques (1).

CHAPITRE VI.

CLASSIFICATION PARTICULIÈRE DES SYMBOLES JURIDIQUES D'APRÈS L'OBJET REPRÉSENTÉ.

Les Symboles juridiques ont pour but de représenter,
aux yeux ou à l'intelligence, la figure d'une *chose* déterminée (physique, abstraite ou morale), d'une *personne*,
d'une *action* ou d'une simple *solennité*. Dans ce système,
les symboles peuvent être appréciés sous quatre aspects
différents, à savoir :

Dans leur rapport,

1° avec la chose,
2° avec la personne,
3° avec l'action,
4° avec la solennité

représentées.

§ 1er. — Représentation d'une chose (2).

La partie sert à figurer le tout, *pars pro toto*. La *glèbe*
représente le champ tout entier (3); une *latte*, les *clefs* tiennent lieu d'une maison ; un *sarment* figure un vignoble.

(1) *Voy.* le ch. III du livre II.
(2) Reyscher, *Symb.*, p. 29 à 36.
(3) « Si de fundo controversia erat, pars aliqua inde sumebatur et in
jus adferebatur, et in eam partem perindè atque in totam rem præsentem
fiebat vindicatio : velut ex fundo *gleba* sumebatur. » (Gaius, *Institut.*,
IV, 17).

Là, le symbole est transparent. Mais ici c'est un *brin d'herbe*, une *branche d'arbre* qui représente le champ vendu ou la forêt aliénée. Le sens est déjà plus obscur. Il s'éclipse entièrement, lorsqu'un simple *fétu de paille* a pour objet de représenter un champ, un pré, une maison, un duché, un empire. Chez les Romains, un troupeau était figuré par une *brebis* ou par une *chèvre*, ou même par le *poil* de l'un de ces animaux; un vaisseau l'était par une partie de sa *membrure* (1); une maison par un fragment du *toit* qui la couvrait (2). Ici, le rapport de l'objet symbolique est encore direct et conforme à la nature de chaque chose. Ces exemples suffisent pour apprécier cette première catégorie.

§ 2. — Représentation d'une personne (3).

Le Symbole, quelquefois, a pour but de représenter, non plus une chose absente, mais une personne désignée, considérée dès lors comme actuellement présente. Dans cette hypothèse, un *portrait*, une pièce d'*habillement*, une *arme*, sert à figurer l'absent. C'est, en effet, une règle de convention, suivie encore de nos jours, de regarder un *chapeau*, un *gant*, un *mouchoir*, comme représentant la personne à laquelle ils appartiennent. Ces objets tiennent lieu de l'individu qui est absent. Ils légitiment sa prétention à cette place; ils équivalent, de sa part, à une véritable prise de possession (4).

---

(1) « Ex grege vel una *ovis* aut *capra* in jus adducebatur, vel etiam *pilus* inde sumebatur et in jus adferebatur; ex nave vero et columna aliqua pars defringebatur. » (Gaius, *Inst.*, IV, 17).

(2) « Ex aedibus, *tegula*. » (*Ibid.*).

(3) *Voy.* Reyscher, *Symb.*, p. 36 *in fine* à 40.

(4) « Couvrir une chose, dit J. Grimm, équivaut à la prise de possession, comme dans le mariage; comme on le voit aussi dans l'usage exis-

Ce symbole fut jadis fréquemment usité dans la pratique judiciaire.

Le *chapeau* de Gessler, placé sur l'extrémité d'un poteau, ce *chapeau* qu'on ne devait pas adorer, comme le dit M. Victor Hugo (1), mais qui devait recevoir les mêmes marques de respect que la personne même de l'empereur, n'avait rien que de conforme aux règles de la *Symbolique* du Droit. L'époque si emblématique, où cette scène se passa, avait une aptitude particulière pour l'appréciation d'un pareil symbole. Le *chapeau* de Gessler, en effet, figurait Gessler lui-même, qui était le lieutenant et le représentant de l'empereur.

L'usage, si généralement suivi autrefois, d'exécuter la sentence sur l'*effigie* réelle, sur le *mannequin* des criminels en état de contumace, appartient aussi à cette catégorie.

§ 3. — Représentation d'un acte (2).

Le Symbole exprime souvent un acte quelconque pris en lui-même. Il sert principalement à rendre visible la volonté des contractants, ou à manifester ostensiblement le caractère de l'acte. L'usage des *armes*, dans les rites symboliques, a souvent, pour but, de montrer qu'on est résolu à combattre et à tirer vengeance d'une offense reçue, d'un préjudice souffert. C'est avec cette pensée que le *Pater patratus* des Romains lançait un *javelot* sur le territoire ennemi, en signe de déclaration de guerre. On retrouve la même pensée dans l'usage observé à Athènes par les parents d'une personne homicidée, lequel consistait à planter une *lance* sur son tombeau, afin de témoi-

---

tant encore aujourd'hui de couvrir une place avec un *mouchoir*. » (*Von der Poesie im Recht*, § 10).

(1) *Le Rhin*, II, 384.

(2) *Voy.* Reyscher, *Symb.*, p. 41 à 45.

gner, par là, qu'ils se proposaient de poursuivre, en justice, l'auteur de ce meurtre (1).

§ 4. — Représentation d'une cérémonie ou solennité.

Dans cette hypothèse, le Symbole est employé, soit pour
confirmer, par un acte solennel, une affaire déjà conve-
nue ou arrêtée, soit pour élever un souvenir encore
récent à la vertu d'un rapport juridique permanent.

Dans le premier cas, on peut citer, pour exemple, la
coutume si générale du *coup de vin* solennel (2) ou d'un
repas spécial qui a lieu à la suite d'une affaire.

Comme exemple des solennités destinées à servir de
marques symboliques pour perpétuer le souvenir d'un
fait, on cite l'*aurium tractio* des Romains et des Germains,
ainsi que diverses pratiques analogues qui ont encore lieu
de nos jours, en Allemagne, dans les plantations de bornes, pour les délimitations de propriétés contiguës, et en
d'autres occasions semblables.

Toutes les diverses espèces de formes symboliques connues, doivent, d'après M. Reyscher, se classer nécessairement sous l'une de ces quatre grandes divisions, selon que
le symbole s'applique aux *choses*, aux *personnes*, aux *actes*, aux *solennités* (3).

---

(1) Meursius, *Themis attica*, I, 19, dans le t. V, p. 1964 du *Thesaur.
græc. antiq.* de Gronovius.

(2) *Weintrunk, weinkauf*, en Allemagne; *vin de marché*, en France,
d'où, plus tard, notre *pot de vin.* — Cf. Reyscher, *loc. cit.* — *Voy.* ci-après
ch. VIII, sect. 1, art. 1 et 3, et le ch. XIII.

(3) *Voy.*, à la fin du volume, la note M, contenant le tableau synoptique de la classification générale de la *Symbolique* du Droit.—Pour l'appréciation de la classification de M. Reyscher, *voy.* le ch. VIII ci-après.

CHAPITRE VII.

La *Symbolique* générale comprend plusieurs genres
d'allégories et de symboles au nombre desquels il faut
compter les symboles *muets* et *parlés*, les symboles *simples* et *composés* (1). Ces quatre genres existent dans la
Symbolique du Droit. En y ajoutant les symboles *purs* et
les symboles *mixtes*, qui se trouvent exclusivement dans la
Symbolique judiciaire, on connaîtra tous les genres qui
peuvent entrer dans cette dernière *Symbolique*. Les Symboles juridiques se divisent donc d'après leur nature en
six genres différents.

Je ne comprends, comme genres distincts, ni la *formule*, ni la *fiction de Droit*. Ces modes de manifestation, en tant que représentations juridiques, rentrent
entièrement dans le Symbole, comme on a pu le voir par
tout ce qui a été dit jusqu'à présent (2). Ils se classent dès
lors dans l'un ou dans l'autre des six genres, dont il s'agit.

Il en est de même des *peines symboliques*, qui, relativement à la nature du symbole, ne sont autre chose que
des symboles ordinaires, qui s'adaptent aux variétés gé-
nériques fournies par les symboles judiciaires.

Il me reste maintenant à caractériser chacun des six
genres qui viennent d'être énoncés.

(1) Cf. Creuzer, *Symbolik*, trad. fr., Introd., ch. III.
(2) Pour la *formule*, *voy.* le ch. III, § 6, et pour la *fiction de Droit*,
voy. le § 7 du même chapitre.

§ 1er. — **Symboles purs et symboles mixtes.**

En première ligne, comme dominant tous les autres symboles juridiques, comme se retrouvant dans tous les genres et constituant presque à eux seuls la grande division de la *Symbolique* du Droit, on rencontre le symbole *pur* et le symbole *mixte*, le premier avec un caractère exclusivement civil et juridique, le second à la fois religieux et judiciaire.

L'affranchissement germain par la quatrième ou la septième main et le mariage romain ou germain par coemption sont des symboles *purs*, dont le caractère est exclusivement juridique. Le *panis farreus* et la communication de l'*eau* et du *feu* du mariage romain par confarréation portent, au contraire, un caractère double, à la fois juridique et religieux. A ce titre, ces derniers symboles s'appellent, avec raison, des symboles *mixtes*.

Il ne faut pas confondre ces deux genres de symboles avec les symboles *simples*, ni avec les symboles *composés*, dont il sera bientôt parlé. Le symbole *pur* est quelquefois un symbole *composé*. Le symbole *mixte*, comme, par exemple, la formule *sacer esto* de la loi des Douze–Tables, appartient souvent à la classe des symboles *simples*.

On ne doit pas les confondre non plus avec les symboles *en action* dans lesquels ils se rencontrent souvent et dont l'explication aura lieu dans le chapitre suivant.

Ces deux genres, les symboles *purs* et *mixtes*, forment, comme je l'ai dit, l'essence de la *Symbolique* judiciaire. On les trouvera dès lors toujours nécessairement alliés à tous les systèmes de classification artificielle que la science pourra imaginer ; car la distinction est fondée, à leur égard, sur la nature propre de ces symboles, plutôt que sur des circonstances accidentelles ou arbitraires.

§ 2. — Symboles muets et symboles parlés.

On nomme symboles *parlés* ceux qui emploient le son ou la voix, comme moyen de manifestation (1). Tels étaient, entre autres, dans l'antiquité, et tels sont dans la *Symbolique* religieuse, les réponses des oracles, les fameux symboles des Pythagoriciens, l'apologue, la parabole, dont l'explication a déjà été donnée précédemment (2). Tels sont, entre un grand nombre d'autres, dans la *Symbolique* du Droit, le *mythe*, la *fiction de Droit*, et la *formule*, qui ont fait l'objet d'une explication particulière.

Les symboles *muets* sont ceux qui, au lieu d'employer le son ou la voix pour se manifester au dehors, se servent d'autres organes (3).

Les premiers s'adressent à l'oreille ; les seconds s'adressent aux yeux.

Le symbole primitif, le symbole proprement dit, consistant dans un signe perceptible par l'esprit et par les yeux, dans une image sensible et matérielle, c'est le symbole *muet*, autrement dit symbole *matériel* ou *réel*. Ce genre se comprend assez de lui-même, sans qu'il soit besoin de citer ici des exemples.

Le symbole *parlé* est ordinairement une expression prise dans un sens métaphorique. Certaines formules juridiques, comme l'*interdiction de l'eau et du feu* chez les Romains, sont des symboles parlés (4). Lorsque la loi hindoue dit qu'un homme ne doit pas battre, fût-ce

---

(1) Φωνητικά, Symboles phoniques. — Cf. Creuzer, *Symbolik*, trad. franç., Introd., ch. III.

(2) *Voy.* ci-devant ch. II, p. 17, 18, 19, et *passim*.

(3) Ἄφωνα παράσημα, Signes aphoniques. — Cf. Creuzer, *Symbolik*, trad. fr., Introd., ch. III.

(4) *Voy.* ce qui est dit sur cette *formule* dans le ch. VIII, sect. 1, art. 1, vᶦˢ *Eau et Feu*.

avec une fleur, une femme coupable même de cent fautes, c'est presque une allégorie *parlée* que cette loi consacre.

Cujas admet implicitement cet ordre de symboles dans le Droit. Seulement il refuse tout caractère symbolique aux paroles sacramentelles qui intervenaient dans les stipulations du Droit romain (1).

En fait de symboles *parlés,* il est un principe essentiel proclamé par ce grand jurisconsulte, à savoir : que des paroles ne peuvent être admises, comme formant un symbole, qu'autant qu'elles présentent un sens allégorique. C'est parce que les formules des stipulations du droit romain n'ont rien d'allégorique qu'on ne doit pas leur attribuer la qualification de symboles (2).

Un grand nombre de symboles *parlés,* usités en jurisprudence, n'ont jamais eu qu'une existence métaphorique, sans avoir été doués, dans aucun temps, de la vie réelle, apanage du symbole *muet.* Ce sont là les vrais symboles *parlés.*

Il en est d'autres qui ne sont que la transformation d'un ancien symbole *muet,* devenu par le cours des siècles un symbole *parlé.* L'expression *serment bâtonné,* employée en Allemagne, est une locution symbolique qui rappelle l'ancien usage de prêter serment sur le *bâton* de justice (3). L'action symbolique s'est changée en symbole *parlé* (4). Ces métamorphoses n'ont pas le caractère de symboles *parlés* au même degré que les symboles du même genre qui ne se rattachent à aucun symbole maté-

---

(1) *De verb. obligat.* J'ai déjà cité ce texte. *Voy.* ci-devant page 41.

(2) *Ibid.*

(3) *Gestabter Eid,* serment bâtonné ; *Eidstab,* bâton du serment. — Cf. Reyscher, *Symb. des germ. Rechts,* p. 25.

(4) J'ai déjà cité d'autres exemples de ce genre à la page 46. On en verra de nombreux encore dans le cours de cet ouvrage.

riel. Ceux-là sont des symboles *parlés* par eux-mêmes, et non par altération , comme les autres.

Quelle que soit au reste la nuance qui distingue ces deux variétés du symbole phonique, elles n'en sont pas moins l'une et l'autre des symboles *parlés*.

Les symboles *muets* ou *parlés* se divisent en deux autres groupes, les symboles *simples* et les symboles *composés*.

§ 3. — Symboles simples et symboles composés.

Les symboles *simples* peuvent être tels tout à la fois dans la forme et dans le fond, ou sous le seul rapport de la forme, ou sous celui du fond seulement (1).

Le symbole porte le caractère de *simplicité* en même temps dans la forme et dans le fond, lorsque, à l'aide d'une seule forme, il représente une seule chose, par exemple, la *motte de terre* pour figurer le champ vendu, le *sceptre* pour représenter l'autorité royale, le *bonnet* pour exprimer la liberté, et, dans un ordre de choses étranger au Droit, dans la *Symbolique* de l'Art, les *guêpes* du tombeau d'Archiloque qui exprimaient le trait acéré de l'iambe (2).

Un symbole *simple* en lui-même, dans sa forme extérieure, peut avoir au fond des sens très-divers, mais uniques dans l'application relative du symbole. L'*épée* représente tantôt le commandement militaire et tantôt la justice criminelle. Le *rameau* figure quelquefois le fonds de terre même, et d'autres fois seulement la superficie du sol. Dans la *Symbolique* religieuse, le *papillon* est en même temps l'idée de l'âme, l'image du sommeil et l'emblème de la mort.

(1) Cf. Creuzer, *Symbolik*, trad. franç., Introd., ch. III.

(2)   « Archilochum proprio rabies armavit iambo. »

(Hor., *de Arte poet.*, v. 79.)

Souvent le symbole, *simple* dans la forme, exprime une chose ou une idée complexe, tout en étant revêtu d'une forme unique. Lorsque Guillaume le Conquérant, pour consacrer l'aliénation d'une terre donnée à l'abbé de la sainte Trinité du Mont de Rouen, prend un *couteau*, investit le donataire, en faisant semblant de percer la main de ce dernier avec ce *couteau*, et lui dit : C'est ainsi que doit être à toi la terre que je te donne (1), ce symbole du *couteau*, simple dans sa forme et dans son action, présente un sens composé de plusieurs éléments. Il exprime l'idée de la concession de la terre et l'idée du droit attaché au propriétaire, non-seulement la possession matérielle, mais encore la jouissance, non la jouissance du simple usufruitier, mais celle du propriétaire, qui a la faculté d'user et d'abuser, de conserver et de détruire, comme l'exprime l'action du *couteau* qui vient de menacer de destruction la main même du donataire.

Le symbole *simple* dans le fond seulement est celui qui n'exprime qu'un sens unique, quoique la forme de l'emblème comprenne plusieurs variétés de symboles, comme la vente par le *rameau* et par le *bâton*, qui, malgré ces deux emblèmes, n'a qu'un seul sens, celui de la vente.

Ce dernier symbole se confond avec les symboles *composés*.

Dans la *Symbolique* religieuse et dans celle de l'Art, les symboles *composés* sont de plusieurs sortes. La *Symbolique* du Droit est beaucoup moins riche.

Le symbole se lie quelquefois à un autre symbole, et ces deux figures se rapprochent en un seul corps. Cette fusion de deux symboles en un seul, pour former une même image et pour représenter une même chose, consti-

(1) *Voy.* la charte 67 dans la *Collection des cartul. de France*, t. III, p. 410, introduction au cartulaire de l'abbaye de la sainte Trinité du Mont de Rouen.

tue un symbole *composé* qu'on trouve dans les religions de l'Inde et de la Grèce, ainsi que dans le domaine de l'art. Il faut mettre dans ce genre le *Lingam* primitif ou l'*Yoni-Lingam* de la théogonie hindoue, dans lequel on voit rapprochés les deux organes de la génération propres à chaque sexe, dont l'un, symbole de Maya, la mère et la matrice des êtres, la première vierge et la première femme, et l'autre, symbole de son mystérieux époux, le type de l'homme, unis tous les deux ensemble, représentent, dans leur dualité première et par leur union mystique, le principe de l'unité dans le premier-né des mondes, Brahmâ, le premier mâle et le premier hermaphrodite (1). On doit encore comprendre dans ce genre ces figures que l'art hellénique nous a transmises et qu'on voyait principalement dans les gymnases sous le nom d'*herméraklès* (Hermès-Hercule), figures « qui exprimaient sou-« vent, dit Creuzer (2), l'association de la suprême force « avec le suprême génie d'invention ; probablement aussi « une partie des nombreux *hermaphrodites* (3) que nous

(1) Dupuis, t, I, l. II, ch. ii, p. 127 ;—Creuzer, *Symbolik*, trad. franç., l. I, ch. ii. — Sur le Symbole du phallus ou lingam, qui se rapporte évidemment au culte primitif de la nature physique, Cf. Dupuis, *loc. cit.*, p. 127, 128 et suiv. ; — Guigniaut, *Religions de l'antiquité*, t. I, 1re part., p. 149, note 1.

(2) *Symbolik*, trad. fr., Introd., ch. iii.

(3) *Hermès-Aphrodite*, union d'Hermès ou Mercure avec Vénus, d'où résulte l'être à double nature, *hermaphrodite*, symbole analogue à celui du Phallus, dérivé sans doute des religions pélasgiques, qui étaient un culte de la nature. Ce symbole cessa d'être compris par l'antiquité, surtout par le peuple. Les poètes s'en emparèrent pour l'expliquer à leur manière, témoin l'élégante légende d'Ovide dans ses *Métamorphoses* sur les amours de la nymphe Salmacis et d'Hermaphrodite (IV, n. i, vers 285 et suiv.). Bannier ne me semble pas s'être assez pénétré du sens de ce symbole (*Voy.* t. VIII, p. 22).— Il faut mettre, dans cette classe de représentations symboliques, mais dont le sens n'a ni l'origine, ni surtout la profondeur des *hermaphrodites*, indépendamment des *herméraklès*, dont j'ai parlé ci-dessus, les figures connues sous le nom d'*hermathène*, d'*herméros*, etc., qui se voyaient dans les gymnases auxquels présidaient Hermès, Minerve

« ont laissés les anciens. Les modernes n'y ont guère
« réussi. On connaît l'erreur d'Annibal Carrache qui,
« en rapprochant Pan et Cupidon, crut avoir représenté
« allégoriquement l'empire universel de l'amour » (1).

Voilà des exemples de symboles *composés*, empruntés
au domaine de la Religion et de l'Art.

La *Symbolique* du Droit peut, jusqu'à un certain point,
revendiquer les deux premiers symboles, l'*Yoni-Lingam*
et l'*Hermaphrodite*, comme se rapportant à l'idée du mariage qu'ils expriment. Car il est certain que, chez les anciens, notamment chez les Grecs, la conception de l'*Hermaphrodite* était un emblème du mariage (2). Mais, à cela
près, la *Symbolique* du Droit, en fait de symbole où se
rencontre une fusion de deux symboles en un seul pour
figurer une même chose, est obligée de demander un
exemple à l'art héraldique, lié, comme on l'a déjà fait observer, à la *Symbolique* judiciaire. L'*aigle à deux têtes* de
l'empire germanique est, en effet, un emblème *composé*
de deux emblèmes unis ensemble, dont les deux têtes, regardant à la fois l'orient et l'occident, représentent les
deux empires, l'empire latin et l'empire grec, qui ne forment qu'un seul corps (3). En dehors du *blason*, je ne

(*Athéné*) et l'Amour (*Eros*).—Cf. Creuzer, *Symb.*, trad. fr., l. V, ch. II, et
l. VI. ch. VI.

(1) L'ancienne Egypte possédait des symboles de ce genre dans les
éperviers à tête d'homme ou de femme, qui représentaient l'âme, dans
les têtes d'animaux à corps d'homme ou de femme, dans les déesses à
tête de lion, qui avaient un sens symbolique et qu'on trouve sur les monuments égyptiens et sur les papyrus des tombeaux. — Cf. Guigniaut, *Relig.
de l'ant.*, t. I, 2ᵉ part., p. 954.

(2) Creuzer, *Symbolik*, trad. fr., t. II, 1ʳᵉ part., p. 298.

(3) *L'aigle à deux têtes* paraît avoir été un symbole des empereurs grecs
imaginé par Constantin pour indiquer la division de l'empire. On le trouve
sur une médaille de l'empereur Lascaris, mort en 1222. Ce symbole a été
ensuite adopté par les empereurs d'Occident, et on a voulu y voir l'emblème de l'Empire germanique et de l'Empire romain réunis en un seul

connais aucun symbole juridique semblable à ces symboles *composés*, fournis à la *Symbolique* du Droit par la
Symbolique religieuse et par celle de l'Art.

D'autres fois un signe symbolique complet est joint,
mais sans fusion, à un autre signe symbolique également
complet pour exprimer deux ou plusieurs sens dans un
seul et même acte. On en a vu un exemple dans le symbole, *simple* par le fond seulement, mais avec des formes
variées, qui n'exprime en réalité qu'un seul acte. Telle
est, entre autres, la vente par le *rameau* et par le *bâton*,
qui sont deux symboles distincts ayant chacun un sens
complet, le *rameau* figurant le champ vendu, le *bâton*
représentant le droit de propriété, le *dominium*. Le
groupe symbolique est souvent plus nombreux. Il est
quelquefois de trois et même de quatre symboles différents pour exprimer un seul acte dans plusieurs sens.

La dernière variété des symboles *composés*, connus dans
le Droit, est celle où le symbole a besoin pour sa création
de plusieurs objets, dont la réunion seule forme le symbole.
Tels sont le *charbon*, la *tuile*, auxquels on joint quelquefois des *morceaux de verre,* qu'on place, même de nos
jours, sous les pierres qui servent de bornes, symboles du
foyer domestique, de l'habitation personnelle, la plus durable empreinte que l'homme puisse imposer à la terre.
Telle est encore la *manumission* romaine, où le symbole se
constitue par l'association d'une *balance*, d'un *morceau
de métal* ou d'une pièce de *monnaie,* mis en action par le
libripens et les témoins, personnages nécessaires pour
donner à l'opération la plénitude de sa valeur et de ses
effets symboliques. C'est dans la réunion de tous ces éléments que réside la pensée symbolique de cette action.

---

corps par Otton le Grand. — *Voy.* Hommel, *Jurisp. numismatibus illustrata*, p. 135 et suiv.

Mais les symboles *composés* qui appartiennent à cette dernière espèce se confondent avec les symboles *en action*, autre genre qui tire son nom exclusivement de la forme, sans que la nature du symbole entre pour quelque chose dans sa dénomination (1).

CHAPITRE VIII.

CLASSIFICATION PARTICULIÈRE DES SYMBOLES JURIDIQUES D'APRÈS LEUR FORME.

Je voudrais dresser la carte topographique des symboles judiciaires, afin de mettre un terme, si c'est possible, à la confusion des langues symboliques. Les genres des symboles d'après leur *origine*, leur *nature* et leur *forme*, l'*idée* enfermée dans le symbole, son *rapport* avec la chose représentée sont tout autant de cadres qui peuvent chacun se prêter à une classification. Mais quel que soit le système qu'on adopte, il sera toujours rigoureusement incomplet.

Le plus simple et le plus aisément intelligible de tous ces systèmes serait sans doute celui qui reposerait sur l'*idée* dans ses *rapports* avec la *forme*, si l'*idée* saisissait constamment l'esprit et si le *rapport* était toujours évident. Mais il est loin d'en être ainsi.

La *forme* extérieure, la *matière*, dont les symboles se composent, donnent une base plus simple, parce que la *forme* ou la *matière*, comme objets physiques, parlent aux yeux et non à l'esprit et saisissent l'intelligence par les sens. Mais ce système, où les symboles se trouvent classés en deux grandes divisions, en *symboles naturels*, qui prennent leur *forme* ou leur *matière* dans les éléments

(1) Sur les symboles *en action*, voy. le chapitre suivant. *Voy.* aussi à la fin du volume la note M, contenant le tableau de la classification générale des symboles juridiques.

physiques de la nature, et en *symboles artificiels*, parce que leur *forme* est la création plus spéciale de l'art humain, ce système, si séduisant par sa lucidité et sa simplicité, laisse exister deux lacunes. Ces lacunes ne peuvent être remplies qu'au moyen d'une combinaison entre la *forme* et le *rapport* ou l'*idée*. Il résulte de là, pour cette classification, une base pour ainsi dire double, tirée 1° de la *forme* ou de la *matière*, abstraction faite de l'*idée* ou du *rapport* ; 2° du *rapport* ou de l'*idée* suffisamment indiqués ou complétement refusés par la *forme*. La seconde partie de la base de ce système ne comprend que des symboles *artificiels* et se compose : 1° des symboles, dont la *forme* présente un rapport évident avec la chose qu'ils représentent ; 2° des symboles dont la *forme*, sans caractère palpable ou sans signification évidente par elle-même, ne repose sur aucune idée rationnelle ou suffisamment connue. Dans tout système, les symboles de cette dernière espèce échapperont toujours à une classification régulière et formeront nécessairement une catégorie spéciale. Ainsi, comme on le voit, la base de ce système, quoique complexe et double en apparence, repose toujours en réalité sur un point unique, la *forme*.

J'ai déjà fait connaître la division des symboles soit d'après leur *origine*, soit d'après leur *nature*, soit d'après leurs *rapports*. Il me reste à esquisser actuellement le système de classification que je viens d'indiquer, système qui embrasse tous les symboles juridiques et qui est entièrement neuf.

Cette classification, comme je l'ai dit, donne deux principales divisions, savoir :

1° Les symboles naturels ;

2° Les symboles artificiels.

Chacune de ces divisions principales a ses subdivisions qui vont être indiquées et qui seront expliquées dans l'ordre de la classification générale.

SECTION I.

SYMBOLES NATURELS.

La *terre* (1), l'élément sacré par excellence chez les anciens, l'*eau*, le *feu*, ces autres grands éléments de la nature inorganique qui furent primitivement l'objet d'un culte général, forment la matière première du symbole. Si ces éléments inorganiques ne suffisent pas, l'homme appelle les *animaux* qui volent dans les airs, ceux qui marchent sur la terre ou qui nagent au sein des eaux. Il choisit de préférence les *animaux* qui ont leur place au foyer domestique, qui partagent avec lui le pain de la famille, qui sont les compagnons de sa vie, *compani* (2).

C'est avec ces matériaux naturels que se constituent primitivement les symboles juridiques.

Là ne se borne pas la matière du symbole. Pour l'ennoblir, l'*homme* y met sa propre substance.

L'*homme*, symbole de la Divinité (3), ne se contente pas de produire, à l'imitation de Dieu, des symboles, d'y faire intervenir les *éléments* qui vivifient le globe, les *animaux* qui le peuplent. Afin d'attester mieux sa prédilection en faveur de ce mode de manifestation juridique, pour le relever et le glorifier à ses yeux, l'*homme* veut s'identifier avec le symbole, y placer sa propre *personne*. Il lui consacre ce qu'il y a de plus précieux dans la vitalité humaine. Il y verse le plus pur de son *sang*, il lui donne son *cœur*.

Tels sont les rudiments généraux de la première divi--

---

(1) Les mots en *italique* désignent des formes symboliques.

(2) Voyez ci-après, p. 70 et la note 2.

(3) J'ai déjà fait remarquer (ch. II, p. 14) que l'art hellénique ne s'est jamais élevé aussi haut que lorsqu'il a fait de la figure de l'homme le symbole vivant de la Divinité. — Cf. Michelet, *Origines*, Introduction, p. 65.

sion des symboles juridiques. La nature inorganique ou vivante en fait les frais. De là, le nom de *symboles naturels*, qui indique la matière dont ils sont composés.

Cette première division se partage en trois grandes subdivisions, parfaitement distinctes entre elles, qui comprennent : la nature inorganique, la nature vivante, la nature vivante et pensante.

La *terre*, l'*eau*, le *feu* forment la première subdivision de ces symboles, auxquels je donne le nom soit de *symboles naturels inorganiques*, soit de *symboles cosmogoniques*.

Les *bêtes* composent la seconde subdivision : *symboles naturels vivants*.

La nature qui vit et qui pense, l'*homme*, forme la troisième : *symbole naturel vivant et pensant*. Les symboles de cette dernière division prennent quelquefois le nom de *symboles personnels* (1), qualification qui leur convient à merveille et qui leur sera conservée.

Je vais à présent indiquer le cadre de chacune de ces subdivisions.

Art. Ier. — Symboles naturels inorganiques ou symboles cosmogoniques; 1° la terre (avec ses émanations naturelles); — 2° l'eau ; — 3° le feu.

1° Au nombre des symboles naturels tirés de la *terre*, il faut mettre évidemment les produits directs du sol. La *terre* donne naissance au vert *gazon*, à l'*herbe*. Cette *herbe* devient *tige, roseau, paille, branche, rameau* (2). Ce sont là des émanations directes de la *terre*, qui fournissent au symbole juridique tout autant de formes *naturelles*.

(1) Cf. Michelet, *Origines, passim.*
(2) Telle est la progression indiquée par J. Grimm (*Poesie im Recht*, § 10), progression qui contredit le cours de la végétation juridique proposée par M. Michelet, dont j'aurai l'occasion de parler. *Voy.* ci-après, l. II, ch. v.

La *branche* et le *rameau* ne sont pas couverts seulement de leur verte feuillée. Les *fleurs* y brillent au printemps. Les *fruits* y mûrissent dans l'automne. L'imagination de l'homme n'oublie pas de consacrer l'emploi de ces gracieuses productions de la *terre* dans les cérémonies et dans les usages symboliques du droit.

On peut voir, dès à présent, quelle riche et efflorescente abondance de symboles sort du sein de la *terre* pour embellir l'empire du droit.

J'applique aux symboles de ce genre le nom de symboles *telluriques*, à cause de leur directe émanation de l'élément terrestre. Par la même raison, et quoique, en histoire naturelle, les *arbres,* les *fleurs* et les *fruits* appartiennent au règne organique, je les conserve dans la première classe des symboles *naturels inorganiques,* comme liés directement au symbole de la *terre,* d'où ils prennent leur origine. C'est pour mieux indiquer cette origine que je les désigne plus particulièrement sous le nom de symboles *telluriques.* Cette appellation, empruntée à la *Symbolique* religieuse, où elle a un sens profond, comme se rapportant à l'ancien culte des éléments (1), se rattache quelquefois aussi, dans le droit, à ce culte panthéistique, surtout dans les symboles de la *terre,* de la *pierre* et du *rameau.*

Dans l'un et dans l'autre domaine, dans la Religion et dans le Droit, l'appellation des symboles *telluriques* est employée en opposition avec les symboles *sidériques* ou *calendaires,* qui jouent un très-grand rôle dans la *Symbolique* religieuse et qui ne sont pas privés de toute liaison avec les symboles juridiques.

Les *fruits* de la *terre* donnent lieu à leur tour à des productions particulières. Le *vin,* qu'on exprime de la grappe

---

(1) Creuzer, *Symbolik, passim.*

de raisin, est aussi une émanation de la *terre*. Mais c'est une émanation indirecte, artificielle, due à l'*industrie* de l'homme, plutôt qu'à la spontanéité de la *nature* (1). Il en est de même du *pain,* ce symbole de la communauté, de la famille (2). Le *pain,* par le froment dont il est composé, se rattache, il est vrai, à la *terre,* cette grande nourricière de l'homme, mais il ne s'y rattache qu'indirectement : car il n'est, comme le *vin,* que le produit de l'industrie humaine. Le *vin* et le *pain* appartiennent dès lors aux symboles *artificiels.*

Ces deux exemples suffisent pour bien faire apprécier, dès à présent, la différence des deux divisions.

2° et 3°.—L'*eau* et le *feu,* par le peu de commodité qu'ils offrent dans la pratique du droit, n'ajoutent rien à la richesse numérique de la subdivision à laquelle ils appartiennent. Mais ces deux puissants éléments de la *nature,* si en crédit dans la *Symbolique* religieuse, jettent souvent sur le symbole juridique la teinte mystérieuse qui distingue toutes les choses sacerdotales.

Le *feu,* comme symbole juridique, se rattache plus particulièrement au culte primitif de la *nature,* à l'adoration des astres, dont nos lois modernes offrent encore un pâle reflet. On peut lui donner dans le droit, par un emprunt fait à la *Symbolique* religieuse, la dénomination de symbole *sidérique* et à l'*eau* la qualification de symbole *cosmogonique,* qui peut être aussi revendiquée par le *feu* et par la *terre.*

_____

(1) Sur ce symbole, *voy.* ci-devant ch. vi, § 4, p. 55 ; — ci-après art. 3, et ch. xiii.

(2) Être en *pain* avec quelqu'un, c'est-à-dire être en société, en communauté ou sous l'autorité du père, du seigneur; *compani,* mangeant leur pain ensemble: d'où ces mots, *compagnie* et *compagnon.*— Cf. Ménage, *Dict.;*— Ducange, II, 109, 879, 880 ; — Roquefort, *Dict. étymologique.*

SYMBOLES TELLURIQUES.

Glèbe; Motte; Terre.—La *motte* de terre ou la *glèbe* était transportée devant le préteur romain, ou dans l'assemblée germaine, ou déposée sur l'autel dans les monastères et les églises, en présence de témoins. On mettait la main sur ce symbole, on le touchait avec une baguette symbolique, figurant chez les Romains la lance du duel judiciaire; on la touchait quelquefois de son épée, comme chez les Lombards; on disait ensuite quelques paroles sacramentelles, et le juge prononçait. Tel était le rôle de ce signe symbolique dans les contestations sur la propriété (1), et dans la formalité de l'investiture pendant le moyen âge (2). Ce symbole est assez connu pour que je puisse me dispenser d'entrer dans des développements. Je dirai seulement que l'investiture se faisait quelquefois, pendant le moyen âge, soit par une *poignée de terre* prise dans le fonds même, et cette *terre* était désignée dans les anciennes formules sous le nom d'*aratoria* (3), soit en remplissant de *terre* la chaussure du donateur ou du vendeur, laquelle se transmettait au nouveau titulaire en signe de tradition du champ vendu ou donné (4).

Le rôle juridique de la *terre* n'était pas borné aux choses du droit privé. Il s'étendait encore aux choses qui sont du domaine de ce que nous appelons aujourd'hui le droit public.

Les anciens barons écossais qui se rendaient sur la montagne (*mons placiti*), pour y participer au jugement

---

(1) « Delata *gleba* ad tribunal prætoris, ut in ea *gleba*, tanquam in toto, fundus vindicaretur.» Hauteserre, *de Fiction. juris*, tract. III, cap. II, p. 95.

(2) *Voy.* Ducange, *investitura;*—Galland, *Franc-alleu*, p. 317.

(3) Galland, ch. xx, p. 336; —Ducange, *aratoria*.

(4) Galland, ch. xx, p. 327.

des causes, pour y débattre les affaires publiques, pour
assister au couronnement du roi, apportaient avec eux
un peu de *terre* de leur héritage qu'ils jetaient sur le lieu
où se tenait l'assemblée. Cette poignée de *terre* était la
justification de leur droit, de leur qualité de tenant fief
et possédant biens (1). Les Francs, auxquels les Écossais
avaient emprunté leurs *monts de plaits*, observaient les
mêmes cérémonies dans leurs *mallbergia* pour la tenue
de leurs assises (2). Car pour y exercer les fonctions
d'arbitre, de juge ou de juré, il fallait appartenir à la
classe des possesseurs de terres, *rachimbourgs*, dont l'étymologie est la même que celle des *riccos ombres* des Es-
pagnols (3), les *riches hommes* ou gentilshommes tenant
fief, dont parlent les anciens documents français (4).
Dans les lois galloises, d'après un usage antérieur à
Howel le Bon, le juge exerçait son pouvoir par le droit de
la *terre, virtute prœdii* (5) ; aussi chez les Gallois le
champ était-il pris pour *cour de justice*, ces deux mots
étaient synonymes, le mot *maes*, qui rappelle le *mâl* des
Germains, signifie en même temps *ager* et *curia* (6). A
cette époque, on le voit, la *terre* était le signe de la capacité politique. Aujourd'hui, après tant de siècles, la *terre*
représente encore la même idée.

(1) Ducange, Dissertation 17, à la suite de Joinville, p. 241, 242. Il y a
de cet usage une autre explication, qu'on verra un peu plus loin aux pages 73, 74.

(2) Ducange, Dissert. citée.

(3) *Voy.* Augustin Thierry, *Récits Mérov.*, t. II, p. 3 et 4, 2ᵉ récit;—Ducange, Observ. sur Joinville, p. 51.

(4) Sur les *riches hommes* français, *voy.* Joinville, *Hist. de S. Louis*,
p. 22, édit. Ducange;—*Voy.* aussi une ordonnance du roi Philippe le Hardi,
du mois de décembre 1275; — les Assises de Jérusalem, ch. 202, et
Guiart, *la Branche aux royaux lignages.*

(5) LegesWallicæ, III; præfatio alia, p. 187;—Laferrière, *Hist. du droit
privé des Romains et du droit français*, t. II, p. 159.

(6) Leges Wallicæ, II, 10, 11, 12; — Wotton, *Glossaire*, vᵒ *Maes*, ap.
Laferrière, *loc. cit.*

Le symbole de la *terre* a quelquefois pour but d'élever quelques atomes de poussière à la représentation de la patrie absente, de la patrie nouvelle qu'on veut fonder, ou d'un sol neutre et commun sur lequel l'indépendance du juge et des plaideurs peut se mouvoir sans crainte. Au moment de partir pour une lointaine expédition, les Indiens du royaume de Lahore emportent avec eux une certaine quantité de la *terre* natale (1). Le Syrien Naaman, venu en Judée, renonce à ses propres dieux pour reconnaître le puissant Dieu d'Israël; et pour n'être plus absent de cette contrée que Dieu protége, pour pouvoir participer à cette protection, il emporte sur ses mulets une certaine quantité de *terre* prise dans le pays(2). Au fond d'une fosse creusée sur le sol des colonies romaines, les triumvirs déposent une poignée de *terre* apportée du sol romain (3). C'est ainsi qu'à l'origine de Rome, les hommes accourus de tous les coins de l'Italie, avaient dû apporter chacun et déposer, dans une fosse consacrée, une poigné de la *terre* de leur pays, afin de créer à cette colonie universelle un sol qui lui fût propre, une patrie qui représentât matériellement la patrie de tous ces aventuriers et fugitifs; et tel fut le symbole que Rome, dans son juste orgueil, édifia sur cette vieille tradition pour créer la grande Cité du monde, le Chef-lieu du globe, la Ville commune par essence, asile de toutes les nations, la Cité hospitalière et civilisatrice entre toutes (4). Quelque chose de cette idée se retrouve dans l'usage des barons écossais, dont il a été déjà parlé. Les

---

(1) Michelet, *Origines*, p. 194, note.

(2) *Les Rois*, iv, 5.

(3) Amédée Thierry, *Hist. des Gaulois*, t. I, Ire part., ch. iii, 1re édit.; — Ballanche, *Palingénésie*.

(4) Cf. Amédée Thierry, *Hist. de la Gaule sous l'administ. romaine*, t. I, p. 194, 195, Introd.

barons qui doivent juger, et les plaideurs qui comparaissent devant eux, forment, avec la *terre* qu'ils apportent, un sol commun, indépendant, sur lequel les juges et les plaideurs peuvent marcher avec sécurité pour se défendre ou pour juger (1).

Pierre. — Le *jet de la pierre* était usité chez les Romains dans la dénonciation du nouvel œuvre. On jetait une simple *pierre* contre l'ouvrage commencé, et cette simulation d'une voie de fait, empruntée, dit-on, à la loi des Douze-Tables, était une protestation suffisante pour conserver le droit mis en péril par le nouvel œuvre (2). Ce mode d'interruption s'appliquait aux immeubles urbains, de la même manière, avec les mêmes formalités et les mêmes effets qui sont assignés à la rupture d'une branche d'arbre, usitée pour les biens ruraux (3). Ce mode symbolique fut en usage longtemps dans le midi de la France, notamment dans le Languedoc, comme le constate un document de l'année 1407 (4). Il avait été introduit dans la Gaule cisalpine par la loi relative à cette province, dont on s'accorde à porter la date entre les années 705 et 715 de Rome, loi qui avait pour objet la procédure adoptée pour cette partie de la Gaule (5). Godefroy a prétendu

(1) C'est l'interprétation, donnée par un vieux jurisconsulte écossais, Skenens, d'une loi du roi Malcolm II. Cette interprétation est suivie par Ducange, qui rapporte le passage de Skenens, Dissert. 17 à la suite de Joinville, p. 241, 242.

(2) *Voy.* l. 5, § 10, D. *de oper. novi nuntiat.;* — l. 20, § 1, D. *quod vi aut clam;* — l. 6, § 1, D. *si serv. vind.;* — Mackeldey, *Manuel de droit romain* (trad. fr.), § 237, 238, 239, p. 150, note 6; — Lauterbach, *Colleg. Pandect.*, t. III, p. 3; — Hauteserre, *de Fict. juris*, tract. III, cap. II, p. 97, 98.

(3) *Voy.* ci-après sur la *rupture du rameau.*

(4) Ducange, *nuntiatio;* — Michelet, p. 119. — Le *jet de la pierre* avait lieu pendant trois fois, et à chaque fois on prononçait cette formule : *Je dénonce le nouvel œuvre.*

(5) Ch. Giraud, *Introd. hist. à l'étude du droit romain,* p. 251.

que, de son temps, cet usage était abandonné partout (1). Mais il a été contredit par un grand nombre d'auteurs et notamment par Lauterbach, qui nous apprend que ce symbole était encore pratiqué en Allemagne de son vivant, c'est-à-dire au dix-septième siècle (2).

La *pierre* servit pendant le moyen âge comme mode d'investiture. On la trouve ainsi employée dans le Berry (3) et en Auvergne, d'après un cartulaire de la fin du treizième siècle (4). On rencontre aussi en France des investitures faites par un morceau de *marbre* (5).

Émanations telluriques.

Herbe; Gazon. — L'*herbe* qui croît dans un champ, le vert *gazon* qui y pousse, représentent le champ tout entier. On trouve ces objets mentionnés dans un grand nombre de documents, chez les Germains, chez les Francs surtout, comme mode de tradition ou d'investiture (6). Dans le *Grand Coutumier de France*, on trouve *mettre le gazon de l'héritage en sa main*, pour signifier la saisie et le séquestre d'un héritage rural. L'*herbe* représente quelquefois une forêt (7). L'*herbe* ou le *gazon*, tenant à la terre par sa racine, sert au même usage et il y a confusion de deux symboles dans un sens unique. Les mots *per cespitem* servent à distinguer ce symbole du précédent, quoique le sens soit le

---

(1) *Notæ ad leg.* 5, § 10, *de oper. novi nunt.*, *apud* Lauterbach, *loc. cit.*

(2) *Colleg. Pand.*, t. III, p. 3. — Le triple jet de la pierre était prescrit aussi en Allemagne. Schwanmann, *Proces. cam.*, l. I, c. x, n. 4.—Le *jactus lapilli* avait reçu le nom allemand de *Steinwurf.*

(3) Raynal, *Étude hist. sur les Cout. du Berry*

(4) An. 1276. Ducange, iii, 1533.

(5) An. 1118. Ducange, iii, 1535. — Sur ce symbole, Cf. ci-devant, p. 79 de l'*Introduction.*

(6) Grimm, *Deuts. Rechtsalt.*, p. 124, 153.

(7) Tollat... de *herbis* aut ramis, silva si fuerit. *Lex Bajuv.*, xvii, 2, *ap.* Laboulaye, *Hist. du droit de propriété*, p. 387.

même (1). *Waso terræ, guaso, guaso terræ* paraît plutôt
signifier ce que nous appelons *herbe* ou *gazon*, avec ou
sans racines, mais non adhérent à une motte de terre (2).

Le sens de ce symbole peut d'abord sembler obscur lorsqu'il représente le signe de la victoire. S'il faut en croire
Pline (3) et Festus (4), les vaincus tendaient l'*herbe* et
reconnaissaient par là leur défaite, cédant ainsi au vainqueur la terre, que l'*herbe* représente sans doute, la terre
nourricière du genre humain.

On trouve des vestiges d'idées religieuses dans la précaution que prenaient les Féciales romains de porter
une couronne faite avec une certaine *herbe*, nommée *ver-
bena* par Pline (5), et *sagmina* par le *Digeste* (6). Cette
herbe, arrachée avec sa racine sur les murs de la citadelle
de Rome, était le symbole de leur mission auprès des
ennemis, comme le caducée fut chez les Grecs celui des
ambassadeurs (7).

Paille; Jonc; Fétu. — La *paille* fut employée partout,
dans le moyen âge, pour l'investiture d'un champ, d'une
prairie, d'un verger, d'une maison, d'un duché, etc.(8). Heineccius croit que ce symbole ne fut en usage que pour les
choses du droit privé(9). Mais ce signe servit dans les cérémo-

(1) Per *herbam* et *terram*, id est, per *cespitem* qui constat *terra* et *herba*.
Ducange, *investitura*.
(2) *Voy.* les textes cités par J. Grimm, p. 124, 153.
(3) *Hist. nat.*, 22, 4, *ap.* Michelet, *Origines*, p. 116.
(4) *Ap.* Michelet. — Je ne trouve pas ce passage dans l'édition de Festus donnée par M. Egger en 1839.
(5) *Hist. nat.*, 22, 2; — Mynsinger, *Apotelesma ad Inst. Justin.*, l. II,
tit. I, p. 151, édit. in-4 d'Arnold Reyger, 1619.
(6) L. 8, D. (II, 8); — Mynsinger, *loc. cit.*
(7) Digeste et Mynsinger, *loc. cit.*
(8) *Voy.* les textes cités par Grimm, 123.
(9) *Ant. germ.*, III, 337, 338.

nies de l'hommage (1), dans le délaissement d'un duché (2). Il figura dans la déposition du roi Charles le Simple (3).

On a pensé que la *paille* n'était employée par les Germains que pour l'investiture des choses immobilières et qu'elle n'était pas en usage dans les contrats en général (4). Mais Isidore de Séville dit le contraire (5), et je suis porté à suivre son opinion; car Isidore, Germain ou Goth d'origine, vivant au septième siècle, pouvait être tous les jours témoin de l'application de ce symbole par les Germains eux-mêmes. On sait d'ailleurs qu'on se servit de ce signe, comme de bien d'autres, sans discernement et sans règle, celui de la *paille* étant d'un plus fréquent usage, comme plus facile à se procurer (6).

On trouve des exemples de ce mode d'investiture dans le quatorzième siècle (7). Il avait encore lieu en 1764 en Hollande (8). Mais cette forme symbolique fut inconnue des Romains (9).

C'est par le symbole de la *paille*, du *chaume* qui couvre les maisons, et non par une *touffe de gazon*, comme le dit M. Laboulaye (10), ou par la *glèbe*, comme le dit Galland,

---

(1) Cum *festuca* fidem faciat. *Lex Rip.*, 31 (Grimm, 123). — « Fidem et hominia, quæ hactenus vobis servabimus, *exfestucamus...* finita responsione ista, *exfestucaverunt* illorum hominum fidem. » Gubbertus, *Vita Car. com. Flandr.*, n. 65, *ap.* Grimm., 123.

(2) « Conditio autem pacis talis fuit, ut Bertolfus Ducatum *exfestucaret.* » (Otto Fris., *de Gestis Frid.*, I, 8, *ap.* Grimm, 123).

(3) *Festucas* manibus projicientes rejecerunt eum (Ademarus cabanensis, p. 164, *ap.* Ducange, *Festuca;* — Grimm, 123).

(4) Reyscher, *Symb. des germ. Rechts.*

(5) *Origines*, V.

(6) *Voy.* la note N à la fin du volume.

(7) Charte de 1300 (Ducange, *infestucare*);—Diplôme de 1314 cité par Schœpflin, *Alsatia illustrata*, n. 877 (*ap.* Grimm, 124); — autre de 1342 (Grimm, *loc. cit.*).

(8) Michelet, *Hist. de Fr.*, t. V, p. 383, note 1.

(9) *Voy.* ce que je dis à la note N à la fin du volume.

(10) *Hist. de la propriété en Occident*, p. 374.

que M. Laboulaye a trop suivi(1), que Guillaume le Conquérant se saisit de l'Angleterre au moment de son dé-
barquement. Ces deux auteurs ont évidemment mal compris le sens des vers de Robert Wace, qu'ils citent cependant à l'appui de leur assertion :

> Donc courut un hom au terrein,
> Sor un *bordel* (2) tendi sa main,
> Plein poing prist de la *coverture* (3),
> El Duc torna à grant aleure:
> « Sire, dit-il, avant venez,
> « Cette saisine recevez;
> « De ceste terre vos saisis,
> « Vostre est, sains dot, ci païs. »
> Li Duz responti : « Jo l'offrai,
> « Dex (Dieu) y seit ensemble o (avec) mei. »

Le symbole de la *paille* était si répandu, tellement en-
raciné dans les habitudes, qu'on le voit employé par ceux
qui se donnaient au diable. Ils renonçaient à Dieu, et
rendaient hommage au démon, par le symbole du *fétu de
paille* (4).

On jetait la *paille* dans le sein ou sur le giron de l'autre partie (5). Le plus souvent on donnait ou l'on présentait le signe symbolique (6). On n'est pas d'accord sur le
point de savoir si le *fétu de paille* était brisé et partagé
entre les parties contractantes. MM. J. Grimm et Reyscher pensent qu'on se bornait à le présenter ou à le je-

---

(1) *Franc-alleu*, ch. xx, p. 326.

(2) Galland écrit *hordet ;* c'est *bordel* qu'il faut lire, d'après la leçon que
M. Laboulaye a eu raison de suivre. C'est ce mot qui donne la clef de ce
passage. *Voy.* la note N à la fin du volume.

(3) Galland écrit *comperture.*

(4) Ducange, *exfestucare.*

(5) Usage des Francs Saliens. *Voy. Lex salica*, tit. xlix (Grimm, 121,
122, 124);—Schœpflin, *Alsatia illustrata*, n. 877, 893 (Grimm, 124).

(6) *Lex salica*, 53, 3 (Grimm, 122); —Johannis, *Rer. mog.*, II, 278
(Grimm, 124).

ter (1). Isidore de Séville dit qu'on le brisaît, afin que plus tard le rapprochement des deux morceaux séparés servît à établir l'existence d'une promesse antérieure (2). Cette opinion est plus conforme à ce qui se pratiquait chez les Grecs pour le symbole des tablettes (3), et pour celui des petites pièces de monnaie servant également de signes de reconnaissance, et qu'ils divisaient aussi en deux (4). Dans le moyen âge, le *bâton*, le *couteau*, le *denier* étaient souvent partagés en deux (5). Les poètes et les romanciers attestent cet usage quant au *fétu de paille* (6). Nos coutumes et notre langage corroborent les chants des poètes (7).

Au lieu de briser la *paille*, on l'insérait souvent dans le diplôme, dans la charte (8); on l'y fixait, on l'y attachait (9), afin de donner à l'acte écrit un plus haut caractère d'authenticité.

Les titres latins du moyen âge se servent indifféremment des mots *festuca, calamus, stipula*. On trouve même,

---

(1) Grimm, 127; — Reyscher, *Symbolik.*

(2) *Origines*, V, 24.— *Voy.* Ducange, III, 44.

(3) *Voy.* la note J à la fin du volume.

(4) Pollux, 1. IX, cap. VI, segm. 70, cité par Haubold dans ses notes sur les *Antiquités romaines* d'Heineccius, p. 560, note 1.

(5) Ducange, III, 1522.—*Voy.* ci-après sur chacun de ces mots.

(6) Roman d'*Alexandre :*

Va-t-en en ta contrée, — *rompus est li festus.*

Grimm cite lui-même les vers suivants extraits du recueil de Meon (IV, 16) :

Il t'estuet *rompre le festu*,
Va, si vuide tost mon hostel.

(7) On dit encore aujourd'hui *rompre la paille*. Le jeu de la *courte paille* se rapporte à l'usage de couper le symbole en deux parties égales pour les rapprocher ensuite. Les *pailles* égales sont loyales; celle qui est la plus courte est déloyale.

(8) Ducange, *festuca.*

(9) Ducange, *investitura.*

dans un diplôme de Guy, comte de Poitou, à la date de 1068, les mots *scirpus* et *joncus* (1). Ces diverses expressions désignent ordinairement le même mode symbolique connu sous le nom de *festucatio, effestucatio, affatomia* ou *scotatio* dans les législations du Nord et dans les usages de la ville impériale de Strasbourg (2). J'ai dit, ailleurs, que *festuca* signifie quelquefois *bâton, baguette;* mais *calamus, stipula, scirpus, joncus* doivent toujours être pris dans le sens de *paille* ou *fétu* (3). *Festuca nodata, festucus nodatus* ne sont jamais synonymes de *bâton*, ni de *baguette* (4).

Branche; Rameau; Arbre. — Le *rameau*, la *branche d'arbre*, les *arbres* eux-mêmes sont des symboles très-usités dans toutes les religions antiques. Ils appartiennent aussi à la vie usuelle, à la vie civile. Dans la vie juridique du moyen âge, la tradition ou l'investiture symbolique par le *rameau* est bien connue. Tantôt le *rameau* est enfoncé dans la *motte de terre* ou de *gazon* pour indiquer qu'on transporte, non-seulement le sol, mais encore ce qui le couvre et ce qui en fait partie, comme les vignes, les plantes, les arbres, les moissons (5), les colons et les serfs (6); tantôt, et le plus souvent, le *rameau* est seul (7); il représente alors

---

(1) Bignon, sur Marculfe, I, 13;—Canciani, II, 198, *ap.* Laboulaye, 375, 376.

(2) *Voy.* la note 5 de la p. 78.—*Affatomia* et *scotatio* désignent plus particulièrement le *jet de la paille* contre la personne ou dans le sein de l'acquéreur (*Voy.* Ducange, *affatomia*). *Scotatio* se trouve principalement dans les Chartes danoises. *Scotatio* de l'allemand *Schoos*, pli, pan du vêtement. En danois, *skiöde, skiot, skiöte;* en islandais, *skot.* — *Voyez* Reyscher, *Symbolik.*

(3) *Voy.* la note N à la fin du volume.

(4) *Voy.* la note N à la fin du volume.

(5) Ducange, *investitura*, III, 1521.

(6) *Id.*, 1523, 1524, 1525.

(7) «Tametsi sæpe investituræ per solum *ramum* non semel occurrant.» Ducange, *id.*, 1524, et voyez les exemples qu'il rapporte.

quelquefois une forêt (1); mais, quoique seul, il est tout aussi bien l'image de la propriété foncière, quelle que soit sa nature. Il est parfois chargé de fruits (2), et probablement il désigne un jardin, un verger. On le trouve fréquemment en compagnie de plusieurs autres signes symboliques, tels que le *fétu* de paille, le *gazon*, le *gant*, le *couteau*(3). On rencontre ce symbole dans les usages des Bavarois, des Alamans, des Lombards, des Bourguignons, des Francs Saliens, etc. (4). Il se rencontre dans l'ancien Coutumier d'Artois, « qui veut que le vendeur rapporte « tout l'héritage par *rain* et par baston, en le main dou « seigneur, pour adhériter (ensaisiner) l'achateur (5). » La Coutume de Lille en fait mention, avec cette même formule par *rain* et par *baston* (6), ainsi que la *Somme rurale* de Bouteiller (7).

D'après la remarque de Ducange, lorsque la tradition ou investiture a lieu par *rain* et par *baston*, le mot *rain* (ramus) s'entend du *rameau* planté dans une motte de gazon (8).

---

(1)« Tollat... de herbis aut ramis, silva si fuerit. » (*Lex Bajuvior.*, XVII, 2; *ap.* Laboulaye, 387).

(2) « Idem Albinus forte corylum (coudrier) quandam nucibus onustam infra terræ nostræ motas invenit, *ramum* cujus abscidit, et ad recognitionem investituræ suæ asportavit, quem in manu Præsulis posuit. *Tabul abbatiæ de Rota*, fol. 11, *ap.* Ducange, III, 1524.

(3) *Voy.* les textes cités par Grimm, p. 124, 153.

(4) Voy. *passim* et notamment les notes 2 et 3 ci-dessus.

(5) Voy. *Coutumes génér. d'Artois*, par Maillard, Paris, 1739, in-fol., ch. 24 *des anciens usages d'Artois*, *ap.* Laboulaye, 137, 138.

(6) Art. 80; — Ducange, III, 1524; — Pasquier, *Recherches*, l. VIII, ch. LVIII; — Laurière, *Gloss.*, II, 74, 270.

(7) L. I, ch. XCIII; — Ducange, III, 1524.

(8) « Cum dicitur rei possessionem conferri per *ramum* et *baculum*, par *rain et baston*, ubi *ramus* non unde, sed pro ipso etiam cespite sumitur. » — III, 1524.

Cujas (*de Feudis*, l. II, tit. III) a pensé que, dans ce rit, le mot *rain* si-

On verra plus loin comment se faisait la tradition par rain et baston (1). Quant au rit d'investiture par le rameau seulement, Hommel rapporte un dessin où il se trouve représenté (2); mais on ne sait pas bien quels sont, parmi les personnages du groupe, celui qui figure l'acquéreur et celui qui représente le vendeur.

On peut comprendre toutefois que, d'après Hommel, l'acheteur est le personnage intermédiaire tenant d'une main le rameau, et de l'autre, un autre individu qui paraît être, d'après les usages saxons, son héritier (3). Mais cette explication est contredite par Grappen (4), qui considère comme le vendeur celui qu'Hommel croit être l'acheteur. Grappen pense que les deux individus qui figu-

gnifie anneau et non pas rameau, en se fondant sur ce que, en allemand, ring veut dire bague, anneau. Mais rain est employé par nos anciens poètes comme synonyme de rameau. Dans le roman de la Rose, on lit:

> Rose sur rain et nois sur branche
> N'est si vermeille ni si franche.

ailleurs:

> Onques le Gin qu'il vous compta,
> Si haut de terre ne monta,
> Ne ses rains si bien n'estendit,
> Ne si bel ombre ne rendit.

dans le roman de Wace:

> Soit rain, soit arbre, soit racine.

Il est donc bien probable que, dans les formules juridiques, rain a la même valeur que dans le langage des poètes. C'est aussi l'opinion de Ducange (III, 1524, 1525), de Galland (Franc-alleu, p. 328) et de Laurière (Gloss., vº Rain). On peut voir dans ce dernier ouvrage et dans Galland d'autres passages du roman de la Rose, et dans Galland une autre citation du roman de Fleurimont, qui corroborent leur sentiment. Ragueau, dans son Glossaire, avait, sans plus de réflexion, suivi Cujas, dont l'opinion n'est pas soutenable.

(1) Voy. ci-après, vº Bâton.
(2) Jurisprud. numism. illustrata, planche xcviii.
(3) Jurisp. num. illust., p. 236, 237; in-12, Lips., 1763.
(4) Cité par Hommel (p. 237) sans indication de l'ouvrage.

rent à ses côtés sont les héritiers du vendeur, sans le consentement desquels, d'après le *Miroir de Saxe* (1), les biens immobiliers, et principalement les biens patrimoniaux, ne pouvaient pas être vendus, ce qui explique la comparution des héritiers du vendeur dans la plupart des anciens diplômes saxons.

La rupture d'un *rameau* était, chez les Romains, un mode d'interruption de la prescription pour les biens ruraux. J'ai fait connaître ailleurs le sens de cette voie de fait symbolique, qui appartient aux symboles par action, et sur laquelle je ne reviens pas. Il me suffit de rappeler ici que cette voie de fait est encore usitée en France, notamment en Normandie, comme symbole de prise de possession (2).

Fleurs. — (*Chapeau, bouquet, corbeille, couronne*) (3). Nos anciennes coutumes permettent de ne donner pour dot, à la fille, qu'un simple *chapel de roses* (4). Qui ne connaît la *couronne* et le *bouquet d'oranger*, symboles de candeur et de pureté, usités autrefois en France dans les cérémonies nuptiales, et qui ornent encore aujourd'hui la tête et le sein de la jeune épousée ? La *couronne nuptiale* est très-ancienne. On sait que, chez les Romains, la nouvelle épouse en portait une qui était faite avec de la *marjolaine* aux suaves odeurs :

(1) *Jus prov. Sax.*, l. I, art. 52; *ap.* Hommel, 237.
(2) *Voy.* la note N, § 2, à la fin du volume.
(3) *Voy.* le ch. xiii, et ci-après, v° *Cœur*.
(4) *Voy.* les Coutumes d'Anjou, art. 241 ; de Tours, 284 ; de Lodunois, ch. xxvii, art. 26; du Maine, 258. — Le *chapel de roses* était un léger don de mariage que le père faisait à sa fille en la mariant, sans lui attribuer son advenant et sa légitime portion. Le *chapel* consistait en une guirlande ou une petite couronne, qui était quelquefois d'or ou d'argent, et que la fille portait à l'église quand elle allait y recevoir la bénédiction nuptiale. *Chapel de roses*, dans le langage des Coutumes, s'entendait métaphoriquement pour une très-petite dot. Dans ce cas, ce symbole était un symbole *parlé.* — *Voy.* Laurière, *Gloss., hoc verbo*, t. I, p. 225.

> Cinge tempora floribus
> Suaviolentis amarici (1).

On peut même croire que, chez les premiers chrétiens, l'homme et la femme en étaient ornés. C'est ce que paraissent indiquer quelques expressions de Tertullien et de Sidoine (2), et c'est ce qui existait encore du temps du pape Nicolas Ier, qui vivait dans le milieu du neuvième siècle (3). Du temps de ce pape, les époux ne mettaient la couronne sur leur tête qu'après la bénédiction nuptiale, et lorsqu'ils étaient sortis de l'église (4) ; mais l'Église catholique n'a pas maintenu cet usage.

La *corbeille de noces*, qui sert encore aujourd'hui à désigner les présents du jeune marié à sa future épouse, dernier vestige de l'antique mariage par achat qui appartient aux premiers siècles du monde, cette *corbeille* rappelle que ce prix ne dut consister d'abord qu'en productions des champs, telles que des *fleurs* et des *fruits*, seuls biens dont l'homme pût disposer à ces époques primitives (5). Le mariage par achat originairement n'a, par lui-même, rien de symbolique. Le prix est d'abord réel et sérieux. Plus tard, le prix n'est plus qu'une fiction ; c'est

---

(1) Catulle, *in Nupt. Jul. et Manl.*, carm. 41. — Mais on peut demander si les vers de Catulle indiquent l'époux ou l'épouse ; le passage n'est pas très-clair. S'il faut en croire Montfaucon, la jeune épouse faisait elle-même sa couronne composée « de verveines arrachées de ses propres « mains, qu'elle portait cachée sous son habit jusqu'au moment où on « la mettait sur sa tête. » — *Ant. expl.*, t. III, 2e part., p. 217, 218.

(2) « Coronant et nuptiæ sponsos. » (Tertullien, *de Coronâ militis*, cap. XIII, *ap.* Ducange, II, 1090).— « Jam quidem virgo tradita est ; jam coronâ sponsus, jam palmatâ consularis, jam cyclado pronuba, jam togâ senator honoratur. » (Sidonius, l. I, ep. 5 ; *ap.* Ducange, *ib.*).

(3) « Post hæc (*post peractam benedictionem nuptialem*) de ecclesiâ egressi coronas gestant, quæ semper in ecclesiâ ipsâ solitæ sunt reservari. » (Resp. ad Consult. Bulgar., cap. III, *ap.* Ducange, *Gloss.*, II, 1090).

(4) *Voy.* la note 3 ci-dessus.

(5) *Voy.* Fabre d'Olivet, *Hist. du genre humain.*

un denier, une blanche brebis, un *bouquet*, une *corbeille de fleurs*, objets qui n'ont de valeur que par le sentiment qui préside à leur offrande. Le symbole alors s'établit. La fiction, aujourd'hui, est redevenue presque une réalité par l'exagération que le luxe et la vanité mettent dans la valeur de la *corbeille* symbolique. C'est ainsi que, sans qu'on s'en doute, on retourne au mariage par achat. La dot apportée par la femme est un progrès qui la relève de la honte de la coemption.

Un écrivain très-versé dans la connaissance des usages et des langues du nord de l'Europe, assure, sans indiquer pourtant ses autorités, qu'en Normandie, les femmes qui veulent se louer à l'année comme servantes de ménage, portent des *fleurs* dans leurs mains; et, pour savoir quels gages elles désirent, on leur demande : Combien le *bouquet* (1)?

Cet usage, sur lequel je n'ai pu obtenir aucun renseignement des anciens du pays, rappelle l'usage romain, qui en est peut-être l'origine, d'après lequel on plaçait une *couronne* sur la tête des prisonniers faits à la guerre qu'on exposait en vente (2). Il est même à remarquer que ce mode d'acquisition, sous la *couronne*, avait pour effet de donner au contrat toute sa légitimité, en faisant passer immédiatement dans le domaine quiritaire le captif ainsi vendu, ce qui procurait à l'acquéreur la plus parfaite sécurité contre toute ultérieure réclamation (3). Cette formalité avait donc un caractère solennel et symbolique, dont l'effet nous est connu, mais dont le sens n'est pas arrivé jusqu'à nous. M. Reyscher, en paraissant refuser à cet

---

(1) M. du Méril, *Hist. de la poésie scand.,* p. 128 à la note. — Il y a quelque analogie entre cet usage et celui qui est rapporté ci-après au mot *Bâton*, sauf la forme et la matière du symbole.

(2) Aul. Gell., *Noctes att.*, VII, 4, *ap.* Heineccius, *Ant. rom.*, l.II, tit. I, 24, p. 375 de l'édit. d'Haubold, in-8, Francof., 1822.

(3) C'est ce que disent formellement Varron (*De re rustica*, II, 10) et Heineccius (*Ant. rom.*, loc. cit.).

usage une signification symbolique, n'a sans doute pas assez fait attention à cette circonstance, qui renverse entièrement son opinion (1).

Ceux qui convolaient à de secondes noces ne portaient pas la *couronne* (2). Symbole de pureté virginale, la *couronne* ne leur convenait plus.

Chez les Hébreux, avant la ruine du temple de Jérusalem, l'époux et l'épouse portaient des *couronnes de fleurs* pendant la cérémonie de leurs noces, mais ils n'en portèrent plus depuis cette triste époque (3). Cette absence même indique la pensée symbolique de cet ornement.

Il y a ici une observation à faire, c'est que, dans les saintes Écritures, la *couronne* de la femme n'est jamais mentionnée; c'est toujours de celle de l'époux qu'il est parlé (4). Ainsi on lit dans Isaïe : « Je me réjouirai au Seigneur comme un époux orné de sa *couronne*, et comme une épouse parée de ses ornements (5); » et dans le Cantique : « Filles de Sion, venez voir le roi Salomon orné de sa *couronne* que sa mère lui a mise au jour de son mariage (6). » Ce silence devait être signalé, mais il ne prouve pas absolument que la jeune épouse ne portait pas de *couronne*. Cet usage d'orner d'une *couronne* la tète de l'époux a sans doute été emprunté aux Juifs par les chrétiens qui, au neuvième siècle, comme on l'a déjà dit, paraient d'une *couronne* le front de l'homme et de la femme au jour de la cérémonie nuptiale (7).

En Russie, la *couronne blanche* n'est pas seulement le

---

(1) Voy. *Symbolik des germ. Rechts*, p. 4 à la note.

(2) Ducange, *Coronœ in nupt.*, II, 1090.

(3) Voy. Dom. Calmet, *Dict. de la Bible*, v° *Noces*, III, 51, 52.

(4) Dom. Calmet, *loc. cit.*

(5) Isaïe, LXI, 10.

(6) *Cant. canticorum*, III, 11.

(7) *Voy.* ci-devant p. 84.

signe de la pureté de la jeune épousée, elle est encore un symbole de liberté; car il n'y a que la fille libre ou affranchie qui puisse en orner son front le jour de son mariage. La fille serve ne peut porter qu'un bandeau de laine.

Fruits. — (*Noix, figues, graines, blé, froment, amande, noisette, aveline*). — Les *fruits* ont une action bien marquée dans le drame symbolique.

Une disposition de nos anciennes Coutumes du Maine et de l'Anjou ne donnait pour dot à la fille qu'une *noix* (1), au lieu du *chapeau de roses*, dont j'ai déjà parlé. Les triumvirs romains, préposés à l'établissement d'une colonie, déposaient des *fruits*, ainsi qu'une poignée de *terre* apportée du sol romain,- dans une fosse ronde creusée sur les lieux où la colonie devait s'asseoir (2). On a déjà vu le sens de la *terre* dans cette action symbolique (3). Les *fruits* y figurent comme expression d'un vœu d'abondance et de prospérité à venir. Ils ont évidemment ici le même sens que dans le mariage. À Athènes, lorsque les jeunes époux arrivaient à leur nouvelle demeure, on répandait des *figues* et plusieurs autres *fruits* sur leur tête (4), ce qui était un symbole de fécondité et d'abondance (5).

Les *fruits* sont, en effet, par eux-mêmes, un symbole de ce genre, de fécondité principalement, alors surtout qu'ils s'appliquent au mariage. Cet objet symbolique, résultat de la germination tellurique, produit des deux principes de fécondation, est, par sa nature même, un appel allégorique à ce que la cité a le droit d'espérer de l'union des deux

(1) *Voy.* Laurière, *Gloss.*, I, 225, d'après la remarque de du Pineau, *Observat. sur la Cout. d'Anjou*, p. 22, col. 1.

(2) Amédée Thierry, *Hist. des Gaulois*, t. I, p. 126, 127.

(3) *Voy.* ci-devant p. 73.

(4) Robinson, *Ant. grecq.*, t. II, p. 267.

(5) Le même, t. II, p. 267.

époux. Mais la *figue* en particulier et l'arbre qui la produit,
avaient, dans l'antiquité, une valeur tout à fait spéciale
dans le sens destiné à l'expression de fécondité, de prospérité et d'abondance. C'est à ce titre que le *figuier* était, chez
les anciens peuples de l'Italie, le signe caractéristique et
l'emblème sacré des cités nouvelles (1) ; c'est dans ce sens
que s'explique le mythe traditionnel du *figuier* ruminal,
arbre protecteur et bienfaisant sous lequel furent nourris
Romulus et Rémus, les pères et les fondateurs de Rome ;
c'est à ce titre encore que les Romains se donnaient des
figues comme étrennes le premier jour de janvier (2) ; que
les *figues* de ces étrennes étaient consacrées à la victoire, pour exprimer la défaite de l'hiver, le triomphe du
soleil, qui commence sa nouvelle et bienfaisante carrière (3) ; c'est à ce titre que la Junon italique, déesse qui
avait dans ses nombreuses attributions celle de présider
à la consommation du mariage, aux couches des femmes
et à la naissance des enfants, recevait, sous un *figuier*
sauvage, nommé *caprificus*, les hommages et les sacrifices
des femmes (4). Les *figues* furent aussi, chez les anciens,
un symbole de purification et de consécration (5). Elles
figuraient dans le sacre des rois de Perse (6). Les Grecs

---

(1) Creuzer (*Symbolik*) et Guigniaut (*Relig. de l'ant.*), II, 1, 522, note 3.

(2) Creuzer, *Symb.*, II, 1, 450. — On donnait trois *figues, terna, trena*,
d'où *strena*, d'après Festus (v° *Strena*). Le mot *strena, strenœ* reçoit
d'autres explications étymologiques qu'on peut voir dans le passage ci-
dessus de Creuzer et Guigniaut, p. 451.

(3) Creuzer, II, 1, 452.—C'est ce qui peut expliquer l'usage de les en-
velopper dans des feuilles de laurier (Creuzer et Guigniaut, *id.*, 450), arbre consacré à la victoire ainsi qu'à Apollon, dieu du soleil.

(4) Creuzer, II, 2, 618. — Au sujet du *figuier*, comme emblème de la
fécondité réservée au mariage, conférez, pour rapprochement, le *figuier*
du Paradis terrestre dans la Genèse, et les feuilles de *figuier*, dont Adam
et Ève, après leur chute, couvrent leur nudité. (*Genèse*, III, 7).

(5) Creuzer, *Symb.*, II, 1, 451 ; II, 2, 569, note 1 (trad. fr.).

(6) Creuzer, *Symb.*, II, 1, 451 (trad. fr.).

les employaient comme emblème de purification dans les mystères de Jupiter présidant aux expiations, et qui, en cette qualité, s'appelait Jupiter aux *figues* (1). Sous ce dernier rapport, le rôle des *figues* s'explique encore très-bien dans la cérémonie nuptiale, où l'on doit se présenter avec un cœur pur et une foi sincère.

Le même symbole des *fruits* se retrouve, avec la même pensée allégorique, chez les anciennes populations des bords du Borysthène. On y répandait des *graines* de toute espèce sur la tête des nouvelles mariées (2). Ce symbole se lie intimement aux mythes du Nord, où le nom de *Freyr*, *Freya*, déesse de la fécondité et de l'amour (3), dérive de *froe* qui, en langage scandinave, s'il faut en croire M. du Méril, signifie *graine* et *semence* (4). L'usage de répandre des *fruits*, et surtout des *grains* ou des *fruits à noyau*, à l'occasion du mariage, s'est conservé chez plusieurs nations. Dans le siècle dernier, les Juifs avaient encore coutume, en quelques endroits, de jeter sur les mariés, et particulièrement sur l'épouse, des *grains de froment* à pleines mains, en disant : *Croissez et multipliez* (5), paroles qui sont, pour ce symbole, le meilleur des commentaires. Aujourd'hui encore, chez les Valaques, pendant la cérémonie nuptiale, on répand des *noisettes* et des *avelines*. Cette coutume existe également en Russie. Dans certains villages de la Corse, quand les mariés sortent de l'église, on m'a affirmé qu'on jette devant eux et sur leur passage, principalement devant la femme, des *noix*, des *amandes*, des *noisettes*, ainsi que d'autres *fruits*,

---

(1) Ζεὺς συκάσιος, d'après Creuzer, *locis cit.*

(2) Thorlacius, *Antiquitatum borealium specimen*, IV, 208, cité par M. du Méril, *Hist. de la poésie scand.*, p. 132, note 3.

(3) Du Méril, *loc. cit.*; — Matter, *Hist. univ. de l'Eglise chrét.*, II, 42.

(4) Du Méril, *loc. cit.* — D'où le *Frai* des poissons (?).

(5) Dom. Calmet, *Dict. de la Bible*; v° *Noces*, III, 52.

comme emblèmes de la fécondité dont le mariage doit être
suivi. Les gitanos catalans sont demeurés fidèles à cet
usage. Dans les cérémonies d'un mariage célébré le 10 août
1842, entre un gitano et une gitana, à l'hôtel de ville de
Béziers, le cortége qui précédait la marche des invités
était composé de plusieurs cavaliers appartenant à cette
secte. Ces cavaliers, de minute en minute, lançaient
des *dragées*. Les jeunes gitanos du cortége en faisaient
autant; tous les gens de la noce, enfin, jetaient des *dragées*
à profusion au futur marié (1). Tous ces usages rappellent le *sparge, marite, nuces* des Romains; mais ils montrent, en même temps, que les commentateurs ont presque
tous mal compris le sens des passages de Virgile et de Catulle, ainsi que l'application de ce symbole, dont le sens
peut-être avait échappé aux poètes latins eux-mêmes (2).
Festus ne laisse aucun doute sur le véritable sens de ce
symbole qu'il présente comme un favorable augure pour
la nouvelle mariée entrant dans la maison nuptiale (3).
C'est évidemment dans le sens des usages observés chez
les Grecs et chez les autres peuples qu'il faut entendre le

(1) *Gazette des tribunaux*, 22-23 août 1842; chron.
(2) Virgile (Eclog.):

> Sparge, marite, *nuces;* tibi deserit hesperus OEtam.

Catulle (*Jul. et Manl. epith.*):

> Da *nuces* pueris, iners
> Concubine. Satius diù
> Lusistis *nucibus.* Lubet
> Jam servire Thalassio.
> Concubine, *nuces* da.

Les commentateurs se sont livrés à cette occasion à toutes sortes d'interprétations, au sujet desquelles je dirai avec le père De La Rue : mysteria,
quæ apud Rosinum videre est. Ce n'est pas toujours chez eux qu'il faut
chercher le vrai sens de ce symbole.

(3) *Nuces* flagitantur nuptis et jaciuntur pueris, ut novæ nuptæ intranti
domum novi mariti auspicium fiat secundum et solistimum (Festus,
vº *Nuces*).

symbole des *noix* dans le mariage romain ; et je ne saurais l'accepter tel que les poètes nous l'ont transmis.

Ainsi, dans l'antiquité grecque, romaine et scandinave, comme de nos jours, au nord ainsi qu'au midi de l'Europe, le même signe se retrouve avec le même sens et la même forme dans la même cérémonie juridique : tant est puissante et sympathique, chez tous les peuples, cette langue de la nature que nous avons appelée symbole.

SYMBOLES SIDÉRIQUES ET COSMOGONIQUES.

Feu (Tison, brandon, bouchon de paille, étincelle, flambeau, luminaire, torche). — Le *feu* figure dans le domaine du Droit, comme signe d'occupation, de propriété, comme symbole de la famille, comme emblème de la guerre. Il joue un rôle mystérieux dans les cérémonies du mariage ; il apparaît dans certaines formules pénales et on le retrouve dans les lois modernes de la France, comme mode de tradition, et aussi comme emblème de la famille. Sous ces divers points de vue, la liaison de ce symbole avec quelques-unes des idées qu'il représente dans les cultes de l'antiquité, est souvent évidente et directe.

Le *feu* servit aux premiers hommes pour le défrichement des forêts, et c'est à l'aide du *feu* que le premier essartement fut donné à la terre. De là, la création de la propriété. C'est ainsi que, dans les idées de tous les peuples, le *feu* est considéré, au point de vue cosmogonique et religieux, comme principe fécondant et générateur ; au point de vue juridique, comme image de la propriété : car il n'y a de propriété que par la culture, que le *feu* seul avait rendue possible (1).

----

(1) Cf. Ballanche, *Palingénésie*, 1re add. aux prolégom., t. V, p. 43, édit. in-18 ; — *Orphée*, argument du VIe livre.

Les chefs de tribu, qui émigrèrent de la Norwége en 870, pour fuir la tyrannie et la persécution d'Harald aux beaux cheveux, devenu roi de ce pays, prirent possession de l'Islande, où ils vinrent débarquer, par le symbole du *feu*. Le chef de la tribu portait un *tison enflammé*, et tout le terrain qu'il enlaçait en un jour, dans un cercle de *feu*, depuis six heures du matin, jusqu'à six heures du soir, était déclaré sa propriété. Il le distribuait à ses compagnons comme une terre de conquête (1).

Qui ne reconnaît dans ce symbole, une réminiscence bien marquée du premier défrichement de la terre? Qui n'y voit aussi, sous un rapport plus particulier, l'ancien usage des peuples du Nord, leur vieille vénération pour le *feu*, objet de leur part d'un culte antique, si évidemment lié aux faits et aux croyances du monde primitif? L'idée de propriété, de possession, ne s'adapte-t-elle pas merveilleusement bien au principe de création, de fécondation, dont le *feu* est le symbole? Et le sentiment religieux que le symbole réveille, n'intervient-il pas tout aussi merveilleusement dans la consécration de la propriété?

A ces idées se rattache le *feu* allumé par le nouvel acquéreur sur la propriété récemment acquise, en signe de prise de possession (2). C'est à ce titre aussi que s'était établi l'usage, existant encore dans ces derniers temps en Allemagne, lequel consistait à éteindre l'ancien *feu* et à en allumer un autre, lorsqu'on prenait possession d'une propriété nouvelle (3). Cette formalité avait fini, il est

(1) Grimm, 195; — Michelet, 79;—Marmier, *Lett. sur l'Islande.*—C'est à un usage semblable que se rapporte le passage suivant d'un auteur que cite Ducange : Ferunt etiam *brandas* sive *faces*, et cum illis circumeunt arva. Durandus, *lib.* VII, *ration.*, cap. xiv, *ap.* Ducange, *Branda*, I, 1281.

(2) Grimm, 194.

(3) *Id.*, 195 ; — Michelet, 79.

vrai, par n'être plus qu'une précaution purement pratique, à laquelle se soumettait l'acquéreur, pour pouvoir établir, au besoin, la preuve de son droit. Lorsque l'acquisition avait eu lieu avec les solennités usitées pour l'investiture, la prise de possession par le *feu* n'était peut-être pas essentielle à la validité de l'acquisition (1). Mais cette observation ne peut s'appliquer qu'aux temps déjà voisins de nous. Ce serait mal comprendre l'esprit des symboles que d'en faire remonter l'effet jusqu'aux âges primitifs, et même seulement jusqu'aux époques de pleine barbarie, où les hommes ne connaissaient pas d'autres formalités juridiques que celles que donnait l'usage des symboles.

Il y avait une formalité véritablement obligatoire dans ces *bouchons de paille* placés sur un fonds de terre destiné à être vendu par autorité de justice. Pour consommer légalement la prise de possession, on mettait le *feu* à ces *bouchons de paille*, après que la vente avait été adjugée, et la puissance du symbole consistait dans cet *embrasement* même (2). C'est de là, qu'est venu le nom de la *saisie-brandon,* dont parle notre Code de procédure civile (3).

Dans tous les temps, le *feu* a été considéré comme le symbole civil et juridique de la famille, comme représentant plus spécialement, soit le chef de la famille, qui entretient le *feu* nourricier du manoir domestique, soit la maison ou l'habitation elle-même, où se conserve le *feu* du culte religieux et celui du ménage.

(1) Reyscher, *Symbolik,* p. 68 et suiv.
(2) Grimm, 195.
(3) Ire partie, l. V, tit. IX, art. 626. — Sur ce symbole du *feu* comme mode de prise de possession, comme mode d'acquisition de la propriété, *Voy.* ci-après ch. XIV, application de la Symbolique aux Codes français, *Code de procédure civile.*

Symbole de la propriété, le *feu* est nécessairement aussi le symbole de la famille. Car, avec la propriété, s'est créée la famille; et ces deux institutions sont indissolublement unies l'une à l'autre. Les Grecs, en effet, comptaient par *feux* ou *fumées*, les familles nombreuses composées de plusieurs parents ou alliés. De là, le nom d'*impôt en fumé* donné à l'impôt qui prenait sa dénomination du mot grec signifiant *feu* (1). Ainsi encore, chez les Romains, et pendant le moyen âge, *feu* était synonyme de *famille* et de *maison* (2). Dans l'ancien Coutumier de Normandie du treizième siècle (3), de même que dans l'ancienne Constitution provençale (4), *focus* signifie maison, et *foagium* impôt (5). Au dix-septième siècle le mot *feu* avait encore chez nous la même

(1) *Voy.* de Launay, *Comment. sur les Inst. cout. de Loisel*, p. 283.

(2) « On employa, dit M. Beugnot, l'expression *focus* pour indiquer également un foyer, puis la famille qui était censée réunie autour, et enfin l'impôt qui pesait sur ce foyer ou sur cette famille. » *Olim*, t. I, p. 966, note 8 de la p. 10 du texte.—Cet impôt n'atteignait que les hommes mariés ou qui l'avaient été, à moins qu'ils ne fussent restés sous la tutelle de leur père ou de leur mère. C'est ce qu'exprime très-nettement l'art. 57 de la charte de liberté de Saint-Dizier (*Olim*, II, 713). Il est assez probable que cette disposition n'est pas isolée dans le droit de cette époque. *Voy.* Ducange, *Focus, foagium, focagium, familia, domus; —* Loisel, *Inst.*, l. I, règle 76, et les observations de Laurière sur cette règle, t. I, p. 127, édit. Dupin et Laboulaye.

(3) Fideliter colligent *Foagium*, videlicet de quolibet *Foco* XII denarios. — *Etabliss. et Cout. de Norm. au* 13e *siècle*, publié par M. Marnier, p. 3.

(4) A verbo *Foco* assumptum est nomen Focagiorum. Petrus Antibolus, *de Muneribus*, 3 pars princip., § 2, n° 46, *ap.* Julien, *Stat. de Provence*, II, 15. — Item statuimus quod dominus comes... pro quolibet *Foco* possit exigere sex solidos... *Focum* autem intelligimus illum habere qui habet domicilium proprium in civitate, castro vel villâ. Stat. de 1235, cap. *de Quistis*, cité par Antibolus, *de Muneribus*, § 2, n° 46, et par Julien, *Statuts de Provence*, II, 11.

(5) L'impôt par *feux* était réel. Lorsque la famille se divisait, l'impôt devait être acquitté par les autres membres de la communauté qui demeuraient; car il n'était pas personnel, il était dû par le foyer, qui restait après la séparation. Beugnot, les *Olim.*, t. I, p. 996, note 8 de la page 10 du texte.

signification, qui s'est conservée aujourd'hui et qui sert encore à désigner, dans le langage légal, un ménage ou un chef de famille (1). C'est comme symbole de la famille que *dans la vulgaire usance* du Nivernais, pour parler comme Coquille, celui qui voulait *changer de domicile éteignoit son* FEU *en présence de personnes publiques dans le lieu qu'il délaissoit, et alloit allumer le* FEU *dans son nouveau domicile* (2), cérémonie qui, sous une forme poétique, n'est autre chose que la double déclaration, exigée par l'art. 104 de notre Code civil, du changement de domicile à la municipalité du lieu que l'on quitte et à celle du lieu où l'on transfère son principal établissement, c'est-à-dire sa famille, ses foyers, le *feu* domestique.

Il est inutile de faire remarquer que, dans quelques-unes de ces hypothèses, le symbole est devenu un symbole *parlé*. Je ne crois pas non plus avoir besoin de dire que, dans ces dénominations symboliques, on retrouve tout entière l'idée de Vesta, comprise par les Romains au nombre des Pénates honorés dans l'intérieur de la maison, où le *feu* brûle en leur honneur :—les Pénates, ces dieux protecteurs de la famille, qui nous accordent la nourriture, le revenu, et qui allument pour nous la *flamme* du *foyer* (3);—Vesta, dont le nom mystérieux renferme tout ce qui se rattache à la maison et exprime tous les liens domestiques et civils (4).

C'est surtout dans le mariage, si souvent ou presque toujours placé dans le domaine religieux, que le *feu*, comme formalité ou élément symbolique, cache un sens profond et prend quelquefois la couleur du mysticisme.

(1) *Voy.* l'art. 105 de notre Code forestier.
(2) *Cout. du Nivernais*, t. II, p. 134, *ap.* Journ. du Pal., année 1832, p. 1530, dern. édit.
(3) *Cf.* Creuzer, *Symbolik*, II, 1, 414 (trad. fr.).
(4) *Cf.* Creuzer, *Symb.*, II, 2, 696.

Aux climats glacés de la Laponie, les *étincelles* qu'on faisait jaillir d'une pierre, étaient le symbole de l'ardent amour qui devait présider à l'union des nouveaux époux (1). A l'époque du moyen âge, lors de l'entrée de la nouvelle mariée dans la maison de son mari, le *feu* était allumé ; et cet usage, d'après Grimm, est encore observé dans plusieurs contrées (2). En Grèce, les mères avaient grand soin de faire allumer des *torches*, au moment où la nouvelle épouse entrait dans la demeure de leur fils (3). La mère de l'épouse précédait elle-même le cortége nuptial, portant une *torche* brûlante de bois de pin (4). On voit, par les anciens statuts de Marseille, que, le jour des noces, on entretenait des *luminaires* dans l'intérieur des maisons, et, pendant la nuit qui précédait le jour où se consacrait l'union conjugale, on parcourait les rues de la ville avec des *flambeaux allumés* (5). On connaît les *legitimæ faces* des noces romaines par le rit de la confarréation, ces noces qui se célébraient ordinairement la nuit et quelquefois, mais rarement, au point du jour (6). On allumait, dit Dupuis (d'après Plutarque, *Quæst. rom.*), un nombre de flambeaux égal à celui des cinq planètes qui forment le cortége du soleil et de la

(1) Loccenius, *Antiq.*, p. 154, ap. Grimm, 431 note *; — Michelet, *Origines*, 43.

(2) Grimm, 195.

(3) Robinson, *Ant. grecques*, l. VIII, ch. x, t. II, p. 269 (trad. fr.). *Voy.* Euripid., *Phœniss.*, vers 339, *ap.* Robinson, *id.*

(4) Montfaucon, *Ant. expliq.*, t. III, part. ii, p. 218.

(5) Prætereà decernimus amodò inviolabiliter observandum, quod nullus Massiliæ, sive sit masculus, sive fœmina, de cætero audeat vel possit portare, vel facere portari aliquos *Brandones* cereos ad vigilias sponsarum : hoc excepto, quod liceat patri vel matri sponsæ, vel illi in cujus potestate esset sponsa, vel etiam vice ipsius sponsæ, habere in domo suâ *luminaria*, sicut decet, et *brandonibus* et aliis *luminaribus* uti. *Statuta Massiliensia* MSS. an. 1274, l. II ;—Ducange, *Brando*, I, 1283 ; — Fabre, *Hist. de Marseille*, II, 204.

(6) Montfaucon, III, part. ii, p. 215.

lune (1). Des *torches* résineuses de bois de pin étaient
allumées : *Manu,* — *Pineam quate tædam* (2) ; un flambeau d'aubépine était porté devant la jeune épouse par
l'un des *patrimi* ou *pronubi* (3). C'est au milieu de cet
appareil pittoresque, qui se composait encore de bien
d'autres formalités symboliques, que la jeune épouse était
conduite solennellement dans la maison nuptiale (4). Le
feu jouait encore, dans le mariage romain par confarréation, un rôle d'un caractère bien autrement symbolique ,
dont je parlerai ultérieurement (5).

Eau. — L'*eau* figure rarement dans les usages juridiques. Elle ne paraît pas avoir été employée par les
Germains, quoique l'*eau* des fontaines et des sources fût
pour eux, comme pour les Gaulois, l'objet d'un culte religieux. Le droit des Romains en fait mention dans deux
occasions solennelles, dont je m'occuperai bientôt (6). Ce
sont les peuples de l'Orient qui la font intervenir le plus
fréquemment dans le symbole juridique.

Pendant le mariage indien l'*eau* est versée dans les
mains. Mais ce n'est ni cette *eau,* ni la promesse verbale qui sont la consécration du mariage. « La formule
« prononcée, le couple marche la *main* dans la *main*, et
« le mariage est irrévocable au septième pas (7). » La

(1) *Origine des cultes,* liv. I, chap. III, t. I, p. 89 ; édit. in-4°.

(2) Catulle, LXI, v. 15, 16.

(3) Facem præfert ex spinâ albâ, dit Festus, v° *Patrimus.* Pline dit :
Spina nuptiarum facibus auspicatissima (*Hist. nat.,* XVI, 18). — *Voy.*
Montfaucon (*Ant. expl.,* t. II, part. II, p. 218);—Guérard, *Essai sur l'hist.
du droit privé des Rom.,* p. 166.

(4) C'est à cette forme du mariage romain que les solennités de la *de-
ductio domum* s'appliquent d'après Heineccius, *Ant. rom., lib.* I, *cap.* x,
n. 4, p. 127, édit. Haubold. — *Voy.* aussi à ce sujet M. Guérard, *Hist. du
droit priv. des Rom.*

(5-6) *Voy.* ci-après p. 98.

(7) Michelet, *Origines,* p. 17, d'après le *Digest of hindu Law,* II, 488.

partie essentielle de la cérémonie consiste, en effet, dans l'union des *mains*, d'où la cérémonie nuptiale tire son nom de *Panigraha*, qui veut dire union des mains (1).

L'*eau* répandue sur la terre, recueillie dans la main par l'acquéreur ou le donataire, et bue par lui, est un mode d'aliénation d'un fonds que la loi des Hindous reconnaît (2). En buvant cette *eau*, l'acquéreur fait acte de propriétaire, il s'assimile et s'approprie la chose. On connaît la demande de la *terre* et de l'*eau* que firent Darius et Xerxès aux Athéniens (3). La *terre* et l'*eau* étaient le symbole de la domination demandée par le roi des Perses. C'est encore en vertu de l'*eau* puisée dans le Danube, d'un peu de *terre* et d'*herbe* portés à Arpad par son envoyé, que celui-ci envahit la Hongrie et la revendique comme sienne par la force de ces symboles (4).

L'eau et le feu réunis. — Dans la cérémonie du mariage sacerdotal par confarréation, on plaçait, sur le seuil de la porte, du *feu* et de l'*eau* que les époux devaient toucher (5), comme symbole de la communauté qui, dans cette forme nuptiale, devait exister entre eux (6). C'est par ce symbole que l'union se consommait. De là l'expression *aquâ et igni uxorem accipere*, employée par le juris-

---

(1) Loiseleur-Deslongschamps, sur la sloca 43 du l. III des *Lois de Manou*, trad. fr. — *Livres sacrés de l'Orient*, p. 354.

(2) Reyscher, *Symbolik des german. Rechts*, p. 45; — Michelet, p. 114.

(3) Hérodote, IV, 126, — VI, 48, — VII, 32, 131; — Tite-Live, XXXV, 17; — Q. Curtius, III, 10; — Reyscher, *Symb.*, p. 32; — Grimm, 121; — Michelet, 114.

(4) Grimm, 121; — Michelet, 115.

(5) *Aquâ* et *igni*, duobus maximis elementis adhibitis, natura conjuncta habeatur, quæ res ad farreatas nuptias pertinet. Servius ap. *Æneid.*, cité par Guérard, p. 166; — Montfaucon, *Ant. expl.*, t. III, part. II, p. 218; — Guérard, *Ess. sur l'hist. du droit pr. des Rom.*, p. 166.

(6) Guérard, 167. — *Voy.* aussi p. 67 et 68, ce qu'il dit sur le mariage religieux des Sicules qui, dans son opinion, fut l'origine de la *confarreatio* romaine. — *Voy.* les notes 2 et 4 de la p. 99 ci-après.

consulte Scævola et conservée encore par Justinien pour signifier la célébration nuptiale (1). Par suite de cette formalité symbolique la femme participait avec son mari à l'usage des choses humaines et divines (2); elle devenait son égale dans le droit civil comme dans le droit religieux (3). Car, en vertu de l'attouchement de l'*eau* et du *feu*, son mari lui communiquait son droit de cité, par l'attouchement de l'*eau*, son droit religieux, par l'attouchement du *feu* (4). Par là les deux époux déclaraient qu'ils étaient préparés à souffrir ensemble la mauvaise fortune, alors même qu'ils seraient réduits à n'avoir plus que l'*eau* et le *feu* à leur disposition, le *feu* et l'*eau*, symboles de l'union intime de leur âme et de leur corps, l'âme figurée par le *feu*, dont l'origine est toute céleste, le corps que représente l'*eau*, élément tout matériel de l'organisation humaine ou cosmique (5); le *feu* et l'*eau*, symbole de la force fécondante dans la personne du mari,

(1) Virgini... priùs quàm aquâ et igni acciperetur, id est nuptiæ celebrentur. L. 66, § 1, D. lib. XXIV, tit. ɪ, *de don. int. vir. et uxor.*

(2) Mulierem nuptam quæ juxta leges sacras convenerat cum viro, Romulus participem esse voluit omnium bonorum et sacrorum. Denys d'Hal., II, 25. — Plus tard, lorsque la confarréation fut tombée en désuétude et que les plébéiens furent admis au sacerdoce, c'est de là que vint cette définition du mariage légitime donnée par Modestin : Nuptiæ sunt.. divini et humani juris communicatio. L. I, D. lib. XXIII, tit. 2, *de ritu nupt.* De là aussi la belle expression de Gordien, qui appelle l'épouse, socia rei divinæ et humanæ (l. 4, C. *de crim. expil. hered.*

(3) Guerard, p. 167.

(4) *Voy.* ce que dit M. Guerard du mariage par confarréation des Sicules, p. 67 et 68, et p. 154, où il dit positivement : « La *confarreatio* communiquait à la femme le *feu* et l'*eau*, la cité, le culte du mari. » Toutes les solennités et tous les effets de ce mariage, si ordinairement obscurs dans les auteurs qui l'ont précédé, me paraissent avoir été saisis et exposés avec une grande clarté par cet écrivain.

(5) Plutarque, *Quæst. rom.*, p. 263; —Lactance, l. II, c. x, cité ci-après ; — Dupuis, *Origine des cultes*, l. I, ch. ɪv, t. I, p. 197, édit. in-4°. — *Voy.* la note 1 de la p. suiv.

et de la matière fécondée dans celle de la femme (1) ; le *feu* et l'*eau*, éléments nécessaires de la vie humaine, principes de toutes choses, qui purifient l'esprit et qui purifient le corps (2). Quelle grande élévation poétique dans ce symbole ! Tout se réunit, ici, pour frapper l'imagination: la cité divine et la cité humaine, le ciel et la terre, le sacerdoce et l'empire, la religion et la loi civile, les mystères de la formation des êtres, les deux puissances créatrices de la nature, la pureté de l'âme et du cœur, l'association indissoluble dans la bonne et la mauvaise fortune, tout cela représenté par ces deux grands éléments, le *feu* et l'*eau* ! Il n'y a que la religion qui puisse ennoblir à ce point le symbole juridique.

Quel était l'effet de cette cérémonie, c'est-à-dire du mariage par l'*eau* et le *feu* ? Ovide dit que c'est par l'*eau* et le *feu* que la femme acquiert la qualité de *conjux* :

His nova fit conjux (Fastes, IV.)

Ailleurs il dit que c'est par l'*eau* et le *feu* que l'homme devient un *juste* époux :

Quos fecit justos ignis et unda viros.

Huberus dit que les épouses sans l'*eau* et le *feu* sont *légitimes*, mais qu'elles ne sont pas *justes* sous le rapport de la solennité ; car *justa* se prend tantôt comme synonyme de *legitima* ; tantôt comme synonyme de *solemnis* (3).

(1) Duo illa principalia (aqua et ignis) inveniuntur, quæ diversam et contrariam habent potestatem, calor et humor, quæ mirabiliter Deus ad sustentanda et gignenda omnia excogitavit... alterum enim quasi masculinum elementum est, alterum quasi femininum ; alterum activum, alterum patibile, ideòque à veteribus institutum est, ut sacramento *ignis et aquæ* nuptiarum fœdera sanciantur, quòd fœtus animantium calore et humore corporentur atque animentur ad vitam; cùm enim constet omne animal ex animâ et corpore, materia corporis in humore est, animæ verò in calore. Lactant., lib. II, cap. x.

(2) Ovide, *Fast.*, lib. IV.

(3) *Digress.*, part. 2, lib. I, c. xvii, ap. Troplong, *Influence du Christ. sur le Droit civ. des Romains*, p. 17 et 18 à la note.

Y a-t-il aussi un caractère sacerdotal dans la célèbre formule des Romains *aquæ et ignis interdictio*? Cette formule imaginée pour obvier aux inconvénients de l'ancienne constitution qui défendait de chasser de Rome ou de faire mourir un citoyen romain (1), n'avait-elle qu'un sens pour ainsi dire littéral, et ne se rapportait-elle qu'à la privation des deux choses nécessaires à la vie (2), obligeant par là le condamné à fuir la cité et à chercher ailleurs un asile? C'est l'explication suivie ordinairement. Mais il faut bien remarquer que, s'il ne s'était agi que de la défense de donner un refuge au condamné, l'interdiction du toit, *tecti interdictio*, toujours ajoutée, dans la formule, à celle du *feu* et de l'*eau*, pouvait suffire à elle seule. L'interdiction du *feu* et de l'*eau* cache un sens plus profond et me semble indiquer une véritable mise hors la loi, comme le dit ailleurs très-bien M. Grimm (3). Pourquoi, en effet, le *feu* et l'*eau* ne représenteraient-ils pas ici symboliquement ce grand et premier pénate public de Rome, Vesta, qui avait soin en même temps du *feu* et de l'*eau* (4), Vesta, qui était à leurs yeux la terre et la patrie elle-même (5)? Pourquoi encore,

---

(1) *Voy.* Cicéron, *Pro domo suâ*, xxix, xxx;—Zoesius, *Dig.*, lib. XLVIII, tit. i, p. 1224, 1225;—Heineccius, *Ant. rom.*, lib. I, tit. xvi, n° 10, p. 184, édit. d'Haubold; — Laferrière, *Hist. du Droit civil de Rome et du Droit français*, I, p. 58. — On pense que, sous les empereurs, la formule *aquæ et ignis interdictio* fut remplacée par la déportation dans une île en vertu d'une constitution d'Auguste. *Voy.* Heineccius, *loc. cit.*, p. 185; — Cujas, *Observ.*, lib. VI, cap. xxxix;—Zoesius, D., lib. XLVIII, tit. i, *de pœnis* et la loi 2, § 1 de ce titre du Digeste. Mais Haubold contredit cette opinion : il estime que, nonobstant la déportation, l'interdiction du *feu* et de l'*eau* continua à subsister après Auguste. Il cite, à cet égard, Tacite, *Ann.*, VI, xix.—*Voy.* ses notes sur Heineccius, p. 186, note *i*.

(2) Heineccius, *loc. cit.*

(3) *Deuts. Rechtsalt*, p. 194.

(4) Creuzer, *Symb.*, II, 2-701 (trad. fr.). — *Voy.* plus haut, p. 95.

(5) *Voy.* ci-devant p. 95.

en continuant d'ailleurs la même idée, le *feu* et l'*eau* ne figureraient-ils pas, comme dans le mariage sacerdotal, le droit civil et le droit divin? Pourquoi, sous cette formule, ne verrait-on pas l'absence de toute protection du droit civil, figuré par l'*eau*, du droit divin, sous l'emblème du *feu*? Livré ainsi à la merci des hommes, de la même manière que celui qui avait été déclaré *sacer* ou dévoué aux dieux, privé de tout appui de la part du grand pénate national, le condamné, à qui manquaient ainsi la patrie et les dieux, n'était-il pas obligé de fuir le territoire romain, pour se dérober à une aussi misérable condition (1)?

ART. II. — Symboles naturels vivants (les bêtes).

Les *bêtes* et leur produit (2) ne donnent naissance qu'à un petit nombre de symboles juridiques. La *Symbolique* religieuse est plus riche à cet égard. Mais cette seconde subdivision du symbolisme naturel offre cela de curieux qu'on y découvre fréquemment des vestiges de l'ancienne science augurale. Ces symboles juridiques ont, en effet, un regard direct sur le culte des animaux, contemporain du berceau du monde. On retrouve encore dans cette catégorie un nouveau point de jonction des symboles juridiques avec les célèbres symboles *astronomiques* ou *calendaires* des religions de l'antiquité païenne. Cette particularité si intéressante de la *Symbolique* du droit est spécialement représentée par l'emblème du *cheval blanc*.

---

(1) César compare à l'*interdictio ignis et aquæ* l'*interdiction des sacrifices* prononcée par les Druides contre ceux qui n'obéissaient pas à leurs sentences. Ceux que les Druides frappaient de cette interdiction étaient mis au nombre des impies et des scélérats. Il n'y avait plus pour eux ni honneur, ni justice à espérer dans la cité. *Comment.*, VI, 13. Cette analogie, indiquée par César, sert d'explication à la formule romaine et corrobore ce que j'ai dit ci-dessus.

(2) *Voy.* ci-après au mot *OEuf*.

Coq (1). — Le *coq*, cet ancien emblème de quelques tribus galliques, devint plus particulièrement, pendant le moyen âge, l'un des principaux symboles de la maison, de la famille. C'est le sens que signale M. Michelet dans cette circonstance, relevée, mais non comprise par les historiens, que, lors du siége de Calais, par l'armée française, en 1436, les Flamands, nos alliés, qui avaient pris ce siége à cœur, apportèrent avec eux quantité de meubles, de bagages et jusqu'à leurs *coqs*, pour montrer qu'ils s'établissaient à demeure sous les murs de la ville, jusqu'à sa reddition (2). Dans les *Établissements de Saint-Louis*, le *coq* désigne, en effet, le principal manoir, celui qui doit revenir à la fille aînée du gentilhomme, lorsqu'il ne laisse à son décès que des filles (3). De là peut-être l'usage de placer au-dessus du faîte des châteaux la figure d'un *coq* qui en surmonte les girouettes (4).

(1) *Voy.* au chapitre III, § 1, 4, 5, 6, et ci-après, au chap. xv, d'autres symboles pris dans le règne animal. *Voy.* aussi à l'*Introduction*, p. 82 à 86, 102 à 104 et 108.

(2) Michelet, *Hist. de Fr.*, t. V, p. 515.

(3) Livre I, ch. x, *de gentilhomme qui n'a que filles;* — Ducange, en ses *Observations*, s'exprime ainsi, au sujet du passage indiqué : «Il semble que le *cocq*, en cet endroit, est ce que l'ancienne Coustume de Paris, art. 8, appelle le *vol du chapon*, que celle d'Anjou, art. 122, réduit à une pièce de terre ou jardin près la maison, que l'aîné ou l'aînée a par préciput, qui est icy appellé héritage, jusques à la valeur de cinq sols de rente et non plus. » (P. 164 à la suite de Joinville.) Ducange n'a fait qu'entrevoir ce qui a été nettement distingué par M. Michelet.

(4) Au sujet de ces figures de *coqs* placées sur les girouettes, voici ce que dit M. Marchangy : «Sur les tours des châteaux méridionaux on voyait des *coqs* en forme de girouettes. Le simulacre de la vigilance, qu'on place encore de nos jours sur les flèches des clochers villageois, a parmi nous l'origine la plus ancienne. Le *coq* était le symbole de quelques tribus gauloises et des Visigoths établis dans notre Occitanie. Ces peuples avaient l'usage de placer l'effigie de cet oiseau sur le faîte de leurs forteresses, et cet usage se perpétua jusqu'à nous. Le droit de placer des girouettes sur un château n'appartint, dans l'origine, qu'à ceux qui, les premiers, étaient montés à l'assaut et qui avaient arboré leur bannière

Comme symbole de la vie domestique, le *coq* présente un rapprochement avec l'attribut de Minerve-Argané, adorée particulièrement à Athènes et à Samos, en qualité de déesse du travail et de protectrice de l'industrie, déesse à qui était consacré un *coq*, dont le chant annonçait le retour de l'aurore et convoquait les hommes au travail (1). C'est dans ce sens aussi qu'était expliqué le *coq* qui surmontait le casque d'une statue de Minerve qu'on voyait à Élis (2).

Coq, serpent, chien, singe. — Dans le supplice du parricide romain, ces animaux jouaient un rôle symbolique, dont le sens est jusqu'à présent incompris (3).

Chien. — Le *chien* a un rôle symbolique plus intelligible dans certaines peines infligées pendant le moyen âge, ainsi que dans la cérémonie de la fraternité d'armes (4).

Abeille. — Les *abeilles* figurent, comme attribut de l'Artémise d'Ephèse, sur les médailles de Naples et de Métaponte (5). Elles étaient empreintes sur celles des Ioniens. Les Muses, sous la forme d'un essaim d'*abeilles*, avaient montré aux Ioniens, partis de l'Attique, la route de l'Asie et les bords du Mélès (6). L'*abeille* fut, dans l'antiquité, un symbole religieux représentant la migration des âmes, car l'*abeille* n'oublie pas sa patrie, dans laquelle elle aime à reve-

---

sur le rempart ennemi. Aussi donnait-on à ces girouettes la figure d'un drapeau, et l'on y peignait les armoiries du maître du lieu. » *Gaule poét.*, t. IV, p. 294, 295, 1re édit.

(1) Creuzer, *Symbolik*, II, 2-771 (trad. fr.).

(2) Guigniaut, *Relig. de l'ant.*, II, 2-771, note 4.

(3) *Voy.* ci-après ch. xv.

(4) *Voy.* ci-après aux ch. xii et xv.

(5) Creuzer, *Symb.* (trad. fr. de Guigniaut, II, 1, 137, 142).

(6) Id.; 140.

nir (1). Cette idée a conduit à considérer l'*abeille* comme symbole des colonies (2); et c'est dans ce sens qu'il faut entendre M. Ballanche, lorsqu'il dit que l'*abeille* est l'emblème des cités futures (3). L'antiquité y rattachait aussi l'idée de la société primitive des premiers hommes (4) et c'est ainsi que sont considérées les *abeilles* issues des flancs du taureau immolé par Aristée (5). A ces deux points de vue, le symbole touche au domaine du droit, mais il revêt un caractère éminemment juridique dans la *Symbolique* égyptienne, où l'*abeille* désigne soit un roi, soit un peuple obéissant à son roi (6). De là le manteau impérial semé d'*abeilles* d'or.

Cheval blanc. — Les écrivains, les coutumes et les documents du moyen âge signalent l'importance symbolique du *cheval blanc,* comme signe de domination, de suzeraineté. C'est surtout dans les coutumes du Saint-Empire Germanique, que ce symbole de domination était jadis reçu. Aussi, lorsque, en 1377, l'empereur Charles IV (7) vint en France visiter notre roi Charles V, le roi lui envoya-t-il un cheval *morel* (bai brun foncé), évitant à dessein de le faire monter sur un *cheval blanc,* afin que l'empereur, conformément au droit et à la coutume de l'empire, ne pût invoquer, un jour, contre son hôte aucun symbole de domination; car, tel était l'usage des empereurs, lorsqu'ils entraient dans les villes de leur

(1) Creuzer, *id.*, 141, 142.

(2) Ælian., *Hist.*, V, 13 ;—Creuzer, *Symb.* (trad. fr. de Guigniaut , II, I, 141).

(3) Tome V, 315 ; édit. in-18.

(4) Creuzer (trad. Guigniaut), II, I, 141.

(5) Voy. ci-devant, ch. III, § 5.

(6) Creuzer, *Symb.* (trad. Guigniaut), I, II, 950 et note 3.

(7) Et non Sigismond , comme le dit M. Michelet, *Origines*, p. 153. Le continuateur de Nangis et le *Cérémonial françois* (t. II, p. 710) désignent Charles IV.

juridiction, de paraître sur un *cheval blanc*. Mais tandis qu'on faisait monter, avec intention, l'empereur sur un cheval noir, le roi de France qui le recevait dans ses propres domaines, partait de son palais sur un *palefroi blanc* (1). C'est aussi un *cheval blanc* que le maître forestier était obligé de fournir à l'empereur, lorsque celui-ci lui faisait savoir que son intention était d'aller au delà des monts (2). Lorsque, en 1265, le pape Clément IV donna à Charles d'Anjou l'investiture du royaume de Sicile, au nombre des conditions attachées à cette investiture, était la réserve d'un *palefroi blanc*, que Charles était obligé de présenter chaque année au Souverain Pontife, en signe de reconnaissance de la suzeraineté des papes sur la couronne des Deux-Siciles (3). La cour de Rome, en qualité d'héritière des traditions de l'ancienne Rome, paraît avoir singulièrement affectionné et cette couleur et cette forme symboliques, comme signe de suzeraineté. En 1177, le pape Alexandre III fait son entrée dans une ville de sa juridiction sur un *cheval blanc;* et le document remarque que telle était la coutume romaine (4). Jean VIII accorde à l'évêque de Pavie le droit de monter un *cheval blanc* le jour de la seconde fête de Pâques (5). En 1217, Honoré III confirme la même concession (6). A l'imitation des empereurs et de la cour de Rome, la plupart des rois, des princes et des seigneurs suzerains s'arro-

---

(1) *Continuat. de Nangis*, ap. Ducange, *Equus*, III, 119. — Christine de Pisan a rendu compte des mêmes circonstances de cette entrevue. *Voy.* le passage cité par M. Michelet, p. 153.

(2) Grimm (année 1380), p. 260 ; — Michelet, 248.

(3) Sismondi, *Hist. des Républ. italiennes*, III, 341.

(4) Itaque præparato sibi, de romano more, *albo caballo*, processionaliter duxerunt eum per mediam civitatem. *Acta Alexandri III*, an. 1177, *de ejus ingressu in urb. Jdertinam,* ap. Ducange, *Equus*, III, 119.

(5) Ducange, III, 119.

(6) Ducange, *ibid.*

gent le droit de monter sur un *cheval blanc*. Toutefois le *blanc coursier* du petit markgrave de Juliers doit être borgne (1), et celui du messager du seigneur d'Odenheim doit être *à poil blanc* et borgne aussi, comme le messager lui-même (2). Cette particularité se comprend comme critique de la vaniteuse prétention de ces petits seigneurs féodaux.

Les rois de France ont quelquefois usé de ce symbole à l'occasion de leurs entrées solennelles dans les villes de leur royaume et surtout dans les villes et pays de conquête. En 1461, après le sacre de Rheims, Louis XI entra dans Paris monté sur un *cheval blanc* (3). C'est aussi sur une *haquenée blanche*, couverte de drap d'or, que, le 5 juillet 1484, Charles VIII revint à Paris après son couronnement (4). Ce symbole ne servait pas seulement à solenniser l'entrée des rois de France dans leur capitale, ils l'employaient encore avec la même pensée, quand ils faisaient apporter à Rheims la sainte ampoule destinée à donner la consécration divine à l'autorité royale. C'est, en effet, une *haquenée de poil blanc* qu'ils envoient au religieux de Saint-Denis chargé d'apporter l'huile sainte (5). Ce symbole ne fut pas seulement usité dans le moyen âge; on le trouve surtout dans toute l'antiquité, et Rome s'en servit dans la cérémonie du triomphe. C'est aux triomphateurs romains que les princes du moyen âge l'empruntèrent pour les solennités de leur entrée dans les villes de leur juridiction (6).

(1) Droit de Francfort, an. 1485, Michelet, 246.

(2) Grimm, 257 ; — Michelet, 247.

(3) Monstrelet, III, an. 1461 ; — *Cérém. franç.*, I, 180.

(4) Jean Molinet, *Hist. des choses mémor. advenues ès Pays-Bas*, ap. *Cérém. fr.*, I, 227.

(5) C'est ce que remarquent une relation manuscrite du sacre de Charles VIII insérée au *Cérém. fr.*, t. I, p. 192, et une autre relation manuscrite du sacre de Louis XIII, insérée dans le même volume, p. 445.

(6) Ut olim triumphantium fuêre, quod docent Demsterus (lib. X, *Ant.*

Quelle est l'origine de cet usage? Il est bien évident que le *palefroi blanc* du moyen âge, et le *cheval blanc*, encore usité de nos jours, ne sont qu'une réminiscence du *blanc coursier,* monté par les généraux romains dans la grande solennité du triomphe. C'est donc l'usage romain qu'il faut interroger pour avoir le sens de ce symbole.

Une fête allégorique de l'ancienne Rome en donne seule l'explication.

Le premier jour de janvier, le consul monté sur un *cheval blanc*, vêtu lui-même d'une toge toute *blanche* et suivi d'un nombreux cortége, se rendait pompeusement au Capitole, en l'honneur de Jupiter, considéré comme dieu du soleil, à qui le *cheval blanc* était consacré, en cette qualité. Cette cérémonie avait pour objet de célébrer la fameuse guerre des Géants où Jupiter vainquit Briarée aux cent bras, c'est-à-dire l'hiver. Dans le sens de cette allégorie, dont le caractère est entièrement astronomique, le dieu vient de triompher des ténèbres de l'hiver; il commence en vainqueur une nouvelle et brillante carrière (1). De là, la couleur *blanche* du *cheval* et des vêtements du consul, allusion au *cheval blanc* dédié à Jupiter, comme auteur de la lumière, couleur qui s'explique au surplus très-bien par la pensée toute sidérique qui caractérise cette cérémonie.

Dans tout le paganisme ancien, en effet, le *cheval blanc* figure en qualité de symbole du soleil et se présente comme une allégorie sidérique, comme un signe destiné à consacrer la victoire des forces créatrices de la chaleur sur l'engourdissement de la nature pendant l'hiver, le

---

rom.), et alii criticorum sibi ; ità et principum in solemnibus in urbes ingressibus. Ducange, *Equus*, III, 119.

(1) Creuzer, *Symbolik*, II, 1-450 (trad. fr.) ; II, 2-796 (*id.*).

triomphe de la lumière sur les ténèbres, tel est le sens, et telle est l'origine du fameux *cheval blanc* de Sandacus, l'Hercule de Cilicie; du mythe célèbre de Tithon, l'un des ancêtres de Sandacus, de son aïeul Leucippus, l'*ardent* Leucippus, l'homme au *blanc coursier*, et enfin, des Leucippides de Sparte, filles d'Apollon et amantes des Dioscures aux *chevaux blancs*, qui descendaient de ce même Leucippe, dont le *blanc coursier* n'est autre chose que le cheval du Soleil, l'une des représentations symboliques d'Apollon, dieu de la lumière (1).

Le même sens se retrouve dans la cosmogonie des Hindous, à laquelle le paganisme grec fit tant d'emprunts, comme on le sait. Dans sa dixième incarnation, Vichnou paraît, à la consommation des âges, armé d'un glaive resplendissant et monté sur un *blanc coursier*. Il vient mettre fin aux crimes de la terre (2). C'est toujours l'idée de victoire, de triomphe, la pensée astronomique et calendaire, la lumière ou le bien subjuguant le mal représenté allégoriquement par la nuit, par les ténèbres; de là, la couleur *blanche*, la couleur resplendissante du *cheval* que monte la divinité indienne.

La mythologie scandinave elle-même, qu'Odin, soldat de Mithridate, initié aux mythologies asiatiques, apporta du pays des Ases, dans le nord de l'Europe, considère comme un animal sacré, le *cheval* (3), animal pur chez les anciens Perses, ces pieux sectateurs du culte du feu, ces adorateurs de la lumière (4). Mais ce

_____

(1) Creuzer, *Symb.*, II, 2-796, note 3, et II, 1-247-248 (trad. fr.).

(2) *Id.*, I, 1-190 (trad. fr.). — Le *cheval*, quelle que soit sa couleur, joue d'ailleurs un rôle symbolique très-élevé dans les saintes Ecritures des Indiens. Dans les Védas il est un emblème du *Viradj* ou de l'être primordial et universel manifesté. Colebrooke, *Notice sur les Védas*, traduction de M. Pauthier (*Livres sacrés de l'Orient*, p. 322).

(3) Marmier, *Lett. sur l'isl.* — Cf. la note 2 ci-dessus.

(4) Creuzer *Symb.*, II, 2-797.

n'est pas seulement un *cheval,* c'est surtout le *cheval blanc* qui est pour les héros scandinaves l'objet d'une vénération suprême. Ils l'immolent avec de grandes marques de respect dans leurs trois grandes fêtes religieuses (1). Ainsi s'explique l'emblème du *cheval blanc* peint sur l'étendard des deux chefs saxons qui, les premiers, s'établirent en Angleterre, emblème qui fut longtemps pour les Saxons du continent et pour ceux de cette île, même après la conquête normande, le symbole de la nationalité (2). Ainsi se justifie encore le mythe de ces deux célèbres chefs saxons qui se fixèrent en Angleterre, *Henghist* et *Horsa,* dont le nom teutonique, conforme à l'emblème national, n'est autre chose que le symbole lui-même (3).

Dans toutes ces religions, on le voit, dans toutes ces traditions mythologiques, dans ces coutumes judiciaires et dans ces fêtes et cérémonies symboliques, l'idée de conquête, de triomphe, de domination, d'autorité apparaît, toujours liée à l'idée astronomique, représentées l'une et l'autre, soit dans le culte, soit dans le droit, par la forme symbolique du *cheval* et par la couleur plus allégorique encore du *blanc* qui, dans ses rapports avec le sens astronomique, est, par excellence, la couleur de la puissance, du triomphe et de la force (4).

(1) Marmier, *loc. cit.*

(2) C'est ce que dit, dans Ivanhoë, ch. XLI, Walter Scott, si versé dans les antiquités anglo-saxonnes.

(3) En vieux saxon *henghist* signifie *étalon;* en allemand moderne *henghist* et *hore* ou *hross,* un *cheval* en général; encore aujourd'hui *rosz,* d'où, en français, *rosse,* d'après l'usage de prendre souvent en mauvaise part les mots étrangers qu'un peuple s'approprie.

(4) Au sujet du sens symbolique de la couleur *blanche,* je ne peux m'empêcher de faire ici un rapprochement avec les usages catholiques, où le *blanc* a non-seulement un sens de pureté, mais encore et plus souvent peut-être une signification de victoire, de joie et de triomphe, qui ne laisse pas que d'avoir sa raison d'être dans les vieilles allégories calendaires et d'avoir aussi sa liaison avec les symboles astronomiques du paganisme.

Agneau. — Voyez ci-après, à la section II, art. 1, aux mots *Épée, Lance,* dans une note au bas de la page.

Oiseaux. — Le symbole du *cheval blanc,* quoiqu'il ait un sens primitivement astronomique et une origine religieuse, est cependant un symbole civil et judiciaire ; car il représente l'idée d'un véritable rapport juridique. Mais il est permis de demander si le caractère juridique appartient à ces essaims de petits *oiseaux* de toute espèce, apportés en cage et dans des paniers au chœur de la cathédrale de Rheims, auxquels on donna leur volée dans l'église même, au moment où le jeune Louis XIII venait d'être sacré roi de France (1)? «Le Roy, dit une relation « anonyme, prit grand plaisir de voir ces petits animaux « voleter et chanter autour de lui (2). » Cette charmante allégorie figurait dans une fête des anciens peuples de la Floride (3). Mais on n'en trouve, jusqu'alors, en France, aucune mention publique (4). Quoique placée à la suite d'une cérémonie religieuse, elle n'en a pas moins, jusqu'à un certain degré, comme d'ailleurs cette cérémonie elle-même, une couleur juridique, par l'idée de liberté qu'elle exprime, et qui est une poétique allusion à l'affranchissement du peuple, auquel les rois de France, et surtout

(1) *Le voyage de Rheims, avec l'entière et très-exacte description, tant des cérémonies de la confirmation, sacre, couronnement, etc., que du touchement des malades du roy Louys XIII, l'an 1610, par le sieur* D. L. R. Voy. *Cérém. fr.,* I, 432.

(2) Ibid., *loc. cit.* — Il était à peine âgé de 9 ans.

(3) *Voy.* ci-devant ch. III, § 4.

(4) J'ai parcouru avec attention toutes les relations imprimées dans le *Cérémonial françois* sans trouver d'autre mention de cet usage que celle-là. Il est même à remarquer qu'une autre relation de ce même sacre de Louis XIII, imprimée en 1610, par Jean Richer et extraite du *Mercure françois,* que ce libraire publiait, ne dit pas un mot de cette circonstance. On peut voir cette relation dans le *Cérém. franç.,* p. 404 et suiv.

ceux de la troisième race, n'avaient jamais cessé de co-
opérer de toute leur puissance.

Cette allégorie a été renouvelée de nos jours à l'occasion
du sacre de Charles X, et les poëtes contemporains n'ont
pas manqué de la célébrer dans leurs vers (1).

OEuf. — L'*œuf*, émanation du symbolisme animal,
donne sa forme à quelques symboles cosmogoniques.
Tels sont, entre autres, l'*œuf* du Monde, chez les Égyptiens (2), et l'*œuf* mystérieux suspendu au fond
des temples grecs, représenté dans les croyances populaires de l'Hellénie par l'*œuf* de Léda (3). Les cosmogonies
de l'Inde (4) et de la Phénicie, admettent aussi le même
symbole (5), qui correspond toujours à l'idée d'enfantement, de production. Cette idée se retrouve dans les coutumes d'une petite république italienne, connue sous le
nom des *Sept-Communes* (le Sette Communi). Il est
d'usage, dans ce pays, qu'à une certaine époque de l'année, les jeunes filles offrent aux jeunes garçons qu'elles
préfèrent, un, deux ou trois *œufs*. Offrir trois *œufs*, équivaut à une déclaration d'amour et à une demande en mariage (6). On peut, avec raison, les appeler les trois *œufs*
des fiançailles. Ce symbole, dont le caractère est tout à
fait juridique, se rattache directement à l'*œuf* mystérieux
des cosmogonies de l'antiquité.

(1) *Voy,* ci-devant, chap. III, § 4.
(2) Creuzer — Guigniaut, *Relig. de l'antiq.* I, 2-825.
(3) Id., II, 1-309.
(4) Id., I, 1-179; I, 2-645; note G ; II, 1-13, 14.
(5) Id., II, 1-12. —On peut conférer l'*œuf* de serpent que les Druides
portaient au cou, ce talisman qui avait la vertu de faire gagner les procès et d'ouvrir l'accès auprès des grands. Pline, l. XXIX, cap. XLIV; —
Michelet, *Hist.,* t. I, p. 45.
(6) F. Mercey, article sur les *Sette comuni,* dans la *Revue des deux
Mondes,* t. XXV, p. 930..

ART. III. — Symbole naturel vivant et pensant ou symboles personnels
(l'homme).

La *personne* de l'homme avec ses *membres* principaux
et ses *gestes*, son *attitude*, son *regard*, fournit de nombreuses et de riches variétés au symbolisme juridique. Le
sexe même, s'il faut en croire un grave auteur, le *sexe* et
l'*organe de la génération*, chez la femme, sont des emblèmes juridiques.

Cette troisième subdivision des symboles naturels est
d'un grand intérêt. Elle n'a pas de rapport, il est vrai,
avec le culte des éléments et des astres, mais elle est fréquemment unie à l'histoire des mœurs publiques et à la
connaissance des usages privés des peuples.

Main. — La *main* représente la force physique et personnelle de l'homme. Elle devient dès lors le signe de sa
puissance. De là, l'usage admis presque chez tous les
peuples, d'après Vico, d'employer la *main* comme symbole du pouvoir (1).

A Rome, le fils de famille et l'esclave, pour être affranchis de la puissance du père et du maître, sont placés hors
de sa *main* (emancipatio, manumissio), et c'est par la tradition des *mains* que l'affranchissement s'opère chez les
Lombards (2). La femme romaine qui prend un mari,
tombe en sa *main* (in manu mariti).

Pendant le moyen âge, la tradition de la propriété est
consacrée par le symbole de la *main*. Pour l'acquisition
comme pour la vente, la *main* est indispensable, car ces
deux actes sont toujours suivis, l'un d'une *main mise* sur

(1) *Principj di Scienza nuova*.
(2) Sur la tradition par 4, 7 et 12 mains, *Voy*. ci-après le ch. III du
liv. II.

la chose par l'acquéreur, l'autre d'une *main levée* de la part du vendeur. Quand un sergent faisait une saisie, il posait sa *main* sur la chose qu'il voulait saisir (1).

Les hommes qui n'avaient pas le droit d'acquérir, d'aliéner, de mettre leur *main* sur une chose, étaient appelés hommes de *main morte;* c'est le sens primitif et symbolique de cette qualification, qui finit par se réduire à la défense de disposer par testament, défense qui était déjà un progrès, un adoucissement pour ces malheureux. Et comme les gens d'une infime condition sont sans pouvoir, presque toujours sans propriété, source du pouvoir, on les nomma des hommes de *basse main* (2).

Ce n'est pas seulement la puissance domestique du père de famille que la *main* a pour objet de représenter; les Romains l'appliquent en outre à la puissance politique, à la force d'un gouvernement, d'un peuple. L'expression *manus gentis* est employée dans ce sens par Tacite (3).

(1) *Somme rurale,* tit. xxxii, ch. viii; — Michelet, 130. — Cet usage vient sans aucun doute des Romains; il a été emprunté à la *manuum consertio* usitée dans la *litis vindicatio* et que les poëtes rappellent en plusieurs occasions. Ovide a dit :

Injiciam dominas in mea jura manus.

ailleurs :

Et dicam mea sunt, injiciamque manus.

Les Germains avaient imité cet usage. Le droit municipal de Magdebourg (*Weichbild*, art. 133), l'a suivi pour la revendication d'un cheval. *Voy.* Hommel, *Jurisp. num. illust.*, 185-187.

(2) Tandem rex Francorum à latere suo duos milites-*mediæ manus* homines... direxit in Angliam. Rodolfus de Diceto, an. 1186, ap. Ducange, IV, 480. — *Inferioris et infimæ manus* homo. (*Id.*, an. 1138; Ducange, *ibid.*). — Chevaliers ne doivent pas estre ensi menez com bourgés ni bourgés et gens de *basse main* com chevaliers. (Assis. de Jérusalem, ch. ii; Ducange, *ibid.*)

(3) Parva civitas, sed gloriâ ingens, veterisque famæ latè vestigia manent, utràque ripâ castra, ac spatia, quorum ambitu nunc quoque metiaris molem *manusque gentis*. Tacite, *Germ.*, cap. xxxvii. — C'est

Dans le moyen âge, la puissance de l'Église est rendue par les mots *manus ecclesiæ*, qui correspondent à l'expression romaine.

Comme symbole de pouvoir, la *main* devient le symbole de la possession (*avoir en main*); elle est aussi le signe de la condition (*gens de basse main*), comme je l'ai déjà fait observer plus haut.

Par une conséquence de ce qui vient d'être dit, la *main* représente la juridiction; c'est là peut-être le sens de la *main* sculptée qu'on voit en Allemagne sur divers monuments (1). L'ancien Coutumier de Normandie défend au créancier d'arrêter, par lui-même, le marchand ou sa marchandise, si ce n'est « par la *main* à la justice le « roi (2). » Car le créancier n'a pas le droit de juridiction sur son débiteur pour pouvoir l'appréhender par sa propre *main*.

Enfreindre la *main* du roi, c'est contrevenir à ses défenses (3).

Si la *main* est un symbole général de puissance et d'autorité, elle est plus universellement encore, comme le remarque M. Reyscher, un symbole d'alliance, d'amitié, de fraternité, de fidélité, de paix et d'hospitalité (4). Telle est surtout la valeur de la *main droite* prise isolément, ou celle de *deux mains jointes* ensemble. L'union des *mains*

---

des Gaulois Kimris établis jadis dans la Chersonèse qu'il veut parler. *Voy.* Améd. Thierry, *Hist. des Gaul.*, III, 300, première édition.

(1) C'est peut-être aussi un symbole d'alliance; *voy.* plus bas.

(2) *Établiss. et cout. de l'échiq. de Normandie*, publié par M. Marnier, page 15.

(3) *Manum regiam infringere*, qui bannum regium infringit, in aresto paris. penult. janu. an. 1319. Ducange, IV, 478.

(4) Das Schicken von rechten Hænden galt im Alterthum, wie es scheint, sehr allgemein als Symbol des Friedens und der Gastfreundschaft. *Symb.*, p. 44. — *Voy.* Montfaucon, *Ant. expl.*, t. III, p. 361. — Virgile dit: Fallere *dextras* pour fidem; Térence : per *dextram*, per fidem (*Andr.*, act. I, sc. v). — *Voyez* Troplong, *Mandat*, p. 9, n° 3.

est représentée, par Thucydide, comme un symbole de
paix entre les Athéniens et les Lacédémoniens (1). Tacite
rapporte que la tribu des *Lingones*, d'après une coutume
antique, envoya aux légions romaines plusieurs *mains
droites*, comme gage d'hospitalité et de mutuelle amitié (2). Les Romains eux-mêmes usaient aussi entre eux de
ce symbole, au rapport du même historien, qui nous apprend que le centurion Sisenna fut envoyé vers les préto-
riens, au nom de l'armée de Syrie, pour leur remettre le
symbole de la *main droite*, en signe de bonne amitié (3).
Le roi des Parthes envoie aussi auprès des Romains des
ambassadeurs qui doivent rappeler l'amitié et l'alliance
existant entre eux, et qui ont pour mission de demander
un nouvel échange des *mains* (4).

Il ne s'agit pas ici, on le voit bien, d'un symbole *parlé*;
le symbole existe réellement; il est échangé et donné de
part et d'autre. On conjecture avec assez de raison qu'il
pouvait être de bronze, d'argent ou d'or (5). Un de ces
symboles est même parvenu jusqu'à nous; c'est une *main
droite*, en bronze, de grandeur naturelle, dont le creux
porte une inscription grecque qui signifie : *Symbole donné
aux Vélauniens*, ou aux peuples du Velai (6). Cette *main*
leur fut donnée sans doute par un peuple voisin, peut-
être par les Arvernes, comme signe de quelque traité,

---

(1) *Voy.* liv. IV, 38.

(2) Miserat civitas Lingonum, vetere instituto, dona legionibus, *Dextras*, hospitii insigne. *Hist.*, I, 54.

(3) Centurionemque Sisennam, *Dextras*, concordiæ insignia, syriaci
exercitûs nomine ad Prætorianos ferentem, variis artibus adgressus
est. Tacite, *Hist.*, II, 8.

(4) Inter quæ ab rege Parthorum Artabano legati venêre. Miserat ami-
citias ac fœdera memoraturos, et cupere renovari *Dextras*. Tacite,
Ann., II, 58.

(5) Reyscher, *loc. cit.*

(6) Montfaucon, *Ant. expl.*, t. III, 2e part., p. 361, 362. *Voy.* pl. xcvii.

comme symbole de concorde ou peut-être d'union et de société. Les peuples du Velai ayant fait jadis partie des Arvernes, Montfaucon conjecture que cette *main* pourrait être un symbole donné par les Arvernes à ceux du Velai, en mémoire de ce qu'ils ne faisaient autrefois qu'un seul et même peuple (1).

C'est par application de cet objet symbolique usité entre les princes et les peuples que, dans les contrats du droit privé, l'union ou l'attouchement des *mains* avaient été considérés comme le signe d'un consentement mutuel, comme le symbole d'un pacte convenu et conclu. On donnait sa *main* comme gage de sa foi. Cette manière de contracter avait fait appliquer à la convention ainsi formée le nom de *manu datum*, qui est resté à un genre particulier d'engagement appelé encore aujourd'hui *Mandat* (2). La promesse était mutuellement donnée, le pacte convenu, au moment même où les *mains* des deux parties se touchaient et se serraient cordialement. Cette coutume, encore observée partout aujourd'hui, n'est plus nécessaire, il est vrai, à la formation du lien de droit, qui subsiste en vertu de la seule volonté des parties manifestée oralement ou par écrit; mais l'*attouchement des mains* peut néanmoins être pris encore en considération dans la recherche de la preuve du consentement (3).

Ces deux significations différentes, mais non opposées, appliquées à la *main*, d'une part comme symbole de puissance, et d'autre part comme signe d'alliance, d'amitié, de fidélité, de consentement, durent donner naissance au rit symbolique du serment féodal, qui consistait, de la part du

---

(1) Id., p. 362.

(2) *Voy.* Troplong, *Mandat*, p. 9, nº 3. — *Voy.* ci-après ch. XIV, *Symbolique du Code civil*.

(3) Reyscher, *Symb.*, p. 45.

vassal, à mettre ses *mains* entre les *mains* du suzerain (1),
à *livrer ses mains* à son seigneur ; formalité qui présente
un double sens, savoir : sens de consentement mutuel de
la part du suzerain et du vassal, qui se donnent réciproquement les *mains*, sens de soumission de la part du vassal qui, en livrant ses *mains* à son seigneur, reconnaît la
supériorité de celui-ci. De là, plusieurs locutions du moyen
âge, qui seront rapportées un peu plus loin (2) ; et de là
aussi la formule encore usitée : *prêter serment entre les
mains de quelqu'un*, quoique, ordinairement, on ne livre
plus les *mains* à celui qui reçoit le serment. Toutefois, la
convention du 26 messidor an IX, connue sous le nom de
concordat, veut encore que les évêques prêtent serment *entre les mains* du chef du gouvernement, ce qui s'exécute
encore réellement ainsi aujourd'hui (3) ; car tous les serments reçus par le roi sont prêtés de cette manière, les
mains mises entre les mains du roi. La même convention
porte que les ecclésiastiques du deuxième ordre prêtent
serment *entre les mains* des autorités déléguées par le gouvernement. Mais, à leur égard, je doute que la formalité
soit littéralement exécutée (4).

La *main nue* qu'on élève vers le ciel pour prêter serment

(1) Doit l'homme joindre ses *deux mains* en nom d'humilité et mettre
ès *deux mains* de son Seigneur en signe que tout lui voüe et promet foy.
(Bouteillier, *Somm. rur.*, l. I, tit. 81, *ap.* Ducange, III, *Hominium*, 1158);
— « et tiendra ses *mains* extendes et joyntes ensemble entre les *mains* le
seignior. » (Littleton, *Inst.*, l. II, ch. I, sect. 85 ; — Houard, *Anc. lois fr.*,
I, 108). — *Voy.* Ducange, *manum dare*, IV, 487 ; *Hominium*, III, 1157-59;
— Hommel, *Jurisp. num. illust.*, p. 172-175, pl. 68.
(2) *Voy.* ci-après p. 121, au mot *Bouche.*—De là aussi *Donner les mains*
pour consentir, adhérer.
(3) *Voy.* loi du 18 germinal an X. — *Voy.* ci-après ch. XIV, *Symbolique
du Code civil.*
(4) Le décret du 22 décembre – janvier 1790, sur les assemblées primaires, dit (art. 8) que les citoyens actifs sont ceux qui auront prêté serment à l'administration de district *entre les mains* de celui qui présidera.

est considérée comme le symbole du serment. La coutume de Reims fait du mot *main* le synonyme de serment (1).

Pied. — Dans le drame symbolique de la tradition, le *pied* joue un rôle nécessaire ; c'est en posant le *pied* sur la terre que l'homme l'occupe et se l'approprie naturellement, et c'est à la suite de cet usage symbolique, que le mot *possession* (pes-sitio) a été inventé (2). De là, sans doute aussi, pendant le moyen âge, les mots *plein pied* pour signifier la plénitude du droit de propriété (3).

A cette époque, où l'occupation matérielle était exigée comme une formalité nécessaire, il suffisait au cohéritier de *poser le pied* dans le principal manoir d'un fief dépendant de la succession pour en acquérir la possession. Il ne pouvait plus en être dépossédé, d'après les lois anglo-normandes, que par un bref du roi (4).

Bouche ; Lèvres ; Baiser. — L'art avait pris, chez les Grecs, le visage de l'homme comme l'expression symbolique de la Divinité. Le Droit ne pouvant, comme l'art, prendre pour ses usages la figure humaine tout entière, s'en est approprié les principales parties. Dans ce prêt que l'homme fait de sa propre personne aux cérémonies juridiques, la *bouche*, qui ne sert pas seulement à manifester le commandement, mais qui exprime si bien aussi les pensées d'amour que le cœur exhale, a nécessairement une application déterminée. Les Germains en avaient fait

---

(1) Cout. de Reims, art. 73 ; — Laferrière, *Hist. du Droit privé de Rome et du Droit franç.*, t. II, p. 144. — Sur l'usage d'avoir la *main nue* dans la prestation du serment, *voy.* ci-après, p. 145 et plus loin, ch. XIV, *Symb. du Cod. civil.*

(2) Possessio, quasi pedum positio. (Guy-Pape, *Cons.*, I, n° 3, p. 2). — Possessio , dit le jurisconsulte Labéon, appellata est a *pedibus quasi positio*, quia naturaliter tenetur ab eo qui ei insistit. (L. I, D. *lib.* XLI, tit. I).

(3) *Pleno pede*, dit Ducange, id est, jure pleno et certo. V, 421.

(4) Houard, *Anciennes lois franç.*, I, 378.

le symbole de l'autorité (1), le signe du pouvoir royal comme du pouvoir domestique. Le même mot (*Mund, bouche*) exprimait en même temps la tutelle, l'autorité civile et l'autorité politique (2); on disait des hommes de guerre, rangés sous le patronage d'un chef, qu'ils obéissaient à sa *bouche* (3). Pour indiquer que quelqu'un est placé sous la protection du roi, une formule de Marculfe dit qu'il est mis « sous la *parole* de sa protection, » ainsi que sous le *mundeburde* ou la *défense* du maire du palais, donnant ainsi une triple acception des mots *autoritas, sermo, mundeburde, defensio,* dont le symbole est la *bouche* (4). C'est avec le même sens que l'expression *sermo* est écrite dans la loi salique. Ce document, voulant désigner la mise hors la loi, emploie la formule *extra sermonem regis*. Le mot *sermo* n'est évidemment ici que la traduction latine du *mund* (*bouche*) des Germains, avec le sens symbolique qui a déjà été indiqué (5). M. Faustin Hélie explique le but de cette mise hors la loi, qui était destinée à frapper

(1) Aug. Thierry, *Récits mérov.*, t. II, récit II, p. 43, note 2 de la 1ʳᵉ éd.

(2) Aug. Thierry, *loc. cit.* De là, dans la basse latinité du moyen âge, *mundium* (tutela), *mundoaldus*, *mundualdus*, *mundibardus*, dont les Français ont fait *mainbour, mambour, mainbournie, mambournie,* gardien, garde, bail, tutelle, et dont les peuples de la Pouille, d'après les Lombards, avaient fait *monualdo, monoveldo.* Giov. Villani, *giunte alla sua storia,* lib. II, cap. ix, *ap.* Laboulaye, *Hist. du dr. de prop.,* p. 395. *Voy.* ce dernier, p. 391, 394, sur l'acception de ces mots, ainsi que Laurière, *Gloss.*, vⁱˢ *mambournie, mambour,* t. II, p. 88, 89 ; mais *voyez* les notes de ce dernier sur les *Institutes* de Loisel (liv. I, tit. iv, règle 1), où il rapporte les diverses étymologies du mot *mundeburdus,* dont le radical *mund* est pris par les uns, dans le sens de *défense, protection;* par les autres, dans le sens de *bouche,* parce que le tuteur a *voix et réponse* en justice pour son pupille.

(3) Aug. Thierry, *loc. cit.*

(4) Sub *sermone* tuitionis nostræ visi fuimus recepisse, et sub *mundeburde* vel *defensione* inclustris viri illius majoris domûs nostræ...—Marculf, *Formul.,* lib. I, ap. *Script. rer. gall. et fr.,* IV, 447, cité par Thierry, *loc. cit.*

(5) Tum Rex ad quem mannitus est, extra *sermonem* suum esse diju-

les contumaces. Après que trois témoins avaient affirmé le double fait de l'assignation et de la désobéissance à la loi devant le Malberg, le placité du roi prononçait l'*extra sermonem regis*, formule qui, en rendant l'accusé *forbannitus*, le frappait d'une sorte d'excommunication par suite de laquelle il était permis de le tuer dans certains cas (1).

Dans tous ces exemples, le symbole, que la *bouche* exprime, est un symbole *parlé*. Mais la *bouche* figure aussi, dans les coutumes juridiques, comme un symbole *muet* et réel.

La *bouche* est, dans l'hommage féodal, le signe de la fidélité. L'hommage était, en effet, accompagné d'un *baiser* appliqué ordinairement sur la *bouche*, ce qui avait donné naissance à diverses locutions symboliques, telles que : *être engagé de la bouche* ; *devenir l'homme de bouche et de mains de quelqu'un* ; *devoir la bouche et les mains* (2).
« C'est là, dit Guy Coquille, un symbole d'aimer et servir
« quand il n'est pas dû d'argent (3). »

Mais il n'y avait que les nobles qui fussent admis au *baiser* ; les roturiers possédant des fiefs n'obtenaient pas un pareil honneur : ils devaient la foi, le serment de fidélité, sans l'hommage (4). Le roman de la *Rose* exprime très-bien cette distinction entre les nobles et les vilains :

dicet. Lex sal. emend., c. LIX, 1.—*Voy.* Pardessus, *Comm. sur la loi salique*, corrigée par Charlemagne, fragment publié dans la *Biblioth. de l'école des Chart.*, t. I, p. 412, et F. Hélie, *Traité de l'instr. crim.*, t. I, p. 208.

(1) Sur les effets de cette sorte d'excommunication, *voy.* Faustin Hélie, t. I, p. 216, 217, 218. Cf. ce que j'ai dit ci-devant ch. III, § 6, p. 44.

(2) Et donques le seignior issue seyant luy basera. Littleton, *Inst.* l. II, ch. I, sect. 85 et 88 ; — Houard, A. L. F., I, 108 et 120.—*Voy.* Ducange, *Hominium*, III, 1155 à 1173 ; —Laurière, *Bouche et Mains*, I, 170-178. — *voy.* la note 1re de la p. 122.— Dans le serment de fidélité, le *baiser* était différent, d'après Littleton. On posait ses *mains* sur un lieu désigné et, après la prononciation de la formule, on *baisait* le lieu où les *mains* avaient été posées. Littleton, *Inst., loc. cit.*, sect. 85 et ch. II, sect. 91 ; — Houard, I, 123.

(3) *Voy.* à cet égard le ch. XIII ci-après et ci-devant p. 118.

(4) Ducange (Add.), III, 1160, 1161 ;—Laurière, *Gloss.*, I, 177, 178.—*Re-*

> Mais il m'a lors par la main pris,
> Et me dist, je t'aime moult et pris,
> Quand tu as respondu ainsi,
> Onques cette parole n'issi
> D'home *villain* mal enseignié,
> Et si y as tant gaaignié
> Que je vueil pour ton advantage
> Qu'orendroit me faces *homage*,
> Et me *baises* emmi la *bouche*
> A cui nuls *vilains homs* ne touche :
> A moy touchier ne laisse mie
> Nul home où il ait *villenie*,
> Je ni laisse mie touchier
> Chascun bouvier, chascun bouchlier,
> Ains doit estre *courtois* et *frans*
> Si homs de mi *homage prens* (1).

Le *baiser* intervenait aussi dans les fiançailles et dans les donations entre époux (2).

La *bouche* et les *lèvres* figurent encore dans les pénalités symboliques, mais leur action, quant à ce, sera expliquée ailleurs (3).

Langue. — Comme organe plus intime encore de la pensée, la *langue* a son rôle dans la symbolique judi-

---

lief de bouche, dans l'ancienne coutume d'Herly (art. 1 et 2), se disait quand le vassal ou tenant cottier reconnaissait tenir son héritage de quelque seigneur. Laurière, *hoc verbo,* II, 297. — *Voy.* la note 2 de la p. 121.

(1) *Voy.* la note 2 de la p. 121.—Pour des raisons d'honnêteté, faciles à comprendre, les femmes, lorsqu'elles étaient admises à l'hommage, étaient dispensées du *baiser.* Ducange (Addit.), III, 1161. — Littleton fait observer que la femme qui fait hommage, ne dit pas même : je deviens votre femme, *pur ces que nest convenient que feme dirra que el deviendra feme a ascun home forsque a sa baron quant el est espouse.* Inst., liv. II, ch. I, sect. 87 ; — Houard, I, 118.

(2) *Voy.* la loi 16 *de morte et Osculo,* Cod., lib. V, tit. III, *de Donat. ante nupt.;* — Perez, *in Cod.,* t. I, p. 356 ; — Ducange, *osculum,* IV, 1406 ; le même, *osclium, oscleare,* IV, 1407 ; — Laurière, *Gloss.,* v° *ousclage,* t. II, p. 167. — Sur cette application du symbole de la *bouche* et du *baiser,* *voy.* ci-après le ch. XIII.

(3) *Voy.* ci-après ch. XII.

ciaire. Elle n'intervient que dans les peines, auxquelles j'ai consacré un chapitre spécial (1).

Les *yeux*, le *regard*. — L'œil était considéré par les Romains comme un symbole de prévoyance et de vigilante attention. Ils semaient d'*yeux* les ailes de leurs génies familiers (2). Ce symbole, admis par eux dans la vie civile et dans les pratiques du culte domestique, ils le transportèrent dans le Droit. Quoiqu'ils tinssent rigoureusement, on le sait, à l'appréhension corporelle pour la validité de l'acquisition, ils décidèrent néanmoins qu'on pouvait être saisi de l'objet vendu aussi bien par les *yeux* et le *regard*, que par une détention manuelle (3). Ce *regard* avait pour eux, dans certains cas, la même force légale que si l'acquéreur avait posé le *pied* sur le terrain vendu (4).

Nous avons conservé ce symbole dans les usages de la vie pratique, auxquels fait allusion La Fontaine, dans les vers si connus de *l'Huître et les Plaideurs.*

La perte des *yeux* a un caractère symbolique dans certaines peines (5).

Mouvement des sourcils, de la bouche, de la tête, des épaules, de la main. — Le mouvement des *sourcils*, de la

(1) *Voy.* ci-après ch. XII.

(2) Creuzer, *Symb.*, II, 1, 429 (trad. fr.).

(3) Non est enim corpore et actu necesse adprehendere possessionem, sed etiam *oculis* et *affectu*. L. I, § 21, D. *lib.* XLI, tit. II, *de acq. vel amit. poss.* — Possessio, dit Hauteserre, non solâ prehensione corporali adquiritur, sed et *oculis* et *aspectu. De fict. jur.*, tract. III, cap. III, p. 106, 107. — *Voy.* la note suivante.

(4) Si vicinum mihi fundum mercato venditor in meâ turre demonstret, vacuamque se possessionem tradere dicat: non minùs possidere cœpi quàm si pedem finibus intulissem. L. 18, § 2, D. *lib.* XLI, tit. II, *de acq. vel amit. poss.* — *Voy.* la note précédente. — La *traditio longâ manu* se rattache à ce symbole.

(5) *Voy.* ci-après ch. XII.

bouche, de la *tête*, des *épaules*, de la *main*, sert à faire connaître l'intention sans proférer un seul mot. On y trouve autant de modes juridiques de manifester sa pensée. Ces gestes ont un caractère symbolique et forment une langue commune à toutes les nations (1). La loi romaine les avait accueillis d'une manière toute spéciale (2). Aujourd'hui encore les gestes remplacent la parole et ont le même effet que le mode oral de manifestation de la pensée (3).

Cheveux; *Chevelure*. — Chez les Germains, la *chevelure* n'est pas seulement le symbole de la race royale des Mérovingiens, elle est encore, d'une manière générale, l'emblème de la liberté et du commandement (4). Du temps des Mérovingiens et même beaucoup plus tard, dans le onzième siècle, l'enlèvement des cheveux accompagnait, comme signe d'infamie, la peine judiciaire de l'homicide ou de la trahison (5). Aujourd'hui les hommes condamnés à la peine capitale et aux travaux forcés ont tous la tête rasée.

Attitude. — L'*attitude* de l'homme et son maintien forment un symbole véritable. C'est un signe d'infériorité, de déférence, que de se *mettre à genoux* comme le faisait le vassal devant son seigneur alors qu'il lui prêtait foi et hommage, tandis que le seigneur était *assis*. C'est encore un signe d'infériorité que de se *tenir debout* et *découvert*, comme le font encore aujourd'hui les fonctionnaires,

---

(1) *Voy.* ci-devant le ch. v et ci-après l. II, ch. III.

(2) *Voy.* les notes 3 et 4 de la page précédente.

(3) Troplong, *Mandat*, p. 102, 103, n° 102. — Annuens *capite* vel *humeris* censetur mandare. Baldus, *Cons.*, ap. Troplong, *loc. cit.*

(4) *Voy.* ci-après liv. II, chap. III.

(5) Gregor. Turen, *Hist.*, lib. V, cap. XL;—Aug. Thierry, *Nouv. lett. sur l'hist. de France*, 7e lettre (*Revue des deux mondes*, t. XXVIII, p. 213);— Charte communale de Saint-Pierre-de-Worms, an. 1024, ap. Laboulaye, *Hist. de la prop.*, appendice, p. 529. — *Voyez* ci-après ch. XII.

les témoins et nos jurés, dans la prestation du serment (1). Montesquieu remarque que le Sénat, qui avait fait tant de concessions à César, perdit patience un jour que César négligea de se *lever* pendant qu'on lui déférait certains honneurs (2).

Geste. — *Voyez* ci-devant aux pages 123 et 124, *mouvement des sourcils, de la bouche, de la tête, des épaules, de la main.*

Organe de la génération; Sexe. — Hérodote dit que Sésostris, roi d'Égypte, roi conquérant, érigeait des colonnes dans les pays qu'il avait soumis à sa domination. Sur ces colonnes il faisait inscrire son nom en indiquant qu'il avait vaincu tel peuple. Lorsqu'il avait subjugué un pays sans livrer bataille, il faisait ajouter sur la colonne les *parties naturelles* de la femme, emblème de la lâcheté de ces peuples. Hérodote avait vu et remarqué cet emblème sur quelques-unes de ces colonnes (3). C'est sans doute à ce passage que Vico fait allusion, lorsqu'il dit que, dans les temps héroïques, ceux qui appartiennent à la classe héroïque se considèrent exclusivement comme des *hommes*, regardant les plébéiens comme des *femmes*, êtres faibles et débiles, qui deviennent ainsi, par leur *sexe*, l'emblème d'une classe sociale (4). Cette donnée est acceptée par M. Ballanche, qui y voit l'explication des Ménades, des Amazones (5). Mais M. Ballanche va plus loin, les *mulieres* de la loi des Douze Tables, ces *mulieres*, auxquelles la loi interdit de se déchirer le visage lorsqu'el-

---

(1) *Voy.* au chapitre XIV, sur la Symbolique des Codes français, *Code d'inst. crim.*

(2) *Grandeur et décad. des Romains*, ch. XI.

(3) *Hist.*, liv. II.

(4) *Plebei*, ch'essi avevano tenuti per *femmine*; a petto de' quali essi si tenevano e si chiamavano *viri. Scienza nuova*, lib. V, *Ricorso che fanno le nazioni.*

(5) *Palingénésie*, réflexions diverses, t. IV, p. 393, 394, édit. in-18.

les vont aux funérailles, il veut qu'elles soient un emblème
des plébéiens, qui allaient aux funérailles du patron (1).
A ce titre, le mot *mulier* représente, non une femme, mais
un individu frappé du caractère passif, ne faisant point
partie de la cité, ne jouissant pas des droits civiques (2).
Pour corroborer encore sa conjecture, M. Ballanche
ajoute qu'il faut prendre dans le même sens le mot *mulier*
de la loi qui défend aux femmes de boire du *vin* (temetum), le *vin* étant ici l'emblème des droits civils, le *vin*
civil, dénié aux profanes, interdit à celui qui n'est pas
citoyen (3). C'est encore un passage d'Hérodote, qui a
pu suggérer cette dernière conjecture à M. Ballanche,
lequel, d'ailleurs, n'indique aucune de ses sources. Les
Scythes se réunissaient annuellement à un grand festin,
où l'on servait du *vin* mêlé d'eau. Ceux qui avaient tué
des ennemis buvaient de ce *vin*; ceux qui n'avaient rien
fait de semblable n'en goûtaient pas (4). Le *vin* est ici
l'emblème du courage. Il est possible qu'il ait aussi joué
un rôle symbolique dans les cérémonies de l'initiation des
religions de la gentilité, comme il en remplit un très-
élevé dans les mystères de la religion chrétienne. Mais
a-t-il été l'emblème du droit de cité chez les premiers
Romains? Ce n'est que par l'effet d'une conjecture plus
qu'aventureuse, que M. Ballanche a pu avancer une
pareille assertion; car les auteurs latins et les commentateurs parlent tous des mots *mulier* et *temetum* dans

(1) Molieres cenas (genas) ne raduntod neive lesom fonereis ercod habentod. X, 3 et 4, ap. Giraud, *Introduct. hist.*, p. 499.

(2) Ballanche, tom. V, p. 31, 54, 55, 56, 74.—Sur cette théorie de M. Ballanche et de Vico, Cf. ci-après mon ch. XII, dans le passage relatif au
costume comme signe symbolique.

(3) Tom. IV, p. 262; t. V, p. 55; t.VI, p.161, 249. — Si cette conjecture
était vraie, ne pourrait-on pas y rattacher le *vin*, que, dans le moyen-âge,
on offrait aux nouveaux échevins, aux autorités, au gouverneur de la
province, et qui se conservait à la maison commune?

(4) *Hist.*, liv. IV.

leur sens naturel. Aucun, du moins à ma connaissance, n'a donné à ces mots une signification symbolique. Il en est de même du mot *mulieres* dans la cérémonie des funérailles. Les anciens, il est vrai, expliquent, dans un sens emblématique, la défense de se déchirer le visage. Cette coutume, d'après Varron, est une image des sacrifices humains qui se consommaient primitivement sur la tombe des hommes puissants, où l'on immola d'abord des prisonniers, des esclaves, immolations remplacées ensuite par un combat de gladiateurs, et enfin, en dernier lieu, par des femmes qui venaient se déchirer les joues, qui en tiraient quelques gouttes de sang, pour payer ainsi la dette des dieux infernaux, *ut sanguine ostenso inferis satisfieret* (1). Voilà la partie emblématique de la cérémonie ; mais rien n'indique que ce rôle fût rempli par des hommes, par des plébéiens et non par des femmes, *mulieres*. Les femmes ont pu être substituées, à l'époque de la loi des Douze Tables, aux captifs, aux esclaves des temps primitifs, comme les quelques gouttes de sang qu'elles tiraient de leurs visages avaient été substituées aux antiques immolations humaines ; sous ce rapport, les femmes, *mulieres*, pouvaient tenir la place des anciens captifs ; mais le mot n'a pas pour objet de figurer une classe d'hommes, plébéiens ou esclaves: tout indique que ce mot exprime naturellement des personnes du sexe féminin, qui assistaient réellement à la cérémonie, où elles remplissaient le rôle dont il vient d'être parlé. Ce langage symbolique, cette figure tirée du sexe pour désigner une classe de personnes, me semble appartenir à une époque beaucoup plus primitive que celle où la loi des Douze-Tables fut écrite ; elle remonte à un temps où le

---

(1) *Voy.* Rosinus, *Antiq. rom.*, *cum notis Demsteri*, lib. V, cap. xxxix, p. 480, 481; lib. VIII, p. 599, 601, 606; édit. in-f°. *Lutetiæ Parisior.* — Cf. sur ce point ce que dit M. de Maistre, sur les sacrifices, ch. ii.

Droit ne s'écrivait point encore ; et si cette expression avait été transmise aux Décemvirs par la tradition, comment admettre que les plébéiens, déjà puissants à l'époque de la loi des Douze-Tables, eussent permis qu'on les outrageât du nom de *mulieres* dans la loi même qu'ils venaient d'arracher à la mauvaise volonté du Patriciat?

Cœur. — Dans tous les temps et peut-être chez tous les peuples, le *cœur* a été considéré comme le symbole de l'amour, de la conscience, de la vérité ; chez les nations modernes, il est, en outre, l'emblème de l'honneur. Les chrétiens font leurs dévotions au *cœur* de Marie, au *sacré cœur* de Jésus, symboles d'amour et d'indulgence pour l'homme si sujet au péché. Autrefois, en France, les prêtres catholiques et les autres personnes engagées dans les ordres sacrés, au lieu de lever la main ou de la mettre sur l'Évangile pour prêter serment, comme le faisaient les laïcs, la plaçaient sur leur *cœur* (ad pectus) et juraient dans cette attitude (1) : « distinction belle et touchante, « dit M. Victor Hugo, qui veut dire que le *cœur* de tout « prêtre est un exemplaire de l'Évangile (2). » Aucune loi moderne n'ayant réglé la forme du serment prêté par les témoins, c'est souvent encore de cette manière que le prêtre catholique, appelé en témoignage, prête serment devant les tribunaux français.

Mais notre Code d'instruction criminelle a consacré plus explicitement la forme symbolique du *cœur*. C'est la *main placée sur son cœur*, que le chef du jury prononce le verdict, expression de l'honneur et de la conscience (3).

A l'époque du moyen âge on trouve, à Lyon, d'anciens contrats où deux amis s'adoptent l'un l'autre, mettant en

---

(1) Denisart, v° *Serment.*

(2) Le *Rhin*, II, 418.

(3) Code d'instruction criminelle, art. 348. — *Voyez* ci-après ch. XIV, *Symbolique du Code d'instruction criminelle.*

commun leur fortune et leur vie. Après la rédaction du contrat, devenus ainsi frères adoptifs, ils s'envoyaient des *chapeaux de fleurs* et des *cœurs d'or* (1).

Sang. — Le *sang*, comme symbole parlé, est signe de haute justice (2). C'est dans ce sens que la Coutume de Saint-Omer (art. 7) dit que les *viscontiers ont le* SANG *et le larron, est à savoir connoissance de meslée de débat fait à sang courant, et du larron pris en icelle seigneurie, posé qu'il doive être pendu et étranglé* (3). C'est aussi dans ce sens que la Coutume de Vienne (art. 5) dit que *la connoissance du* SANG *et du larron* appartient au seigneur vicomtier. C'est dans ce sens, enfin, que, dans les anciens titres, avoir le duel judiciaire, c'était avoir le *sang* ou la haute justice (4).

Le *sang* est encore l'emblème de la parenté : *frère de demi-sang*, frère utérin (5).

Le *sang* est un symbole réel dans les serments d'amitié, d'alliance, dans la fraternité d'armes, où l'amitié, l'alliance étaient consacrées, chez les anciens Scandinaves, chez les Arabes, chez les Scythes, en mêlant ensemble le *sang* des contractants, qu'ils buvaient réciproquement (6). Ce symbole se lie à celui de la parenté. En buvant le *sang* l'un de l'autre, on devenait frère, parent du même sang.

Les Romains, au rapport d'Aulu-Gelle (7), faisaient

---

(1) Michelet, *Hist. de France*, II, 89.

(2) *Petit Glossaire du Droit français*, à la suite des *Institutes* de Loysel, par MM. Dupin et Laboulaye, v° *Sang*.

(3) Laurière, *Gloss.*, v° *Sang* ; t. II, p. 345.

(4) Ibid.

(5) *Petit glossaire* de MM. Dupin et Laboulaye, *loc. cit.*

(6) Salluste, *Catilina* ; — Joinville, *Hist. de saint Louis*, p. 94, édit. de Ducange ; — Ducange, 21ᵉ Dissertation à la suite de Joinville, p. 260, 261. — Duméril, *Hist. de la poésie scandinave*, p. 126, note et p. 254 ; — Marchangy, *Gaule poétique*, t. II, p. 228 et t. VI, p. 115, de la première édition.

(7) Liv. X, ch. VIII.

saigner les soldats qui avaient commis quelque faute. Le *sang* est ici le symbole de la force, principale qualité du soldat. C'était le dégrader, dit Montesquieu, que de l'affaiblir (1).

SECTION II.

SYMBOLES ARTIFICIELS.

Les productions spontanées de la nature, quelque richesse qu'elles présentent pour la création des symboles juridiques, ne suffisent pas à ce besoin de variété qui tourmente l'imagination de l'homme. Il y ajoute un nouveau contingent formé des produits de l'art et qui porte dès lors le nom de symbolisme *artificiel*. Telle est la deuxième division des symboles juridiques.

Les symboles de cette division forment quatre subdivisions, savoir :

1° Les Symboles *artificiels*, qui se lient étroitement aux symboles *naturels* tirés de la *personne* de l'homme, de la *forme* humaine, où le *rapport* et la *forme* s'unissent et se confondent tellement que cette subdivision n'est réellement que le corollaire des *Symboles personnels*.

2° Les Symboles *artificiels*, dont la *forme* est en *rapport* évident avec l'objet figuré ;

3° Les Symboles *artificiels*, dont la *forme* est sans *rapport* connu ou évident avec la chose ou l'idée représentée.

4° Les Symboles *en action*, qui n'existent comme Symboles qu'à cause de leur *forme dramatique*.

ART. I. — Symboles artificiels liés aux symboles personnels (2).

L'homme a prêté ses divers *membres* et ses divers *orga-*

---

(1) *Grandeur et décadence*, ch. II.

(2) V*oyez* ce que j'ai dit sur ces symboles personnels, p. 67 et p. 113 et suivantes. — L'idée de cette subdivision est en germe dans les *Origines* de M. Michelet, p. 136.

nes à la matière des Symboles. Il y a mis sa *main*, son *bras*, son *pied*, sa *chevelure*, etc. La *main* saisit le *bâton*, la *verge*, la *baguette*, l'*arc* et l'*épée*. Elle lance la *flèche*, agite l'*étendard*, soutient le *drapeau* et la *bannière*. Elle brandit la *hache*, la *lance*, la *pique*. Elle guide la *charrue*. La *main* porte le *sceptre*, le *bâton de commandement et de justice*. Elle sert à prendre le *mouchoir*. Elle est couverte du *gant*. Elle tient le *bouclier*, l'*écu*, que le *bras* supporte. Au *doigt* brille l'*anneau* du mariage, la *bague* du doge de Venise, du duc de Normandie et des évêques. Ce sont là tout autant d'objets qui ont un rôle symbolique dans le Droit et qui, bien que façonnés par l'industrie de l'homme, se lient étroitement à sa *personne* par l'usage journalier que l'homme en fait.

Le *pied* chausse la *botte* et le *soulier*. La *chevelure* est retenue captive sous une *toque*, sous un *bonnet*, un *casque*, un *chapeau*. La *tête* porte la *couronne*. Aux *épaules* est attaché un *manteau*. La *ceinture* serre la *taille*. Le *voile* cache le *visage*.

Au nombre des objets symboliques usités dans le droit, on voit figurer aussi toutes les diverses parties du *vêtement*, et notamment la *chemise* si intimement liée à la personne humaine. Le *costume* tout entier est quelquefois un symbole. Le *lit* sur lequel l'homme repose, la *selle*, où il se place en montant à cheval, sont aussi des symboles qui se rattachent à sa *personne*.

Plusieurs des choses symboliques de cette subdivision, telles que la *verge*, la *baguette*, le *bâton*, etc., peuvent revendiquer deux filiations. Ces objets tiennent à la *terre* par leur origine (le *bâton*, la *verge*, etc., rameaux travaillés), à la *personne* de l'homme par l'usage qu'il en fait et en même temps par la forme qu'il leur donne. Mais le symbole de la *terre* et celui de la *personnalité* humaine se confondent en tant que symboles *naturels*; de là, dans

17

cette subdivision des Symboles *artificiels*, tous ces objets qui sont une émanation, non pas directe, mais médiate de la *terre;* de là aussi, une nouvelle liaison entre les symboles *naturels* et les symboles *artificiels*, l'unité dans la dualité (1).

Bâton; verge(2); *baguette*(3); *sceptre.* —La *verge*, la *baguette*, le *bâton*, le *bâton* surtout, furent longtemps usités dans la transmission de la propriété(4). Ce symbole, lorsqu'il était joint au *rameau* enfoncé dans la *motte de gazon*, représentait le droit et la puissance du maître sur la chose, sur les serfs (5). La *verge* ou le *bâton* étaient joints à l'acte écrit et conservés avec soin. On les brisait quelquefois, après la formalité, en les coupant par le milieu, et chaque partie contractante en prenait un morceau en témoignage de la convention(6). Cet usage remonte à l'antiquité grecque (7). Le bris du *bâton* ou de la *verge* pouvait signifier quelquefois, dans le moyen âge, le sentiment du vendeur qui se séparait de sa chose sans regret (8). Le bris de la *verge* indiquait aussi la rupture du lien juridique, la dépossession, ce qui s'appelait *exfestucare*, *exfusticare*, de *festuca* ou *fustis* (9). La renonciation des Francs Saliens à

(1) J'ai signalé une première liaison de ce genre entre les symboles en action qui sont tels par leur forme et les symboles naturels, dont la forme établit aussi le caractère distinctif. On voit que la liaison continue à l'égard des symboles artificiels qui sont classés, non plus d'après leur forme, mais d'après leur rapport.

(2-3) *Voy.* ci-après p. 135 et ci-devant au mot *Paille*, p. 79, 80.

(4) Ducange, *Investitura per baculum, per fustum;* — Pasquier, *Recherches*, l. VIII, ch. LVIII; — Houard, *Anciennes lois*, t. I, p. 101.

(5) « Cum *baculus* ac *virga* domini in suos ac res suas jus et potestatem denotet.» Ducange, *Investitura*, III, 1521.

(6) Ducange, *id.*, 1522.

(7) Robinson, *Ant. grecq.*, t. II, l. VIII, ch. XXI, p. 362 (trad. franç.) —*Voy.* ma note J à la fin du volume.

(8) Ducange, *id.*, 1522, 1524.

(9) Houard, *Anciennes lois*, t. I, p. 101 ; — Pasquier, *Recherches*, l. VIII, ch. LXVIII.

une succession se faisait, par le renonçant, en le déclarant à haute voix et en brisant sur sa propre tête quatre *bâtons* de bois d'aulne (1). La dissolution d'une réunion judiciaire était indiquée par la même action symbolique de la rupture d'une *verge* (2); et aux obsèques des rois de France, lorsque toutes les cérémonies sont terminées, le grand maître brise son *bâton* sur la fosse, en criant trois fois : *Le roi est mort !* Ce n'est qu'après cette formalité qu'on commence à crier : *Vive le roi* (3) !

Le *bâton* ou la *verge* sont le signe ordinaire du commandement; d'où le *bâton* ou *la verge de justice* (4), le *bâton* des maréchaux de France, les *faisceaux* consulaires, la *verge* des sergents et huissiers, emportant soumission et obéissance de la part de ceux qui en étaient touchés (5). De là aussi l'affranchissement par la *verge* (*vindicta*) (6). Le *sceptre* royal n'a pas d'autre origine.

(1) Ducange, *fustis, jactus; — Lex salica*, tit. LXIII, § 1 ; — Michelet, *Origines*, page 126.

(2) C'est ce qui a eu lieu récemment en Angleterre, où les anciens usages symboliques se sont perpétués. Après la prononciation de la sentence par la Chambre des lords, constituée en cour de justice, l'huissier de la verge a brisé la *baguette* de commandement, en signe de dissolution de la commission. (Séance du 16 janvier 1841; affaire du comte de Cardigan ; *Gaz. Trib.*, 20 février).

(3) Pasquier, l. VIII, ch. LVIII.

(4) *Cout. de Normandie*, ch. XII; — Laurière, *Gloss.*, t. II, p. 445.

(5) Ordon. de Moulins, de 1566, art. 31; — Édit d'Amboise, de 1566, art. 6 ; — Règlement pour le présidial de Bourges, du 14 août 1617, article 19 (*Recueil* de Néron); — Laurière, *loc. cit.*

(6) La loi *Junia Norbana*, sous Tibère (an de Rome 772), avait placé dans un rang inférieur à celui de citoyen romain les esclaves, qui n'avaient pas été affranchis par la forme solennelle de la *vindicte* ou par celles du testament ou de l'inscription sur les registres du cens. (Gaïus, l. I, § 17, 22; et l. III, § 56 ; — Ulp., *Fragm.*, t. I, § 6, 7, 8 et 9; — Troplong, *Influence du christ. sur le droit civ. des Rom.*, p. 159). — La forme de l'affranchissement *per vindictam* avait été la plus usitée au temps de la jurisprudence classique; elle était compliquée d'un certain nombre de formalités. Les livres qui expliquaient ces formalités n'avaient pas même été conservés. Cette forme était tombée en désuétude au temps de Jus-

Arc ; *Flèche.*—L'*arc* et les *flèches* qui jouent un si grand rôle dans la *Symbolique* religieuse, où ces objets ont une signification qui se rapporte aux divinités solaires ou lu-naires, sont usités, dans la *Symbolique* du droit, comme signes de la force, de la puissance, du génie guerrier. Chez les Indous, une fille de la classe militaire qui se marie avec un brahmane doit tenir une *flèche*, à laquelle son mari doit en même temps porter la main (1). Chez les anciens Perses l'*arc* était le symbole de la royauté, de la puissance. Sur les monuments de Persépolis, on voit cette arme dans les mains du monarque (2). Homme fort, homme de l'*arc* étaient synonymes ; c'était la dénomination des hommes composant la troisième des quatre dynasties pri-mitives de l'ancienne Perse (3). On connaît l'*arc* de Nem-rod le fort chasseur ; et l'on se rappelle les cinq *flèches* que les Scythes avaient mises au nombre des présents symboliques qu'ils envoyèrent à Darius.

La *flèche* et l'*arc* servirent chez les Normands à la tradi-tion d'un fonds de terre. Ils transportèrent cet usage en Angleterre après la conquête (4). Chez les Germains et particulièrement chez les Lombards, la *flèche* servit dans la solennité de l'affranchissement (5). J'expliquerai plus tard le sens et l'effet de ce mode symbolique dans cette céré-monie (6).

Epée ; *lance* ; *javelot* ; *pique* ; *hache.*—Chez les Romains

tinien, qui en parle plusieurs fois avec mépris, notamment dans la Novelle 81. (*Voy.* Giraud, *Hist. du Droit franç. au moyen âge*, t. I, p. 319).

(1) *Lois de Manou*, liv. III, sl. 44 (*Livres sacrés de l'Orient*, p. 354).

(2) Hérodote ; — Creuzer (trad. de Guigniaut, I, 1, 314, note 1).

(3) Creuzer (Guigniaut), *ibid.*

(4) Galland, *Franc-alleu*, ch. xx, p. 316.

(5) Grimm, *Deuts. Rechtsalt.*, p. 162, 332 ; — Ducange, *Manumissio,* IV, 473.

(6) *Voy.* ci-après, p. 139, 140, et *voy.* aussi, sur l'origine de ce sym-bole chez les Lombards, le ch. III du liv. II.

la *lance*, qui avait été pour les Sabins primitifs, dans l'ordre religieux, le fétiche de la guerre, le symbole du redoutable Mamers, du père *Curis* ou *Quiris* (1), fut, dans l'ordre des idées juridiques, le symbole du domaine quiritaire, acquis à la guerre. La *verge*, dans la procédure des *actiones legis*, représente la *lance* souveraine, image du combat (2). Les ventes publiques se font *sub hastâ*, d'où notre ancien droit a pris les mots *subhastations, criées et subhastations, subhaster*, employés dans le sens de ventes publiques (3). C'est en jetant sur le sol ennemi une *javeline* que le Romain termine les cérémonies de la déclaration de guerre. Il en est de même chez les anciens Grecs (4). Dans l'Algérie les intentions hostiles ou amicales des tribus, les unes à l'égard des autres, se manifestent par l'échange ou la reprise du *Mezrag* (la *lance*). Donner le *Mezrag*, c'est donner un gage d'alliance ou de fraternité; quand on

---

(1) *Curis* ou *Quiris*, en sabin, *lance, pique*. C'est l'étymologie de *Cures, Quirinus, Quirites*, etc.; racine *Cur, Queir*, d'où l'allemand *Krieg* (guerre) et le français *cri, guerre*. La syllabe radicale *Cur* paraît, au surplus, avoir eu des sens fort divers. On la retrouve dans *Curiatius*, les *Curiaces*, patriciens comme les Horaces, dans les *Curions*, chefs des *Curies*, où dominaient les patriciens. *Voy.* Creuzer — Guigniaut, t. II, 1re partie, l. V, ch. i, p. 399; ch. iii, p. 437, et note 2; ch. v, p. 492, 495, note 8.

(2) Gaïus, *Inst.*, IV, 16 : « In centumviralibus judiciis *hasta* præponitur. » La *lance* était dressée devant le tribunal des centumvirs, juges des questions de propriété. — *Voy.* à ce sujet Laferrière, *Hist. du Droit civ. de Rome et du Droit fr.*, t. I, p. 115 et p. 320. — « *Festucâ*... autem utebantur quasi *hastæ* loco, signo quodam justi dominii. » (Gaius, *loc. cit.*).

(3) Cujas, lib. X, Cod. tit. iii, *de fide et jure hastæ fiscalis;* — Ragueau et Laurière, *Gloss.*, vº *Subhaster;* — Denisart, vº *Subhastations*.

(4) Robinson, *Antiq. grecq.*, t. II, p. 142 (trad. fr.). Mais les Athéniens avaient à cet égard une coutume particulière : ils lançaient un *agneau* sur le territoire ennemi, pour désigner par là que ce qui était encore habité par les hommes ne serait bientôt plus qu'un emplacement solitaire, destiné à la vaine pâture (*id.*).

le reprend, on rompt l'union ; c'est une déclaration d'hostilité (1).

Dans le moyen âge, nos anciens rois, en montant sur le trône, recevaient une *lance* ou un *javelot* comme signe de leur pouvoir. Le roi Gontram met une *lance* dans les mains de son petit-fils Childebert, en lui disant : C'est là le signe de la tradition de tout mon royaume, que je fais à ton profit ; va donc, et, en vertu de ce symbole, prends possession de tous les lieux auxquels je commande, comme t'appartenant en propre (2). La *lance* n'est pas seulement le symbole de l'autorité suprême, elle est encore, en France notamment, le symbole de la propriété féodale. Le royaume de France et les fiefs, dans l'origine, ne tombent point en *quenouille*, leur héritage appartient à la *lance*; d'où cette maxime : *l'hérédité passe de lance en quenouille* (hereditas a lanceâ ad fusum transit), pour exprimer que la fille est admise à la succession du fief (3).

Dans le mariage romain par coemption, où la femme tombait sous la main du mari et devenait sa propre chose, on retrouve encore l'usage de la *lance*, du *javelot,* ce symbole de la conquête, de la domination, et, par opposition, de la captivité. On séparait les cheveux de la mariée avec le fer d'un *javelot*, destiné, ainsi que la cérémonie toute mercantile du *Libripens*, à rappeler la condition d'assujettissement qui fut le triste partage de la femme romaine et principalement de la femme plébéienne (4). Une for-

(1) *Publications sur l'Algérie* par le ministère de la guerre.—Voy. *Gazette des Trib.*, 18 janvier 1843.

(2) Greg. Turon., l. VII, ch. III, *apud* Houard, *Anc. lois fr.*, t. I, p. 109, note 6. — *Voy.* Michelet, *Origines,* p. 13.

(3) Ragueau et Laurière, *Gloss.*, v° *Hoir de quenouille. Voy.* ce qui est dit à la page précédente pour les Romains.

(4) Creuzer rattache l'origine de ce rit symbolique aux cultes tout guerriers des anciens Sabins et des Samnites, lesquels représentaient avec une *lance* leur Junon — *Curitis* ou *Quiritis,* qui, on le sait, dans les religions italiques, présidait aussi aux mariages. J'ai suivi ici l'opinion de

mule lombarde du douzième siècle nous montre le fiancé donnant au Comte, chargé de présider au mariage, un manteau, une *lance* et un bouclier pour le prix du *Mundium* de sa fiancée. Le Comte retient la *lance* et l'*écu*, rend au mari le manteau, en lui donnant le *mundium*, c'est-à-dire le droit marital sur la personne et les biens de la femme (1). Les fiançailles lombardes se font par l'*épée* et par le *gant* (2), par l'*épée* et la *chlamyde* (3). Chez les Frisons, on porte une *épée* nue devant le cortége des nouveaux mariés à leur entrée dans la maison conjugale. Un *glaive* est mis en travers de la porte pour en fermer l'accès à l'épousée, qui est obligée d'acheter l'entrée par un présent, en passant sous cette terrible *épée* des noces, qui est là pour lui rappeler le droit du mari, si elle manque à la foi promise (4). Ainsi, chez les Romains comme chez la race germaine, tout, dans le mariage primitif, rappelle à la femme l'idée de son infériorité, de son assujettissement, de la conquête faite par le mari et consacrée par le fer de la *lance* et de l'*épée* (5).

L'*épée* sert encore de symbole dans le commandement militaire chez les anciens Francs (6). C'est par l'*épée* qu'on

---

M. Guerard (*Hist. du Dr. privé des Rom.*, p. 176, 183, 185). Cette opinion, combinée avec l'origine religieuse indiquée par Creuzer, qu'elle n'exclut pas, me semble la plus rationnelle. Les anciens, au surplus, étaient loin d'être fixés sur le sens de cet usage. — *Voy.* Creuzer — Guigniaut, t. II, 2ᵉ partie, 1ʳᵉ section, l. VI, ch. II, p. 619, 620.

(1) Canciani, *Form. antiq. ad usum regni ital.*, l. CXXVI ; — Laboulaye, *Hist. de la propriété*, p. 501 ; — Grimm, p. 431.

(2) « Per istam *spatam* et istum *vuantonem* ego sponso tibi Mariam mundualdam de palatio. » (Formule citée).

(3) « Tunc *gladius* cum *chlamyde* tenditur. (*Id.*)

(4) J. Grimm, *Deuts. Rechtsalterthüm.*, p. 167 n. 6 ; — Michelet, *Origines*, p. 31.

(5) *Voy.* une autre appréciation du symbole des armes dans le mariage germain, au ch. III du liv. II ci-après.

(6) Houard, *Anc. lois fr.*, t. I, p. 110, à la note, p. 129, note 5.

était admis chevalier (1), qu'on recevait l'investiture d'un royaume (2); et de là, dans le sacre des rois de France, l'usage de tirer hors du fourreau l'*épée* du roi, dont il est ceint par l'archevêque (3). C'est aussi par l'*épée* que les droits d'un comte ou d'un duc se trouvaient conférés (4). Dans l'investiture du duc l'*épée* figurait le commandement militaire (5). Dans celle du comte, elle était plus ordinairement le signe de la juridiction criminelle (6); de là, la juridiction criminelle désignée, dans l'ancien Coutumier de Normandie, par ces mots *L'espée le duc* : « cest plez appartiennent à *l'espée le duc*.... (7) », et par les mots *placiti de spata*, *placiti ensis*, dans la charte d'apanage du comté d'Évreux, donné en 1307 par le roi de France Philippe IV à son frère (8).

La *pique* et la *hache* sont destinées quelquefois à recevoir le serment (9). Les Béarnais juraient tantôt sur deux *haches*, tantôt sur deux *piques*, placées à terre et mises en

(1) Galland, *Franc-alleu*, ch. xx, p. 335.

(2) *Id.*, p. 334; — Ducange, III, 1532; — Cujas, *de Feudis*, l. II, tit. III; — Günther, *Ligurin.*, l. I :

> Ergo ubi *vexillo* partem quam diximus ille,
> Hic autem *gladio* regnum suscepit ab ipso
> (Hunc etenim longo servatum tempore morem
> Curia nostra tenet), posito diademate Petrus.
> Regali dextrâ tulit alti principis *ensem*
> Præcessitque sacrum brevius diadema coronam.

(3) Claude Villette, *Raisons de l'office et cérémon. de l'Église cathol.*, p. 178.

(4) *Voy.* les citations rapportées par Galland, ch. xx, p. 334; — Ducange, III, 1532. — Les royaumes et la dignité de duc étaient conférés aussi par l'*étendard ;* — *Voy.* ci-après, p. 140.

(5) Reyscher, *Symb. des Germ. Rechts.*, p. 41.

(6) *Ibid.*

(7) Marnier, *Établissem. et Cout. de l'échiq. de Normandie*, p. 50 et 81, note 4; — Ragueau et Laurière, v° *Plaid de l'épée.*

(8) Ragueau et Laurière, *loc. cit.*

(9) Ducange, III, 1617.

croix. On peut voir, dans les *Essais sur le Béarn* de M. Faget de Baure, une curieuse coutume de ce genre qui a subsisté longtemps dans ce pays (1). C'est là un symbole d'un caractère complexe, exprimant à la fois la force et la piété, symbole *mixte*, où le type religieux s'unit au type judiciaire.

L'*épée* et la *lance*, la *flèche* quelquefois, comme on l'a vu, interviennent dans l'affranchissement germanique (2). D'après M. Grimm, la forme de l'affranchissement par la *flèche* fut plus particulièrement usitée chez la race lombarde; celle de la *lance* et du *glaive*, chez les Anglo-Saxons; et chez les Francs, spécialement chez les Francs Saliens et les Francs Ripuaires, l'affranchissement se faisait par une *pièce de monnaie* (3). Ce point de vue a besoin d'être expliqué.

M. Michelet, par suite d'une réminiscence due sans doute à Houard (4), semble croire que l'affranchissement par les armes, *épée*, *lance* ou *flèche*, avait lieu lorsqu'il s'agissait de faire de l'affranchi un guerrier (5). Ce point de vue manque également de vérité. L'affranchissement par les armes avait pour effet de donner l'ingénuité parfaite, absolue. C'était là l'objet, le but, l'effet de cette forme dans l'affranchissement. L'affranchissement par le *denier* ne donnait pas la plénitude absolue de la liberté (6). La condition de l'affranchi *denarialis* était, sous presque tous les rapports, semblable à celle des affranchis *chartularii* et *tabularii* (7). La plénitude de la liberté était l'apanage de

---

(1) P. 182.

(2) Ci-devant, p. 134, vᶦˢ *Flèche, Arc.*

(3) *Deuts. Rechtsalt.*, p. 162, 178 à 180, 332; — Ducange, *Manumissio,* IV, 460, 470, 471, 473.

(4) Houard, *Anc. lois fr.*, t. I, p. 284, 285.

(5) *Origines*, p. 280.

(6) Ducange, IV, *Manumissio,* 469, 471.

(7) Cf. Laboulaye, *Hist. de la propriété,* p. 443, 444, et la note 2.

l'affranchissement par les armes, quelle que fût la nature
de l'arme employée dans la cérémonie, parce que les armes étaient l'apanage de la liberté (1). En les donnant à
son affranchi le patron lui octroyait la plus précieuse pré-
rogative de l'homme libre (2), puisqu'il le faisait participer au service militaire. La profession des armes n'était
pas un but particulier dans les affranchissements par l'é-
pée, la *lance*, la *flèche* ; c'en était seulement la conséquence.
Tout homme libre était guerrier ; car il avait le droit de
porter les armes. Quant à la forme du symbole d'affranchissement par les armes, elle variait suivant la prédilection de la nation à laquelle le patron appartenait. Mais
le sens du symbole et son effet juridique restent les mêmes.

*Étendard, drapeau, pennon, gonfanon, pavillon, ban-
nière.* — Sur la foi d'une assertion de l'évêque Othon de
Frisingue, on a dit que l'investiture des royaumes avait
lieu par l'*épée*, tandis que celle des provinces, des grands
gouvernements et de la dignité de duc se faisait par un
étendard ou une *bannière* (3). On a déjà vu que l'*épée* servait indifféremment à l'investiture d'un roi, d'un duc ou
d'un comte (4). Un grand nombre de textes prouvent que
si les provinces, les duchés, les villes se donnaient par le
symbole de l'*étendard*, du *gonfanon*, de la *bannière* (5), il
en était de même des évêchés (6) et des royaumes. C'est

(1) « Vel quæ liberorum arma sunt. » (*Leg. Henrici* I, *regis Angl.*,
c. LXXVIII, *ap*. Ducange, IV, 460.)

(2) Grimm, p. 332.

(3) « Est consuetudo curiæ ut regna per *gladium*, provinciæ per *vexil-
lum* a principe tradantur vel recipiantur. » (Otto Frisingensis episc., *de
gestis Frid.*, cité par Ducange, III, 1532, 1538, et par Cujas, *de Feudis*,
l. II, tit. III).

(4) Voy. *supra*, p. 137, 138.

(5) *Voy.* les extraits cités par Ducange, III, 1538.

(6) D'après Galland, *Franc-alleu*, p. 334 ; mais les textes qu'il invoque

par un *étendard* que le pape Clément IV investit le frère de
saint Louis du royaume de Sicile (1) et que le pape oc-
troie à Guillaume le Conquérant le royaume d'Angleterre (2) :

> Et se cen est que Dex vousist
> Qu'il Angleterre conquerist
> De Saint-Pierre le recevroit,
> Autre, for Dex, n'en serviroit,
> L'apostole li otroia,
> Un *gonfanon* li envoya,
> Mout précieux, et cher et bel.
>
> . . . .
>
> A cez *enseingnes* li manda
> Et de par Dieu li otroia,
> Que Angleterre conquersist
> Et de Saint-Pierre le tensist (3).

Le *drapeau* est encore aujourd'hui le symbole de la nationalité, de la patrie. *Où est le drapeau, là est la France.* Il
en est de même du *pavillon* d'un navire (4). Lorsqu'il est
hissé, le navire est le territoire de la patrie avec le pouvoir
de juridiction et de souveraineté. *Le pavillon couvre la
marchandise*, c'est-à-dire que la marchandise participe de
la nationalité du *pavillon* sous lequel elle navigue. L'Angleterre n'a pas voulu reconnaître ce principe dans sa dernière guerre contre la France.

Charrue. — Le vilain ou le serf qui s'était rendu cou-

---

et qu'il cite aux pages 245, 246, 247, ne mentionnent pas l'*étendard*
comme symbole d'investiture.

(1) Galland, p. 333. — *Voy.* aussi le texte cité par Ducange, III, 1538.

(2) Galland, p. 333.

(3) Robert Wace, *Rou.*

(4) *Voy.* l'arrêt rendu par la cour d'Aix le 9 août 1832, et celui de la
cour de cassation du 7 septembre même année, dans l'affaire du Carlo-
Alberto (J. P. 3ᵉ édit., à leur date).—*Voy.* aussi une Dissertation insérée
dans la *Gazette des Tribunaux*, du 21 octobre 1840.

pable d'un crime capital, devait, avant d'être puni de mort, porter sur ses épaules la roue d'une *charrue*, comme signe de ses occupations ordinaires (1).

Bouclier, écu. — Arme de l'homme libre, de l'homme de guerre, le *bouclier* ou l'*écu* devint, dans les temps féodaux, le symbole d'une dignité féodale ; de là, la formule *tenir par escuage* militaire, appliquée à la possession du fief, pour indiquer la capacité de défendre le fief par son *écu* ; mais la femme et le clerc ne tenaient pas de cette manière (2).

Les rois francs (3) et les rois goths (4), ainsi que quelques empereurs romains (5) et quelques empereurs grecs (6), étaient élevés sur un *bouclier* dans la cérémonie de leur inauguration, comme emblème de la protection et de la défense qu'ils devaient à leur peuple. C'est au même titre qu'une formule lombarde du douzième siècle fait figurer la *lance* et l'*écu* comme prix du *mundium* d'une fiancée (7).

Le *bouclier* placé à l'extrémité d'un poteau ou suspendu au bout d'une lance, selon l'usage des rois francs et des anciens empereurs germains, était un signe de juridiction et de souveraineté (8) ; d'où l'usage des panonceaux placés sur la porte des notaires royaux.

---

(1) *Voy.* le chap. xii ci-après.
(2) Houard, *Anc. lois fr.*, t. I, p. 130 ; — Littleton, *Instit.*, l. II, ch. iii, sect. 95 ; — Ducange, *Scutum*, VI, 290.
(3) Ducange, *Clypeus*, II, 709.
(4) *Ibid.*
(5) *Ibid.;* — Michelet, *Origines,* 151.
(6) *Id., id.*
(7) *Voy.* ci-devant, p. 137.
(8) Ducange, *Scutum*, VI, 291 ; — Günther (*in Ligurino*) :

> Ligno suspenditur altè
> Erecto *clypeus*, tunc præco regius omnes
> Convocat à Dominis regalia jura tenentes.

Gant.—Cette forme symbolique, étrangère à l'antiquité grecque et à l'antiquité romaine (car, d'après Casaubon, l'usage des *gants* leur fut inconnu) (1), figure comme mode de transmission, de tradition, d'investiture. Cette forme fut usitée chez tous les peuples de la race germaine et particulièrement en France, où elle se trouve mentionnée chez les poëtes, dans les documents, les lois et les arrêts des cours de justice (2). Le sens de ce symbole, en ce qui concerne la tradition ou l'investiture, se lie évidemment à celui de la *main*, à laquelle il correspond. La *main* étant un signe de possession, de commandement et de puissance, le *gant* qui la couvre participe évidemment de la même vertu.

Les formes de ce rit symbolique consistaient ordinairement à remettre son *gant*, communément celui de la main droite, au magistrat, lequel le passait à celui qu'il investissait de la chose donnée ou vendue (3). Quelquefois le *gant* était jeté en l'air, comme l'atteste la curieuse renonciation de Gisèle de Scharfenstein à l'héritage de son frère, *per jactum chirothecæ versùs cœlum* (4), et comme l'atteste aussi l'acte par lequel l'infortuné Conradin, avant son exécution, légua ses droits à son frère Pierre d'Arragon, *per suam chirothecam projectam in aere* (5). M. Michelet ne rend pas exactement le sens de l'acte symbolique de

---

(1) *In Athen.*, l. XII, cap. II, *ap.* Ducange, II, 575.

(2) Galland, *Franc-alleu*, ch. VI, p. 62; — Ducange, *Investitura*, III, 1532, et II, 576; — Ragueau et Laurière, *Gants*.

(3) Sur la conversion de ce symbole en prestation féodale ou fiscale, voyez ci-après le chap. XIII.

(4) Boden., 612, an. 1314, *ap.* Grimm., *Deutsch. Rechtsalt.*, 152, 153.

(5) « Conradinus ante suam decollationem omnia jura sua, quæ habebat in Siciliâ et Apuliâ, consanguineo suo Petro regi Aragoniæ legavit et publicè per suam *chirothecam* projectam in aere resignavit. » *Contin. Martini Poloni, in Eccardi Corp. histor. med. œvi*, I, n. 20, p. 1424, *ap.* Grimm, *loc. cit.*, et Dümge, *Symb. germ. Völk.*, p. 5, note 6.

Conradin, en disant *qu'il jeta son gant sur la place* (1).
Cette version s'éloigne du texte de la chronique. Elle est
contraire aussi à l'intention symbolique de cet acte qui,
dans la situation de Conradin, au lieu d'être un défi, comme
dans la formalité du duel-judiciaire, était une sorte d'invocation à la Divinité. C'est ce qu'explique très-bien un
passage de Gudenus, *chirothecâ in altum quasi ad Deum
projectâ* (2). Tel était le sens de l'acte de Gisèle de Scharfenstein, qui jetait son *gant* vers le ciel et non à terre.
L'intention de Conradin était la même.

Comme signe de défi, le *gant* était jeté à terre par celui
qui demandait le duel judiciaire, d'où notre expression
actuelle *jeter le gant*. On le nommait *gage de bataille*, et
on le laissait entre les mains du seigneur (3).

> A ces paroles sailli en piez Gerins :
> Tenez mon gage, Empérières, dit-il,
> Envers Fromond que vos veez ici,
> Des grans afères vos a del tot menti (4).

Dans le roman de *Florence et de blanche Flore* (*Fleur*) :

> Et li rossignox saute avant,
> Il a au roy bailli son *gant*
> Pour la bataille confirmer (5).

Après l'accomplissement de toutes les formalités préli-
minaires le juge du combat disait trois fois à haute voix :
laissez-les aller, et jetait le *gant* au milieu des lices (6).

(1) *Origines*, p. 136.
(2) III, 1045, an. 1129, *ap.* Grimm, *loc. cit.*
(3) Ducange, II, 577, 578, 1668, 1669, 1680; — Ragueau et Laurière,
vº *Gage de bataille;* — Ord. de Philippe le Bel, an. 1306, *ap.* Brussel,
Usage des fiefs, t. II, p. 982, 993, 994 et suiv; — Laurière, *Ordon.,* t. I.
p. 435 et suiv.
(4) *Roman de Garin le Lohérin;* — Ducange, II, 1669.
(5) Ducange, *loc. cit.*
(6) *Ord.* de Philippe le Bel, citée ci-devant.

Le Miroir de Saxe défend aux juges royaux de siéger dans leur tribunal avec les mains couvertes de *gants* (1). Cette défense est devenue un usage observé en France. Quel est le sens de la défense et de l'usage? La *main nue, dégantée,* est ici un symbole de sincérité, de loyauté. On peut aussi évidemment rattacher le sens de ce symbole aux cérémonies du duel judiciaire. La lice ne s'ouvrait que lorsque le juge avait jeté le *gant* aux combattants. La main du juge doit donc être découverte (2).

L'usage où sont les avocats en France de plaider sans avoir la main droite *gantée* (3), peut se rattacher encore aux mêmes symboles. Tant que durait le combat, le *gant* restait au milieu de la lice et ne pouvait être relevé que par le vainqueur. Voilà pourquoi aujourd'hui l'avocat, champion de sa partie et combattant pour elle, plaide avec la main droite découverte. La raison qu'en donne M. Fournel et qu'il tire de la commodité des avocats pour pouvoir feuilleter plus aisément les pièces du dossier, cette raison est puérile. Mais il est permis de rattacher cet usage à la nécessité pour les témoins d'avoir la main droite nue lorsqu'ils prêtent serment, la main droite des avocats servant, par son geste continuel, à attester la vérité de ce qu'ils disent. Dans ce cas, comme dans le précédent, c'est un symbole de sincérité, de pureté, de bonne foi. Cet usage sur la prestation du serment peut revendiquer aussi une origine historique. Pendant le moyen âge, le serment judiciaire était prêté sur l'image du Christ, sur l'Évangile ou sur de saintes reliques, et le serment féodal avait lieu entre les mains du seigneur. Dans le duel judiciaire, le ser-

---

(1) Ducange, II, 578; — Dümge, p. 8.

(2) Aussi lorsque les tribunaux ne siégent pas pour juger, dans les séances d'apparat, les magistrats portent des *gants.*

(3) Fournel, *Hist. abrégée des avocats,* ch. xii, *ap.* Dupin, *Lett. sur la prof. d'avocat,* t. I, p. 86.

ment se prêtait *sur la remembrance du Christ, les mains ôtées des gantelets et mises sur la croix.* Tout cela exigeait que la main appelée à faire le geste symbolique du serment fût en communication directe avec la chose qu'elle touchait. De là, notre usage de jurer en justice en ayant la main droite nue et découverte.

Mouchoir. — Le *mouchoir* ne figure que très-rarement comme symbole à l'époque du moyen âge. Son usage symbolique fut inconnu des Romains. Je ne connais qu'un seul texte précis où il soit cité ; il y est indiqué comme ayant servi dans la cérémonie de l'investiture (1). On l'emploie encore aujourd'hui dans les usages de la vie privée pour représenter une personne absente, comme signe de possession d'une place, ainsi que le font remarquer J. Grimm et le professeur Reyscher (2).

Anneau, bague. — L'*anneau* et la *bague* ont été chez les anciens Romains (3), chez les anciens Hébreux (4), chez les Allemands (5), soit le signe solennel des fiançailles, soit, comme de nos jours, le symbole de l'union qui doit lier les deux époux. D'après la loi des Visigoths et des Lombards, c'est une espèce d'arrhe destinée à assurer la promesse du mariage (6).

(1) *Voy.* ce texte cité dans Ducange, *Investitura*, III, 1534.
(2) *Voy.* ci-devant chap. VI, p. 53.
(3) L. 36, § 1, D. xxiv, 1 ; — Grimm, *Deutsche Rechtsalt.*, 177.
(4) D. Calmet, *Diction. de la Bible*, vᵒ *Noces*, III, 51. — Mais Laurière dit que l'usage de l'*anneau*, comme symbole des fiançailles ou du mariage, fut inconnu aux Juifs du temps de Jésus-Christ : il se fonde sur ce qu'on n'en trouve rien ni dans le Talmud, ni dans Léon de Modène ; de sorte que J. B. Laur, qui a donné un petit volume intitulé : *de Annulo pronubo beatæ virginis*, aurait pris une peine bien inutile. Observations sur les *Instit. cout.* de Loisel, l. I, tit. ii, règle 20.
(5) Reyscher, *Symb. des Germ. Rechts.* — *Voy.* ci-après p. 147.
(6) *Lex Wisig.*, l. III, tit. iii, § 3 ; — *Lex Longob.*, l. II, tit. xxxvii, § 1 ; — Ducange, *Annulus*, I, 456.

Ce symbole usité dans les cérémonies de l'Église catholique doit-il son origine aux Romains ? A-t-il été introduit en Europe par le christianisme qui l'avait emprunté au paganisme ? J. Grimm semble douter qu'il ait appartenu en propre à l'Allemagne ; il incline à penser que son introduction en Allemagne est due au christianisme (1).

M. Reyscher pense, au contraire, que ce symbole était connu en Allemagne longtemps avant que les Romains y eussent importé leurs mœurs et leurs institutions (2). L'*anneau*, comme symbole d'union, de fidélité, me semble un de ces emblèmes qui appartiennent à tous les pays. Il est donc bien possible que les peuples du nord de l'Europe ne l'aient pas emprunté aux Romains.

Comme symbole d'union et de fidélité, l'*anneau* est encore employé dans le sacre des évêques ; il indique le mariage spirituel que l'évêque contracte avec son église (3). L'émeraude, enchâssée dans la *bague* épiscopale, est le symbole du douaire de l'Église dans cette alliance mystique (4). Il y a un curieux rapprochement entre la *bague* de nos évêques et l'*anneau* que portaient à leur doigt les chefs Islandais, connus sous le nom de *godis*, et qui étaient à la fois juges et pontifes (5).

Les rois de France reçoivent de l'évêque, par lequel ils sont sacrés, un *anneau*, qui est le symbole mystique de leur union avec leur peuple (6). Il en est de même dans le couronnement du roi de Germanie par l'archevêque de Colo-

---

(1) Grimm, 177.

(2) *Ouv. cité*.

(3) Ducange, v° *Annulus*, I, 457 ; — Claude Villette, *Raisons de l'off. et cérém. de l'Égl. cath.*, p. 140.

(4) Claude Villette, p. 141.

(5) Marmier, *Lettres sur l'Islande*.

(6) Claude Villette, p. 186.

gne (1). Le caractère religieux n'existe pas au même degré dans le mariage symbolique que fait avec l'Adriatique le doge de Venise jetant l'*anneau* ducal dans la mer. Mais on le retrouve dans le sacre des anciens ducs de Normandie que l'évêque fiançait et mariait avec la province en passant à son doigt l'*anneau* ducal. Lorsque Louis XI eut obligé son frère, le duc de Berri, à lui rendre la Normandie que la guerre du Bien public l'avait contraint de lui céder à titre d'apanage, il exigea que l'*anneau* ducal fût ôté du doigt de son frère Charles pour être remis au connétable de Saint-Pol. Puis, dans une assemblée solennelle tenue à Rouen le 9 novembre 1469, l'*anneau* fut brisé, afin de consommer le divorce aussi solennellement qu'avait été naguère contracté le mariage de Charles avec la Normandie (2).

Le Vieux de la Montagne, lorsqu'il voulut faire alliance avec le roi saint Louis, lui envoya son propre *anneau* (3).

La *bague* fut encore chez les Romains un symbole de tradition. En livrant sa *bague* à quelqu'un, on le déclarait son héritier (4). Ainsi avait fait Alexandre à l'égard de Perdiccas, qu'il délégua comme son successeur en lui donnant la *bague* qu'il ôta de son doigt.

L'*anneau* qu'on passait autour du cou des condamnés, et que nous nommons aujourd'hui le *carcan* (5), était un symbole de juridiction criminelle. Avoir *ceps*, *fer*, et *an-*

---

(1) Michelet, *Origines*, p. 152.

(2) Floquet, *Hist. du parlem. de Norm.*, t. I, p. 250 à 256.

(3) Joinville, *Histoire de saint Louys*, p. 86, édit. de Ducange, *in-fol.*, 1668. Cf. ci-après p. 159, v° *Chemise.*

(4) Valère Maxime, VII, ch. VIII, n. 8-9; — Montfaucon, *Antiq. expl.*, t. III, 2ᵉ partie, p. 226. — Mais *l'anneau* n'était souvent qu'un symbole de garde, plutôt que de propriété, comme on le voit par le texte de la loi 77, § 21, au Dig., XXXI, *de legat. et fideicom.*, II.

(5) Dans la basse latinité du moyen âge, *collare, collistrigium.*

neau, c'est, dans une vieille coutume, avoir droit de moyenne justice (1).

Toque, bonnet, casque, chapeau.—Tout est antagonisme dans ce symbole et dans l'usage qu'on en fait. Symbole d'honneur et de liberté chez les Romains (2), le *chapeau* ou le *bonnet,* en conservant un sens identique pendant le moyen âge, prend en même temps une signification tout opposée. Il est tantôt le signe de l'autorité et de la puissance, suprême apanage de la liberté, tantôt celui de l'ignominie, de la faiblesse et du déshonneur. Comme emblème de la puissance, le Roi garde le *chapeau* sur sa tête, tandis que, autour de lui, tous demeurent la tête nue (3). Le vassal a la *tête découverte,* quand il fait hommage à son seigneur (4). Le débiteur qui fait cession de biens se présente à l'audience desceint et *tête nue* (5). Le juré qui prête serment est *debout* et *découvert,* tandis que le président qui reçoit le serment est assis et a la *tête couverte* (6). L'avocat, comme signe de son indépendance, plaide avec son *bonnet* carré sur la tête (7). Dans la saisie, dit J. Grimm, on enlevait jadis aux hommes leur *chapeau,* aux

(1) *Consuet. Juliodunensis,* cap. II, art. 8, *apud* Ducange, *Annulus,* I, 458.

(2) Montfaucon, t. III, part. I, p. 34; part. II, p. 284.

(3) Mais les grands d'Espagne ont le privilége de rester couverts en présence du roi, comme signe de leur grandesse. Chez les Goths, les nobles et les prêtres se nommaient *Gibati* (de *Gibus,* bonnet, chapeau), et c'est de là, sans doute, que vient ce privilége des grands d'Espagne, qui prétendent descendre des anciens Goths (*Hidalgo,* fils, descendant des Goths).

(4) Littleton, liv. II, ch. I; — Houard, *Anciennes lois françaises,* t. I, page 107.

(5) Édit. de 1512, art. 70; — *Cout. de Bretagne,* art. 681; —Laurière, I, 206.

(6) *Cod. inst. crim.,* art. 312.

(7) Fournel, *Hist. abrég. des avocats,* ch. XII et XV;—*Recueil de pièces sur la prof. d'avocat,* par M. Dupin, t. I, p. 87, 95; — *Décret* du 14 décembre 1810, art. 35; — *Décret* du 2 juillet 1812, art. 12.

femmes leur voile; ils perdaient ainsi leur honneur et restaient sans aide ni protection (1). Comme emblème de leur
assujettissement le synode de Vienne oblige les Juifs à porter un *bonnet pointu* (2), qui doit être couleur de safran
d'après les statuts d'Avignon (3). En signe de l'abjection
à laquelle sa cupidité l'a ravalé, l'usurier, dans certains
pays, est condamné à faire le tour de l'église ayant un
chapeau de juif sur la tête (4). En France, depuis 1582, le
débiteur insolvable est condamné à porter un *bonnet vert*,
symbole emprunté aux fous de l'Italie (5). Pour ne rien
omettre enfin dans l'énumération de ces oppositions sur
l'usage symbolique d'un seul et même objet, je rappelle
que, dans les cérémonies religieuses, nous ôtons notre *chapeau* comme une marque de respect pour la Divinité, tandis que les prêtres des Juifs ne paraissaient jadis dans le
temple (6) et n'y entrent encore aujourd'hui, comme le
reste des croyants, que la tête couverte. Les Chrétiens se
découvrent quand ils prêtent serment. Les Juifs, même
de nos jours, mettent leur *chapeau* sur la tête au moment
de jurer (7). Nous gardons notre *chapeau* à la main, en
signe de salut, de soumission, de déférence; mais aujour-
d'hui encore, dans l'Orient, c'est un acte de mépris et une

(1) *Poesie im Recht,* § 10.
(2) An. 1267; — Ducange, *Gibus,* V, 483.
(3) Ducange, *loc. cit.*
(4) An. 1390; — Grimm, *Deuts. Rechtsalt.,* p. 712; — Michelet, *Origines,* 394.
(5) *Arrêt* du parlement de Paris, de 1582. — *Voy.* Denisart, v° *Bonnet
vert;* — Laurière, *hoc verbo.* — Cet usage de couvrir d'un *chapeau* la
tête des insolvables ne pourrait-il pas venir des Béotiens, qui, au rapport
de Jean de Damas, amenaient les débiteurs déconfits en plein marché,
où ils les faisaient asseoir, après leur avoir mis sur la tête un *panier (co-
phinum,* en provençal *couffin, couffe*), comme signe de déshonneur? —
Laurière, *verb. cit.*
(6) D. Calmet, *Dict. de la Bible,* v° *Cidaris,* I, 430.
(7) *Voy.* Denisart, v° *Juifs,* n. 7.

grave incivilité que de se découvrir la tête en présence de quelqu'un (1).

Le *chapeau,* si fameux, que Gessler avait mis au bout d'un poteau, avait pour objet de représenter l'empereur d'Allemagne, sa personne absente, comme le remarque le professeur Reyscher (2), plutôt qu'une chose abstraite, la puissance autrichienne, comme le dit J. Grimm (3) et, d'après lui, M. Michelet (4).

Le *chapeau,* le *bonnet,* la *toque,* servirent encore, pendant le moyen âge, comme emblème d'hommage et d'investiture, et ce fut, entre autres, le symbole par lequel Richard Cœur de lion, pour se délivrer de la captivité, se démit de ses droits à la couronne d'Angleterre et fit hommage à l'empereur Henri VI (5). Les Normands avaient importé en Angleterre l'usage de la tradition par le *casque* (6).

Couronne (7), *mitre.* — La *couronne* est le symbole de la puissance impériale ou royale comme des plus éminentes dignités des empires. Sa forme, sa matière et ses ornements varient suivant l'autorité que la *couronne* représente. Fermée, elle désignait jadis la puissance impériale. Tous les rois aujourd'hui la portent ainsi, et c'est ce qui les distingue des autres souverains (8). Ouverte, elle s'applique à la dignité de duc, prince et comte (9). Les digni-

(1) D. Calmet, *loc. cit.*

(2) *Symb. des germ. Rechts.*

(3) « Le *chapeau* élevé sur une *pique* est un signe de puissance » (*Poesie im Recht,* § 10, note).

(4) *Origines,* 185.

(5) Roger de Hoveden, p. 724, *ap.* Ducange, III, 1536.

(6) Galland, *Franc-alleu,* ch. xx, p. 317 ; — Hauteserre, *de fict. juris.*

(7) *Voy.* ci-devant p. 83, v° *Fleurs.*

(8)-(9) « Sed et specialia cujusque ordinis ornamenta observantiæ conveniunt, veluti *coronæ clausæ apertæve*, regum illæ, hæ ducum, principum, comitum. » Pülter, *Elem. juris pub. germ.*, l. IV, c. IV, § 312, p. 416.

tés ecclésiastiques sont plus particulièrement représentées par la *mitre* ou la *thiare*.

La forme circulaire, dans la *couronne* impériale, signifiait que la domination de l'empereur s'étendait sur l'univers (*orbis*). L'arc qui se recourbe sur la *couronne* et qui la partage était le symbole de l'Océan qui entoure le monde (1). Henri VI en Angleterre fut le premier roi qui porta la *couronne* fermée. François Ier en France la porta de la même manière, soit à son imitation, soit pour montrer à l'empereur Charles-Quint qu'il avait une couronne semblable à la sienne (2), et pour signifier que, dans leur royaume, les rois de France ont le même pouvoir que les empereurs dans les pays de leur domination (3).

La *couronne* représente le royaume. C'est à ce titre qu'on dit la *couronne* de France, d'Angleterre, etc. Dans ce dernier pays, les procès criminels sont appelés *plaids de la couronne*. Quelquefois on personnifie ce signe matériel. C'est ainsi qu'on dit, même aujourd'hui en France et en Angleterre, *les discours de la couronne, les volontés de la couronne, les agents de la couronne*.

La possession matérielle de la *couronne* est un objet d'une haute importance dans les temps de barbarie; car alors le signe est la chose même et se laisser ravir le symbole, c'est perdre tout droit à l'autorité (4). On peut voir, dans Monstrelet, l'anecdote relative au roi d'Angleterre, Henri IV, se relevant de dessus son lit de mort pour arrê-

---

(1) « *Corona* imperatoris est circulus orbis. Portat ergo Augustus coronam, quia declarat se regere mundi monarchiam... arcus super coronam curvatur, eo quod Oceanus mundum dividere narratur. » Honorius Augustod., *Gemma animæ*, l. I, c. ccxxiv, *ap.* Ducange, II, 1086.

(2) Ducange, 24, *Dissert. sur Joinville*, p. 298, 299. Ducange énumère quatre espèces de formes différentes dans la *couronne* de nos rois depuis l'établissement de la monarchie française.

(3) Claude Villette, *Raisons de l'off. et cérém. de l'Egl. cath.*, p. 188.

(4) Michelet, *Origines*, p. 157.

ter son fils, qui fut Henri V, au moment où celui-ci met la main sur la *couronne* pour l'emporter, en lui disant : Quel droit y avez-vous, beau fils (1)? »

La *couronne* a servi tout naturellement à l'investiture des royaumes. On en trouve des exemples dans la vieille chronique de Moissac (2).

Le sens symbolique de la triple *couronne* des papes est bien connu. Quant à la *mitre* que portent encore les évêques et que les papes eux-mêmes ont jadis portée, son sommet, partagé en deux pointes, indique symboliquement que les évêques sont les représentants de la loi ancienne, renouvelée par la loi nouvelle apportée sur la terre par le Christ :

> *Corona* fronte gerit duplicena signantia legem,
> Legem quippe novam Christi, veteremque figuram (3).

Il y a des exemples d'investiture ecclésiastique ou censuelle par la *mitre* (4).

Voile (5).—Junon ou Héré, chez les Grecs et chez les anciens peuples italiques, régissait tout ce qui concernait les femmes au physique, comme au moral. On adorait Junon avant, pendant et après le mariage, comme vierge, femme et veuve. Mais elle était surtout l'épouse par excellence. C'est sous cet aspect qu'elle s'offrait principalement aux hommages des mortels (6). Les statues de la déesse donnent l'indication de cette idée complexe. Comme vierge ou fian-

---

(1) Monstrelet, t. II, l. I, ch. cvii, p. 435 ; — Michelet, *Hist. de Fr.*, IV, p. 287.

(2) *Chron. Moissiacense*, an. 813, 816, 817, *ap.* Ducange, III, 1528.

(3) Jacob. cardinalis, *de Bonifacio*, VIII, *ap.* Ducange, IV, 842; — Claude Villette, p. 138.

(4) Ducange, III, 1535; IV, 843, vᵒ *Mitra*.

(5) *Voy.* ci-après p. 156.

(6) Creuzer, *Symb.*, trad. fr. de Guigniaut, t. II, l. VI, ch. ii, part. I, p. 616, 617.

cée, elle est enveloppée d'un *voile* (1). Quand le *voile* est écarté ou rejeté en arrière, elle représente l'épouse. Ce signe symbolique exprime alors la fiancée se montrant comme femme à son fiancé. En ce moment le mariage est consommé. Le mari peut voir la figure de sa jeune épouse (2). C'est la cérémonie du mariage athénien nommée *anacalyptérie* (ἀνακαλύπτειν, découvrir, dévoiler), lorsque, après le troisième jour, la femme recevait les dons de son époux, qui alors pouvait voir ses traits pour la première fois (3). Aujourd'hui encore, en Orient, la cérémonie du mariage s'accomplit sans que l'époux puisse voir celle qu'il prend pour sa femme, dont la figure reste cachée par un *voile*. Ce *voile*, attribut principal de Junon–Héré, comme fiancée ou modèle de la fiancée, enveloppait les jeunes fiancées chez les Athéniens ainsi qu'à Rome. C'est le *flammeum* des noces de Julie et de Manlius (4), *voile* aux chastes plis, aux couleurs enflammées, origine du *voile* qu'on jette encore de nos jours sur la tête de la nouvelle mariée, quand on procède à la célébration du mariage. Chez les Hébreux, l'époux et l'épouse avaient la tête couverte d'un *voile noir*, indépendamment d'un autre *voile* aussi appelé *taled*, qu'on étendait sur la tête des nouveaux époux (5). De là, peut-être, l'usage catholique d'étendre un *voile* (pallium) sur la tête des jeunes époux pendant que le prêtre récite certaines oraisons (6). A Rome, dans le mariage par confarréation, on

---

(1) Guigniaut, *ouv. cité*, p. 617, note 1. — Telle était l'une des représentations de la statue de Junon dans l'île de Samos. Creuzer, *Symb.*, trad. fr., *loc. cit.*, p. 595.

(2) Guigniaut, *loc. cit.* — C'est comme femme qu'elle figure sur les médailles avec son *voile* écarté ou rejeté en arrière.

(3) Michelet, *Origines*, 25.

(4) *Flammeum cape.*

(5) D. Calmet, *Dict. de la Bible*, v° *Noces*, III, 51.

(6) Cet usage existait déjà du temps de Tertullien. — Voy. *de velandd virg.*, c. II, *ap.* D. Calmet, *Dict. de la Bible*, v° *Noces*, III, 53 ; — Ducange, *Pallium*, V, 63.

étendait sur les nouveaux mariés, pendant qu'ils mangeaient le gâteau consacré, la peau de la brebis offerte en sacrifice.

Manteau (1).—Dans les idées des anciens Germains, le *manteau*, particulièrement celui des rois et des princes, des reines et des princesses, était un signe de protection (2). L'adoptant enveloppait l'adopté dans son *manteau*, soit pour faire voir qu'il le prenait sous sa protection, et telle est l'idée de Grimm (3), soit pour montrer que l'adopté était pour ainsi dire issu de lui, d'après l'explication de Ducange (4).

Cette explication de Ducange se lie à un usage athénien. L'homme qui revenait dans son pays, après une longue absence, à la suite de laquelle on avait cru à sa mort, ne pouvait rentrer chez lui sans observer certaines cérémonies. Son retour était considéré comme une seconde naissance et dès lors une femme le plaçait sous son *manteau*, ouvrait la ceinture de sa robe et l'en laissait sortir comme s'il était venu au monde une seconde fois (5). Cette cérémonie était une réminiscence de l'adoption d'Hercule par Junon, qui, montant sur le lit, prit Hercule contre son sein et le laissa couler à terre à travers ses vêtements, comme pour imiter la nature au moment de l'enfantement (6). Le moyen âge a plusieurs exemples d'une semblable cérémonie dans l'adoption (7). C'est là une réminiscence de la Grèce et de Rome. L'idée de protection, simple en elle-même, plus simple encore dans sa manifestation extérieure,

---

(1)-(2) Grimm, *Deuts. Rechtsalt.*, 160. — *Voy.* ci-après le chapitre XIII sur les *Prestations et Redevances symboliques*, et ci-après p. 161, v° *Soulier*.

(3) *Poesie im Recht*, § 6.

(4) V, 63, v° *Pallio cooperire*. — *Voy.* aussi ce qu'il dit sur Joinville.

(5) Delaunay, *Comment. sur les Inst. cout. de Loisel*, p. 293.

(6) Diodore de Sicile, I, 284, *ap.* Grimm, *Deuts. Rechtsalt.*, p. 160.

(7) Grimm, 462-465.

s'adapte mieux à l'état intellectuel des Germains des temps primitifs. M. Grimm me semble donc avoir bien saisi le sens de l'adoption par le *manteau* dans ses rapports avec les origines germaines de notre droit. Cette idée de protection se retrouve d'ailleurs dans les usages populaires du pays de Hanau. Pendant la cérémonie nuptiale, l'homme du peuple jette son *manteau* autour du corps de sa fiancée (1). Les anciens Hébreux attachaient le même sens aux mêmes symboles. Lorsque Ruth invoque sa parenté pour que Booz la prenne en qualité d'épouse : « Je suis « Ruth, lui dit-elle, étendez sur moi votre *manteau*, parce « que vous êtes mon proche parent (2). »

Le *manteau* ou le *voile* (pallium) était étendu sur les enfants qu'on voulait légitimer par le mariage (3). Le droit allemand les appelait *enfants du manteau*, *mantel kinder* (4). Un poète flamand du treizième siècle, Philippe Mouske, rappelle cette cérémonie dans les vers suivants :

Li Duc (Richard) ki les enfans ama,
Gunnor adoncques espousa,
E li fi (fils) ki ja furent grant,
Furent entre autres deux en estant
Par dessous le *mantiel* la mère,
Furent fait bial (légitimes) cil trois frère (5).

(1) Grimm, *Poesie im Recht,* § 6.

(2) D. Calmet, *Dictionnaire de la Bible,* v° *Ruth,* III, 399.

(3) Beaumanoir, *Cout. de Beauvoisis,* ch. XVIII ; — Ducange, *Pallium et Pallio cooperire,* V, 63 ; — Loisel, *Inst. cout.,* t. I, l. I, tit. I, n. 40, p. 87, édit. in-12 de Dupin et Laboulaye ; — Delaunay, *Comment. sur les Inst. de Loisel,* p. 291 et suiv.

(4) Grimm, *Poesie im Recht,* § 6, et *Deuts. Rechtsalt.,* p. 160. *Skotsätuborn, Schoossetzkinder,* dans le droit du Nord, parce que, pendant la cérémonie des épousailles, ils étaient assis sur le giron de la mère, et recevaient ainsi la légitimité (*Poesie im Recht,* loc. cit.).

(5) *Voy.,* quant à ce sujet, Guillaume de Jumiéges, l. VIII, cap. XXXVI, et Ducange, V, *Pallium, Pallio cooperire,* 63, 64. — Sur l'existence de cet usage en Angleterre, *voy.* les textes cités par Ducange et par Delaunay, p. 291 à 293.

Les anciens prêtres du Mexique revêtaient les fiancés d'un *manteau* de différentes couleurs, au milieu desquelles apparaissait l'effrayante image d'un squelette humain, pour leur faire comprendre que le mariage devait durer toute leur vie, symbole mystique de la perpétuité de l'union conjugale, qui rappelle involontairement que chez les Indous la mort était le sceau de l'union conjugale (1).

Le *manteau* qui figurait, avec le sens de protection et de défense dans la formalité de l'hommage féodal (2), aurait joué le même rôle symbolique dans la renonciation de la veuve à la communauté, s'il était vrai qu'elle fît cette renonciation en déposant son *manteau* sur la tombe de son mari, pour marquer que le *manteau* ne couvre plus de sa protection celle qui s'en dépouille (3).

Le *manteau* enfin fut usité comme mode d'investiture dans la donation d'une maison à un couvent (4), dans la mise en possession d'une église (5), dans la nomination aux fonctions de gouverneur de la ville de Rome pendant le douzième siècle (6).

Ceinture. — La *ceinture* apparaît dans la *Symbolique* judiciaire en rapport avec le mariage, avec la défaite d'un ennemi, avec la cession de biens, la renonciation à la communauté, l'hommage féodal et l'investiture. Si elle n'a

---

(1) Echeveria y veitia, *Hist. antiqua del Mexico.*

(2) Laurière, *Gloss*, v° Hommage. — *Voy.* ci-après le chapitre XIII, *Droits, Prestations et Redevances symboliques.*

(3) M. Michelet, *Origines*, p. 56, *in principio*, dit que la femme déposait sa *ceinture* ou son *manteau,* et il cite Grimm, p. 174. Grimm ne dit rien de semblable à l'endroit cité, pas plus qu'à la page 160 au mot *Mantel*, ni à la page 147 au mot *Gürtel* (ceinture). Il en est de même de Monstrelet, t. I, liv. I, ch. XVIII et CXXXIX. Loisel n'en fait pas mention non plus dans ses *Institutes*, liv. I, tit. II, n° 30, édit. de Dupin et Laboulaye. J'ai dû laisser à M. Michelet la responsabilité de son dire. *Voy.* ci-après, p. 158, 159.

(4)-(5)-(6) *Voy.* les documents cités par Galland, *Franc-alleu,* ch. XX, p. 335, 341, et par Ducange, III, 1536, et v° *Manteau.*

qu'un sens assez vague dans cette dernière formalité (1),
la *ceinture* présente, dans les autres cas, un sens bien
marqué, la soumission à un pouvoir supérieur. Mais pour
avoir la plénitude de ce sens, elle doit être détachée ; car,
passée autour du corps, elle est toujours, soit dans la
religion, soit dans les usages de la vie civile, comme dans
ceux de la vie juridique, un véritable symbole de force (2);
de là l'idée de soumission, de faiblesse, lorsqu'elle est
dénouée, détachée.

A Athènes, le mari, le premier soir des noces, dénouait
lui-même la *ceinture* de son épouse (3), qui, en la lui
abandonnant, s'abandonnait à sa discrétion. A Rome,
l'ennemi vaincu, en passant sous le joug, se dépouillait de
sa *ceinture* (4). D'après la loi salique, l'homicide, qui n'a
pas le moyen de payer la composition attachée à son crime,
fait abandon de tous ses biens en exécutant certaines cérémonies, pieds nus et sans *ceinture* (5). De là, l'origine
de la formalité par laquelle le débiteur jette sa *ceinture* à
terre, lorsqu'il fait cession de ses biens à ses créanciers(6);
de là aussi la même formalité observée par la femme qui
renonce à la communauté (7); de là, l'action du comte de

(1) *Voy.* des exemples d'investiture par la *ceinture* dans Galland,
Franc-alleu, ch. xx, p. 341, et Ducange, III, 1530.

(2) Isaïe, cap. xxii, 21 ; — Claude Villette, *Raisons de l'office et cérém.
de l'Église catholique*, p. 178. — Thor, l'Hercule de la mythologie scandinave, a une *ceinture* qui double ses forces (Marmier, *Lett. sur l'Islande*). La puissance de Vénus est dans sa *ceinture*. Dans l'*ordination
de chevalier*, la *ceinture* est un signe de force physique et morale. — Ducange, *Cingulum*, II, 619.

(3) Michelet, *Origines*, p. 25.

(4) Tit.-Liv. XXVII ; — Ragueau et Laurière, *Gloss.*, t. I, p. 206 ; t. II,
p. 387, vº *Subhaster*.

(5) Lex salica, *de chrenecruda*, tit. lxi. Cf. ci-après p. 159, vº *Chaussure.*

(6) Cout. de Bretagne, art. 681 ; — édit de Louis XII de 1502, art. 70 ;
— Laurière, *Gloss.*, t. I, p. 206, 207.

(7) Laurière, *Gloss.*, t. I, p. 258, 259 ; — Loisel, *Inst. cout.* Cf. ci-devant p. 157, vº *Manteau*, et ci-après p. 159.

Boulogne qui, dans sa réconciliation avec le roi Louis IX,
son neveu, ôta sa *ceinture* et son chaperon en signe de
déférence (1). C'est cette idée de déférence, de soumission,
qu'il faut voir dans l'acte symbolique qui consiste à ôter
sa *ceinture*, plutôt que celle de l'abandon de l'argent porté
jadis dans la *ceinture*, comme le prétendent quelques auteurs (2) ; car, dans la renonciation à la communauté, cette
dernière idée est représentée par le *jet de la bourse* ; le jet
de la *ceinture*, qui s'y trouve joint, a donc pour objet la
représentation d'une autre idée.

Chemise. — Le Vieux de la Montagne, qui veut faire
alliance avec saint Louis, envoie à ce monarque sa propre
chemise, cette partie du vêtement qui touche le corps de
plus près, pour signifier qu'il est, de tous les rois, celui
avec lequel il désire avoir l'union la plus intime (3).

Chaussure ; botte ; soulier. — Chez les peuples du nord
de l'Europe, chez les anciens Hébreux et dans notre moyen
âge, la *chaussure* occupe une place importante dans la
Symbolique judiciaire. Le *soulier* est un signe de dépendance, d'infériorité, d'humilité, de soumission ; par opposition, il est quelquefois aussi un symbole de supériorité
et de puissance. Ainsi, chez les Francs Saliens, dans la
formalité de la cession de biens connue sous le nom de
chrenecruda, le débiteur abandonne son habitation en
chemise et sans *chaussure* (4). Chez les anciens Hébreux,
la cession de droits et de biens entre parents se faisait en
ôtant son *soulier* et en le donnant à celui à qui on faisait

(1) Ancienne chronique de Flandre, ch. xix, citée par Laurière, *Gloss.*,
t. II, p. 206.

(2) Ragueau, *Gloss.*, t. I, p. 206.

(3) Joinville, *Hist. de saint Louis*, p. 86, édit. de Ducange. Cf. ci-devant p. 148, v° *Bague.*

(4) *Voyez* ci-devant, v° *Ceinture,* p. 158.

cette cession. C'est ce que Booz fit faire à son parent quand il acheta ses droits pour épouser Ruth (1). M. Reyscher dit que cette action signifiait de la part du cédant, qu'il se croyait autorisé à se dépouiller de son droit et à le transmettre à un autre avec la même facilité qu'il agissait à l'égard de son *soulier* (2). Cette explication n'est pas inspirée par la connaissance des temps primitifs. Le fiancé présentait jadis à sa future épouse (3) ou lui faisait présenter un *soulier*, ordinairement celui même du fiancé. Il paraît, d'après M. Reyscher, qu'il en chaussait lui-même sa fiancée. En se déchaussant, il s'exposait à marcher d'un pas moins ferme et se plaçait ainsi dans une condition inférieure vis-à-vis de sa fiancée; en mettant lui-même le *soulier* au pied de sa fiancée, il s'humiliait devant elle (4). De là vient que, pour désigner un mari que sa femme gouverne, on dit encore aujourd'hui en France, qu'il est sous la *pantoufle de sa femme*; de là, le mot de Grimm qui enseigne que la *pantoufle* est encore un symbole fort usité de la puissance qu'exerce la femme sur son mari (5); de là aussi, cet usage, encore existant dans plusieurs contrées de l'Allemagne, particulièrement dans le Palatinat, qui consiste, de la part du fiancé, à demander que l'on boive à la santé de la fiancée dans le *soulier* de celle-ci (6); de là, l'usage des princes d'envoyer leur *soulier* à leur future épouse dans la cérémonie du mariage par procuration, sans chausser eux-mêmes la future épouse et sans s'humilier devant elle (7),

(1) Ruth, ch. ıv, 8, 9; — Ducange, *Calceamenta*, II, 36; — Reyscher, *Symb. des germ. Rechts ;* — Michelet, *Origines*, 137.

(2) *Ouv. cit.*

(3) Greg. Turon., *de Vitis patr.*, c. xx, *apud* Ducange, *Calceamenta,* II, 36.

(4) *Ouv. cit.*

(5) *Poesie im Recht*, § 10.

(6) Reyscher, *ouvrage cité.*

(7) Grimm, *Deuts. Rechtsalt.*, p. 156.

à moins que le *soulier* ne soit considéré, dans ce cas, comme le font les vieilles chansons allemandes, comme un symbole de prise de possession (1).

Le *soulier* ou la *botte* sont encore, dans le moyen âge, un symbole du même genre, dont on retrouve la trace dans un grand nombre de droits féodaux, de prestations et de redevances (2).

Le *soulier* était quelquefois substitué au manteau, dans les pays du nord de l'Europe, quant à la cérémonie de l'adoption et de la légitimation. Le père tuait un bœuf de trois ans; avec la peau du pied droit il faisait un *soulier*, qu'il chaussait et qu'il faisait chausser ensuite à l'adopté ou légitimé, aux héritiers, aux amis. Cela s'appelait *monter ensemble dans le soulier* (3).

Costume entier. — Le symbole s'empare quelquefois du vêtement tout entier. Cet emblème règne avec un sens souvent mystique et très-élevé dans le domaine religieux (4), aussi bien que dans les usages de la vie civile (5). Le Droit

---

(1) Grimm, *Poesie im Recht*, § 10.

(2) *Voyez* ci-après le chapitre XIII *des Droits, prestations et redevances symboliques.*

(3) Grimm, *Deuts. Rechtsalt.*, p. 155; — Michelet, *Origines*, p. 12. —Cf. ci-devant p. 155, v° *Manteau.*

(4) *Voy.* la fête du 1er jour de janvier à Rome, ci-devant v° *Cheval*; *Voy.* aussi les cérémonies du culte d'*Aphroditos* dans l'île de Chypre (Creuzer — Guigniaut, t. II, part. 1, l. IV, ch. III, p. 85, 86); celles des prêtres de Cybèle dans leurs processions (*id.*, p. 59, 60, 61); les mystères de l'Hercule lydien (*id.*, p. 86, 179, 180).

(5) *Voy.* le costume du général triomphateur à Rome, symbole mixte, civil et religieux (Lerminier, *Phil. du Droit*, étude sur les Étrusques d'Ottfried Muller, t. II, p. 388). *Voy.* aussi le *costume noir* en signe de deuil, de nos jours et déjà du temps des Mérovingiens (Gregor. Turon., *Hist. franç.*, lib. V, cap. XXXV;—Aug. Thierry, *Nouvelles lettres sur l'hist. de France*, 7e lettre dans la *Revue des Deux-Mondes*, t. XXVIII, p. 210), et le *costume blanc*, comme vêtement de deuil, pour les reines de France. Le nom de *Reine blanche* est resté aux veuves des rois de France. Du-cange, *Blanca*; — Michelet, 209, 210; — Floquet, *Hist. du parlement de*

connaît aussi des représentations symboliques du même genre. Le mariage des Lacédémoniens, tel qu'il fut institué par Lycurgue, en fournit un exemple. A Sparte, la jeune mariée était couverte d'un *vêtement d'homme*. Dans l'île de Cos le fiancé *s'habillait en femme* (1). L'usage lacédémonien a une origine historique, qui sera ultérieurement indiquée (2). J'ignore le sens et l'origine de l'autre usage. On trouve encore un symbole juridique dans le *vêtement blanc* que les candidats (*candidus,* blanc, pur, sans tache) prenaient à Rome (3). Nous avons en France un symbole juridique, dont la matière est fournie par le *costume* même, dans la toge des magistrats et surtout des présidents des cours royales. C'est, en effet, une très-ancienne tradition que les manteaux ou épitoges des anciens présidents des parlements étaient semblables au manteau, dont les rois de France étaient décorés dans les grandes solennités. Le mortier, porté jadis comme couronne par les rois de la première race, par Charlemagne même et plus tard encore par saint Louis (4), l'écarlate, la pourpre, couleur de la puissance triomphante qui brille, sur les toges des simples conseillers, l'hermine, cet apanage de la royauté, tout, dans le costume de la haute magistrature, indique, de la part de nos rois, une émanation de leurs ornements distinctifs, une communication symbolique de leur grandeur et de leur dignité, dans le but de donner aux jugements qui sortent de la bouche de ces magistrats plus de poids et d'autorité, et afin, dit Ducange, que ces jugements soient « reçus des peuples, comme s'ils étaient émanés de

Normandie, t. III, p. 152. Mais Ragueau et Laurière donnent une autre origine à l'appellation de *Reine blanche* (*Gloss.,* t. II, p. 331).

(1) Montfaucon, *Ant. expliquée,* t. III, part. 2, l. I, ch. vi, p. 213.

(2) *Voy.* ci-après art. iv.

(3) *Voy.* ci-devant ch. ii, p. 11.

(4) Ducange, 24e Dissert. à la suite de Joinville, p. 298, 299.

« la bouche même du prince (1). » Aussi, est-ce avec un certain orgueil et avec raison qu'un ancien premier président du parlement faisait remarquer que les magistrats parlementaires portaient les robes, les manteaux, les mortiers, qui « étaient les habillements et les couronnes « des anciens rois et qu'ils étaient assis au-dessous de la « représentation de Dieu, en la place et en l'habit des « rois (2). »

On trouve encore une application du *costume*, comme symbole juridique, dans une peine infligée de nos jours à certains méfaits commis dans les bagnes (3).

Selle. — La *selle*, sur laquelle l'homme se place lorsqu'il est à cheval, joue un rôle symbolique comme peine infamante (4).

Lit. — Le *lit*, sur lequel l'homme repose, est le symbole du mariage : d'où *enfant du premier, du deuxième lit* ; et, dans l'ancienne Coutume de Bar, *lit brisé*, pour signifier la séparation de corps (5).

ART. II. — Symboles artificiels en rapport avec l'objet figuré.

Cette subdivision comprend les symboles artificiels,

(1) *Id.*, p. 293, 294 ; — Laroche-Flavin, *Les treize livres des parlements de France*, l. X, ch. XXIV et XXV ; — Floquet, *Hist. du parlem. de Norm.*, t. III, p. 566, 567 ; t. I, p. 479, 480. Le nom de *Palais, Palais de justice* revendique une origine tout aussi symbolique que le *costume* des magistrats. Le *Palais de justice* de Paris fut jadis habité par nos rois, qui le cédèrent au parlement (Ducange, p. 293). La justice habite un *palais,* comme la royauté, qu'elle représente.

(2) Harangue du 1er président François de Rez ; Floquet, *Hist. du parlement de Norm.*, t. III, p. 479, 480.

(3) *Voy.* ci-après ch. XII, p. 201, et *voyez*, dans ce même ch. XII, p. 202, un autre exemple de peines symboliques pris dans la nature du *costume.*

(4) *Voy.* ci-après ch. XII, p. 216 à 219.

(5) *Voy.* ci-devant à l'Introduction, p. 67, et ci-après le ch. XIII.

dont la *forme*, n'ayant plus aucun *rapport* avec les symboles *naturels*, indique, directement ou indirectement, d'une manière évidente et sans effort, le caractère ou la nature de la chose figurée. Telles sont, par exemple, les *clefs* qui représentent la *maison* donnée ou vendue. Il en est de même des *gonds* de la porte et de la *porte* elle-même. La *cloche* d'une *église*, d'un *monastère*, les *cordes* qui s'y adaptent et qui servent à mettre la *cloche* en mouvement, figurent parfaitement la saisine d'une *cure*, d'une *abbaye*, d'un *monastère*. Le *joug*, comme signe de soumission, est également en rapport avec l'objet figuré.

Clefs.—Les *clefs* sont le symbole, non-seulement du Saint-Siége, comme autorité spirituelle, mais aussi de la cour de Rome considérée comme puissance temporelle. A ce dernier titre, elles font partie du domaine juridique. Elles ont pour origine les *clefs* du paradis confiées à la fidélité du Prince des apôtres, de saint Pierre, le premier évêque de Rome, dont les papes sont les successeurs. Ces *clefs* sont elles-mêmes l'image du pouvoir de lier et de délier sur la terre et dans le ciel, qui appartient aux papes ; et la pensée se reporte naturellement sur cette *clef* de la maison de David, attribuée à Jésus-Christ, qui en faisait partie, *clef* mystique, qui possédait la merveilleuse faculté que ce qu'elle avait ouvert ne pouvait plus être fermé et ce qu'elle avait fermé ne pouvait plus être ouvert (1). Ce symbole rappelle encore les *clefs*, qui formaient l'attribut de Janus, chargé d'ouvrir et de fermer les portes des cieux et de la terre, gardien du ciel, comme saint Pierre est gardien du paradis (2).

(1) Isaïe, cap. XXII, 20 et sq.; —*Apocalyp.*, 3, 7 ; —Ducange, *Clavis*, II, 673.

(2) Il y a d'autres rapprochements à faire à ce sujet avec la mythologie des religions de l'antiquité païenne, notamment avec Minerve, avec Isis

La *clef* doit ici au contact des choses religieuses un sens très-élevé que ce symbole est loin d'avoir dans les dispositions du Droit romain, où il figure comme représentant l'autorité domestique ou intérieure des matrones romaines. C'est dans cette intention qu'on présentait une *clef* à la nouvelle épouse (1) : car l'office de l'épouse était de tenir les *clefs* du coffre-fort (2). En cas de séparation ou de divorce, on les lui retirait ou elle les renvoyait (3). C'est avec cette signification que le symbole passa dans les usages et dans le Droit du moyen âge. La femme qui renonçait à la communauté déposait les *clefs* sur la tombe ou sur le corps de son mari pour marquer qu'elle se dépouillait de l'administration des biens (4). La remise des *clefs* d'une ville présente le même sens. De la part de la ville, c'est l'emblème de la soumission ; de la part de celui à qui les *clefs* sont données, elles sont le symbole de l'autorité qu'on lui confère. Le prince de Capoue, dit une vieille chronique, envoya à l'empereur de Constantinople les *clefs* d'or de la ville, pour reconnaître qu'il se plaçait, lui, la ville et son État tout entier, sous l'obéissance de l'Empire (5).

---

et avec la déesse Bhavani de la mythologie indoue. *Voy.*, sur ces diverses divinités, Creuzer—Guigniaut, t. I, part. 1, p. 162 et 220 à la note ; t. II, part. 1, p. 432, 433, 449 ; part. 2, p. 743, 744, 771.

(1) Uxori *claves* dantur. Cicero , *Philip.;*—Reyscher , *Symb.*, p. 43 ;—Montfaucon, *Ant. expl.*, t. III, part. 2, l. I, ch. VIII, p. 218 ; — Ragueau et Laurière, *Gloss.*, t. I, p. 258, 259.

(2) Ragueau et Laurière, *loc. cit.*

(3) Divortio facto adimuntur. Cicero, *loc. cit.* — Quo mulier offensa *claves* remisit, domum revertit. S. Ambros., *epist.* 47 *ad Syagrium.* — Ducange, *Clavis*, II, 673 ;— Reyscher, 43 ;—Ragueau et Laurière , *loc. cit.*

(4) Coutumes : de Meaux, 52, 53; Lorraine, tit. II, art. 3; Malines, 8; Melun, 187; Chaumont, 7; Vitry, 91; Laon, 26; Châlons, 30 ; Bourgogne, 41;—Ducange, Ragueau et Laurière, *locis citatis;* — Monstrelet, t. I, ch. XVIII;— Reyscher, *Symb.*, p. 43, 44 pour le Wurtemberg;— Loysel, *Inst. cout.*, t. I, l. I, tit. II, n. 132, p. 164, édit. Dupin et Laboulaye.

(5) Chronicon cassinensis, lib. II, cap. XXXIX, *apud* Galland, *Franc-alleu*, ch. XX, p. 344.

Le sens du symbole devient tout à fait vulgaire, il est simple et se rapporte directement à la chose même, lorsqu'il s'applique à la tradition d'une maison et qu'il a pour objet de représenter l'édifice lui-même. Ce procédé symbolique, usité dans notre ancien Droit, a été conservé par notre Code civil. Il sera l'objet d'une explication particulière, lorsque je m'occuperai de la *Symbolique* de ce Code (1). Mais le symbole semble retrouver quelque chose de ce caractère mystique de surveillance et d'administration, qui lui a été assigné dans ses rapports avec le domaine religieux, lorsqu'on le voit servir à l'investiture d'un évêque ou d'un abbé.

Porte, gonds. — La tradition d'une maison par la *porte* même de l'édifice, *per ostium domûs*, se comprend très-aisément. En livrant la *porte* d'une habitation, on livre l'habitation elle-même. La *porte* qu'on fait toucher à l'acquéreur ou au donataire représente évidemment la maison, dont elle est une partie essentielle. Ce symbole était très-usité dans le moyen âge (2); mais on n'en trouve aucune trace dans le corps du Droit romain.

Les *gonds*, sur lesquels la porte repose, impliquent la même idée. Ils représentent la porte, qui elle-même figure la maison. En faisant toucher les *gonds* de la porte, on livre aussi la maison. Ce mode symbolique de tradition, *per anaticula, anaticla*, appartient encore exclusivement au moyen âge (3).

Le symbole de la *porte* a un sens moins naturellement

---

(1) *Voy.* ci-après ch. xiv.

(2) *Voy.* les textes cités par Ducange, III, 1529, 1531, 1535, *Investitura;* 1068, *Haspa;* I, 627, *Aratoria;* II, 699, *Cloca;*—par Galland, *Franc-alleu,* ch. xx, p. 332; — par Houard, *Anc. lois franç.,* I, p. 101. — *Voy.* aussi à la note 2 ci-après, p. 167.

(3) *Voy.* les textes cités par Ducange, *Anaticla,* I, 415.

intelligible et moins direct avec la chose représentée, lorsqu'il est employé dans ses rapports avec l'affranchissement. Quand la manumission avait lieu dans une maison, on devait, indépendamment de quelques autres formalités symboliques, laisser les *portes ouvertes* et les montrer à l'esclave en prononçant les paroles d'affranchissement, pour lui indiquer par là qu'il était libre d'aller où il voudrait (1). Ce rite avait donné lieu à une locution symbolique consacrée par la loi des Ripuaires. *Donner* à un esclave *les portes ouvertes, portas apertas conscribere,* c'était affranchir par testament ou par les livres domestiques (2). Dans ce dernier cas, le symbole était parlé; il était réel dans l'hypothèse précédente.

On défendait à un marchand l'exercice de sa profession en vertu d'une formule emportant privation des *portes* de la maison, *per amissionem portarum* (3). C'est ce que nous avons rendu par cette locution : *faire fermer boutique* (4).

Cloche; cordes de la cloche, du clocher. — Les *cloches,* la *corde du clocher* servirent autrefois dans la cérémonie de l'investiture d'un monastère, d'une abbaye, d'un évêché. On prenait la *corde* dans la main, on la tirait en faisant sonner les *cloches.* C'était un acte de possession que le bruit des *cloches* portait à la connaissance de tous (5). Le signe se trouvait en rapport avec la chose ou avec l'administration de la chose représentée. Mais il n'était plus en rapport qu'avec la personne soit du donataire et de l'ac-

---

(1) Leg. Willelm. Noth. reg. Angl., cap. LXV, *apud* Ducange, IV, 470, 473; *voy.* aussi au tome V, 667.

(2) Lex Rip., tit. LXI, § 1, *apud* Ducange, V, 667.

(3) Ord. du roi Jean de France, ap. Ducange, V, 667.

(4) Ducange, *loc. cit.*

(5) Voyez les textes cités par Ducange, *Cloca*, II, 699; *Investitura per funes*, III, 1529, 1531.

quéreur, soit du donateur et du vendeur, lorsqu'une église ou un monastère figurait comme partie dans la tradition d'un héritage opérée par les *cordes du clocher* de l'église ou du monastère (1). Le rapport du symbole avec l'acte se présentait avec les caractères les plus évidents, lorsqu'un homme libre plaçait autour de son cou *la corde du clocher*, pour indiquer qu'il se mettait volontairement et pour toujours en servitude au profit d'un monastère ou d'une église (2). Mais il n'y a pas de rapport intelligible, du moins dans tous les temps, entre la commune et la *cloche*, comme représentation de la commune. Le rapport entre ces deux choses, qui a pu être très-évident en Europe à l'époque du moyen âge, est un rapport local, relatif à une époque et à une certaine étendue de terrain; il n'a rien d'absolu (3).

Joug. — Le symbole, dont il vient d'être parlé en dernier lieu, la *corde du clocher* passée autour du cou, rappelle le symbole usité chez les Romains, qui consistait à faire passer les vaincus sous un *joug.* Ils employaient le même symbole dans la cérémonie du mariage. Un *joug* était placé sur le cou des nouveaux mariés, pour marquer que les deux époux devaient courber la tête sous le *joug* des mêmes peines, et qu'ils étaient destinés à tracer ensemble le même sillon dans le sentier de la vie. C'est de là que vient le mot *conjugium* des Romains pour signifier le mariage (4).

La même idée se retrouve dans les bœufs accouplés en-

___

(1) Voyez les textes cités par Ducange, *Investitura,* III, 1531; — Galland, *Franc-alleu,* ch. xx, p. 332.

(2) Voyez les textes rapportés par Galland, *loc. cit.; voy.* aussi Ducange, *Funis,* III, 751.

(3) Voyez ci-après l. II, ch. iii.

(4) Montfaucon, *Ant. expl.,* t. III, part. 2, p. 216.

semble au même *joug* (*juncti boves*), que l'époux donnait à sa jeune épouse dans le mariage des anciens Germains (1).

ART. III. — Symboles artificiels, sans aucun rapport connu ou apparent avec la chose figurée.

« Dans la plupart des symboles, dit J. Grimm, le rap-
« port du signe avec la chose qu'il représente se laisse
« apercevoir ; mais dans un grand nombre il est entiè-
« rement effacé » (2). Il faut mettre dans cette dernière
catégorie les nombreux objets artificiels que la volonté
capricieuse de l'homme a appelés, sans intelligence ou du
moins sans motif apparent, dans les cérémonies symboliques du Droit. Pendant le moyen âge, en effet, la grande
habitude des symboles amena les hommes à employer,
dans les usages juridiques, tout ce qui leur tombait sous
la main, sans examiner si la matière du symbole, sa forme
ou sa nature avait un rapport quelconque avec la nature,
les caractères ou la destination de l'objet représenté ou
de l'acte qu'on devait accomplir (3).

Dans cette catégorie figure la *paille* comme signe d'investiture (4), le *casque*, comme emblème de tradition d'un
héritage (5). C'est ainsi qu'on rencontre l'investiture
d'une église par la tradition de *chiens de chasse*, *canum
venaticorum apprehensione* (6). Une donation est faite par

---

(1) Tacite, *German.*

(2) « In den meisten Symbolen læsst sich der Bezug des Zeichens auf die Sache nachweisen, in manchen ist er ganz verdunkelt. » *Deutsch. Rechtsalt.*, Einleitung, cap. IV, 110.

(3) « Denique quidquid ad manum fuit, posthabitis veteribus tradi-tionum formis... ad investiturarum symbola adhibitum fuit. » Ducange, *Investitura*, III, 1521.

(4) *Voy.* ci-devant, sect. I, art. 1, p. 76 à 78, v° *Paille;* et ci-après, l. II, ch. III, et la note N à la fin du volume.

(5) *Voy.* ci-devant sect. II, art. 1, p. 151, v° *Casque.*

(6) Ducange, *Investitura*, III, 1531.

le symbole d'une *amphore pleine d'eau de la mer* (1); une autre investiture a lieu par une *colonne* (2); d'autres, par une *bourse* ou *gibecière* (3). Ici, c'est une *feuille de noix*, dont on se sert pour cette formalité (4); là, c'est une *fourche de bois* (5); ailleurs, c'est un *morceau de lin* (6), un *morceau de marbre* (7), une *corde à plusieurs nœuds* faits par la partie ou par des témoins (8). Je m'arrête, car cette énumération pourrait être infiniment longue, sans être pour cela plus intéressante. On devrait placer aussi dans cette catégorie le *vin*, production indirecte du sol, créée par l'industrie de l'homme, s'il était vrai que le *vin* eût pour objet, dans une ancienne loi royale de Rome, de représenter les droits civils. Car les *rapports* entre cette liqueur et les droits de cité sont tellement obscurs et si mystiques que ni la forme ni la matière du symbole ne peuvent certainement servir de guide pour les déterminer (9).

ART. IV. — Symboles en action.

Ces symboles, création particulière du génie de l'homme, ont cela de spécial qu'on y trouve une espèce de mise en scène, vivante, animée, saisissante, formant une véri-

(1) *Id.*, 1528.

(2) *Id.*, 1529.

(3) *Id.*, 1531, 1535.

(4) *Id.*, 1531.

(5) *Id.*, 1532. — Toutefois cette dernière forme symbolique peut offrir quelque rapprochement avec celle qui avait lieu par la *verge* ou le *bâton*, la *pique* ou la *lance*. La *fourche* peut être prise comme symbole de commandement ou d'autorité.

(6) Ducange, *id.*, 1534.

(7) *Id.*, 1535.

(8) *Id.*, 1535; — Galland, ch. xx, p. 340.

(9) C'est M. Ballanche qui signale ce symbole, sans indiquer les sources où il a puisé. — *Voy.* ce que j'ai dit à ce sujet, p. 69, 70, et p. 126, v° *Organe de la génération.*

table action dramatique, qui frappe les sens et agite l'âme, dont elle s'empare. Ce champ du symbole, surtout dans l'allégorie, était sans bornes chez les anciens. Il embrassait la vie publique et la vie privée, la religion, l'art et le Droit (1).

Quoiqu'il y ait un peu de la forme du drame dans l'emploi de la plupart des symboles, on ne peut vraiment donner le nom de symboles *en action* qu'à ceux de la catégorie dont il est ici question, parce que l'*action* en compose le fond et la forme. Elle en est l'élément principal, essentiel, de telle sorte que ces symboles n'existent qu'à l'état de drame ou d'*action*, tandis que, dans les autres symboles, le drame ou l'*action* n'est qu'une partie accessoire et quelquefois accidentelle.

Les symboles *en action* sont *parfaits* ou *imparfaits*.

L'*action* symbolique est *parfaite* lorsque, pour avoir toute sa signification, elle n'a pas besoin du secours d'un autre symbole, et qu'elle s'exprime par elle-même, pure de tout alliage, dans son indépendance et dans son énergie. De ce nombre sont : 1° l'enlèvement de la nouvelle mariée déguisée en homme, qui avait lieu à Sparte et qui se liait à l'origine historique de la loi de Lycurgue sur le mariage(2);—2° le rapt de la jeune épouse romaine, qui avait pour but de représenter symboliquement l'enlèvement des Sabines et d'indiquer à la femme, par ce souvenir, la condition de dépendance où elle entrait (3). Dans ce der-

---

(1) Creuzer, *Symbolik*, trad. franç., Introd., ch. III.

(2) Lycurgue avait emprunté cet usage aux lois de l'île de Crète, dont il voulait sans doute, par cet emprunt, consacrer le souvenir. *Voy.* Robinson, *Ant. grecq.*, t. I, p. 24 (trad. franc.); — Guerard, *Dr. privé des Romains*, p. 8 et 9. — *Voy.* ci-dev. p. 162.

(3) M. Troplong signale aussi comme une réminiscence du rapt des vierges sabines la disposition du Droit romain, qui rendait le mari maître de la personne et des biens de sa femme, à peu près comme si la conquête

nier exemple, l'*action* symbolique est *parfaite* à un plus haut degré que dans le premier : car l'enlèvement seul y constitue le symbole, sans le secours d'un déguisement, comme cela a lieu dans le mariage lacédémonien.

Le symbole *en action*, pour être complet et intelligible, a plus souvent besoin de l'assistance du symbole matériel. Il est alors *imparfait*. La *manumission* et l'*émancipation* romaines sont des symboles de ce genre. On peut citer encore le combat symbolique de la *litis vindicatio* qui, pour avoir sa signification figurée, exige, avec l'intervention de la *glèbe*, emblème du sol, celle de la *baguette*, autre emblème tenant la place de la lance, avec lequel les parties, après avoir touché la *glèbe*, se livrent un combat simulé qui rappelle le duel judiciaire des temps primitifs.

L'action de Jérémie qui, par l'ordre de Jéhovah, brise un vase en présence du peuple d'Israël pour figurer le sort qui attend ce peuple, dont l'existence doit être brisée comme ce vase (1), cette action est aussi un symbole du même genre, étranger cependant à la *Symbolique* du Droit. Mais il y a un rapport juridique dans l'action de ce fécial romain, qui, à l'occasion de la paix conclue avec Albe, disait : « Si le peuple romain est le premier à s'en « départir, *publico consilio dolo malo*, j'adjure Jupiter « de le frapper comme je vais frapper l'animal que je tiens « dans les mains, » et qu'il abattit aussitôt d'un coup de caillou (2). C'est encore dans la catégorie du symbole *en*

---

l'eût mise dans ses mains. *Influence du christianisme sur le Droit romain*, p. 23.

(1) Jérém., XIX, 1, 10, 11.

(2) « Si prior defuit publico consilio dolo malo ; tu illo die, Jupiter, populum Romanum sic ferito, ut ego hunc porcum hìc hodiè feriam ; tantòque magis ferito, quantò magis potes pollesque. Id ubi dixit, porcum saxo silice percussit. » (Tite-Live, *Hist.*, I, 24).

action qu'il faut mettre, chez les Romains, le *jactus lapilli* de la dénonciation du nouvel œuvre et le *bris d'un rameau*, comme mode d'interruption de la prescription, et, chez nous, la *rupture d'un rameau*, le *bris d'une vitre*, *d'une tuile*, comme modes divers de prise de possession, encore usités de nos jours, notamment en Normandie, où les huissiers ne manquent pas de constater ces actions symboliques dans leurs procès-verbaux de prise de possession d'un héritage.

L'une des sources les plus poétiques et les plus riches de l'*action* allégorique, en matière religieuse, consistait dans la célébration des anciennes fêtes, ces drames religieux de l'antiquité, qui traduisaient *en action* les diverses époques de l'année et qui avaient pour objet une commémoration solennelle des forces génératrices de la nature, des progrès de la civilisation, des grands avantages de la vie des champs et surtout des bienfaits de l'agriculture. « Il y avait, dit Creuzer, une année sacrée, personnifiée « en quelque sorte dans une série de scènes allégoriques « qui, dans l'absence de l'écriture, tenaient souvent lieu « aux peuples d'annales écrites. Toutefois, par un effet « même de son antiquité, cette coutume subsista long- « temps encore après l'introduction de l'écriture, et nous « la rencontrons chez les nations les plus éclairées de « l'ancien monde. Un riche appareil environnait d'ordi- « naire, et relevait, avec plus ou moins d'éclat, ces pan- « tomimes religieuses (1). » L'Église catholique a aussi ses drames avec leur signification allégorique. Le catholicisme prodigue les scènes de ce genre dans les fêtes de son calendrier et dans ces brillantes processions, où l'arrangement, les ornements, les personnages, l'ordre et l'objet de la cérémonie, tout, en un mot, a un sens mys-

---

(1) *Symb.*, trad. franç., Introd., ch. III.

tique, et qui, pour l'appareil ou pour la pensée allégorique, ne le cèdent en aucune manière, à l'éclat et aux magnificences des fêtes religieuses de l'antiquité (1).

Notre ancien Droit français a plusieurs drames qui présentent quelque analogie avec ces scènes allégoriques. Chaque année, le jour de la Nativité de Notre-Dame, la population des vingt-cinq plus belles paroisses des Amognes, dans le Nivernais, arrivait processionnellement au prieuré de la Charité, avec croix et bannières et avec grande pompe religieuse et champêtre, pour rendre hommage à la juridiction seigneuriale de ce prieuré, dont ces paroisses relevaient. A la porte du monastère, quatre jeunes vierges offraient aux religieux une *hémine* de froment posée sur un char triomphal orné de guirlandes de feuillage et traîné par quatre taureaux (2). Au printemps de chaque année, les pairs de France du ressort des parlements de Paris et de Toulouse offraient à ces compagnies des *bouquets de roses* en pleine audience, au bruit des hautbois et avec un appareil de solennité propre à rehausser l'éclat de cette pantomime allégorique, dont j'ai déjà indiqué l'origine (3).

Ces grandes allégories mimiques du monde ancien, on a voulu essayer de les transporter dans le droit français moderne. Nous les retrouvons dans cette série de scènes

_____

(1) Cf. *Raisons de l'office et cérém. de l'Église catholique*, par le chanoine Claude Villette, p. 417 à 425, *des Processions*.

(2) Lebeuf, *Recueil de divers écrits pour servir à l'histoire de France*, t. I, p.26;—Antony Duvivier, notice sur les Amognes, *le Nivernais, Album historique et pittoresque.* — Les symboles de ce genre se rencontrent assez souvent en France. On ne les trouve pas en Allemagne dans le même style, ce qui peut les faire considérer comme propres à la France. — Cf. Dümge, *Symb. der germ. Völk. in einig. Rechtsgewohn.*, p. 34 *in princip.*

(3) *Voy.* ci-devant ch. III, § 4, p.31, 32, et ci-après ch. XIII, pour le sens de ces sortes de symboles.

et d'actions symboliques que l'âge cosmogonique (1) de l'ère actuelle voulut instituer, et qui avaient pour but, non plus de personnifier l'année sacrée, mais de figurer la nouvelle année civile, en célébrant avec pompe la grandeur et la puissance de l'auteur de toutes choses, les bienfaits de l'agriculture et du mariage, les charmes de la concorde et l'élan des cœurs reconnaissants, la gloire passée, dans la personne des vieillards, la gloire à venir, dans celle des jeunes gens, la délivrance de la patrie consacrée sur l'autel de la Victoire, et, sur l'autel de la Liberté, l'affranchissement de l'esprit humain (2).

Rien de plus magnifique et de plus solennel, à la lecture, que ces fêtes civiques. Mais ces actions allégoriques, inspirées par un sentiment d'imitation, n'ayant leur source ni dans les mœurs, ni dans la religion des peuples, comme chez les anciens, commandées par la loi plutôt que par la coutume, sanctionnées par le bourreau et non par l'adhésion du cœur, ne furent jamais que le fruit avorté d'une conception où manquait l'intelligence de son époque, symbolisme mort et religion d'emprunt, qui ne vibraient pas au cœur du peuple (3).

CHAPITRE IX.

APPLICATION UNIVERSELLE ET EFFETS DES SYMBOLES DANS LES ACTES DE LA VIE JURIDIQUE ÉTRANGERS AUX TRIBUNAUX.

L'application des symboles n'est pas restreinte à la jurisprudence pratique. Parquer le règne des symboles dans

---

(1) Pour l'acception de ce mot, *Voy.* ci-après l. II, ch. II.

(2) *Voy.* la loi du 18 floréal an II, l'arrêté des consuls du 18 pluviôse an VIII, celui du 23 prairial même année.

(3) *Voy.* ci-après l. II, ch. II.

le cadre d'un Code, dans l'étroite enceinte d'un tribunal, dans les coutumes des hommes de loi ou dans les *us* des chancelleries et des greffes, c'est méconnaître la nature philosophique du Droit et oublier le rôle qu'il joue dans l'histoire.

Dans les âges primitifs et dans les temps de barbarie, lorsque le Droit, encore traditionnel, incertain et indécis, erre à l'aventure à travers les habitudes des peuples, on ne doit pas s'attendre à trouver dans les manifestations qu'il revêt, ni dans son application, ces formes précises et ces caractères déterminés que lui donnent la loi ou la coutume constatée aux époques où l'esprit humain commence à sortir de la barbarie. L'application du Droit, on l'a déjà dit (1), comprend et embrasse tous les rapports obligatoires des hommes. Chaque fois que plusieurs hommes sont réunis, le Droit est au milieu d'eux. Il intervient partout où des intérêts existent, partout où s'agitent les passions. Il se manifeste sous la tente du patriarche, aussi bien que sous les voûtes d'un palais; dans la cité, comme dans la tribu. Il a sa place au foyer domestique, comme au prétoire. Il circule dans les carrefours, sur la place publique et derrière les murailles d'une ville, aussi bien que dans l'espace libre des champs (2). Les symboles, qui sont l'un des modes de manifestation du Droit, qui font partie de sa langue, et qui, primitivement, ont, presque à eux seuls, constitué son verbe, naissent et se développent de la même manière que le Droit. Ils se nourrissent des mêmes actes et se révèlent dans les mêmes circonstances. Leur application embrasse dès lors tous les actes de la vie des peuples dans l'acception juridique la plus variée, la plus étendue, et la plus humble comme la plus transcendante (3).

---

(1) *Voy.* ci-devant le ch. ı, p. 2 et 3.
(2) Cf. Lerminier, *Introd. à l'hist. du Droit*, ch. ı et ıı.
(3) *Voy.* ci-devant le ch. ı, p. 2 et 3.

Appliqués aux choses de la jurisprudence proprement dite, les symboles produisent des effets indiqués, soit par l'usage, soit par la loi. Mais ces effets, certains et inévitables, ont des limites connues d'avance, qui ne peuvent pas être franchies. En dehors de la jurisprudence des tribunaux, dans l'immensité illimitée du domaine général de la vie juridique, qui renferme tous les rapports juridiques des hommes entre eux, si vagues et si confus que soient ces rapports, les effets du symbole n'étant plus déterminés, ni par la coutume, ni par la loi, n'ont plus le même caractère de certitude et de précision. Leur portée échappe à toute convention, à toute prévision, à tout calcul. On ne peut pas dire alors aux symboles, comme dans la jurisprudence : Vous produirez tel résultat, telle conséquence, mais vous n'irez que jusque-là. Dans cette partie si indécise, si indéterminée de son existence, le symbole n'a ni règle ni limite. Son influence dépend des vicissitudes du temps, de l'état des esprits et de l'empire des circonstances. Tantôt insignifiante ou nulle, et tantôt immense, son action passe inaperçue dans le monde ou le bouleverse.

Telle est la puissance du symbole, lorsqu'il vibre au cœur des peuples, que la vue de la *robe* ensanglantée de César, symbole de sa personne, produit plus d'impression sur l'imagination des Romains, que la nouvelle de son assassinat et que l'aspect de son cadavre. Les Scythes, sur le point d'être vaincus en bataille rangée par leurs esclaves révoltés, jettent à terre leurs armes et marchent à eux le *fouet* à la main. Ramenés par ce symbole à la pensée de leur condition, les esclaves baissent la tête et fuient devant leurs maîtres. En 1452, le grand justicier de Gand montre à l'assemblée des bourgeois de cette ville un simple symbole, les *clefs* d'Audenarde, cité dévouée au comte de Flandres et ennemie de Gand. Cette seule exhibition enlève les esprits, jusqu'alors irrésolus et flottants, et fait décider la guerre contre le comte. En 1830, le *drapeau tricolore*, ce symbole de la France nouvelle, transporte tous les cœurs par le seul à-propos de son apparition et renverse une dynastie.

Je n'ai pas besoin de dire que tous ces symboles ont un caractère juridique. Le premier est peut-être plus civil que juridique, mais on peut le mettre dans cette dernière catégorie par son rapport avec le caractère juridique de l'assemblée du peuple réuni pour faire un acte reçu par la coutume; le second est éminemment juridique par les idées de propriété, de commandement et de servitude qu'il exprime; le troisième, par ses rapports avec le caractère tout politique de la réunion et avec le vote tout politique aussi qu'il détermine; le quatrième, enfin, par l'idée de liberté qu'il manifeste.

Quiconque ne verrait dans les symboles juridiques qu'un simple procédé propre seulement à conserver le souvenir des transactions civiles, ou ne les envisagerait que comme un moyen destiné à rehausser l'aridité des formes judiciaires par les charmes d'une poésie pittoresque ou dramatique, n'apercevrait que le profil de la *Symbolique* du Droit, et n'aurait, de cette partie même, qu'une idée incomplète à tous égards. C'est comme si on ne considérait une langue que dans son application relative aux besoins de l'existence matérielle ou aux délassements de la vie domestique. Ce serait ôter à la destination des langues, comme au but de la *Symbolique*, qui fut longtemps le verbe presque exclusif du Droit, ce qu'il y a de plus élevé et de plus noble dans les rapports de la vie sociale (1).

(1) *Voy.* les cinq chapitres suivants, et ci-après l. II, ch. I et III.

CHAPITRE X.

APPLICATION GÉNÉRALE ET EFFETS DES SYMBOLES DANS LES USAGES DES TRIBUNAUX.

Les symboles, qui furent la langue primitive du Droit et de la Religion, jouent encore, même aux époques historiques, un rôle très-important dans la jurisprudence pratique des cours et des tribunaux.

A Rome, pendant plus de sept siècles et jusqu'aux lois *OEbutia* et *Julia*, la procédure judiciaire est presque entièrement symbolique, et la procédure de la juridiction volontaire se perpétue encore pendant un grand nombre de siècles avec le même caractère (1).

Pendant notre moyen âge, les symboles règnent dans toutes les parties du Droit. Procédure, conventions, redevances, impôts, peines, costume, cérémonial, tous les

(1) On n'est pas parfaitement d'accord sur la date précise de la loi *OEbutia*. M. Giraud adopte la donnée d'Haubold qui fixe cette date à l'an 520 de Rome ; mais M. Giraud n'a pas fait attention que cette date est en contradiction avec la date de la publication du Recueil d'Ælius, qui est de 552 ou 553, et qu'il fixe lui-même à l'année 552. La loi *OEbutia*, qui avait pour objet de modifier la procédure introduite après la publication d'Ælius, ne peut donc pas être de l'année 520, si cette publication a eu lieu en 552. J'avais fait depuis longtemps cette remarque, que je trouve dans le 1er volume de l'*Hist. du Droit civil de Rome et du Droit français* de M. Laferrière, p. 365. M. Ducaurroy lui donne une date antérieure à Cicéron (*Inst. nouv. expliq.*, II, 298, 6e édit., 1841). M. Bonjean n'indique point la date d'une manière plus précise (*Actions*, § 164, t. I, p. 409). M. Heffter pense qu'elle ne précéda pas de beaucoup l'époque de ce grand orateur. Il en fixe la date vers le milieu du septième siècle de Rome, en l'année 648 environ (*Observ.* sur le 4e livre de Gaïus, cap. VII, p. 22 et 23, et la table finale). Quant aux lois *Julia*, l'une est la loi *Julia* d'Auguste, *de judiciis privatis*, l'autre est attribuée aussi à Auguste ou à Jules-César. M. Heffter fixe la date de cette dernière au commencement du huitième siècle (cap. VIII, p. 25 et la table finale ; *voy.* dans ce sens Bonjean, § 164, t. I, p. 410). La loi *OEbutia* a eu pour but d'abroger trois des

20

actes et tous les rapports de la vie, dans les usages juridiques aussi bien que dans les cours et dans les tribunaux, sont de leur domaine. Ils prennent l'homme à sa naissance et le suivent dans toutes les phases de l'existence civile (1).

Pour avoir une idée exacte de l'étendue et de la variété de l'antique application des symboles, on n'a qu'à jeter les yeux sur la législation écrite qui régit la France aujourd'hui, on la verra toute jonchée des débris de l'ancien édifice symbolique élevé en l'honneur du Droit ancien. Sans parler, en ce moment, des applications du symbole qui se rencontrent dans les Codes français (2), on peut dire qu'on le voit s'étaler dans la plupart de nos usages juridiques.

Le symbole se conserve encore en partie, on l'a vu, dans le *costume* de la haute magistrature (3). Les avocats eux-mêmes symbolisent, lorsqu'ils plaident avec la *tête couverte,* en signe de leur indépendance. Le juge, qui met sa *toque* sur sa tête au moment où il dit son jugement, fait aussi un acte symbolique (4). Il en est de même du propriétaire qui, de nos jours, brise une *bran-*

formes de procéder du système des *actiones legis.* Les lois *Julia* auraient aboli ou modifié les deux autres. Mais, malgré cette abolition, le système symbolique des *actiones legis* continua à être appliqué devant le tribunal des centumvirs (Giraud, p. 169 ; Bonjean, t. I, § 15, 32, p. 23, 60; Ducauroy, p. 298). La procédure des *actus legitimi* de la juridiction volontaire, tels que l'affranchissement *per vindictam,* l'adoption, l'émancipation, la *cessio in jure,* continua aussi à rester symbolique. La forme de la mancipation apparaît encore sous Dioclétien à l'égard de la donation de biens italiques. Laferrière, *Hist. du Droit civ. de Rome et du Dr. fr.,* t. II, p. 366; — Cf. Giraud, *Hist. du Droit français au moyen âge,* t. I, p. 241.

(1) Il me suffit de renvoyer le lecteur aux nombreuses citations qu'on trouve dans le chapitre viii qui précède et dans les chapitres xi, xii, xiii et xiv qui suivent.

(2) *Voy.* ci-après ch. xiv, sur la *Symbolique de ces codes.*

(3) *Voy.* ci-devant p. 162, 163.

(4) *Voy.* ci-devant p. 149.

che d'arbre, casse une *vitre*, allume le *feu* dans le foyer, au moment où il se met en possession d'un champ, d'un jardin, d'une maison, actes que les huissiers, en Normandie, ne manquent jamais de constater dans le procès-verbal de prise de possession (1). Le *bâton* des maréchaux de France, le *sceptre* et la *main de justice*, attributs de la royauté, sont également des symboles juridiques. Qu'est-ce que la *baguette* du constable anglais et de l'alcade espagnol, et qu'est-ce aussi que la petite *verge* noire, conservée aux huissiers audienciers dans quelques-unes de nos cours royales, si ce n'est l'emblème du commandement, de l'*imperium* qui figurait jadis dans les mains des anciens licteurs (2)? Elle serait bien longue l'énumération des symboles qui se sont conservés dans nos usages judiciaires, qui font encore partie, en un mot, du droit actuel de la France! Il suffit d'en avoir ici esquissé l'idée. Les preuves existent en très-grand nombre dans les chapitres qui précèdent et dans ceux qui suivent.

Par les variétés d'application qui nous en restent (et je n'ai indiqué ici qu'un très-petit nombre d'exemples de ce genre), on peut, dès à présent, apprécier l'étendue qu'avait jadis le domaine du symbole, alors qu'il parlait vivement à l'imagination des peuples, qu'il régnait en souverain dans la jurisprudence et les coutumes, et qu'il embrassait, dans leur ensemble et dans leurs détails, tous les actes de la vie civile, depuis la naissance de l'homme jusqu'à sa mort.

On a vu la puissance illimitée du symbole dans les actes de la vie pratique, qui ne sont pas définis ou prévus par la loi ou par l'usage. Dans la jurisprudence, son rôle a des conséquences moins graves; mais aussi ses effets sont

---

(1) *Voy.* ci-devant p. 92, 93 et 173.
(2) *Voy.* ci-devant p. 132 et suiv., v^{is} *Bâton, Verge, Baguette, Sceptre.*

moins éventuels. Ces effets, dans la vie pratique, sont toujours incertains comme les vicissitudes du temps ; ils sont, au contraire, toujours certains dans la jurisprudence, et ne cessent jamais de se manifester chaque fois que le symbole est mis en action (1).

On voit, par ce qui vient d'être dit, que la *Symbolique* du Droit, dans son application aux choses de la jurisprudence pratique, ne se réduit pas à être, pour les temps de barbarie, une écriture hiéroglyphique appelée à suppléer l'écriture grammaticale (2). Dans cette partie déjà si restreinte de son domaine, la *Symbolique* a une action plus variée et plus étendue. Mais la mission du symbole dans les contrats, son but, ses effets dans les conventions civiles, dans les prestations et les redevances, ainsi que dans les peines réservées aux délits et aux crimes, exigent des explications particulières qui sont l'objet des chapitres suivants. J'y ajouterai un autre chapitre, dans lequel j'indiquerai les applications du symbole qui se rencontrent encore dans les Codes qui nous régissent. Cette immense variété d'application des symboles, dans les choses pratiques des tribunaux, prouvera aux plus incrédules l'intérêt encore actuel de l'étude de cette partie de l'ancien Droit.

---

(1) *Voy.* le chapitre précédent, p. 177, 178, et Cf. le chap. suivant.

(2) *Voy.* encore notamment le chapitre suivant, et les ch. ɪ et ɪɪɪ du livre II.

CHAPITRE XI.

APPLICATION PARTICULIÈRE DES SYMBOLES DANS QUEL-
QUES FORMALITÉS DE LA JURISPRUDENCE PRATIQUE.
— PRINCIPES SUR L'EFFET LÉGAL DE CETTE
APPLICATION DANS LES CONTRATS, SPÉ-
CIALEMENT DANS L'ALIÉNATION
ET L'INVESTITURE.

La destination du symbole, dans les transactions civiles, n'est pas, il s'en faut de beaucoup, toute la *Symbolique* du Droit; mais elle est du plus haut intérêt et d'une très-grande importance pratique, par les effets que la jurisprudence romaine et celle du moyen âge attachèrent à cette partie de la mission des symboles. Sous ce rapport, cette question s'élève presque à la hauteur d'un principe général. Elle s'y place d'elle-même, au surplus, quand on la prend dans son point de vue philosophique et qu'on se reporte à l'origine psychologique du symbole (1).

Chez les Romains, la simple tradition ne suffisait point, dans l'ancien Droit, pour conférer la propriété civile, le *dominium quiritarium*, à l'égard du moins des choses *mancipi*. Pour communiquer immédiatement ce domaine il fallait une procédure solennelle, telle que la mancipation *per æs et libram*, véritable cérémonie symbolique longtemps regardée comme indispensable et essentielle pour la validité de l'obligation et pour l'utilité de l'action, pour communiquer en un mot au contrat son effet civil (2).

(1) *Voy.* le chapitre I du livre I, et ci-après l. II, ch. III.
(2) Gaius, *Inst.*, II, 41; — Boeth., *in Cicer.*;—Festus, *Nexum.* — Cf. Laboulaye, *Hist. du droit de propr. en Occident*, p. 128, 129;—Giraud, *Introd. hist. aux éléments du Droit romain*, p. 82, 83; — Troplong, *Influence du christ. sur le Droit romain*, p. 33, 34.

Cette procédure solennelle était encore d'un usage journalier vers le règne d'Alexandre Sévère (1). En l'absence de cette solennité, la tradition ne constituait qu'un simple fait de détention. La chose, il est vrai, était *in bonis* de l'acheteur; mais le droit de propriété, le *dominium*, demeurait toujours au vendeur (2). L'acquéreur lui-même ne pouvait valablement aliéner la chose qu'autant qu'il l'avait usucapée (3).

Il ne faut pas croire que cet effet de la solennité symbolique fût isolé chez les Romains; et l'on se tromperait si on ne l'attribuait qu'à la forme symbolique *per æs et libram*, dont je viens de parler. Je me borne à rappeler ici, entre autres exemples, la vente des prisonniers faits à la guerre, vente qui, pour avoir tous ses effets légaux, pour mettre le captif ainsi vendu dans le domaine quiritaire de l'acquéreur et pour donner à celui-ci toute sécurité, devait être faite *sub coronâ*, circonstance qui explique le nom de *captivi coronati* donné aux esclaves ainsi vendus. Nous ignorons l'origine de ce symbole et l'idée qui s'y trouve renfermée; mais les effets juridiques, auxquels il donnait lieu, nous ont été révélés par Varron dans un passage, dont la lucidité résiste à toute fausse interprétation et qui doit, sur ce point, faire tomber toute objection, quoique Varron ne fût pas jurisconsulte (4).

(1) Gust. Hugo, *Hist. du Droit romain,* trad. fr., t. II, § 348, p. 165. — Fin de la 3º période du Droit, qui commence à Cicéron et se termine à Alexandre Sévère.

(2) « *In bonis* quidem emptoris est, ex Jure Quiritium venditoris est.» Ulpien, I, 16. Cf. le passage de Gaïus de la note 2 de la page précédente; — Gust. Hugo, *Hist. du Droit romain,* § 207, t. I, p. 378 de la trad. fr.; — Heineccius, *Ant. rom.,* lib. II, tit. I, n. 29, p. 377 et 378 de l'édition de Haubold ; — Laboulaye, p. 129, 130.

(3) **Voy.** les auteurs indiqués à la note 2 de la page précédente.

(4) « In emptionibus dominum legitimum sex ferè (?) res perficiunt: 1º si hæreditatem justam adiit ; 2º si, ut debuit, mancipio ab eo accepit, à quo jure civili potuit ; 3º aut si in jure cessit, cui (qui) potuit cedere et id

C'est ce que reconnaissent d'ailleurs les interprètes du Droit romain (1).

Les mêmes idées se retrouvent à peu près dans les coutumes des peuples du Nord, et surtout dans les usages des temps féodaux, ce qui justifie la conjecture de Vico, lequel assure que les premiers siècles de Rome ont été régis par un système politique semblable à celui de la féodalité du moyen âge (2). Indépendamment du consentement, écrit ou verbal, et du fait même de la tradition réelle, la propriété ne s'y transmet que par certaines formes solennelles empruntées aux rits symboliques (3).

Dans l'ancien Coutumier d'Artois, le vendeur rapporte fictivement, entre les mains du seigneur, l'objet qu'il veut aliéner, pour que le seigneur en saisisse et en investisse l'acheteur (4); puis, après certaines paroles sacramen-

---

ubi oportuit; 4° aut si usucepit; 5° *aut si è prædâ sub coronâ* emit; 6° tumve cùm in bonis sectioneve cujus publicè venit. Varro, *de Re rust.*, II, 10, n. 4.

(1) Heineccius, *Ant. rom.*, lib. II, tit. I, § 24, p. 375 de l'édit. d'Haubold; — Gust. Hugo, *Histoire du Droit romain*, § 93, trad. fr., t. I, p. 131, 132. — Cf. ce que j'ai déjà dit à la page 85 sur les *captivi coronati*.

(2) Sur ce rapprochement, *Voy.* Vico, *Scienza nuova,* passim et notamment lib. II, *Le repubbliche tutte sono nate da certi principj eterni de' Feudi;* lib. V, *Ricorso che fanno le nazioni sopra la natura eterna de' Feudi;*—Giraud, *Introd. hist. aux éléments du Droit romain*, p. 83.—Les fonds *mancipi* présentent beaucoup d'analogie avec la terre féodale. Le fief du moyen âge est exempt d'impôt foncier, comme le fonds *mancipi* de l'ancienne Rome. Cauvet, *Origine commune de la constitution d'Angleterre et des instit. de l'ancienne monarchie française (Revue de législ.* de Wolowski, t. XVII, p. 523, t. I de la 3ᵉ série). — *sic*, Laboulaye, *Droit agraire des Romains; id.*, p. 561. — Mais M. Laferrière n'admet pas cette assimilation entre les deux époques. Il repousse la distinction d'une propriété patricienne et d'une propriété plébéienne analogue à notre division coutumière des fiefs nobles et des héritages roturiers. *Hist. du Droit civil de Rome et du Droit français,* t. I, p. 109.

(3) Laboulaye, ouv. cité, p. 137.

(4) « Et convient le vendeur rapporter tout l'héritage par *raim* (rameau) et par *baston,*'en le main dou seigneur pour adhériter (ensaisiner, in-

telles, le sire, tenant en sa main droite un *bâton,* en met un bout dans la main gauche de l'acheteur, à genoux devant lui, et l'investit en disant : Je vous en saisis, sauf tous droits (1). Chez les Flamands, voisins de l'Artois, peuple aussi d'origine germanique, les mêmes formes juridiques sont également suivies. Le vendeur ou le donateur d'un fonds, après avoir pris une *motte de terre* ou *de gazon* tirée du fonds même, la dépose entre les mains du seigneur ou du *majeur,* en disant : Je transporte mon fonds entre vos mains à titre de donation ou de vente, en faveur de tel, pour tel prix, que je reconnais avoir touché. Le *majeur* remet ensuite à l'acquéreur ou au donataire cette même *motte de terre* ou *de gazon,* en disant : Ce fonds mis en mes mains par un tel, je le livre aux tiennes et je t'investis de la possession réelle, actuelle et corporelle de ce fonds, avec les droits et prérogatives, sauf le droit d'autrui (2). Les mêmes formalités furent importées par les Normands, en Angleterre, après la conquête. Littleton enseigne que lorsque les tenants d'un fief veulent le remettre « en la main de leur seigneur pour le faire passer « à un autre, ils ont une petite *verge* en mains qu'ils donnent au sénéchal ou baillif, selon qu'il est d'usage en la « seigneurie, et la remise qu'ils font de cette *verge* et de « la terre étant inscrite sur le registre de la juridiction, « le sénéchal ou baillif donne la *verge* à celui que le premier tenant a désigné (3). »

vestir) l'achateur. » Ancien *Coutumier d'Artois,* art. 6, dans le Recueil des *Coutumes générales d'Artois,* publié par Maillard, Paris, 1739 in-f°, ch. xxiv.

(1) « Li Sire le doist tantôt adhériter, mais demander avant au vendeur, s'il se tient par paiee, et lui seur de sa droiture, puis saisir l'acheteur en disant : je vous en saisi, sauf tous droits, en lui mestant le *baston* en mains, comme ceste figure le monstre. » *Cout. d'Art.,* art. 9. — La figure se trouve sur le manuscrit de la Bibliothèque du Roi.

(2) Ducange, *Investitura,* III, 1524.

(3) *Institutes,* l. I, ch. x, *de Tenure par la verge.*—*Voy.* le texte même

Ces formalités, dont l'observation était toute de rigueur, ne se bornaient pas à l'investiture. Le serment lui-même était hérissé de solennités emblématiques. On voit, par une ordonnance du roi Jean, de l'année 1350, qu'à Lille, si, en prêtant serment, on élevait la *main* plus haut que l'usage ne le prescrivait, ou si on n'appuyait pas son *pouce* dans le creux de la *main*, les coutumes de la contrée attachaient à ce défaut d'observance la peine de nullité et la perte même du procès; véritable fétichisme de la forme, qui prouve l'importance qu'avaient, aux yeux des hommes de ces temps-là, les moindres particularités de ces comédies juridiques qui nous paraissent avec raison aujourd'hui si puériles et que le roi Jean qualifiait déjà avec sévérité (1)!

Il est aisé de voir, par ces divers exemples, que toutes ces observances symboliques n'étaient pas introduites comme garantie d'une preuve, comme des témoins muets destinés à conserver le souvenir des actes. Elles figuraient dans le Droit à un titre plus solennel, avec un sens pour ainsi dire mystérieux, dont on ne se rendait pas compte sans doute, parce qu'il tirait son origine des traditions générales ou nationales sorties de l'obscurité des âges primitifs, mais cette obscurité même ne servait qu'à rendre l'usage plus vénérable et plus cher au cœur des peuples.

---

dans Houard, *Anciennes lois françaises,* I, 100. Je me suis servi de la traduction mise en regard du texte anglo-normand, souvent difficile à comprendre.

(1) « Juramentum fieri debet ab utrâque partium sub certis formulis ac in idiomate extraneis et insuetis ac difficillimis observari. Super quibus utraque, vel altera partium si quoquo modo defecerit in idiomate, vel in formâ, sive fragilitate linguæ jurantis sermo labatur, si *manum* solito plus elevet, aut in *palmâ pollicem* firmiter non teneat, et alia plura frivola et inania, circa dictum juramentum, tam verbo quam facto juxta villæ prædictæ (Insulæ) legem convenientia non observet, causam suam penitùs amittit et perdit. » *Ordonn. roy.,* II, 400; —Ducange, III, 1611. — Le roi Jean, par cette ordonnance, abolit ces formalités.

C'est à l'aide de la solennité que ces formes emblématiques imprimaient aux transactions civiles et aux actes juridiques, qu'on donnait aux droits réels toute leur légitimité, toute leur certitude, et que, dans l'aliénation, l'acquéreur obtenait la saisine de droit, cette saisine qui dépouillait complétement le vendeur et qui, au moyen de la tradition réelle, suivie de la saisine de fait d'an et jour, donnait à l'acquéreur la pleine et entière propriété, sans que personne eût désormais le droit de l'inquiéter (1).

Telle est, en résumé, la théorie de la *saisine*, ce mode d'aliénation si célèbre et si peu connu du moyen âge, dont M. Dupin a dit que « rien n'a encore remplacé la sécurité « anciennement attachée à ces sortes de transmissions, « qui étaient alors une affaire de droit public (2). »

Il faut remarquer, à ce sujet, que la simple saisine de droit ne renfermait point la saisine de fait. Celle-ci demeurait entre les mains du vendeur jusqu'à ce que la tradition réelle se fût ensuivie. Dans un sens inverse, la simple tradition réelle ou la saisine de fait laissait exister la saisine de droit entre les mains du vendeur, jusqu'à ce que la saisine de fait eût été suivie d'un acte public, solennel et authentique, en un mot, de l'investiture ou ensaisinement par le seigneur ou par le juge. La vraie saisine, la saisine par excellence, était celle qui, à la saisine de droit, joignait la détention de fait et la possession d'an et jour. Cette saisine rendait la possession inattaquable comme Fait et comme Droit, et l'emportait sur toute simple saisine, tant de fait que de droit. « Toute aliénation, dit M. Laboulaye (3), faite en dehors de ces solennités

---

(1) Klimrath, *de la Saisine;* — Lahoulaye, p. 139, 140; — Laferrière, *Hist. du Droit français*, t. I, p. 133, 1re édition.

(2) Introduction historique aux *Institutes coutumières* de Loisel; édit. Dupin et Laboulaye, in-12, Paris, 1846.

(3) *Ouvrage cité*, p. 139.

coutumières, ne conférait que la saisine de fait, espèce de possession naturelle, le domaine restant, jusqu'à un certain point, entre les mains du vendeur. » Celui-ci était « encore sires de la chose, » dit Bouteiller (1). Le nouvel acquéreur, avec sa *saisine vide,* n'avait que la jouissance, sans avoir une possession légale, « sans estre *ens* de loy, » comme dit encore Bouteiller (2).

Ainsi l'investiture et la tradition n'étaient pas une seule et même chose (3). L'investiture était le contrat solennel, presque toujours symbolique; la tradition, la mise en possession effective (4). En cas de refus de la part du vendeur de se dessaisir de fait, l'acquéreur était obligé de s'adresser aux tribunaux pour obtenir la possession. Celui qui avait donné ou consenti l'investiture ne pouvait, alors que la foi avait été prêtée ou offerte, se refuser à opérer la tradition, même en se soumettant à payer des dommages-intérêts. Pour lui, la tradition de fait était obligatoire et forcée. On pouvait l'y contraindre par tous les moyens (5).

(1) *Somme rurale,* l. I, ch. LXVII.

(2) *Somme rurale,* l. I, ch. XXII.

(3) « Aliud est investitura, aliud traditio. » Cujas, *de Feudis,* lib. I, tit. I.

(4) « Investitura est cessio Feudi solemnis sive contractus, qui sine traditione possessionis per se subsistit. » Cujas, *ibid.;* — Cf. Laurière, *Gloss.,* vo *Vest.* — On voit par là combien se trompe M. Laferrière, lorsqu'il dit que « l'investiture, pour les fiefs, était la forme particulière de la tradition réelle. » (*Hist. du Droit français,* t. I, p. 133, 1re édition).— Cette même idée se reproduit à la page 135 du même ouvrage. — Cf. ci-après, p. 190.

(5) Cujas, *loc. cit.* — « Investiturâ verò factâ et fidelitate subsecutâ, omni modo cogatur dominus investitum in vacuam possessionem mittere, quòd si differat, omnem utilitatem ei præstabit.» (Obertus de Otto, *de Feudis,* lib. II, tit. VII). Sur quoi Cujas dit : « Ut investituram fidelitatem, ita fidelitatem traditionem sequi ; alioquin damnari dominum in id quod interest atque etiam præcisè cogi tradere... » (*de Feudis,* lib. II, tit. VII).—Ailleurs il dit encore : « Si factâ de Feudo investiturâ pœniteat dominum antequam possessionem transferat : an præstando interesse vassalo liberetur, quæsitum fuit? responsum est, prætermissâ illâ con-

C'est ce qu'exprime énergiquement le Coutumier d'Artois, lorsqu'il dit : « Li drois de la propriété trait (entraine) à « lui la saisine (1). » Et de même, si on avait mis l'acquéreur en possession de fait, sans lui avoir donné l'investiture solennelle, le vendeur, il est vrai, demeurait toujours *sire de la chose* ; mais il pouvait être contraint à donner l'investiture , « à faire le werp et adhéritement de la « chose, » pour parler comme Bouteiller (2). Le résultat de la solennité symbolique était l'*envoi* en possession. La *mise* en possession effective dépendait de la volonté de l'acquéreur. L'une pouvait indifféremment précéder l'autre. Chacune de ces formalités rendait l'autre obligatoire. Mais leur réunion seule donnait à l'aliénation la plénitude de ses effets légaux.

Toutefois les mots *tradition*, *possession* et *investiture* sont souvent pris dans le même sens et acceptés, à tort, comme synonymes, soit par les auteurs anciens et modernes (3), soit dans les documents du moyen âge (4). Cette terminologie est vicieuse, mais la confusion s'explique

---

demnatione, dominum possessionem fundi, de quo investituram fecit, tradere compellendum. » (*de Feudis*, lib. IV, tit. xv).

(1) Chap. xx, art. 29 et *passim*.

(2) *Somme rurale*, l. I, ch. lxvii.

(3) Parmi les modernes, *voy.* notamment M. Reyscher (*Symb. des germ. Rechts*), et Michelet (*Origines*); parmi les anciens, Ducange (*Investitura*, III, 1520, 1521 et *passim*).

(4) D'après la remarque de Ducange (III, 1520), la loi Lombarde (lib. II, tit. lii, § 17) prend le mot *investitura* pour la possession elle-même. *Voy.* aussi la même loi, lib. I, tit. xxv, § 78, et tit. xxvii, § 12.— Une ordonnance de Philippe de Valois, de 1357, met sur la même ligne la possession et la saisine. M. Laferrière en fait la remarque , *Hist. du Droit français*, t. I, p. 134, 1re édition. — Une lettre d'Innocent III considère la *glèbe* placée sur l'autel, non comme un symbole de la donation, mais comme un signe de tradition : « Cùm ejusmodi signum non tam factæ donationis quàm traditæ possessionis sit evidens argumentum. » (*Decret. Gregor.*, lib. I, t. IV, p. 26).

par cette raison que, les solennités de l'investiture une fois accomplies, la tradition réelle était censée faite, puisqu'elle ne pouvait plus être refusée.

Ce fut là le Droit qui se maintint en France dans les coutumes dites de nantissement. On s'en départit ailleurs, plus ou moins, en reconnaissant que la dessaisine pouvait avoir lieu par instrument, par lettres, par-devant témoins, et que l'appréhension de fait pouvait équipoller à saisine (1). Mais, dans les pays de saisine, l'investiture était une formalité indispensable pour les biens féodaux, ces *bona quiritaria* de l'aristocratie du moyen âge, dont l'aliénation exigeait, comme celle de la propriété romaine, l'accomplissement de certaines formalités solennelles (2). C'était, en effet, une maxime, dans les pays de nantissement, qu'en fief point de saisine, de vraie saisine, sans investiture et sans foi (3). Il en fut et en dut être de même pour les héritages tenus en villenage ou roture. Car, presque toujours, la loi civile se formule d'après la loi politique. Mais la cérémonie solennelle, au lieu de s'appeler *investiture*, se nommait *vest* et *devest*. « Pour acquérir, « dit Laurière, droit de propriété en héritage tenu en ro- « ture est requis *devest* et *vest*, c'est-à-dire, dessaisine et « saisine. Dessaisine ou *devest* n'est autre chose que la « permission que fait le vendeur à son acheteur d'entrer « en la possession de la chose par luy vendue, et, pour « l'effet et solennité d'iceluy *devest* est requis que le ven-

(1) *Grand Coutumier*, l. II, ch. xxi ; — Laurière sur Loisel, *Inst. cout.*, l. V, tit. iii, règle 20, t. I, p. 188, édition Dupin ; — Klimrath, *de la Saisine*.

(2) J'ai déjà fait observer que Vico assimile exactement le *domaine direct* ou le *fief* au *dominium quiritarium*, et le domaine *utile* au *dominium bonitarium* des Romains. *Voy. Scienza nuova, lib.* V, *ricorso che fanno le nazioni sopra la natura eterna de' feudi.*

(3) *Grand Coutumier*, l. II, ch. xxvii, xxix ; — Loisel, *Inst. cout.*, l. V, tit. iv, règle 8 ; — Klimrath, *de la Saisine*.

« deur... se transporte par-devant le juge... et illec dé-
« clare qu'il se *devest* et démet de la possession... Saisine
« ou *vest* est un acte solennel fait par le seigneur foncier
« en sa justice, par la tradition d'un petit *bâton* ou *bû-*
« *chette* à l'acquéreur, par lequel il acquiert droit de pro-
« priété et possession en l'héritage par luy acquis (1). »
— « Pour estre mis en possession d'un fief, dit Galland,
« la forme du serment et de l'*investiture* estoit solennelle :
« pour mettre en possession l'acquéreur de censive, estoit
« besoin de *devest* (2). » La distinction entre les biens nobles et ceux tenus en roture, quant à la cérémonie extérieure de l'aliénation, semblerait par là ne consister que
dans la dénomination. L'effet était le même dans les deux
hypothèses.

Il est à remarquer, au surplus, que ces formalités solennelles ne s'appliquaient qu'aux biens immeubles, tels
que terres, cens, rentes ou redevances ; car, d'après l'observation faite par Houard, les rentes ou redevances issues
d'un immeuble avaient un caractère immobilier (3). Peut-
être aussi s'appliquaient-elles encore aux universalités de
choses, point qui est resté un peu douteux pour le Droit
coutumier (4), comme il l'est pour le Droit romain, où il
n'est parlé de l'acquisition civile qu'à l'occasion des choses
isolées (5). Mais, quant aux meubles singuliers, le Droit

(1) *Glossaire,* vᵢˢ *Vest et devest.*
(2) *Franc-alleu,* ch. vi, § *des Censives,* p. 90, édit. in-4º, Paris, 1637.—
Voy. aussi ch. xx, p. 315, 316, et le passage de Bouteiller qu'il cite à la
page 18, ch. i.
(3) *Anciennes lois françaises,* t. I, p. 101.
(4) Klimrath, *de la Saisine.*
(5) *Singularum rerum adquisitio, adquisitio singularis.* Il n'en est pas
parlé à l'occasion de l'acquisition d'une universalité de droits, *per uni-*
versitatem adquisitio. Les Institutes et Théophile lui-même n'appliquent
l'acquisition civile qu'aux choses isolées. Cf. G. Hugo, *Hist. du Droit*
romain, § 87, trad. fr., t. I, p. 123, 124.

coutumier n'exigeait pas pour leur acquisition l'emploi de ces formes solennelles (1).

Tel fut, soit chez les Romains, soit en France et dans les États germaniques, pendant le moyen âge, l'effet produit par l'intervention du symbole dans la formalité de l'aliénation.

CHAPITRE XII.

APPLICATION PARTICULIÈRE DES SYMBOLES AUX DÉLITS ET AUX CRIMES. — SYMBOLIQUE DU DROIT PÉNAL.

Les prêtres n'ont pas été seulement les premiers instituteurs et les premiers législateurs des peuples, ils furent encore leurs premiers juges. Dans les temps de barbarie primitive, où la vengeance privée est le Droit commun de tous les hommes, comment placer certains crimes au nombre des infractions publiques, si ce n'est en les transformant en crimes contre la religion? Une pareille amélioration ne peut être obtenue que par les ministres de Dieu. Seuls ils peuvent faire entrer la société dans cet immense et bienfaisant progrès de la substitution du crime public au crime privé, de la vengeance réclamée par l'être collectif, par l'association, à la vengeance poursuivie par l'être individuel, par celui qui fut lésé (2). La sauvage indépendance des premiers âges refuse de se soumettre à l'autorité d'un homme; mais elle courbe aisément la tête devant l'autorité des dieux (3). De là, les sacrifices humains qu'on trouve chez tous les peuples (4).

_____

(1) Klimrath, _Saisine._

(2) Filangieri, _Scienza della legisl._, t. III, lib. III, part. 2, cap. xxxv, p. 88 de l'édit. in-8 dite de Philadelphie, 1807.

(3) Id., p. 90.

(4) Id., p. 88 à la note; — Vico, _Scienza nuova_, lib. I, _degnità_ 40, et lib. IV, _tre spezie di giudizj;_ — Ballanche, _Palingénésie_, 3e part.

De là aussi, les anathèmes, les obsécrations, ces antiques formules de jugement, qu'on lit dans les rituels religieux.

La peine est une prière publique, une lamentable supplication, *supplicium* (1). Le coupable est une victime dévouée aux dieux, *sacer esto* (2). Le prêtre est, en même temps, législateur, juge, exécuteur de la peine (3); et l'échafaud est un autel (4). Ainsi, les *supplices* sont des offrandes faites aux dieux que le délit a offensés ; les *sacrifices* sont la peine expiatoire du crime; le *sacrificateur*, c'est le juge, c'est le bourreau.

Quand nous lisons dans les annales des Latins, ou dans

(1) Filangieri, *Scienza della legisl.*, t. II, lib. III, part. 1, cap. xi, p. 394 à la note, et t. III, lib. III, part. 2, cap. xxxv, p. 88 de l'édit. in-8 dite de Phil., 1807.—Macrobe a dit : « Præceptum est ut pro capitibus capitibus *supplicarentur;* idque aliquandiù observatum ut pro familiarum sospitate pueri mactarentur Maniæ deæ matri..... » *Sat.*, I, 7, *ap.* de Maistre, *sur les Sacrifices*, ch. ii. Ce n'est pas M. de Maistre qui le premier, comme le croit M. Ballanche (*Palingén.*, t. IV, part. 3, p. 310), a vu, dans les mots *supplice* et *supplier*, une racine commune. Filangieri l'avait dit longtemps avant lui, et Filangieri n'était en cela que l'écho de l'antiquité.

(2) Filangieri, *locis cit.;*—Vico, *loc. cit.;*—De Maistre, *sur les Sacrifices*, ch. ii;— Ballanche, *loc. cit.*, p. 310. — De là, pour tout homme spécialement marqué du sceau du malheur, la qualification de sacré, *res est sacra miser*, c'est-à-dire dévoué au malheur, prédestiné au mal (Ballanche, *loc. cit.*, p. 314, 315). De là aussi, la même qualification appliquée à tout homme méchant et dangereux. C'est la remarque faite par Festus : *ex quo quivis homo malus atque improbus sacer* appellari solet (v° *Sacer*). Nous avons conservé cette dénomination et nous parlons en vrais Romains, lorsque nous accolons l'épithète de *sacré* à la qualification donnée à quelqu'un. Notre *sacré coquin* est bien identique avec le *quivis homo malus atque improbus* SACER, dont parle Festus.

(3) Filangieri, *loc. cit.*, t. II, p. 294 note ; t. III, p. 88, 89, 90.

(4) M. de Maistre a fait sans doute allusion, du moins dans sa pensée, à cet ordre de choses des temps primitifs, lorsqu'il a dit que, de nos jours, l'échafaud est un autel dressé sur la place publique (*Soirées de Saint-Pétersbourg*, 10° entretien, t. II, p. 223). M. Ballanche dit que cela fut vrai jadis, et qu'il en est et en sera encore ainsi, tant que la peine de mort n'aura pas été abolie. Mais il se hâte néanmoins de demander si cette assimilation entre ce qui se passe aujourd'hui et ce qui avait lieu

leurs anciennes lois, que celui qui avait violé les lois sacrées était dévoué aux dieux, lui, sa famille, et tous ses biens (1); que celui qui avait attenté à l'inviolabilité d'un tribun du peuple était consacré à Jupiter (2); que le patron qui avait trahi son client était consacré au maître des dieux (3); que la tête de celui qui ne se rendait pas à l'appel du général, ou qui abandonnait ses drapeaux sans permission était dévouée à Jupiter (4); que celui qui violait la limite sacrée des héritages, impie envers le dieu Terme (*Jupiter terminalis*), était dévoué aux dieux, ainsi que les bœufs attelés à sa charrue (5); que le fils qui avait mis la main sur ses parents était consacré aux dieux pénates (6); que celui qui avait ravagé la moisson d'autrui, était dévoué à Cérès (7). Quand nous lisons ces terribles

---

jadis, en ce qui concerne la peine de mort, ne serait point une horrible impiété (*Palingénésie*, 3e partie).

(1) « Sacratæ leges sunt quibus sanctum est, qui, quid adversùs eas fecerit, *sacer* alicui deorum, sicut familia, pecuniaque. » Festus, v° *Sacratæ leges*.

(2) Festus, *loc. cit.;* — Vico, *loc. cit.*

(3) Patronos ei clientei fraudem facsit, *sacer* estod. — D'après quelques auteurs ce texte appartient aux lois des XII Tables, où il est placé en effet dans les recueils qui en ont été donnés. D'autres l'indiquent comme tiré des lois de Romulus et de Numa. Dirksen lui a donné place dans sa *Collection des XII Tables*, VIII, 21.

(4) Loi portée par les Samnites dans une de leurs guerres contre Rome : « Qui juniorum non convenisset ad imperatorium edictum, quique injussus abisset, caput Jovi *sacratum* esset. » Tite-Live, *Hist.*, X, 38.

(5) « Numa Pompilius statuit eum qui terminum exarasset, et ipsum et boves *sacros* esse. » Festus, v° *Term.;* — Giraud, *Recherches sur le droit de propriété*, p. 52, 119; — Laferrière, *Hist. du Droit civ. de Rome et du Droit français*, t. I, p. 122.

(6) « In (legibus) Servii Tullii hæc est : si parentem puer verberit, ast olle plorassit, puer divis parentum *sacer* estod. » Festus, v° *Plorare*. — *Voy.* Vico, *loc. cit.;* — Filangieri, *loc. cit.;* — Ballanche, *loc. cit.*, p. 310.

(7) « Frugem quidem aratro quæsitam furtim noctu pavisse ac secuisse, puberi XII Tabulis capitale erat : suspensumque Cereri necari jubebant. » (Tab. VIII, n. 9, édit. Dirksen et Zell ; récension de Giraud.

formules des Latins, *sacer esto, diris devotus, furiis con-
signatus,* ou les redoutables *anathemata* des Grecs, dans
ces immolations aux dieux, il nous faut voir en réalité
des condamnations à la peine capitale, déguisées sous
l'apparence d'une formule véritablement symbolique (1).

Il ne faut pas être surpris, on le voit, de trouver quelquefois dans le Droit pénal des peuples civilisés l'empreinte sacerdotale; on devrait bien plutôt s'étonner si

---

p. 490).— Vico dit que celui qui avait mis le feu aux moissons d'autrui
était consacré à Cérès, c'est-à-dire brûlé vif. — *Scienza nuova,* loc. cit.

(1) Filangieri, t. III, p. 89 à la note ;—De Maistre, *sur les Sacrifices,* ch.
II;—Ballanche, *Palingénésie,* t. IV, part. 3, p. 310, éd. in-18.—Chez les Romains, on n'était pas autorisé à tuer celui contre lequel la terrible formule
avait été prononcée; mais celui qui le tuait n'était pas poursuivi comme
homicide :« at homo *sacer* is est, quem populus judicavit ob maleficium,
neque fas est eum immolari; sed qui occidit, parricidii (homicidii) non
damnatur : nam lege tribunitiâ primâ cavetur, si quis eum qui eo ple-
beiscito *sacer* sit, occiderit, parricida ne sit. » Festus, v° *Sacer.* Ces lois
et ce passage ont été encore interprétés en ce sens qu'on pouvait être tué
impunément par le premier venu. « *Sacer,* dit Dirksen, qui sine piaculo
occidi potest.» *Man. latin. font. jur. civ. rom.,* p. 854, v° *Sacer. Voy.* dans
ce sens Bannier, *Myth. expl.,* t. I, p. 562. Cette doctrine indique qu'à l'é-
poque où elle était admise, la formule avait passé du domaine religieux
dans le domaine civil. Il n'était plus question alors d'une victime amenée
aux pieds de l'autel pour y être sacrifiée aux dieux : le juge civil avait pris
la place du juge religieux, en empruntant son langage ; mais la peine ne
suivait plus immédiatement la formule symbolique. Je remarque un effet
à peu près semblable pendant le moyen âge. D'après la charte de la
commune de Saint-Dizier, on pouvait tuer impunément, sans commettre
un crime, celui qui avait été banni à perpétuité (les *Olim,* II, 704) ; ce qui
doit s'entendre sans doute en ce sens que le banni était trouvé sur le territoire de la juridiction qui l'avait condamné, après le délai assigné pour
son expulsion, et ce qui est conforme à la pratique suivie en Angleterre
pour les proscrits *(outlaws),* qui étaient assimilés à un loup, *caput lupinum
gerentes.* Ducange, *Caput lupinum,* II, 292 ; *Voy.* ci-devant p. 39. Pendant
notre moyen âge, quelques évêques pensaient que celui contre lequel une
sentence d'excommunication majeure avait été prononcée, pouvait être
tué par le premier venu, chacun étant autorisé à lui courir sus; mais un
concile de Lyon, sous Grégoire X, au treizième siècle, avait réprimandé
cet excès de zèle. F. Hélie, *Traité de l'inst. crim.,* t. I, p. 380, 381.

on ne l'y rencontrait pas. Les peines, ayant été dans l'origine des peines religieuses, se transmettent souvent d'âge en âge jusqu'aux époques les plus éclairées, en conservant leur type sacerdotal et leur caractère symbolique.

Toutefois le caractère symbolique n'est pas propre exclusivement aux peines qui ont une origine sacerdotale. Quand la punition du coupable est définitivement entrée dans le domaine public ; quand les mœurs, quoique barbares encore, se sont courbées enfin devant la vengeance sociale substituée à la vengeance privée, les peines restent longtemps encore symboliques. Un principe d'égalité et de justice, souvent mal entendu, le besoin de frapper l'imagination, ou la nécessité d'une manifestation publique du degré de culpabilité du condamné, sont tout autant de raisons qui expliquent ce symbolisme pénal. Son expression la plus simple est dans la loi du *Talion*.

Quels que soient les efforts des législateurs modernes pour mettre la peine en harmonie avec l'infraction, pour introduire une sorte d'équation proportionnelle dans la distribution de la justice pénale, le but n'est presque jamais atteint, parce qu'on oublie ordinairement le principe qui sert de base et de raison à ce système. La peine, en effet, à l'exception de la peine de mort, consiste invariablement aujourd'hui, dans la privation de la liberté (1) ou dans une amende pécuniaire. Par suite de cette uniformité, la peine n'est, aux yeux des hommes superficiels

(1)C'est au Droit canonique que nous devons la peine de la prison, prononcée par les tribunaux ecclésiastiques , parce que cette peine avait semblé éminemment propre à ramener le coupable à la pénitence et par suite à l'amendement. Mais l'Eglise ne conserva pas au delà du seizième siècle le droit de faire l'application de cette peine. Faustin Hélie, *Traité de l'inst. crim.*, t. I, p. 378.

ou prévenus, que l'inspiration du caprice et le résultat de l'arbitraire, appliqués à tous les délits, aux infractions les plus diverses et souvent les plus opposées. Ces deux genres de peines sont, par cela seul, dénués de tout rapport figuratif, soit avec la nature du mal, soit avec la perversité de l'agent. Il suit de là que ces peines sont souvent privées de toute action sur l'esprit ou sur l'imagination des peuples.

Si on veut que la peine soit en harmonie avec le délit, et que le principe de l'égalité proportionnelle préside à la distribution de la justice pénale, si on veut exclure, enfin, l'arbitraire ou son image des Codes criminels, il est nécessaire de se déterminer, de près ou de loin, sur une sorte de *Talion*. Ce qu'il y a de blâmable dans ce système pénal, c'est de ne prendre en considération que l'acte extérieur, de négliger l'intention, de se tenir à la lettre du système plutôt que d'en suivre l'esprit. Ce qu'il y a d'admirable, au contraire, dans le *Talion*, c'est qu'il a pour résultat de graver plus aisément la peine dans l'esprit des hommes, de frapper plus vivement leur imagination par la ressemblance du châtiment avec le caractère du délit, et de répondre par là à cette tendance de l'esprit humain vers l'analogie matérielle de la peine avec le délit, tendance qui eut jadis de grands, et souvent aussi de funestes effets. *OEil pour œil, dent pour dent, tête pour tête*, chacun comprend cette loi et sait ce qu'il risque en la violant (1).

Dans l'antiquité, les décemvirs romains (2), Moïse (3),

---

(1) Bentham, II, 178.

(2) « Sei membrum rupît ni com eo pacit *Talio* estod. » (*Lex XII Tab.* VIII, 2e édit. Dirksen).—« Qui aedes aut acervum frumenti juxta domum positum *incenderit*, vinctus, verberatus *igni* necatur. » (Id., 10).

(3) *Deuteron.*, XIX, 21 ; *Exode*, XXI, 24 ; *Lévit.*, XXIV, 19, 20. Cf. *Evang. saint Math.*, V, 38.

Pythagore (1), Solon (2) ; dans les temps modernes, Kant, Bentham, Filangieri, ont recommandé le *Talion*, soit comme principe général, soit comme s'adaptant très-bien à quelques cas particuliers, et comme pouvant convenir, sous ce dernier rapport, aux peuples déjà parvenus à un haut degré de civilisation.

Le *Talion* n'est pas un système de législation pénale propre seulement aux temps de barbarie. Si on le rencontre chez tous les peuples encore dans l'enfance (3), on en trouve aussi l'application dans un grand nombre de cas, chez des nations déjà très-éclairées, en France, par exemple, même de nos jours (4).

Quoi qu'il en soit sur la valeur scientifique de ce système pénal, sans vouloir d'ailleurs en préconiser ni en recommander ici l'adoption, surtout d'une manière générale, il est bien certain que le *Talion* a cet avantage qu'en montrant au peuple le châtiment, il lui apprend en même temps la nature du crime. Sous ce point de vue, la peine de mort contre les meurtriers n'est pas autre chose que la peine du *Talion*.

(1) Il établit le *Talion* dans la Grande-Grèce, et c'est pour cela qu'Aristote (*Ethica*) appelle le *Talion* la justice de Pythagore. *Cf.* Vico, *Scienza nuova*, lib. IV, *corollario, il Diritto rom. fu un serioso poema*; — Filangieri, *Scienza della legisl.*, t. III, p. 95, note 3.

(2) On trouve le principe du *Talion* dans une loi athénienne rapportée par Diogène-Laërce, comme émanée de Solon. Celui qui avait privé un borgne de l'œil qui lui restait devait perdre les *deux yeux*: « Si quis unoculo *oculum* ejecerit, *duos* amittat. » (Diogène-Laërce, *in Solone*, lib. I, cap. LVII). Antoine Thys a soin de faire remarquer que c'est là le Droit du *Talion in genere. Collatio attic. et rom. leg.*, Trés. de Gronov., V, 1839. On verra ci-après, p. 202, 203, d'autres exemples du *talion* tirés du Droit d'Athènes.

(3) On l'a trouvé chez presque tous les peuples de l'Amérique. Il fut cependant peu en usage chez les anciens Germains, si l'on en croit J. Grimm. Quoiqu'ils eussent quelques peines corporelles, qui avaient le caractère du *talion*, ils pratiquaient surtout la réparation du mal à prix d'argent. Grimm, 647, 740. Mais l'observation de Grimm, prise dans un sens exclusif et absolu, serait historiquement fausse.

(4) *Voy.* ci-après, p. 200 et chap. XIV, *Symbolique du Code pénal*.

Dans cette hypothèse, comme dans toutes, le *Talion* est une peine essentiellement symbolique. Ce caractère se trouve très-bien exprimé par la charte de liberté de Saint-Dizier, lorsque, au lieu de dire que l'homicide sera puni de mort, cette charte dit qu'il donnera *tête pour tête, si quis hominem occiderit, caput pro capite dabit* (1).

Le *Talion*, on le voit, représente, avec plus ou moins d'exactitude, l'infraction commise. Le châtiment est dans un rapport, plus ou moins apparent, avec la nature du délit. La peine est l'image du crime.

L'amende elle-même, quoique arbitraire dans la plupart des cas, se rapproche quelquefois du *Talion*, et prend dès lors également un caractère symbolique. Il en fut ainsi dans plusieurs lois ou coutumes du moyen âge, comme dans cette vieille *coustume du duchié de Bourgoingne*, qui condamnait celui qui, par malice, avait accusé quelqu'un de lui avoir volé une chose qu'il lui avait confiée, à la même amende que l'accusé aurait payée s'il n'avait pu se justifier (2). Il en est ainsi, aujourd'hui encore en France, pour quelques crimes ou délits réprimés par notre Code pénal (3).

Le symbolisme pénal n'a pas uniquement pour objet la représentation du délit. Il se propose aussi, bien souvent, de figurer la peine dans ses rapports avec l'agent coupable. Dans ce cas, c'est presque toujours l'organe ou le membre, auteur matériel du mal, que le symbole vient atteindre. Telles sont ces mutilations exercées sur la *main* du parricide, du parjure ou du faussaire ; sur les *lèvres*

---

(1) Ann. 1228, art. 26 ; les *Olim*, II, 706.— C'est tout à fait la formule *oculum pro oculo* des Hébreux.

(2) Coustumes et stilles gardez au Duchié de Bourgoingne, *De delictis et penis,* publiées par M. Ch. Giraud, *Hist. du Droit français au moyen âge,* t. II, p. 278, 279.

(3) *Voy.* ci-après ch. xiv, *Symbolique du Code pénal.*

ou la *langue* du blasphémateur, du diffamateur, de l'hérétique, dont l'ancien Droit de tous les peuples offre de si nombreux exemples (1).

Les formes du symbolisme pénal, dont le *Talion* est la base, lorsqu'elles ont pour objet de représenter aux yeux, par la nature du châtiment, la nature honteuse de l'acte puni, outragent quelquefois cruellement les mœurs. Un pareil symbolisme ne convient plus dans une civilisation raffinée, qui possède à un si haut degré le sentiment de la pudeur et la susceptibilité des convenances, toujours ignorés des sociétés encore barbares. Quand on veut rester dans le système du *Talion,* il faut alors recourir à l'analogie.

D'autres fois ce symbolisme, tel que l'obligation de porter sur ses épaules un *chien* ou la *roue d'une charrue*, dégénère en une cérémonie burlesque, dont s'accommode la naïveté des âges primitifs ou la grossièreté des temps de barbarie, mais que repoussent la raison avancée et l'esprit sérieux des siècles éclairés (2).

Il est difficile de savoir si les peines symboliques qui ont pour principe le *Talion*, sont antérieures ou postérieures aux peines symboliques, dont l'origine est sacerdotale. Les unes et les autres appartiennent aux premiers âges des Sociétés. Toutefois, on peut être autorisé à dire que, comme peine publique, le *Talion* a marché sur une ligne parallèle avec les sacrifices humains qui, eux-mêmes, avaient remplacé le *Talion*, lorsqu'il n'était encore que la sanction de la vengeance privée. La loi des XII Tables nous montre la simultanéité de ces deux genres de peines symboliques.

Rien de plus varié et de plus curieux, dans ses détails,

---

(1) Quâ parte peccassent, eâdem mulctari, dit Cujas, *Observ.*, lib. VII, cap. XIII.

(2) Pour les détails et l'explication de ces diverses peines, *voy.* ci-après p. 204 et suiv., et p. 213 à 215, 216 et suiv.

que le symbolisme pénal des temps anciens. Il n'est pas de branche de l'arbre symbolique, qui puisse présenter une plus riche, ni une plus brillante efflorescence juridique. Détachons, à titre d'exemples, quelques feuilles de ce rameau symbolique.

D'après une loi de Charondas, ceux qui abandonnaient leur poste à l'armée ou qui refusaient de prendre les armes pour la défense de la patrie, étaient condamnés à demeurer trois jours entiers assis sur le *forum*, revêtus d'un *costume de femme* (1). Cette loi justifie aux yeux de Filangieri les éloges qu'Aristote accorde à ce célèbre législateur (2). Le sens symbolique de la peine frappe ici tous les yeux (3). C'est la même pensée qu'on retrouve dans le châtiment infligé par Denys de Syracuse à un mari qui s'était laissé battre par sa femme. Denys donna l'ordre que celle-ci fût revêtue d'*habits masculins*, et que,

(1) Diodore de Sicile, XII, 16, *ap.* Robinson, *Ant. grecq.*, t. II, p. 169; — Filangieri, *Scienza della legisl.*, t. III, p. 39, note 2 de l'édition déjà citée.

(2) Aristote, *De repub.*, lib. II, cap. ult.

(3) Cette peine rappelle les colonnes que Sésostris, roi d'Egypte, roi conquérant, érigeait dans les pays qu'il avait subjugués. Lorsqu'il avait rencontré des nations courageuses, il faisait inscrire leur nom sur la colonne, en indiquant qu'il avait vaincu ces peuples. Lorsqu'il avait soumis le pays sans livrer bataille, il faisait ajouter sur la colonne les *parties naturelles de la femme*, emblème de la lâcheté de ces peuples. *Voy.* Hérodote, II, p. 102, trad. de Larcher, édit. Charpentier. C'est de là que vient probablement la théorie de M. Ballanche sur les peuples-femmes, théorie admissible à ce point, et son système d'interprétation du mot *mulieres* de la loi des XII Tables, mot qu'il prétend désigner symboliquement les plébéiens, frappés du caractère passif. *Voy.* son tome IV, p. 262, 393, 394; t. V, p. 55, 56, 63, 74 de l'édit. in-18. Ce système lui a été inspiré par Vico, qui dit expressément que les patriciens considéraient les plébéiens comme des femmes, au respect desquels les patriciens se regardaient comme des hommes, *viri;* d'où, chez les Romains, les fonds *ex jure quiritium*, acquis par la lance, *quir;* et, dans notre moyen âge, les fiefs, nommés *biens de l'épée, de la lance*, par opposition aux *biens du fuseau*. Vico, *Scienza nuova*, lib. V, *ricorso che fanno le nazioni. Voy.* ci-devant ch. VIII, p. 125 et suivants, v° *Organe de la génération.*

pour compléter le symbole, le faible époux fût habillé en *femme* : car, évidemment, la nature avait dû se tromper en les créant (1). Il y a la même intention dans le châtiment infligé, encore de nos jours, dans le bagne de Toulon, aux forçats qui se sont livrés à des plaisirs réprouvés par la nature. Les deux coupables, placés sur une estrade, sont exposés aux regards et aux plaisanteries de leurs compagnons. Mais celui qui s'est prêté aux désirs de son complice, revêtu d'un *costume féminin*, porte, au-dessus de sa tête, l'inscription de *galline*, mot provençal qui signifie *poule*. Cette punition, dont j'ai été autrefois témoin, a un caractère éminemment symbolique.

Filangieri rapporte encore, d'après Diodore de Sicile, une autre loi de Charondas, qui condamnait les calomniateurs à être conduits dans les rues de la ville, ayant sur la tête une *couronne de rameaux de tamarin*, afin d'apprendre au public, dit Filangieri, jusqu'à quel point allait leur méchanceté (2). Il y a, dans cette *couronne de tamarin*, une pensée évidemment symbolique, dont toutefois je ne saurais donner l'explication.

Le Droit des vieilles Allemagnes et des peuples du Nord fut plus manifestement symbolique dans la peine infligée au diffamateur. Le coupable, amené devant le tribunal, devait se frapper lui-même sur la *bouche*, en disant : *bouche, tu as menti*. Il fallait en même temps qu'il sortît du tribunal *à reculons* et non comme il sied à un honnête homme (3). Dans le Droit Saxon et dans celui du Nord, la peine des injures s'appelle encore *amende des lèvres*, *amende de la bouche* (4). Mais, dans les temps les

---

(1) Sur les costumes ignominieux, à titre de peine, *voy*. Grimm, *Deuts. Rechtsalt.*, 711, 712, n. 3, et Carpentier, *Roba*.

(2) Diod. Sic. et Filangieri, *loc. cit.*

(3) Grimm, *Deuts. Rechtsalt.*, 711 ; — le même, *Poesie im Recht*, § 13.

(4) Grimm, *Poesie im Recht*, § 13. *Voy*. p. 37 et p. 122.

plus reculés, le châtiment fut autrement sévère: on arrachait la *langue,* ou l'on cousait la *bouche* du calomniateur. L'Edda nous a transmis un ancien mythe qui rappelle cette pénalité à l'égard de ceux qui manquaient à leur parole (1).

Dans les anciens usages de la Normandie, ce n'étaient, en cas de calomnie, ni les *lèvres,* ni la *bouche,* qui fournissaient la matière au symbole pénal, c'était le *nez.* Celui qui était convaincu d'avoir faussement imputé à autrui un vol, un homicide ou tout autre méfait, était obligé de se présenter à l'audience du juge et de se pincer le *nez,* en reconnaissant qu'il avait menti. Richard Dourbault qui nous a fait connaître ce genre de peine (car l'ancien Coutumier publié par M. Marnier n'en dit rien), s'exprime ainsi sur ce point :

> ... S'aulcun à ung aultre impute
> Aulcun vice que l'en respute,
> Larrechin, omicide, ochie,
> Dampnement de membre ou de vie ;
> Et se de tel vice est meue
> Querelle, il est chose sceue,
> Et l'accusey ce confessoit
> Ou vaincu de tel chose soit ,
> Pugny doibt estre par justice ,
> Grief par péccune sur luy prise,
> Et à qui l'injure a soufferte
> Amende pour reproche apperte
> De corps , si que son *nais tendra*
> Par hault o (avec) ses dois, et vendra
> Disant ainsy par telle loy
> De ce que larron t'appelloy,
> Omicide, ou il nommera
> Le vice dont vaincu sera,
> En la querelle je menty,
> Car tel vice n'est pas en ty (2).

(1) *Ibid. — Voy.* ci-devant *locis citatis.*
(2) *Coutumier de Normandie* mis en vers par Richard Dourbault,

Dans cette action de se pincer le *nez*, il y avait une véritable intention symbolique. Je laisse à de plus habiles le soin d'en expliquer la pensée.

Mais l'intention du symbole est bien évidente et très-clairement exprimée dans la peine de la *langue coupée* prononcée contre les parjures par une Novelle des empereurs Léon et Constantin, comme aussi dans la peine, soit de la *langue coupée, percée* ou *arrachée*, soit de la *lèvre coupée* ou *fendue*, édictée, en cas de récidive, par les anciennes ordonnances des rois de France contre les blasphémateurs du nom de Dieu, de la sainte Vierge et des saints (1). Ces ordonnances, renouvelées par Louis XIV et par Louis XV (2), ont été sévèrement exécutées jusqu'en l'année 1748 (3).

La mutilation du *poing* ou des *mains*, ordonnée contre le témoin parjure, qui avait faussement placé les *mains* sur les saintes Écritures (4), contre les faussaires, par l'empereur Claude ; contre les financiers infidèles, par l'empereur Galba ; par l'empereur Justinien, contre les collecteurs publics d'impôts qui ne se conformaient

---

ch. CIII, *des Querelles personnelles de Mesdis,* ap. Houard, *Dict. du Droit normand,* Suppl., t. IV, p. 118.—Il reste encore, en Normandie, à Rouen surtout, quelque chose de cet ancien usage judiciaire dans un dicton qu'on adresse aux enfants lorsqu'ils prononcent une menterie. On a coutume de leur dire, à cette occasion : *tu mens, ton nez se teurd* (se tord).

(1) Ordonnance de Saint-Louis de 1254 ; — *Voy.* Guillaume de Nangis et Joinville, *Vie de Saint-Louis;* — Ordonn. de Philippe de Valois, 22 février 1347; — Id. de Charles VII, 14 octobre 1460 ;—Id. de Louis XII, 9 mars 1510 ; — Règlement de police du 31 mars 1544. — *Voy.* Jousse, *Just. crim.,* t. III, p. 262-265 ; — Denisart, v° *Blasphème.*

(2) Déclaration de Louis XIV du 7 septembre 1651;—Id., 30 juillet 1666; —Ord. 20 mai 1681 ; — Ord. de Louis XV, 1er juillet 1727, art. 36.

(3) *Voy.* Jousse, *Justice crim.,* t. III, p. 266-270 ; — Denisart, *verb. cit.;* — Dareau, *Des injures,* p. 111.

(4) « Si quis convictus fuerit perjurii, perdat *manum* aut redimat. » *Capitul. ansegis.,* lib. III, cap. x ; — Baluze, I, 756, *ap.* F. Hélie, *Instr. crim.,* t. I, p. 279.

pas, dans leurs quittances, aux prescriptions de la loi (1);
par le même empereur, contre les auteurs d'ouvrages en-
tachés d'hérésie (2) ; contre les faux monnayeurs, par Lo-
thaire, roi des Lombards (3), et par Charlemagne (4);
contre les voleurs, par le Koran et par la loi Lombarde (5):
toutes ces peines, qui atteignaient le *membre* ou l'*organe*,
agent matériel du délit, étaient des châtiments symboliques inspirés par le principe du *Talion*, au même titre
que la mutilation de la *langue* ou des *lèvres*.

Le moyen âge fournit sur ce symbolisme pénal les plus
nombreux documents. Les anciennes coutumes de Bordeaux prononçaient la perte du *poing* contre les meuniers
infidèles, dans le cas où ils ne pouvaient payer l'amende
de 300 sols édictée contre eux (6). Les règlements et ordonnances sur les usages des mariniers contenaient des
dispositions semblables contre l'écrivain du bord, qui ne
tenait pas loyalement son cartulaire ou manifeste (7). Il en
était de même à l'égard du marinier qui frappait le maître, sans y être provoqué par des coups de la part de ce
dernier (8).

---

(1) *Nov.* XVII, cap. VIII; — Cujas, *Observ.*, lib. VII, cap. XIII.

(2) Cujas, *ibid.*

(3) Lex Longob., titre *de eo qui fals. monet.*

(4) « Falsi monetarii *manum* perdant. » Baluze, *Cap.*, p. 604, n. 19, et
p. 783 ; — Jousse, t. I, p. 56.

(5) « Vous couperez les *mains* des voleurs, homme ou femme, en
punition de leur crime. » (*Koran*, ch. v, 42).—« *Manus* furibus præci-
duntur, » dit le titre 98ᵉ de la loi Lombarde. Jousse, *loc. cit. Voy.* aussi
les indications de Ducange, IV, 480.

(6) « Sobre lo gage de tres cens sos, o de perdre lo *poing* si paga no
pot, » dit le *roole de la ville de Bourdeaux.* Cleirac, *Us et coust. de la
mer*, p. 60.

(7) « Deu esser gita de la escrivania : e pert la *man* en poder de cort,
si proat lies, » dit le *Consulat de la mer*, ch. CCCXXX. — Cleirac,
p. 59, 60.

(8) « Si le compagnon fiert le premier, il doit payer cent sols d'amande

L'exécution de ces règlements du moyen âge se faisait avec une effrayante dureté chez les peuples navigateurs du Nord de l'Europe. Le marinier, dit Olaüs Magnus, qui frappait son maître ou qui levait ses armes contre lui, était cloué par une *main* au mât du navire, avec un couteau bien tranchant, de telle sorte que, pour pouvoir retirer la *main*, la moitié en demeurait clouée contre le mât (1).

Les mêmes caractères symboliques se rencontrent dans les dispositions de notre ancien Droit français, qui prononcent la peine du *poing coupé* pour le crime de sacrilége avec profanation des hosties et des vases sacrés ; pour le crime de parricide et d'assassinat de la part d'un mari sur la personne de sa femme, et quelquefois pour le crime de faux commis par des personnes publiques (2).

Quant aux faussaires, un décret de l'empereur Alexandre voulait qu'on leur coupât les *nerfs des doigts* (3). D'après le *For de Morla*, sur le front de celui qui formait en justice une demande en vertu d'un titre faux, on clouait cet acte même (4).

C'est toujours la même idée qui se manifeste dans la peine du *pied* ou du *jarret coupés*, prononcée par les Romains contre l'esclave fugitif (5) ou contre les déserteurs (6). Telle était aussi la disposition de l'ordonnance

ou perdre le *poing*, » dit le *Roole des jugemens d'Oleron*, XII. — Cleirac, p. 57.—« Qui frappera son maistre payera cent sols ou perdra la *main*. » *Ord. de Wisbuy*, XXIV, *ap.* Cleirac, p. 171.

(1) *Hist. septent.*, lib. X, cap. xvi.

(2) Jousse, *Justice crim.*, t. I, p. 56.

(3) Cujas, *Observ.*, lib. VII, cap. xiii.

(4) Faget de Baure, *Essais sur le Béarn*, p. 241.

(5) « Si fugitivi servi deprehendantur ad barbaros transeuntes : aut *pede amputato* debilitentur, aut metallo dentur, aut quâlibet aliâ pœnâ afficiantur. » L. 3, *Cod.*, VI, 1.

(6) D'après Cujas (*Observ.*, lib. VII, cap. xiii), les Romains avaient coutume de faire *saigner* les soldats qui avaient commis certaines fautes

de Louis XIV, connue sous le nom de *Code noir*. L'esclave noir fugitif des colonies françaises avait le *jarret coupé* en cas de récidive (1).

Mais il ne faut pas voir un symbole dans toutes les peines de ce genre. Il arrive souvent, en effet, que la perte du *pied* ou de toute autre partie du corps, comme, par exemple, de l'*oreille* ou du *nez*, n'a absolument aucun caractère symbolique. C'est ce dont on peut se convaincre par la disposition des Établissements de Saint-Louis, qui prononce la perte des *yeux* contre celui qui dérobe le soc d'une charrue, celle de l'*oreille* pour le vol d'un vêtement ou d'autres menues choses, et celle du *pied*, en cas de deuxième larcin ; au troisième larcin, le voleur est pendu. « Car on ne vient pas du gros au petit, més du petit « au grand (2). » Il n'y a là, on le comprend, qu'une gradation dans la peine, sans aucune pensée symbolique.

C'est peut-être dans le même sens qu'il faut entendre une disposition analogue qui se trouve dans les lois de Guillaume Ier, roi d'Angleterre (3). Mais il en est certainement ainsi de la peine du *nez coupé* pro-

(Aulu-Gelle, *Noct. att.*, lib. X, cap. VIII). Montesquieu explique très-bien la raison tout à fait symbolique de cette coutume, qui est que, la force étant la principale qualité du soldat, c'était le dégrader que l'affaiblir. *Grand. et décad.*, ch. II. — *Voy.* ci-devant ch. VIII, p. 129, v^o *Sang*.

(1) Edit mars 1685, art. 38 ; — mars 1724, art. 32; —Jousse, *Just. crim.*, I, 56.

(2) Liv. I, ch. XXIX, édit. de Ducange à la suite de Joinville, p. 15 et 16. —*Voy.* aussi Laurière, *Gloss.*, t. II, p. 216. — Les Assises de Jérusalem, 2e part., ch. XXXI, avaient une disposition à peu près identique. *Voy.* Ducange, *Pes,* V, 419.

(3) « Interdicimus etiam ne quis occidatur vel suspendatur pro aliquâ culpâ, sed eruantur oculi, abscindantur pedes, vel testiculi, vel manus, ita quod truncus remaneat vivus in signum proditionis et nequitiæ suæ: secundùm enim qualitatem delicti debet pœna maleficis infligi. » (Leges Guillelmi I reg. Angl., art. 67 ; — Ducange, *Observ. sur les Etabl. de St-Louis*, p. 167; — Laurière, *loc. cit.*

noncée autrefois en France contre les déserteurs (1),
et de celle de la perte d'une ou de plusieurs *dents* établie
par une ordonnance de Charles VI contre les habitants de
Vienne en Dauphiné, qui entraient dans les vignes et les
vergers d'autrui, et y causaient du dommage (2). C'est ici
le lieu de dire que l'*essorillement* ou la perte de l'*oreille*,
en totalité ou en partie, ne présente presque jamais rien
de symbolique (3). Il n'y a ordinairement, dans cette peine,
qu'une douleur infligée, une marque d'infamie ou un
simple signe de reconnaissance (4).

La mutilation de la *main* ou du *pied* a donné·lieu
à une observation pleine d'intérêt. Les légendes et les
poésies du moyen âge, lorsqu'elles parlent des méfaits
des géants qui attaquent les voyageurs et soumettent leurs
personnes à d'horribles tortures, représentent toujours
comme objet de ces mutilations la *main droite* et le *pied
gauche* de la victime. Il n'est pas douteux que ces légendes
ne soient un reflet effacé des mœurs des anciens temps.
On doit donc voir, dans cet usage qu'elles rapportent, la
disposition d'une loi ou d'une coutume sur le mode d'exécution des châtiments de cette nature. Ducange semble
avoir reconnu cet usage, en ce qui concerne la mutilation
de la *main*, dont il place les textes sous la rubrique *manum
aut dextram perdere*, indiquant, par ce mot *dextra*, que

(1) Jousse, *Just. crim.*, I, 134.

(2) « Qui intrabit vineam vel viridarium alterius, occasione dandi
damnum, solvat tres solidos et sex denarios, vel *dentes* amittat, quod
erit in electione ipsius. » *Ordonn.*, août 1390, art. 30, t. VII, p. 424; —
Jousse, *Just. crim.*, I, 134. — Il y a peut-être une intention symbolique
à l'encontre de ceux qui dépouillaient les vignes et les arbres de leurs
fruits pour les manger.

(3) *Voyez* cependant un peu plus loin, p. 212 et 213, des exemples,
où la perte de l'*oreille* a un caractère symbolique bien marqué.

(4) Sur l'*essorillement*, voy. Ducange, *Observ. sur les Etabl. de St-Louis*,
à la suite de Joinville, p. 166, 167;—Laurière, v° *Essorillé*, t. I, p. 423;—
Jousse, I, 133.

c'était, en effet, à la *main droite* que s'adressait le châtiment (1). J. Grimm est plus explicite. Il dit positivement
que l'exécution de ces deux peines avait pour résultat la
perte de la *main droite* et celle du *pied gauche* (2). On peut
citer, en effet, des documents juridiques qui s'expliquent
nettement à cet égard (3).

Pourquoi cette différence dans l'application du châtiment? A quel titre le *côté droit* était-il choisi pour la
perte de la *main*, et le *côté gauche* pour celle du *pied?*
Voulez-vous savoir la raison de cette préférence? Ne la
cherchez ni dans l'opinion qui accorde plus d'estime au
côté droit, côté d'honneur dans les cérémonies publiques,
ni dans le service plus efficace que la *main droite* rend à
l'homme. Admissibles, jusqu'à un certain point, pour la
mutilation de la *main*, ces explications sont insuffisantes,
en ce qui concerne la perte du *pied gauche*. Dans le silence
des historiens, des chroniqueurs et des juristes, interro-
gez les poëtes, et, parmi les poëtes, adressez-vous de préférence à ceux qui ont chanté pour le peuple. Ce sont les
poésies et les légendes populaires qui ont contribué à nous
révéler l'existence de cette peine ; c'est aussi une chanson
populaire, une vieille romance espagnole, qui nous en
donnera l'explication dans ces deux vers :

Cortenle el *pié del estribo,*
La *mano del gavilan* (4).

---

(1) IV, 480.

(2) *Poesie im Recht,* § 9. *Voy.* surtout *Deuts. Rechts.,* 705, n. 4.

(3) « Qui solidos adulteraverit.... si servus fuerit, judex eidem *dextram manum* abscindat. » *Lex Wisig.,* VII, 6, 2. — « *Pollex dexter*
auferatur.» (*Lex Rip.,* LIX, 3). —J. Grimm cite d'autres textes législatifs
appartenant au Droit du Nord, où il est parlé de la mutilation de la *main
droite* et du *pied gauche.* Voy. *Deuts. Rechtsalt.,* 706.

(4) Silva, p. 4, *ap.* J. Grimm, *Deuts. Rechtsalt.,* p. 705; — Le même,
Poesie im Recht, § 9.

Ils lui coupent le pied de l'étrier et la main du faucon. C'est, en effet, le *pied gauche* que le chevalier pose sur l'étrier pour s'élancer sur son cheval ; et c'est sur la *main droite* qu'il porte le faucon. Dans les amusements de la paix ou dans les travaux de la guerre, à la chasse ou dans les combats, le *pied gauche* et la *main droite* sont , pour le noble des anciens jours, les poétiques et vivants symboles de l'exercice auquel est destiné tout homme de race noble ; car c'est toujours sur son destrier qu'il se présente à la bataille ou qu'il poursuit la bête fauve ; et c'est aussi à la main droite qu'il confie son faucon`, son épée, ou le pennon de sa châtellenie. On comprend très-bien maintenant la préférence accordée par les légendes et par la coutume juridique à la *main droite* et au *pied gauche* dans l'exécution de ces deux peines.

L'une des plus belliqueuses tribus qui habitent le Caucase, la peuplade des Avariéns, encore en guerre aujourd'hui avec l'empereur de Russie, va nous donner l'exemple d'un terrible châtiment symbolique qui réunit dans une seule punition toutes les variétés des peines, dont je viens de parler. Il y a quelques années, en 1840, à la suite d'un sanglant combat livré aux troupes du Czar dans la vaste plaine de Daghestan, les Avariens revinrent un jour à leurs tentes avec une centaine de prisonniers enlevés par eux dans les rangs de l'armée russe. Au nombre des captifs était un officier qui, l'année précédente, s'était présenté aux Avariens revêtu de l'uniforme de simple soldat, et avait été accueilli sous leurs tentes comme déserteur et comme ami. Reconnu par ceux avec lesquels il avait mangé le riz et bu le kumys, dénoncé comme espion, il fut, à ce titre, condamné par le Khan à périr par le supplice du pal, après avoir eu préalablement les *yeux* arrachés, c'était avec leur aide qu'il avait trouvé le chemin de la tribu ; les *jambes* coupées, parce que c'étaient elles qui l'avaient conduit dans les montagnes des Avariens; les *oreilles* bouchées avec du plomb fondu , parce qu'elles avaient écouté et recueilli les paroles de ses hôtes ; la *langue* coupée, parce qu'elle avait servi à rapporter ce qu'il avait pu voir et entendre (1).

Il y a un caractère tout aussi symbolique dans la *castration,* usitée jadis chez plusieurs peuples pour le crime d'adultère et pour d'autres attentats contre les bonnes mœurs. Le moyen âge ne s'est pas borné à cette mutilation. Il est riche en peines symboliques de tous les genres, soit contre l'adultère, soit contre des faits qui ont avec ce crime quelque analogie, tels que certains actes contraires à la continence ou à la pudeur.

Citons quelques exemples sur ces divers sujets.

La loi salique punissait par la *castration* les esclaves surpris en adultère (2). Ce crime, quel qu'en fût le coupable, était soumis à la même peine par les anciennes lois espagnoles (3). Des exemples du même genre se rencontrent aussi chez les Romains. Carbon Acciénus et Pontius, surpris en flagrant délit d'adultère par Vibienus et P. Cernius, avaient subi de leur part ce triste et cruel châtiment (4). Mais ce ne sont là que des actes de justice domestique, tandis que la loi salique et la loi espagnole avaient élevé ce supplice au rang d'une peine publique. En 1314, cette peine fut appliquée, en France, aux frères de Launoi, après qu'ils eurent été écorchés vifs, comme convaincus d'adultère avec les belles-filles du roi Philippe le Bel (5).

(1) *Voyez ,* dans la *Gazette des Tribunaux* du 27 février 1841, un article intitulé : *Justice des Avariens et des Tartares du Caucase.*

(2) *Lex sal.,* tit. xxvii, § 4, tit. xlii, § 4 et 15 ; — Ducange, II, 397.

(3) « Testantur hæc ab illis adulteris *abscissa membra virilia,* quibus pro fornicatione hanc ultionis irrogabat jacturam. » Lucas Tudensis, *de Bambâ rege ,* ap. Ducange, *Adulterium,* I, 173.

(4) Valer. Max., lib. VI, cap. i, n. 13.

(5) Mézerai, *Abrégé de l'histoire de France,* an. 1314 ; — Jousse, *Just. crim.,* I, 134.

En 1329, Roger de Mortemer, coupable d'adultère avec Isabelle de France, reine d'Angleterre, souffrit le même supplice (1). Les peines de ce crime ont souvent varié, tout en continuant à conserver un caractère symbolique. Ainsi, par une loi de Canut, roi d'Angleterre, la femme adultère était condamnée à perdre le *nez* et les *oreilles*, châtiment symbolique en cette occasion, car cette mutilation, en rendant difforme le visage de la femme, atteignait, par cela même, la cause physique de son crime (2).

Avant leur conversion au christianisme, les Polonais conduisaient le coupable sur le lieu du marché, le clouaient à un poteau par les *organes sexuels*, et, plaçant un couteau à sa disposition, lui laissaient le choix de mourir de douleur à cette place, ou d'échapper à cette fin cruelle en coupant lui-même ce qui le retenait ainsi fixé à ce poteau (3). Les Francs usaient d'une autre peine qui n'en avait pas moins, jusqu'à un certain degré, une apparence symbolique. Ils obligeaient les personnes convaincues d'adultère à *courir toutes nues* dans les rues de la ville (4). Cette coutume se maintint pendant le moyen âge, comme on le voit dans une charte de 1266 donnée par Aymond, comte de Savoie (5), dans quelques coutumes du pays de la Languedoc (6), dans celles d'Aigue-

---

(1) Froissard, t. I, ch. XXIV, p. 25 ; — Jousse, *ibid.*

(2) *Leg. Can.*, part. 2, c. VI et L ; — Ducange, *Adulterium*, I, 173.

(3) « Si quis alienis abuti uxoribus, vel fornicari præsumitur, hanc vindictæ subsequentis pœnam protinùs sentit : in pontem mercati is ductus per follem *testiculi clavo* affigitur, et novaculâ prope positâ, hîc moriendi, sive de his absolvendi dura electio sibi datur. » Ditmarus, lib. ult., p. 106, *ap.* Ducange, *Adulterium*, I, 173.

(4) Ducange, *Trotare*, VI, 1317.

(5) « Pro adulterio VI sol. tam in adultero quam in adulterâ nobis... retinemus, aut *trotabuntur* unde per villam, si dictam penam pecuniariam voluerint evitare. » *Charta Aym. de Sabaudiâ*, 1266, *ap.* Ducange, *loc. cit.*

(6) « Si quis in adulterio deprehensus fuerit, *currat* per villam, ut in

morte (1), dans le For de Morlas (2), dans les coutumes de Salignac en Auvergne (3), et dans une charte d'Ilde-fonse, roi d'Aragon, concédée, en 1187, à la ville de Milhaud, dans le Rouergue (4). L'homme, pendant cette promenade honteuse, était quelquefois traîné par l'*organe de la génération* (5). Certaines chartes stipulaient même avec soin que cette course impudique aurait lieu en plein jour, et non pendant la nuit (6). D'autres recommandaient de mener ensemble l'homme et la femme adultères (7). Tou-tefois, la plupart de ces documents autorisent les coupables à se racheter moyennant une somme d'argent, qui était tantôt de 6 sols (8), tantôt de 100 (9), et quelquefois de 300 sols (10). Mais il est une de ces coutumes qui pousse la

aliis villis nostris fieri consuevit, aut solvat nobis ccc solidos, et quod voluerit habeat optionem eligendi. » *Libertates Salvœterræ* in Ruthenis, 1284, et *Novæ Bastidæ* in Occitaniâ, 1298 ; *ap.* Ducange, *loc. cit.*

(1) « De adulteriis nulla fiat inquisitio, sed qui in ipsâ turpitudine fuerint deprehensi, vel concordent cum curiâ nostrâ prædictâ, vel sine fustigatione publicè *currant.* » *Usages donnez à la ville d'Aiguesmortes* et rapportés par Galland, *Franc-alleu*, p. 369. — *Voy.* aussi Ducange, VI, 1317, *Trotare.*

(2) « Si aliquis vel aliqua cum alterius uxore vel marito captus vel capta fuerit, totam villam *currant uterque nudus.* » *Fori Morlanenses,* cap. xxvi, *ap.* Ducange, *loc. cit.*

(3) An 1270 ; — Ducange, *id.*

(4) « Item constituimus ut captus vel capta in adulterio non *currant* de nocte, sed de die, et ne redimatur crimen illius pecuniâ. » Ducange, *loc. cit.*

(5) « Quicumque habitator villæ Martelli cum aliquâ uxoratâ in eâdem villâ captus esset, et probatus adulter, trahetur *per genitalia nudus,* et adultera *nuda.*» *Libert. Villæ Martelli in Lemovicibus,* an. 1219 ; — Du-cange, *id.* Cf. ci-après p. 215 le passage de Joinville.

(6) *Voy.* la note 4 ci-dessus.

(7) « Unus sine alio *trotari* non debeat. » *Libert. S. Georgii de espe-ranchiâ*, an. 1291 ; — Ducange, *id.*, 1318.

(8) *Voy.* la note 5 de la page précédente.

(9) Coutume de Valence dans l'Agenois donnée par Edouard Ier, roi d'Angleterre ; Ducange, *Trotare,* 1317.

(10) *Voy.* la note 6 de la page précédente.

rigidité jusqu'à défendre toute composition à cet égard, rigidité sans intelligence, châtiment d'ailleurs fécond en scandale, car cette peine, tout en voulant réprimer un attentat contre les bonnes mœurs, était elle-même un affligeant outrage à la pudeur publique (1).

Les autres infractions contre les bonnes mœurs, autres que l'adultère, étaient frappées, dans le moyen âge, de peines semblables ou analogues, et c'est ainsi que les lois des Wisigoths punissent certain crime contre nature par la *castration* (2). En 1326, le jeune Spenser, favori d'É-douard II, roi d'Angleterre, est condamné à ce genre de supplice, en réparation du scandale qu'il a occasionné par sa familiarité peu honnête envers le roi (3).

Pendant le séjour de Saint-Louis à Césarée, en Syrie, un chevalier ayant été surpris dans un lieu de débauche, le roi rendit le jugement suivant : « Ou que la ribaulde,
« avecques laquelle il avoit esté trouvé, le méneroit parmy
« l'ost en sa chemise, *une corde liée à ses génitoires,* la-
« quelle corde la ribaulde tiendroit d'un bout : ou s'il ne
« vouloit telle chose souffrir, qu'il perdroit son cheval,
« ses armures et harnois, et qu'il seroit dechassé et four-
« banni de l'ost du roy. Le chevalier esleut qu'il ayma
« mieulx perdre son cheval et armures et s'en partir de
« l'ost (4). »

(1) *Voy.* la note 4 de la page précédente et Cf. ce que j'ai dit à la page 201. — Ces usages n'ont rien qui doive nous surprendre. Ils étaient en rapport avec les mœurs grossières et les habitudes obscènes de cette époque. Ces obscénités, qui se traduisent jusque dans l'architecture des basiliques chrétiennes et dans plusieurs fêtes et cérémonies célébrées sous leur voûte et en public, ne sont autre chose que des réminiscences des anciennes fêtes orgiaques. En fait de décence et de pudeur, l'antiquité païenne et le moyen âge chrétien n'ont guère de reproches à se faire.

(2) *Lex Wisigoth.*, lib. III, tit. v, § 5 et 7, *ap.* Ducange, II, 397.

(3) Mézerai, *Hist. de Fr.*; — Jousse, *Just. crim.*, I, 134.

(4) Joinville, *Hist. de S. Loys*, édition de Ducange, in-f°, Paris, 1668, p. 95. Cf. ci-devant page 214 et la note 5.

C'était chez les Germains un ancien usage, consacré par les mœurs publiques et même par les décrets des empereurs francs, que quiconque, noble, colon, serf ou vilain, s'était rendu coupable d'un crime capital, devait, avant d'être puni de mort, porter d'un lieu à un autre sur ses épaules, le noble ou l'homme libre un *chien*, le colon ou le ministériel une *selle*, le serf ou le vilain la *roue d'une charrue*. Cet usage a été chanté et décrit par les poëtes du moyen âge, notamment par Wace :

> Quant à Richart vint li Quens Hue,
> Une *selle* à son col pendue,
> Son dos offri a *chevauchier* ;
> Ne se pot plus humelier,
> Estoit coustume à cel jour
> De querre merchi a seignour (1).

et par Gunther :

> Quippe vetus mos est, uti, si quis, rege remoto,
> Sanguine vel flammâ, vel seditionis apertæ
> Turbine, seu crebris regnum vexare rapinis
> Audeat, ante gravem quam fuso sanguine pœnam
> Excipiat, si liber erit, de more vetusto,
> Impositum scapulis ad contigui comitatûs
> Cogatur per rura *canem* confinia ferre ; -
> Sin alius, *sellam*..... (2).

Expliquons chacune de ces peines.
Disons d'abord qu'on ne se bornait pas à condamner

---

(1) Roman de *Rou.*—*Voy.* aussi *Garin le Loherain* et *Girard de Vienne*, dont Ducange a cité plusieurs extraits, v° *Sellam gestare*, VI, 335, 336 et suiv.—J. Grimm, *Deuts. Rechtsalt.*, 719, et M. Michelet, *Origines*, p. 379, ont fait les mêmes citations. Les chroniques en font souvent mention ; *Voy.*, notamment, dans Ducange (*loc. cit.*), des extraits de Guillaume de Malmesbury, *Hist. Angl.*, lib. III, p. 97, de Guillaume de Jumiéges, lib. VI, cap. IV, de Thomas Walsingham, p. 430, de l'ancienne chronique de Normandie, etc.

(2) *In Ligurin.*, lib. V, p. 194 ;—Ducange, *Sellam gestare*, VI, 335 ;— Heineccius, *Ant. germ.*, II, 515.

quelqu'un à porter un *chien* sur ses épaules ; on condamnait, en outre, et bien souvent, soit à baiser la *queue* (?) de cet animal (1), soit à manger avec les *chiens* dans leur chenil (2). Jusqu'au quatorzième et même au quinzième siècle, on a pendu les Juifs, la tête en bas, entre *deux chiens* (3). De là, ce vers de M. Victor Hugo, où se trouve une allusion à cet usage :

...Juif immonde à pendre entre *deux chiens* (4).

Le *chien* représente évidemment, dans ces divers cas, l'ignominie de l'action ou de la personne condamnée. Quelle est la raison et quelle est aussi l'origine d'une pareille opinion ? Ne peut-on pas la rapporter à une tradition venue de l'Orient, et peut-être de la nation juive, où le *chien* était regardé comme une bête immonde (5) ? C'est ce ce qui servirait à expliquer le mépris du moyen âge pour le *chien* et son rôle, comme symbole d'infamie, dans la cérémonie, dont il est ici question.

(1) « Coram omni populo *posteriora* canis osculari. » *Lex Burg.*, add. 1º ;— Grimm, *Deuts. Rechtsalt.*, 718, note.

(2) J. Grimm, *Deuts. Rechtsalt.*, 717, note **.

(3) Ibid., 685.

(4) *Cromwell*, acte II, scène vi.

(5) Les anciens Juifs regardaient les *chiens* comme des bêtes immondes. L'injure la plus forte chez eux était d'appeler quelqu'un du nom de *chien*, et surtout de *chien mort*. Ces animaux n'étaient pas employés à la chasse. Leur contact avec le gibier l'eût souillé. *Voy.* D. Calmet, *Dict. de la Bible*, vº Chien.—On connaît le *Chien de chrétien* des musulmans. Aujourd'hui encore dans nos possessions de l'Algérie, l'une des choses qui frappent le plus les indigènes, dans nos mœurs nationales, c'est de voir les Français caresser leurs *chiens* et se laisser baiser par eux. J. Grimm dit que, dans le moyen âge, le *chien* avait encore conservé quelque chose d'immonde, malgré l'usage qu'on en faisait pour la chasse : Der Hund war ein verächtliches Thier. *Deuts. Rechtsalt.*, 717 note. C'est de là que vient peut-être la délicatesse de la langue française à l'endroit du mot *chien*.

La peine du *chien* était réservée aux hommes libres ou de race noble. Cet usage fut abandonné plus tard. On y substitua la *selle* à leur égard (1). Employée d'abord, comme signe d'ignominie, pour les ministériels seulement, espèce de colons d'une condition à peu près servile, on se servit par la suite de la *selle,* presque exclusivement, contre les nobles. Les hommes de la plus haute condition ont eu à subir cette peine (2). L'usage, qui fit passer ce symbole pénal de la classe des ministériels dans celle des nobles, s'explique par la raison même qu'on l'avait appliqué d'abord aux gens d'une basse condition. On voulut aggraver par là la peine infamante à l'égard des nobles, en les soumettant à une formalité primitivement réservée aux colons (3).

Si l'on demande pourquoi primitivement on attribua le *chien* aux hommes libres ou de race noble, et la *selle* aux ministériels, un historien, peu approuvé par Ducange, répond que le *chien* indique la condition du condamné, car la chasse fut un privilége de la noblesse. La *selle* est également ment un symbole de la condition des hommes de bas étage. Elle représente l'assujettissement auquel ils étaient soumis dans la vie civile (4). Lorsque, par la suite, ce symbole de servilité fut imposé aux nobles, cette idée même servit d'aggravation au châtiment. Le noble, condamné à porter une *selle* sur ses épaules, semblait reconnaître qu'il avait mérité d'être placé sous ce joug comme

---

(1) Ducange, *Canem ferre*, II, 164, *Sellam gestare*, VI, 335 ; — Heineccius, *Ant. germ.*, II, 514.

(2) Othon de Frisingue, *De gestis Friderici,* lib. II, cap. xxviii, *ap.* Ducange, *Canem ferre*, II, 164; *Sellam gestare*, VI, 335. C'est un décret de l'empereur Louis III qui paraît avoir sanctionné cet usage à l'égard des nobles. Ducange, *Sellam gestare,* VI, 336, 337; *Harmiscara,* III, 1059.

(3) Ducange, *Sellam gestare*, VI, 337.

(4) André Favin, *Hist. Nav.*, l. XII, p. 732 ; — Ducange, *Canem ferre,* II, 164.

une bête de somme, qu'il s'était mis dans le cas d'être réduit en servitude. Ceux d'entre eux qui avaient à subir une pareille humiliation, ne se contentaient pas, en effet, de se mettre à genoux, ils se prosternaient à terre, la *selle* sur le dos, de manière à pouvoir être *chevauchés* (1). C'est ainsi que s'expliquent à cet égard les chroniques et les romans en vers de l'époque (2). Aussi dans les lays et les fabliaux, ainsi que dans les sculptures du temps, voit-on les amoureux se laissant *chevaucher,* le mors aux dents, la *selle* sur le dos, par la dame qui les captive (3).

Quant à la *roue de la charrue,* elle était réservée soit aux serfs, soit aux vilains ou colons, comme signe de leurs occupations ordinaires, attachés qu'ils étaient les uns et les autres aux travaux des champs. Othon de Frisingue est le premier et peut-être le seul qui en fasse mention (4).

Toutes les peines qui viennent d'être énumérées ont un caractère purement civil. Je ne peux mieux terminer cette exposition que par le récit d'une cérémonie, où la religion vient se mêler à la pénalité humaine.

La dégradation du chevalier lâche ou félon s'accomplissait dans un drame symbolique, morne et lugubre, qui saisissait l'esprit et frappait vivement l'imagination (5).

---

(1) Ducange, *Sellam gestare,* VI, 337.

(2) *Voy.* dans Ducange, *loc. cit.,* les nombreux passages qui y sont cités.

(3) *Voy.* le *Lay d'Aristote* d'Henry des Andelys, trouvère normand du treizième siècle, dont M. Hyacinthe Langlois a donné une notice dans ses *Stalles de la cathédrale de Rouen,* p. 161 à 171. — Montfaucon a publié un ancien diptyque d'ivoire, tiré de son cabinet, où le sujet est aussi représenté. *Ant. expliq.,* t. III, 2e part., pl. cxciv, p. 356.

(4) *De gestis Friderici,* lib. I, cap. xxviii, *apud* Ducange, *Canem ferre,* II, 164, et Heineccius, *Ant. germ.,* II, 514, 515.

(5) Celui qui, n'étant pas gentilhomme de parage, s'était fait armer chevalier, était condamné par Saint-Louis à avoir ses éperons tranchés sur un fumier. *Establissements. Voy.* Grimm, 712. — Ici la peine est purement civile.

Le chevalier, armé de pied en cap comme pour le combat, montait sur un échafaud où se trouvaient douze chevaliers couverts d'habits de deuil, et douze prêtres qui prononçaient à haute voix l'office des morts. Son bouclier renversé était suspendu à un pal, la pointe en haut. Pendant que les prêtres proféraient leur chant sépulcral, le héraut dépouillait successivement le condamné de chaque pièce de son armure. Ses armes étaient brisées; son écu, ignominieusement attaché à la queue d'un cheval, était traîné dans la boue. Pour effacer le caractère sacré de la chevalerie, un bassin, rempli d'eau chaude, était renversé sur sa tête. Considéré comme mort et comme un impur cadavre, on le tirait ensuite sur le carreau au moyen d'une corde. On le portait à l'église, couvert d'un drap mortuaire, et on chantait sur le cercueil le psaume 108, ce psaume qui est, aux yeux de l'Église, une poétique allusion au crime de Judas, et dans lequel se trouve la redoutable énumération des malédictions de la terre, mises en regard de la miséricorde céleste (1). Ces chants religieux et ces cérémonies funéraires de l'Église catholique ont je ne sais quoi d'imposant et de lugubre, qui donne au symbolisme de la dégradation une solennité sombre, que ne peut avoir une formalité judiciaire, tout imposante d'ailleurs qu'elle puisse être.

CHAPITRE XIII.

APPLICATION PARTICULIÈRE DES SYMBOLES A QUELQUES DROITS, PRESTATIONS ET REDEVANCES.

Par suite des vicissitudes du temps, des symboles réels se métamorphosent en une prestation féodale, en une re-

---

(1) Laroque, *de la Noblesse*, ch. CII, p. 290, 291, in-4º. Rouen, 1735.

devance ou même en un simple droit privé. Dans les idées des anciens Germains, le *manteau,* particulièrement celui des rois et des princes, des reines et des princesses, était un signe symbolique de protection et de défense (1). On était en sûreté dès que la reine vous prenait sous son *manteau,* usage auquel font allusion ces mots qu'on trouve si souvent dans les vieilles chansons allemandes : *sous le pan du manteau* (2). Cette idée de protection et de défense, attachée au *manteau,* se retrouve dans la formalité de l'hommage. Le vassal, en prêtant hommage, dépouillait sa cape ou son *manteau,* et c'est ce que fit notamment le comte de Montfort en faisant au roi Jean l'hommage du duché de Bretagne (3). On remarquera, pour le dire en passant, que nous obéissons encore au même usage, lorsque, avant d'entrer chez quelqu'un, nous laissons notre *manteau* dans l'antichambre. Signe de protection et de défense, on le déposait aux pieds du seigneur (4), pour marquer qu'en ce moment celui qui s'en dépouillait n'avait plus d'autre protection à espérer que celle qu'il tenait de son supérieur. Le *manteau* du vassal, après la cérémonie, restait ensuite aux mains des officiers du seigneur (5). Du Tillet nous apprend qu'il en était ainsi dans les usages du comté de Poitou. Le *manteau* du vassal revenait au chambellan héréditaire de la châtellenie Taulnay-Charente, appartenant à Alphonse de France,

---

(1) J. Grimm, *Deutsché Rechtsalt.,* 160. *Voy.* ci-devant, p. 155, v° *Manteau.*

(2) « Unter des Mantels Ort. » J. Grimm, *Poesie im Recht,* § 6.

(3) Laurière, *Gloss.,* v° *Hommage. Voy.* ci-devant, p. 155, v° *Manteau.*

(4) La renonciation de la veuve à la communauté avait lieu aussi, d'après M. Michelet, en déposant son *manteau* sur la tombe de son mari (?). *Voy.* ci-devant, page 157, v° *Manteau,* l'observation que j'ai faite à ce sujet.

(5) Galland, *Franc-alleu,* ch. VI, p. 63.

comte de Poitou (1). Le roman de Renaut fait mention de
cette redevance dans les termes suivants :

> Chambellan, de ma chambre tousiours-mes en serez.
> N'i viendra nus hauthome, qui de mère soit nez,
> Pour terre, ny pour fief avoir et releuez,
> Que n'ayez le *mantel,* qu'il aura affeublez.

Cette prestation, d'abord en nature, se convertit plus
tard et insensiblement en une redevance purement finan-
cière, et telle est évidemment l'origine du droit de *chambellage,* institué par une ordonnance royale de 1272, qui
fixe la quotité du droit dû au grand chambellan par le
vassal qui faisait hommage au roi (2). Ce droit s'éteignit
à l'égard du roi ; mais les seigneurs le gardèrent longtemps
encore ; il leur était payé comme marque d'honneur, indépendamment des lods et des reliefs (3). On peut aussi
rapporter au même usage symbolique le *droit de manteau,*
appartenant à chaque secrétaire de la maison de France,
d'après l'édit de Henri II de 1554 (4). On peut y joindre
également le droit de *gages et manteaux,* dû aux conseillers du parlement de Paris, mentionné dans une ordonnance de Charles VI de 1368, et encore exercé par les
conseillers clercs au commencement du dix-huitième siècle (5).

Chez les anciens peuples du Nord de l'Europe, et dans
notre moyen âge, la *chaussure* est un signe de dépendance,
d'infériorité, d'humilité, de soumission, et, par opposition, elle est quelquefois aussi l'emblème de la puissance
et de la supériorité. Chez les Francs Saliens, dans la forma-

(1) Du Tillet, chapitre *du Grand chambellan de France, ap.* Galland,
loc. cit.
(2-3) Galland, *loc cit.*
(4) Laurière, *Gloss.,* II, 92, vo *Droit de manteaux.*
(5) Ibid. — Cf. ci-après l. II, ch. v.

lité connue sous le nom de *chrenecruda*, relative à la cession de biens pour impuissance à payer la composition d'un homicide, le débiteur, après l'accomplissement de plusieurs rits symboliques, abandonnait son habitation sans chemise et sans *souliers* (1). Le fiancé présentait jadis à sa future épouse ou lui faisait présenter un *soulier* (2), ordinairement celui même du fiancé. En se déchaussant et en mettant lui-même le *soulier* au pied de la fiancée, il s'humiliait devant elle et se plaçait évidemment dans une position d'infériorité (3); de là, encore aujourd'hui, notre locution : *sous la pantoufle de la femme,* pour désigner un mari que sa femme gouverne. Ce symbole du *soulier*, dans ses rapports avec le mariage, prête à de curieux développements, qui ont trouvé ailleurs leur place (4). Je ne l'ai rappelé que comme preuve du sens d'infériorité et d'humilité attaché à cet emblème. Mais, pour l'explication même de ce symbole, dans ses rapports avec les prestations et les redevances féodales, il est indispensable de rappeler qu'une chronique des rois de l'île de Man fait mention de cet emblème dans une circonstance où il implique un aveu de soumission de la part de celui qui met le *soulier* sur son épaule, et une reconnaissance de supériorité en faveur de celui qui a envoyé la *chaussure*. Olaüs Magnus, roi de Norwége, envoya ses *souliers* à Marccard, roi d'Hibernie, en lui ordonnant de les mettre sur ses épaules le jour de la naissance du seigneur, de les porter dans sa

---

(1) Lex salica, tit. LXI, *de chrenecrudâ ;* — Ragueau et Laurière, I, 207. — Chez les musulmans, on ne peut entrer dans une mosquée sans ôter ses *sandales.*

(2) « Denique dato sponsæ annulo porrigit osculum, præbet *calciamentum,* celebrat sponsalium diem festum. » Gregor. Turon., *De vitis patr.,* cap. XX ; — *Voy.* au ch. XVI un autre passage moins explicite ; — Ducange, *Calceamenta.*

(3) Reyscher, *Symbolik.*

(4) *Voy.* ci-devant ch. VIII, pages 159 et suivantes, vº *Chaussure.*

demeure en présence des envoyés d'Olaüs Magnus, afin de reconnaître par là qu'il était sujet de ce dernier (1). Cet usage donna lieu d'abord à des prestations personnelles et humiliantes, telles que l'obligation pour le vassal de tirer les *bottes* de son seigneur, obligation que tous les vassaux ne remplissaient pas avec autant de plaisir et d'orgueil que le baron Cosme Comyne de Bradwardine, du roman de Waverley, qui tenait à singulier honneur de remplir ce devoir féodal à l'égard de son souverain et maître, l'infortuné prince Charles-Édouard Stuart (2). La prestation personnelle se convertit ensuite en redevances purement fiscales, connues sous divers noms qui rappellent le symbole et qui finissent par le remplacer entièrement (3).

Le *repas solennel* et les *libations,* qui servaient à confirmer une affaire conclue et qui s'appliquaient au mariage, aussi bien qu'au couronnement des princes, ainsi qu'à tou-

---

(1) « Marccardo regi Hiberniæ misit *calciamenta* suá, præcipiens ei, ut ea super humeros suos in die natali domini per medium domûs suæ portaret, in conspectu nuntiorum ejus, ut inde intelligeret se subjectum esse Magno regi. » *Chron. regum Manniæ;* — Ducange, *Calceamenta;* — Michelet, *Origines,* 137.

(2) *Voy.* Waverley, ch. xiv, xlviii, l. — C'est ce qui arriva par la suite lorsque le régime féodal se fut abâtardi. Les vassaux se mirent à considérer comme un droit et un privilége d'honneur, ce qui était primitivement une obligation, une servitude personnelle. Tel est le sens de la leçon que Walter Scott donne ici à de hauts et puissants seigneurs dans la création du personnage si plaisant et si vrai du baron de Bradwardine.

(3) *Voy.* dans Ducange aux mots *Calceus, Calciaticum* et au mot *Bottarum præstationes.* Il ne faut pas confondre d'ailleurs ces diverses prestations, qui ont une origine et souvent encore un sens symbolique, avec le *botagium* ou *botage,* qui était une redevance d'une autre espèce, n'ayant rien de symbolique, ni pour le sens, ni pour l'origine, redevance relative aux boissons, qui rappelle notre impôt indirect sur la même matière. *Voy.* Ducange, *Botagium;* — Ragueau et Laurière, *Botage.* — En Provence, on donne encore le nom de *boute* à une futaille, à un tonneau ; de là, l'ancien mot français *botage,* impôt sur les futailles.

tes sortes de marchés entre particuliers (1), finirent aussi par se convertir, soit en une prestation'en nature, soit en une somme d'argent stipulée par les vendeurs dans les contrats privés. Ce qui n'était originairement qu'une libéralité, élevée par la coutume à la vertu d'un rapport juridique, devint une obligation, une dette souvent fort onéreuse. L'abbaye de Saint-Thierry, près de Reims, devait au roi le *past* à son couronnement (2). Celle de Saint-Germain-des-Prés devait chaque année au prévôt royal un *dîner,* dont le roi Philippe de Valois voulut bien affranchir cette abbaye (3). Les évêques étaient tenus de donner un *festin* à leur chapitre ; c'est ce qu'attestent deux arrêts du parlement de Paris du 11 mai 1346 et du 22 février 1536, rendus contre l'évêque d'Angers (4), ainsi qu'un autre arrêt moins ancien du même parlement, rendu le 6 avril 1406 contre l'évêque du Puy (5). Le maître des pelletiers à Paris devait chaque année à plusieurs personnes de la maîtrise un *bevrage,* qui devait coûter environ cent sols ; et si les maîtres ne jugeaient pas suffisant le *bevrage* qu'on leur donnait, ils pouvaient *porter le pot tout plein de vin devant la justice pour le faire amender* (6). Ceux qui se faisaient recevoir bourgeois d'une commune devaient aux maire et échevins de semblables prestations en nature, comme cela résulte d'un grand nombre de chartes de communes (7), et comme l'indiquent particulièrement des lettres royales de l'année 1248 qui fixent à un setier de *vin* la redevance due à cet effet au maire et aux échevins de Clermont (8). Le *repas,* le *ban-*

---

(1) *Voy.* ci-devant ch. vi, § IV, p. 55.

(2) Laurière, v° *festin* ou *festage (Droit de).*

(3) Lettres de 1275 ; — Laurière, v° *Digner, dignerium, disnerium.*

(4) Ibid., v° *Festin* ou *festage (droit de).*

(5) Laurière, *loc. cit.*

(6) Ducange, *Biberagium.*

(7) Ducange, *Vinum.*

(8) Ordonn., t. V, p. 601, art. 21 ; — Ducange, *Vinum.*

quet solennel, le *coup de vin* juridique, métamorphosés ensuite en une somme d'argent, étaient formellement mentionnés dans les contrats. C'est ainsi que, dans des lettres
patentes de l'année 1285, à l'occasion d'un échange entre
Thibaut, évêque de Dol, et Simon de Clermont, seigneur
de Nesle, le roi donne quittance de huit livres qui lui revenaient pour le *repas* qu'on lui devait à raison de ce
traité (1). C'est ainsi que dans un cartulaire de Mair-
moutier on voit figurer une somme de douze deniers représentant le *vin du marché* (biberagium), stipulé à raison
de la vente d'une terre (2). C'est ainsi qu'un édit de
Charles VIII règle, sous le nom de *vin du clerc,* ce que les
parties doivent aux clercs du greffe pour avoir écrit l'expédition des actes qui les concernent (3). C'est encore ainsi
que plusieurs Coutumiers parlent, sous le nom de *breuvage*
ou de *vin du marché*, de ce qui est dû aux vendeurs en sus
du prix, et comme suite et accessoire de la vente (4); et
c'est ainsi enfin que d'autres coutumes fixent, sous le nom
de *Droit de vins et ventes*, ce qui revient au seigneur de
la part de l'acquéreur d'une terre tenue en censive (5).
Mais lorsque le *vin du marché* n'avait rien d'excessif, il

(1) Laurière, *Gloss.*, vo *Repas*.
(2) Galland, *Franc-alleu*, ch. xx, p. 336; — Ducange, *Biberagium* et
Vinum.
(3) An 1493, art. 107. — *Voy.* Laurière, *hoc verbo*.
(4) Ducange, *Vinum, Biberagium*. C'est à cet usage concernant le *vin
du marché* qu'on rattache l'étymologie de notre mot *ratafiat*. Les conventions se terminant ordinairement, à cette occasion, par les mots *ut
rata fiat obligatio*, les parties qui allaient boire ou qui payaient le *vin
du marché*, lui avaient donné le nom de *ratafiat*, dont on a fait ensuite
l'appellation d'une liqueur domestique.
(5) Cout. de Clermont, art. 13; Orléans, 107.—*Voy.* Ducange, *Vinum*.—
Cet usage relatif au *vin du marché* se trouve mentionné dans les registres des comptes de la fabrique de la cathédrale de Rouen, sous la date
du 28 juillet 1458, à l'occasion des sculptures de cette cathédrale.
Voy. appendice à l'ouvrage de M. Langlois sur les *Stalles de la cathédrale de Rouen*, p. 187, par M. A. Deville.

n'était pas considéré comme faisant partie du prix de la vente. Le seigneur n'avait dès lors aucun droit de vente à exiger à raison de cette stipulation (1).

Ces stipulations, dont l'origine est incontestablement symbolique, ne sont pas entièrement inconnues dans les usages judiciaires de notre temps. On les retrouve encore dans nos transactions civiles, soit en nature lorsqu'on boit un coup après un marché, soit en argent sous le nom de *pot de vin*. Un décret de l'empereur Napoléon, tout en défendant de stipuler un *pot de vin,* dans les baux de biens ecclésiastiques, consacre par là même l'existence de cette dénomination et atteste l'existence de cet usage (2). Un jurisconsulte contemporain examine même la question de savoir s'il est permis de stipuler un *pot de vin* dans le bail fait par un usufruitier (3). Le *pot de vin,* lorsqu'il est ouvertement convenu entre les parties et inséré dans les contrats, n'a ordinairement rien d'immoral ni d'illicite, à moins qu'il ne soit un moyen occulte de fraude et de corruption. Mais, dans ce dernier cas, on se garde bien d'en faire mention dans les actes.

Le *gant* servit autrefois dans la cérémonie symbolique de la tradition, de l'ensaisinement, de l'investiture, comme l'attestent un grand nombre de documents juridiques empruntés aux Francs, aux Allemands, aux Lombards, aux Saxons, aux rois de France et même au parlement de Paris (4). Cet usage donna lieu, dans notre ancienne jurisprudence, au *droit de gants,* partie du prix de l'investi-

---

(1) Laurière, *Vin du marché.*
(2) Décret du 6 novembre 1813, tit. I, art. 10.
(3) Proudhon, *Usufruit,* III, 195, n. 1219, 1re édit.
(4) *Voy.* Ducange, *Chirotheca ;*—Laurière, *Gants ;*—Grimm, *Deutsche Rechtsalterthümer,* p. 152, 153 ; — Dümge, *Symb. germ. Völk.,* p. 2, note *a,* et p. 5, note b.

ture qui appartenait au seigneur et à ses officiers (1). Cette redevance suffirait à elle seule, à défaut d'autre preuve, pour prouver que la tradition par le symbole du *gant* a été connue en France; car c'est évidemment à l'investiture et à l'ensaisinement par le *gant* que cette redevance féodale se rattache, comme l'enseignent, d'ailleurs, avec raison, de Laurière et Galland avant lui. Après l'investiture, les *gants,* dont le seigneur s'était servi pour cette formalité, restaient à son sergent. Plus tard, après l'abolition de cette formalité, les *gants* ont été exigés en argent et ont fait partie des droits seigneuriaux (2). Lorsque Ragueau et Frérot, sur l'art. 48 de la Coutume de Chartres, disent que le *droit de gants* se donnait en signe de ce que la main du seigneur censuel était couverte, levée et arrêtée par le possesseur, ils oublient évidemment toutes les traditions historiques (3).

Les coutumes de Vienne en Dauphiné nous révèlent l'existence d'un droit entièrement symbolique, institué au profit de celui qui avait saisi et arrêté les personnes coupables d'adultère. Le *lit* des délinquants, ce *lit,* témoin muet et complice impassible du crime, lui était adjugé (4). Par la suite, à partir de l'année 1361, ce droit fut converti en une somme de cinq sols, pour tenir lieu de la couche adultère (5).

Les prestations et redevances, dont il vient d'être parlé, se rattachent à des objets matériels qu'elles représentent. Ces objets avaient une valeur appréciable en ar-

---

(1) Ragueau et Laurière, *Gants (droits de);* — Ducange, *Chirotheca;* — Galland, *Franc-alleu,* ch. VI, p. 61.

(2) Laurière, *v° citato;* — Galland, p. 61, 62.

(3) Laurière et Galland, *locis citatis. Voy.* ci-après l. II, ch. V.

(4) Ducange, *Adulterium.*

(5) « Et illi qui adulterantes deprehenderint non habeant *lectum*, nec aliquid de bonis ipsorum, nisi tantum quinque solidos pro *lecto*. » *Regist. inscript. Viennens., fol.* 238, *ap.* Ducange, *loc. cit.*

gent, et, à ce titre, on conçoit bien qu'ils aient pu se transformer en droits fiscaux, en redevances pécuniaires.
Mais voici un symbole qui a subi la même métamorphose fiscale que les précédents, quoiqu'il ait consisté en un acte plutôt qu'en une chose, acte physique sans doute, mais qui, par sa nature, n'est pas susceptible d'être livré dans le commerce. Je veux parler du *baiser* que le vassal devait à son seigneur lorsqu'il lui rendait hommage, et qui s'appliquait ordinairement sur la bouche, d'où sont venues ces locutions symboliques : *Être engagé de la bouche ; devenir l'homme de bouche et de mains de quelqu'un ; devoir à quelqu'un la bouche et les mains.* Il faut probablement rattacher à une réminiscence affaiblie de cet usage le droit de *baise-main* consistant en quelques deniers que l'on baillait au seigneur foncier, lorsqu'il arrentait ses héritages, moyennant certains devoirs annuels (1). Le *baiser* intervenait aussi dans les contrats ordinaires, notamment dans les fiançailles romaines, où il obtenait un certain effet juridique, lorsqu'il était donné par le futur et rendu par la future épouse (2); car, dans ce *baiser* mutuel, il y avait une sorte de prélibation de l'ambroisie conjugale (3). La même cérémonie, avec la même signification symbolique, avait lieu dans les fiançailles des Allemands. De là, le *jus osculi* qu'on lit dans les vieux documents (4). Le même symbole intervenait dans les donations pour cause de mariage, qui étaient accompagnées d'un *baiser.* Bientôt le symbole absorba la formalité; l'idée passa du

_____

(1) Laurière, *Baiser.*

(2) L. 16, *Cod., de donat. ante nuptias*, V, 3.

(3) « *Osculum*, dit Antoine Perez, siquidem quoddam initium consummationis nuptiarum esse videtur et fruitio sponsæ quodammodo. » *In Codicem, eod. tit.*, t. I, p. 356. *Voyez*, dans ce sens, Reyscher, *Symb. des germ. Rechts.*

(4) Reyscher, *loc. cit.;*—Ducange, *Osculum, oscleare.*

noyau à l'écorce, pour me servir d'une expression du docteur Dümge. Les donations de ce genre s'appelèrent simplement le *baiser*, *osculum*, de telle sorte que *donation, douaire* et *osculum, osclage* (d'où *oscle, ocle, ouclage, oclage*), devinrent synonymes (1). Ainsi, dans la Coutume de La Rochelle, l'*osclage* ou le *baiser* signifiait une certaine somme que la femme survivante avait le droit de prendre sur les biens de son mari, et qui était fixée à la moitié de ce que la femme avait apporté en mariage (2).

Il est une prestation, d'où s'exhale un suave parfum de poésie ; c'est celle qui consiste dans l'obligation d'offrir des *bouquets de fleurs*, un *chapeau de roses* ou de *violettes*, ou même une simple *rose*. Ces prestations paraissent n'avoir été qu'une substitution de services onéreux, anciennement rendus par les premiers tributaires. C'est l'idée indiquée par un document relatif à une prestation de ce genre, que Ducange a eu soin de rapporter (3). Car, comme Littleton le fait observer, il importait au seigneur que tous ceux qui se reconnaissaient ses vassaux fussent obligés à quelque service, et si le tenant n'en avait eu aucun, il eût pu arriver que, par ce laps de temps, il n'aurait plus été possible au seigneur de reconnaître si la terre relevait ou non de lui (4). De là, la nécessité de ces redevances sans aucune valeur pécuniaire, et notamment de ces prestations

---

(1) « *Osculum*, donatio propter nuptias quam solet sponsus, interveniente *osculo*, dare sponsæ, in lege 5 Cod. Theod. de sponsal. » Ducange, *Osculum*.— « *Osclium*... donatio propter nuptias... nomine dotis sive *osclii*... » Id., v° *Osclium*. — « *Osclare, oscleare*, dotare : douer une femme de certains biens.» Ibid., *his verbis*.—Voyez aussi Laurière, *Ousclage*.

(2) Laurière, *loc. cit.*

(3) « Ita ut hæc *rosa* singulis annis ad festum nativitatis S. Johannis Baptistæ præbita loco fuerit omnium præstationum. » Ducange, *Rosa*. — *Voy*. les documents rapportés à la note 3 de la page suivante.

(4) *Institutes*, l. II, ch. v, sect. cxxx ; — Houard, *Anciennes lois françaises*, I, 191.

consistant en un *bouquet de fleurs*, qui servaient à déguiser la dépendance, la servitude, en lui donnant une forme élégante, mais qui impliquaient néanmoins d'une manière expresse l'idée de la soumission d'une part, et d'autre part de la prééminence. A ce titre, on le voit, ces prestations sont vraiment allégoriques, elles sont le symbole de la dépendance, comme le fait judicieusement remarquer Ducange (1). Un diplôme anglais, du temps de Henri VI, parle de la baillée d'une *rose* due chaque année au comte Richard, à l'époque de la Saint-Jean (2). Deux autres diplômes, dont l'un porte la date de 1429, font mention d'une semblable redevance comme substituée à d'autres services séculiers (3). Littleton parle d'une pareille redevance, consistant en une *rose* ou en un *bouquet de roses* dû à la nativité de saint Jean-Baptiste. En cas de décès du vassal dans la saison d'hiver, le seigneur ne pouvait exiger le payement de son relief qu'à l'époque où naissaient les *roses*; car son relief consistait dans une quantité de *fleurs* ou de *bouquets*, égale à celle de la redevance dont on était tenu envers lui (4). En Normandie, la terre nommée le *Bosc-Breuncoste*, située dans la paroisse de Gueuteville, devait chaque année à l'abbaye de Fécamp un *chapeau de roses*, indépendamment d'une somme de 20 livres (5). L'hôtel de ville de Rouen devait aussi, le premier jour du mois de mai, envoyer aux seigneurs de l'échiquier de Normandie, et même aux anciens avocats, des

---

(1) « Merum signum minimæ subjectionis. » V° *Rosa*.

(2) Madox, *Formul. anglic.*, p. 126, *ap.* Ducange, *Rosa*.

(3) « Pro omnibus serviciis et secularibus demandis. » *Charta, ann.* 26 *Henrici filii*, Madox, p. 137, *ap.* Ducange, *loc. cit.* — « Pro omnibus serviciis, exactionibus et demandis. » Madox, *id.*, p. 146, *ap.* Ducange, *loc. cit.* — Cf. la note 3 de la page précédente.

(4) Sect. CXXIX; — Houard, I, 190.

(5) Floquet, *Hist. du parlement de Normandie*, t. I, p. 198.

chapeaux de roses et de violettes (1). On retrouve le même usage, mais encore embelli par des cérémonies plus poétiques, dans la redevance en *bouquets de roses* apportée chaque année au parlement de Paris et à celui de Toulouse par les pairs de France qui avaient leur pairie dans le ressort de ces cours souveraines (2).

Ces prestations avaient lieu en nature. En voici une qui se donnait en argent et qui, sous le nom de *droit de branche de cyprès,* n'était autre chose qu'un impôt en numéraire se prélevant jadis à Bordeaux sur les Anglais qui venaient dans cette ville. On avait sans doute voulu consacrer par ce moyen la mémoire de l'heureuse délivrance de l'ancienne domination anglaise. Du *cyprès*, symbole de deuil et d'affliction, n'avait-on pas voulu faire le signe de l'administration des Anglais, pour marquer que le pays en conservait encore un triste souvenir ? Ce n'aurait été là, on le voit bien, qu'un symbole parlé. Mais l'impôt n'en aurait pas moins un caractère symbolique (3).

CHAPITRE XIV.

APPLICATION PARTICULIÈRE AUX CODES FRANÇAIS ; SYMBOLIQUE DE CES CODES.

Les Codes de la France moderne se font remarquer surtout par leur tendance à l'abstraction et par le caractère spiritualiste, qu'ils cherchent presque généralement à

---

(1) Id., p. 306.

(2) *Voy.* ci-devant, p. 31 et 174 et *Introd.*, p. xcv.

(3) Cet impôt est mentionné dans la *Chronique bourdeloise* de 1453. *Voy.* Laurière, *Glossaire*, t. I, p. 185. La première capitulation de Bordeaux avec l'armée de Charles VII est du 23 juin 1451. A cette époque la bourgeoisie était plus anglaise que française. Elle résista au roi de France tant qu'elle put. Les Bordelais livrèrent leur ville aux Anglais l'année suivante, et les Français la reprirent en 1453, année de la création de cet impôt. Mais les Anglais continuèrent à fréquenter le port et la ville

imprimer au droit nouveau qu'ils veulent faire prévaloir. Mais ces Codes n'ont pas eu la prétention d'être une œuvre originale. N'ayant pas à régir une société nouvelle, et n'aspirant pas à régénérer absolument l'ordre social, ces Codes sont une transaction entre l'ancien ordre de choses et celui que la révolution de 89 avait créé : c'est ce qui leur valut, avec la froide et silencieuse estime des jurisconsultes, l'adoption enthousiaste de la France tout entière (1). Il est dès lors évident que des vestiges de l'ancien droit, dans ce qu'il avait de symbolique, peuvent et doivent s'y rencontrer, même assez fréquemment. Ces traces tantôt équivoques et douteuses, tantôt éclatantes et pures, mais toujours isolées et timides, excluent cependant toute idée systématique ; elles échappent au législateur, elles trompent son attention, au lieu d'être l'objet spécial de sa volonté, le but précis qu'il désire atteindre. Nos Codes, dans leurs rapports avec le symbolisme antique, ne sont autre chose que le pâle reflet d'une *Symbolique* qui expire. Mais si on trouve, dans leur réunion, l'ensemble des principaux et des plus curieux symboles des anciens jours, on y trouve aussi un certain nombre de symboles étrangers à l'antiquité, et que le droit nouveau s'est appropriés en les accommodant aux besoins de l'âge moderne. Ces symboles, dont la physionomie est toute nouvelle, se rapprochent jusqu'à un cer-

---

dans l'intérêt de leur commerce, et peut-être aussi avec une arrière-pensée. C'est à cette occasion qu'on les soumit à de dures et souvent humiliantes conditions pour obtenir la permission de venir commercer dans leur ancienne capitale de Guienne. On peut voir dans l'*Hist. de France* de M. Michelet (t. V, p. 300 à la note) quelques-unes de ces conditions. L'impôt, dont il s'agit, ne pourrait-il pas se rattacher à cette époque ? Sa date semble l'indiquer et son nom peut autoriser la conjecture que je me suis permise sur son caractère symbolique.

(1) *Voy.* ce que j'ai dit spécialement à ce sujet, pour le Code civil, à l'*Introduction*, p. cxvii.

tain point des fictions intellectuelles, sans pouvoir être pourtant confondus avec elles, tant le symbolisme moderne a de tendance à se spiritualiser. Le Code de commerce se distingue particulièrement à cet égard. C'est ainsi que les Codes français se présentent en même temps comme l'image du passé et comme la représentation de l'âge moderne.

CODE CIVIL (1).

Notre Code civil n'a pas cherché à se dégager des *fictions intellectuelles*, qui sont l'apanage des temps civilisés et le triomphe du Droit sur la lettre rigoureuse de la Loi. Lorsque le moderne législateur cherche le point d'appui qu'il doit donner à l'œuvre immortelle qu'il va créer, c'est à une fiction que sa prévoyance le demande. Par le fait seul de sa promulgation, la loi est censée parvenue à la connaissance de tous (2). Il serait superflu d'énumérer ici les nombreuses fictions de droit consacrées par ce Code, et dont quelques-unes ont été signalées déjà dans le cours de cet ouvrage (3). Il suffit de dire que le Code civil s'approprie la plus exorbitante de toutes ces fictions, celle qui suppose qu'un homme plein de vie doit être compté au nombre des morts, de telle sorte que sa succession est ouverte, que son mariage est dissous, et que ses héritiers et son épouse peuvent exercer les droits et les actions auxquels la mort naturelle donnerait ouverture (4).

Mais ce Code, quoique plus réservé en ce qui concerne

---

(1) Je n'ai parlé dans ce chapitre que des traces du Droit symbolique qui se rencontrent dans les Codes français. Quant aux vestiges de la rédaction poétique des temps anciens qui s'y trouvent également, je m'en suis occupé dans l'*Introduction*, *voyez* à cet égard, pour le Code civil, p. 21, 35, 66, 67.

(2) Art. 1.

(3) *Voy.* ci-devant, p. 49.

(4) Code civil, art. 25, 26, 27, 29, 30, 33. Cf. ci-après, p. 238 et suiv.

les *fictions matérielles*, auxquelles on donne plus généralement le nom de symboles, ne les a pas excluses néanmoins de toutes ses dispositions. Quelques-unes des expressions dont il se sert font penser à d'anciens symboles.
Ainsi, le mot *conjoints*, pour désigner les époux (1), reporte immédiatement le souvenir sur le *joug*, que les
anciens Romains plaçaient sur le cou des nouveaux mariés,
d'où est venu le mot *conjugium*, qui, de son côté, rappelle
les bœufs attachés au même joug (*juncti boves*) que le mari
donnait à sa fiancée, comme présent symbolique, dans le
mariage germain (2). Ainsi encore, les mots *stipulation, stipuler* sont empruntés à l'un des symboles les plus connus du
Droit romain (3), dont il n'est plus resté dans nos lois modernes qu'un mot, pour attester le règne de cette ancienne
et pittoresque cérémonie juridique (4). La *main*, comme
symbole d'autorité, de puissance, avait donné lieu, dans
l'ancien Droit, à l'usage où étaient les sergents, qui voulaient opérer la saisie d'une chose, de poser leur *main* sur
la chose, comme signe de leur volonté de l'appréhender, de
la posséder, de l'avoir en leur puissance. De là, on l'a vu,
les mots de *mainmise* pour signifier saisie, opposition,
arrestation ; de là, le mot *mainlevée*, pour signifier la
cessation de cet état de choses. Nous avons conservé dans
nos lois ces locutions véritablement symboliques, qu'on
trouve consignées notamment dans les art. 177 et 512 du
Code civil (5).

---

(1) *Voy.* les art. 767, 768, 769, 960 et 1095 du Code civil, ainsi que
l'article 268 du Code de procédure civile. Cf. les mots *maison conjugale*
des art. 324 et 339 du Code pénal.

(2) *Voy.* ci-devant, p. 168, 169.

(3) Art. 1119, 1121, 1122, 1130, 1162, 1187, 1202, 1219, 1229, 1656, etc.

(4) *Voy.* ci-après au ch. v du l. II l'explication de ce symbole et ses
diverses transformations, et *voy.* aussi à la fin du volume, la note N, § 1.

(5) *Voy.* encore ci-après sur le Code de procédure civile, p. 250 et
Cf. ci-devant, v° *Main*, p. 113 à 119.

La *Main*, comme symbole de fidélité, de consentement, a joué jadis un rôle important dans les conventions, où le consentement était exprimé en donnant la *main* à celui avec lequel on contractait. On témoignait ainsi, comme on le fait encore aujourd'hui dans les usages de la vie civile, qu'on s'abandonnait à sa foi, qu'on avait confiance dans sa parole. Un contrat particulier, maintenu par le Code civil, a conservé dans sa propre appellation l'usage de ce symbole. Le *mandat* (*manu datum*) révèle, par son nom seul, l'existence ancienne du symbole (1).

Le *Mandat*, par lui-même, n'est d'ailleurs pas autre chose qu'un symbole, inconnu dans les temps de barbarie et propre aux époques de civilisation. Dans le vieux Droit romain, un citoyen ne peut être représenté par une autre personne pour les actes du droit. La présence matérielle de la personne intéressée est indispensable. Avec le règne de la civilisation et de l'équité disparaît le formalisme du vieux Droit et commence l'intervention des procureurs, qui représentent symboliquement l'individu de celui qui les a constitués (2).

Le Code, en conservant le serment, ne s'explique pas sur la manière dont il doit être prêté. Mais l'usage a maintenu le mode symbolique de l'ancienne jurisprudence, que le silence du Code est loin d'exclure. Aujourd'hui, comme dans les temps les plus reculés, l'attitude du témoin, qui doit être *debout* et *découvert* (3), et le geste de la *main droite levée* et dirigée vers le ciel, constituent le symbole ordinaire du serment, qui est une invocation à

(1) Code civil, l. III, tit. XIII, art. 1984 ; — Troplong , *Mandat*, p. 9, n. 3. Cf. ci-devant, v° *Main*, p. 115, 116, 117.

(2) M. Troplong a très-bien indiqué et développé cette idée, en désignant ses sources. *Mandat*, p. 11 et 12, n. 4.

(3) Devant les cours d'assises de l'Alsace les témoins, appartenant au culte israélite, se *couvrent* au moment de prêter serment et ils ne lèvent pas la *main*. *Voy.* ci-devant, p. 150, v° *Chapeau*.

la Divinité. C'est par ce geste symbolique que Sinon parvient à capter la confiance des crédules Troyens :

> *Sustulit* exutas vinclis ad sidera *palmas :*
> Vos æterni et non violabile vestrum
> Testor numen, ait (1).

Dans notre ancienne jurisprudence, le serment des laïcs et des simples clercs se faisait en levant la *main droite* (2). Cette formalité n'était déterminée que par l'usage (3). Quoique aucune loi nouvelle ne l'exige aujourd'hui, si ce n'est à l'égard du serment des jurés (4), les tribunaux ne manquent jamais d'en recommander l'observation (5). Mais comme cette formalité n'est pas prescrite par le texte de la loi, on peut demander si le refus de l'accomplir serait considéré comme un refus de prêter serment, seul mode de sanction pénale qui pût être imposé pour l'accomplissement de la formalité ? Il a été jugé que les témoins, en matière criminelle, n'y sont pas soumis à peine de nullité (6).

(1) *Æneid.,* II.

(2) Celui des prêtres avait lieu d'une autre manière. *Voy.* ci-devant, vᵒ *Cœur,* p. 128.

(3) Denisart, vᵒ *Serment.*

(4) Code d'inst. crim., art. 312. *Voy.* ci-après, p. 265, pour la *Symbolique* de ce Code.

(5) Le serment reçu par le roi n'est pas prêté de la même manière. On le prête *en mettant ses mains dans les mains du Roi.* C'est l'ancien serment de l'hommage féodal. De là cette locution : prêter serment *entre les mains* de quelqu'un, dont nous nous servons toujours et qu'on rencontre encore dans des lois modernes. *Voy.* l'art. 8 du décret du 22 décembre-janvier 1790 sur les assemblées primaires, ainsi que la loi du 18 germinal an X (art. 27) sur le serment politique des curés, et les articles 6 et 7 de la convention avec le saint-siége des 26 messidor-23 fructidor an IX. L'ordonnance du 31 août—7 septembre 1830, relative au serment des fonctionnaires de l'ordre judiciaire, contient la même locution (art. 2). M. Dupont, de l'Eure, en contre-signant cette ordonnance, ne se doutait pas certainement qu'il consacrait par là l'expression d'un vasselage en honneur dans les temps de la féodalité. *Voy.* ci-devant, p. 117, 118, vᵒ *Main.*

(6) C. Cass. 8 octobre 1840 (J. P. 1841-1-273). Cet arrêt juge que l'arti-

En Prusse, une ordonnance royale rendue au mois de décembre 1846, a déterminé une formule simple et uniforme pour la prestation du serment des témoins, appartenant aux confessions chrétiennes légalement reconnues. Le témoin doit prononcer cette formule en tenant la *main droite levée*, de manière que trois doigts, le pouce, l'index et le médius, soient dressés perpendiculairement en signe de la sainte Trinité, et que les deux autres soient ployés vers la paume de la main. Pendant la prestation du serment, toutes les personnes qui sont dans la salle, sans excepter les membres du tribunal, doivent se tenir debout(1).

Notre Code n'a pas reproduit non plus l'ancien usage symbolique consistant à éteindre le *feu* du domicile que l'on quitte et à allumer le *feu* dans le nouveau domicile, dont on prend possession (2). Cette double cérémonie est remplacée aujourd'hui par une simple déclaration faite à l'un et à l'autre domicile (3). Le symbole ancien ne brille plus que par son absence. Le droit est devenu moins pittoresque, il s'est spiritualisé.

L'art. 26 du Code civil veut que les condamnations contradictoires n'emportent la mort civile qu'à compter du jour de leur exécution, soit *réelle*, soit par *effigie*, et l'art. 27 n'attache les effets de la mort civile aux condamnations par contumace qu'après les cinq années qui suivent l'exécution du jugement par *effigie*. L'exécution par *effigie*, placée ainsi en opposition avec l'exécution *réelle*, désigne le caractère symbolique de l'exécution par *effigie*. Mais cette disposition a besoin de quelques explications.

Dans les temps anciens, lorsque l'accusé n'avait pu être

cle 317 du Code d'inst. crim. n'exige pas que le témoin en prêtant serment lève la *main droite*.

(1) *Gaz. des Trib.*, 1er janvier 1847.

(2) *Voy.* ci-devant, v° *Feu*, p. 93, 95.

(3) Art. 104.

arrêté et lorsque la sentence de dégradation était prononcée par contumace, l'exécution de cette sentence n'en
avait pas moins lieu. Elle s'opérait symboliquement. L'i-
mage du condamné, de grandeur naturelle, revêtue d'habits pareils aux siens, était placée sur l'échafaud. On
procédait sur ce *mannequin* à la cérémonie de la dégradation, en lui enlevant successivement chaque pièce de son
costume officiel. C'est ce qui fut pratiqué, en vertu d'un
arrêt du parlement de Toulouse du 11 janvier 1602, contre
Pierre de Beaulieu, conseiller audit parlement, condamné
à mort et à être dégradé et exauthoré dans son *effigie* ou
représentation symbolique par l'un des huissiers de la
cour (1). Après la dégradation, le *mannequin* était livré
aux mains du bourreau, qui procédait à son égard à
toutes les formalités et aux phases diverses du supplice,
comme s'il s'agissait d'une personne naturelle et vivante.
L'image du condamné était traînée sur la claie, pendue,
décapitée, rompue, selon que l'arrêt l'avait ordonné, subissant ainsi, aux yeux de la multitude, le supplice que le
coupable avait encouru, et qu'il aurait subi en personne

---

(1) Galland, *Franc-alleu*, p. 349, 350.

On trouve, en 1286, une exécution capitale faite sur deux *sacs de foin*,
qui représentaient les accusés, morts pendant qu'il y avait débat sur la
compétence de la justice de l'église de St-Étienne en Berry. Le bailli de
Bourges ayant reconnu la compétence du chapitre, les deux *sacs de foin*
furent placés dans la prison du cloître, jugés par les bourgeois du chapitre, puis enfin pendus à Crosses, dans la justice des chanoines. *Etude
historique sur les coutumes du Berry,* par M. Raynal (*Revue de législ. de
Wolowski,* 2e série, t. II, p. 27). Il ne paraît pas que ce soit par un effet du
caprice du bailli royal de Bourges que deux *sacs de foin* furent livrés
pour représenter les accusés. Un arrêt du parlement de Paris de l'année
1271, en reconnaissant à un seigneur le droit de haute justice, ordonne
que ce seigneur en sera réinvesti par la livraison d'un *sac plein de foin,*
en signe de ressaisine, *saccum plenum feno, vel aliud sufficiens, in signum
resaisinæ.* Le *sac de foin* ne serait-il pas le symbole du droit de haute
justice seigneuriale, par opposition à la haute justice royale? *Voyez* les
Olim, t. I, p. 383, 384.

s'il eût été présent (1). Ces sortes d'exécutions *par figure* avaient quelque chose de bien plus saisissant que de nos jours. Plus tard, la physionomie du symbole s'effaça. Au *mannequin*, représentant, trait pour trait, le coupable avec ses habits, on substitua une représentation en *peinture*, placée dans un tableau suspendu au haut d'une potence, et figurant le genre de mort auquel le contumace avait été condamné. C'est ainsi qu'en l'année 1540, sous le règne de François Ier, les commissaires des Grands Jours siégeant à Bayeux, en Normandie, ayant condamné par contumace Charles des Essars, l'un des fils du baron d'Aunay, à être exécuté à mort *en effigie*, il fut dressé une potence à l'une des portes de Bayeux, et une autre potence sur le marché du bourg d'Aunay. Du haut de ces potences pendait un *tableau* « où estoit pour traict le dict « Charles des Essars décappité, avec ceste inscription : « Charles des Essars, condempné à estre décappité (2). » L'ordonnance de 1670 avait consacré ce mode d'exécution par *effigie* (3). Du temps de Jousse, l'exécution par la *représentation en peinture* n'avait lieu que pour les condamnations à la mort naturelle. Les autres condamnations étaient exécutées au moyen d'une simple inscription sur un tableau (4). Aujourd'hui, dans tous les cas, la *peinture* a disparu. Les arrêts par contumace sont seulement affichés par l'exécuteur des jugements criminels à un poteau planté au milieu d'une place publique (5). Cette exécution a néanmoins conservé son nom symbolique. On l'appelle encore exécution par *effigie*, quoique l'*effigie* ait

(1) Galland, *loc. cit.;* — Floquet, *Hist. du parlement de Norm.*, t. II, p. 32, 33.
(2) *Registres secrets des grands jours,* ap. Floquet, p. 34.
(3) Tit. XVII, art. 16.
(4) Jousse, *Justice criminelle*, II, 439, 440.
(5) Code d'inst. crim., art. 472.

disparu, puisqu'il n'y a plus ni *figure*, ni *peinture*, dans ces sortes de cérémonies. Il est même à remarquer que c'est le Code civil seul qui lui a conservé le nom d'exécution par *effigie*. Le Code d'instruction criminelle a dédaigné la qualification elle-même. Mais l'exécution, telle qu'il la prescrit, et en la réduisant même à sa plus simple expression, n'en est pas moins une exécution fictive. C'est ainsi que l'ancienne existence du symbole est attestée par une simple appellation dans le Code civil, par un fait dépourvu de tout caractère pittoresque, dans le Code d'instruction criminelle.

Je pourrais pousser plus loin les investigations philologiques du même genre, mais je dois me hâter de dire que les symboles conservés par le Code civil, s'ils sont en petit nombre, sont néanmoins bien autrement importants et ont un caractère bien plus saillant, que les pâles et confuses réminiscences qui viennent d'être signalées.

Je n'ai pas à revenir sur le *Lit*, dont se sert l'art. 1098 comme symbole parlé du mariage (1), ni sur l'intervention du *sort*, auquel le grave législateur de 1804 n'a pas hésité à demander la solution d'une difficulté juridique, reconnaissant ainsi l'insuffisance de ses lumières et cherchant le droit dans la manifestation d'un signe émané de la volonté céleste (2).

Il y a une véritable consécration symbolique dans ce mode de preuve de l'existence d'une obligation, conservé par l'art. 1333 du Code, qui veut que les *tailles*, corrélatives à leurs échantillons, fassent foi devant les tribunaux. Cette manière de constater une obligation se lie à cette époque de barbarie primitive où l'écriture était inconnue. A défaut d'une preuve *littérale*, ce moyen est destiné à rem-

(1) *Voy.* ci-devant, *Introduction*, p. LXVII et *Symbolique*, p. 163, 228.
(2) *Voy.* ci-devant, p. 20 à 22.

placer fictivement l'écriture alphabétique. Il est emprunté
à un ancien usage en vigueur chez les Grecs, qui donnaient
le nom de *symbole* à certains gages, formés des deux moitiés d'une tablette brisée par deux personnes contractant des liens d'hospitalité. Ces gages servaient aux hôtes à se reconnaître par la suite (1). On retrouve l'esprit
et la pratique du même symbole dans cette coutume antique, qui consistait à briser la *paille* et à conserver séparément chaque partie ainsi brisée, afin que, plus tard, le
rapprochement des deux parties séparées permît d'établir
la preuve légale d'une promesse antérieure (2). Le docteur
Reyscher signale l'analogie des *tailles* avec l'effestucation
symbolique des Germains. Il ajoute qu'il n'est pas d'archives en Allemagne, où l'on ne trouve de ces *tailles* plus
ou moins artistement disposées (3). Notre ancienne Coutume de Tournai fait mention du même usage, qui donnait et peut donner lieu encore aujourd'hui à de nombreuses fraudes. On doit s'étonner que le Code civil, en
conservant ce mode suranné de preuve, n'ait pas pensé à
faire disparaître les inconvénients qui en résultent. Un
statut local de Tubingen de 1493 a réglé le cas où l'une
des parties refuse de produire son échantillon (4). La Coutume de Tournai décide que la *taille* du demandeur est
alors tenue pour vérifiée. Mais ni cette Coutume, ni
notre Code civil ne prévoient le cas où le défendeur nie
avoir reçu les fournitures. Le Code laisse ce point à l'appréciation des tribunaux, qui doivent appliquer les règles
ordinaires du Droit.

On trouve, dans l'art. 1605, non plus seulement de sim-

(1) Voy. la note J à la fin du volume.
(2) Isidore de Séville, *Origines;* — Ducange, *Festuca,* III, 411 ;—
Reyscher, p. 127. — *Voy.* ci-devant v° *Paille,* 78, 79.
(3) *Symbolik,* p. 12.
(4) Reyscher, *Symbol.,* p. 12, note.

ples vestiges d'anciens rits symboliques, mais l'appropriation expresse d'un procédé du même genre usité dans notre
vieille jurisprudence. Cet article porte que, « l'obligation
« de délivrer les immeubles est remplie, de la part du ven-
« deur, *lorsqu'il a remis les clés*, s'il s'agit d'un bâti-
« ment. » On a vu précédemment, à l'occasion du symbole des *clés*, que la remise des *clés* d'une ville est
considérée comme un symbole de soumission de la part de
l'État qui opère cette remise. Le prince, en recevant les *clés*
d'une ville, est censé prendre possession de la ville elle-
même(1). Cependant on a nié qu'il y eût un caractère symbolique dans la *remise des clés* mentionnée par l'article pré-
cité du Code civil. Voyons d'abord comment cet acte était
envisagé autrefois, dans ses rapports avec la possession
des immeubles régis par le droit privé. Autrefois en
France, dit Pasquier, « s'il était question de la vente d'une
« maison, nous en acquérions la possession par la tradition
« des *clés*, coutume qui s'est perpétuée jusqu'à nous (2). »
Pasquier rapproche ce mode de tradition du procédé *per
æs et libram* usité chez les Romains, et il est évident que
la tradition d'une maison par la remise des *clés* est, à ses
yeux, un usage symbolique, comme l'était à Rome la
tradition *per æs et libram*. Pothier distingue les traditions
feintes, qui se font par le seul consentement des parties,
de celles « qui s'opèrent par le moyen et l'intervention
« de quelque *symbole*, et qui, pour cet effet, s'appellent
« *traditions symboliques*. » Il ajoute immédiatement : « La
« *remise des clés* d'une maison ou autre édifice, faite par
« le vendeur ou (à) l'acheteur, tient lieu de la tradition
« de cette maison, *la remise des clés* étant le *symbole* de
« la tradition réelle (3). » De nos jours, le professeur

(1) *Voy.* ci-devant v° *clé*, p. 164, 165.
(2) *Recherches*, l. VIII, ch. LVIII.
(3) *Vente*, n. 314, t. I, p. 329, édit. in-12.

Reyscher de Tubingen, qui s'est spécialement occupé de la *Symbolique* du Droit, professe la même opinion que Pothier, sur le sens de la remise des *clés* dans la formalité de la tradition d'un édifice (1).

Avant d'aller plus loin dans l'explication de ce procédé, il n'est pas inutile de faire observer que ce mode de tradition, en ce qui concerne les maisons, fut inconnu au Droit romain. On trouve, il est vrai, dans ce Droit, les *clés* avec la signification d'autorité, de surveillance et de garde dans l'administration domestique (2). On les rencontre encore à l'occasion des marchandises renfermées dans un magasin (3). Mais je ne connais aucun texte du *Corpus juris* qui fasse figurer les *clés* dans la formalité de la tradition d'une maison. Ce rit appartient au moyen âge, à qui l'idée avait pu en être suggérée par le texte de la loi romaine, relative à la livraison des marchandises. C'est donc au Droit du moyen âge, aux jurisconsultes anciens qui nous ont transmis et expliqué cet usage, que notre Code civil a emprunté cette formalité. Il est même à remarquer qu'aucun des projets du Code n'en faisait mention, si ce n'est celui de l'an VIII, seulement en ce qui concerne les marchandises. Mais la rédaction soumise au conseil d'État contient la disposition actuelle de l'art. 1605, au sujet de laquelle on ne trouve aucune explication dans les documents qui rapportent la discussion à laquelle le Code a donné lieu au sein de ce Corps. Le spiritualisme des projets de Cambacérès, déjà modifié sur tant de points par le projet de l'an VIII, reçut à cet égard une atteinte pro-

---

(1) *Symb. des germ. Rechts*, p. 48.

(2) *Voy.* la loi 77, § 21, D. *de legatis*, XXXI (II), ainsi conçue : « Pater pluribus filiis hæredibus institutis moriens *claves* et annulum custodiæ causâ majori natu filiæ tradidit, etc... » — Cf. ci-devant v° *Clés*, p. 164 165, 166.

(3) *Voy.* ces textes indiqués ci-après p. 247, note 2.

fonde, par ce rappel sans réserve aux procédés allégoriques usités dans l'ancien régime.

Un jurisconsulte éminent a pensé que la tradition d'un édifice, par la remise des *clés*, est une tradition réelle et non fictive, parce que les *clés* sont un instrument nécessaire pour pénétrer dans l'intérieur de la maison, instrument à l'aide duquel il est permis d'user et de jouir de la maison vendue (1). D'autres, adoptant cette idée, considèrent la *remise des clés* comme une conséquence du principe que le vendeur est tenu de livrer la chose avec ses accessoires, rangeant ainsi les *clés* d'une maison dans la classe des accessoires légaux (2) et oubliant que le Code civil ne considère comme tel que ce qui est ainsi caractérisé par le titre *de la Distinction des biens*, qui ne comprend pas les *clés* dans cette catégorie (3). Mais si, en Droit, la *clé* n'est pas l'accessoire légal d'une maison, cet instrument n'en est pas moins, en fait, une partie de la maison. Or, l'acte par lequel on livre une partie pour le tout n'a-t-il pas un caractère essentiellement symbolique, aussi symbolique que la livraison d'une *tuile* pour la tradition d'une maison, celle d'une *motte de terre* pour la remise d'un champ ? Le Droit romain reconnaît, en effet, que les *clés* et les *serrures* sont une portion même de l'immeuble plutôt qu'un instrument propre à son exploitation (4), à sa possession ou à sa jouissance (5). Et, comme on est

(1) M. Troplong, *Vente*, n. 271, 275, p. 445, 450.

(2) MM. Aubry et Rau sur Zachariæ, t. II, p. 506, note 2.

(3) *Voy.* le discours de M. Grenier devant le Corps législatif à l'occasion de l'art. 1615 du Code. Fenet, t. XIV, p. 195.

(4) *Voy.* la longue énumération de la loi 8 au *Digeste*, l. XXXIII, tit. VII, *De instructo vel instrumento legato.* — Cf. aussi le discours de M. Grenier, *loc. cit.*

(5) « Serra et *claves* magis domûs portio quàm domûs instrumentum sunt. » (L. 12, § 24, *cod. tit.*). — Dans le même sens, *voy.* la loi 17, D. *de act. empt. et vend.* (XIX, 1). — *Claves* sunt pars ædium, dit

obligé d'avouer que la *motte de terre* ou de *gazon* représente la chose vendue, parce qu'elle en est une portion (1), je ne vois pas pourquoi on refuse de reconnaître
le même caractère symbolique aux *clés*, qui, sans être
un accessoire légal, sont cependant, en réalité, une partie
de l'édifice. Ne faisons pas notre Code civil plus spiritualiste, plus abstrait qu'il n'a voulu l'être. Le Code n'a pas
rompu complétement avec le passé. Sa base est historique, au moins autant, plus encore peut-être qu'elle n'est
philosophique. Il ne s'est pas toujours dégagé des liens
de certaines formes matérielles en honneur dans les
anciens temps. Cette tradition par les *clés* est l'un des
anneaux qui rattachent notre Code civil aux choses du
passé.

Quelques juristes de l'ancien régime, cherchant
leurs inspirations dans le Droit romain, exigeaient,
par imitation de ce que ce Droit prescrit à l'égard des
marchandises, que la tradition des *clés*, ou de tout autre
signe symbolique, eût lieu, en présence même du fief ou
de l'édifice vendu, *in præsentiâ rei*, pour parler comme
Dumoulin (2), *in re præsenti*, pour citer les paroles de
Cujas (3). Mais cette formalité n'était pas généralement
admise. On ne la retrouve pas dans Mascardus, qui l'exige
néanmoins impérieusement lorsqu'il s'agit de la vente de
marchandises placées en magasin (4). Pothier n'en parle
pas non plus (5). On peut conclure de son silence que la
condition *in re præsenti* n'était plus exigée de son temps

Brunemann, *ad Pand., de contrah. empt.* (xviii, 1), sur la loi 74, t. I,
p. 657. — *Claves* pars rei dicuntur, dit Mascardus, 1184, n. 4, t. III,
p. 84.
(1) M. Troplong, *Vente*, n. 271, p. 444, 445.
(2) *Des fiefs,* § 20, gl. 5, n. 14.
(3) *De feudis,* lib. II. tit. iii, art. 7.
(4) Concl. 1184, t. III, p. 84, 85, n. 1-17.
(5) *Loc. cit.*

dans la remise des *clés* pour la vente d'un édifice. On peut admettre cette conséquence avec d'autant plus de raison, que cette condition avait fini par être rejetée , du moins chez nous, même à l'égard des ventes d'objets mobiliers, comme on va le voir bientôt. Le silence de l'art. 1605 du Code civil doit être considéré comme exclusif de la condition de la remise des *clés in re præsenti.* Le mode de tradition par la remise des *clés* n'est pas exigé d'ailleurs par ce Code comme une manière de conférer la propriété, qui se transmet par le seul fait du consentement. La tradition, réelle ou symbolique, n'est aujourd'hui qu'un mode d'exécution du contrat. Ce mode peut avoir quelques effets juridiques dans certains cas , surtout à l'égard des tiers ; mais, quant à la validité de la vente, il n'en a aucun entre les parties , à moins d'une stipulation expresse.

La remise même des *titres de propriété,* de la part du vendeur à l'acheteur, est assimilée par l'art. 1605 à la *remise des clés* et constitue l'exécution de l'obligation de délivrer les immeubles. Il y a là également une tradition symbolique. Le Code civil n'a fait que suivre à cet égard l'opinion de Dumoulin, qui considère la remise des titres (*traditionem instrumentorum acquisitionis*), ou tout autre mode de tradition fictive (*vel alium modum fictæ traditionis*), comme équipollente à la *tradition réelle* dans la vente des fiefs (1).

La tradition par les *clés* était encore usitée autrefois en ce qui concerne les effets mobiliers placés en magasin. Le Droit romain reconnaissait, dans ce cas, à la remise des *clés,* la vertu de la tradition (2). Notre ancien Droit

(1) *Loc. cit.*
(2) L. 74, D. lib. XVIII, tit. I, *de contrah. empt.* ; — L. 1 , § 21 , D. *de acq. vel amitt. poss.* (XLI, 2).

français l'admettait également (1). Le Code civil l'a sanc-
tionnée dans l'art. 1606. Les anciens auteurs donnaient à
cette tradition le nom de tradition symbolique (2). Notre
Code civil oppose la tradition par les *clés* à la tradition
réelle, ce qui implique la qualification de tradition *fictive*
à l'égard de celle qui s'opère par la remise des *clés*. Les
jurisconsultes modernes qui refusent cette appellation à
ce procédé, quand il s'applique à un édifice, le lui refusent, à plus forte raison, alors qu'il est employé dans ses
rapports avec les marchandises (3). Une *clé*, en effet, peut
bien figurer une maison, comme la partie représente le
tout ; mais elle ne saurait représenter du vin, du blé, des
marchandises, car on est autorisé à dire avec Mascardus
que la *clé* ne fait pas partie de ces marchandises (4). Mais
ici le symbole consiste bien plus dans l'action unie au
signe, que dans le signe lui-même, seul et isolé. Si la remise des *clés* ne déplace pas les choses vendues, elle
donne au nouveau propriétaire le moyen d'en disposer,
de les déplacer, de les appréhender ; elle produit dès lors
le même effet que le déplacement. En un mot, comme le
dit M. Duvergier, elle met ces choses non dans la main
de l'acheteur, mais sous sa main. Cette action équivaut
donc à la remise des marchandises, et c'est pourquoi elle
peut être justement appelée une tradition symbolique (5).

(1) Pothier, *Vente*, n. 314, t. I, p. 329, 330 de l'édit. in-12 ; — Guyot,
Répert. de jurispr., v° *Tradition*, n. 1.

(2) *Voy.* les auteurs cités à la note 1 qui précède.

(3) Troplong, *Vente*, t. I, n. 269, p. 440, 441 ;—Ducaurroy, *Inst. expl.*,
t. I, p. 313, n. 403.

(4) « Cum *claves* non dicantur partem mercium sicut rerum solo
hærentium.» *De probat.*, t. III, p. 84 in v°, conclus. 1184, n. 18, *in fine*.

(5) Duvergier, *De la vente*, t. I, n. 248, p. 296.

Il existe plusieurs arrêts qui ont eu à apprécier l'effet légal de la prise
de possession symbolique des marchandises par la *remise des clés*. Ainsi,
un arrêt a donné la préférence à celui des deux créanciers gagistes qui,
à l'antériorité de son titre, pouvait joindre l'avantage d'avoir reçu, à

Mais ici le symbole s'éloigne du caractère qu'il prend dans la vente d'une maison. Il représente une action, et non plus une chose (1).

En décidant, contrairement au Droit romain, que les choses corporelles, telles que les créances, sont susceptibles d'être données en gage, l'art. 2075, par sa combinaison avec l'art. 2076, semble avoir établi la nécessité, pour le débiteur, de remettre entre les mains du créancier gagiste le titre même de sa créance. Si l'art. 2075 exige seulement la signification de l'acte constitutif du gage adressé au débiteur de la créance donnée en gage, l'art. 2076 veut que le gage soit mis et reste en la possession du créancier. Il n'y a pas de gage, en effet, sans détention. Or, en matière de chose incorporelle, com-

---

titre de possession, les véritables *clés* du magasin où les marchandises étaient renfermées, tandis que son adversaire avait reçu des *clés* qui étaient fausses. Aix, 21 février 1840 (J. P. 1840-1-622). — Ainsi encore, il a été jugé que le créancier gagiste peut réclamer un privilége sur la marchandise, comme en étant détenteur, s'il a la *clé* du magasin, d'ailleurs loué par lui, où elles sont enfermées. La circonstance que la *clé* a été quelque temps en la possession du débiteur n'est pas suffisante pour faire perdre au créancier son privilége, si la *clé* lui a été restituée. Paris, 7 août 1841 (J. P. 1841-2-172). — Mais quoique la possession des *clés* soit un signe de possession des marchandises, la remise momentanée, que le créancier gagiste en fait au débiteur pour qu'il puisse donner ses soins à la marchandise, n'est pas considérée comme un dessaisissement du gage. C. Cass. 11 août 1842, rejet de Dijon, 17 août 1841 (J. P. 1842-2-606). — La cour de Dijon, dans l'arrêt ci-dessus, relevait cette circonstance que le créancier gagiste avait été mis en possession du gage, tant par la location faite en son nom du magasin où la marchandise était reposée, que par la *remise des clés* de ce même magasin, la location seule ne paraissant pas suffisante à cette cour pour prouver la possession, sans la *remise des clés*. — M. Duranton va plus loin, il considère la seule *remise des clés* comme constituant la possession du gage ou de la chose vendue, alors même que la chose engagée ou vendue reste dans la cave du débiteur ou du vendeur. La possession de la *clé* constitue la possession de la chose. T. XVIII, n. 531, 1re édit.

(1) *Voy.* ci-devant sur les symboles en action, p. 170, 171 et suiv.

ment cette détention peut-elle s'exécuter, si ce n'est sur le titre même de la créance? C'est ce qu'a jugé la cour de Liége par arrêt du 15 mai 1810 (1). M. Duranton adhère à cette décision. « Pour constituer réellement le droit de « gage, dit cet auteur, il faut la possession ou détention, « par le créancier, de la chose qui y est soumise, et, « comme le titre de la créance le représente, par la posses- « sion du titre, le créancier gagiste possède la créance, « autant qu'il est possible de posséder une chose incorpo- « relle, purement intellectuelle (2). » Il suit de cette doc- trine que l'art. 2075 a créé virtuellement une véritable possession symbolique, en assimilant la possession du titre à la possession de la créance même, le titre, objet matériel, devenant ainsi la représentation de la créance, chose abstraite et intellectuelle. C'est là un de ces sym- boles de création moderne, dont la forme, quoique maté- rielle, a une grande tendance à se spiritualiser, et dont on retrouvera d'autres exemples dans le Code de commerce.

CODE DE PROCÉDURE CIVILE.

On rencontre aussi dans ce Code, comme dans le précé- dent, quelques-unes de ces traces purement philologiques qui rappellent l'existence d'anciens symboles, telles que le mot *conjoint* (3) et le mot *mainlevée* (4), qui ont déjà été signalés à l'occasion du Code civil (5).

La forme du serment, mentionné si souvent par le Code de procédure, n'y est pas plus déterminée que dans le Code précédent. Mais l'observation que j'ai faite sur le *geste* symbolique, qui accompagne le serment prêté devant

(1) Sirey, 1811-2-54; J. P. t. VII, p. 309, 3° édit.
(2) *Cours de Droit franç.*, t. XVIII, p. 604, n. 525 de la 1re édit.
(3) Art. 268.
(4) Art. 567, 896.
(5) *Voyez* ci-devant p. 235.

les magistrats, s'applique à l'un et à l'autre de ces Codes(1). Ce n'est qu'à l'égard des jurés que notre législation a indiqué la formalité symbolique de la *main droite levée* vers le ciel, qui forme le cortége habituel de la prestation du serment (2).

Le symbole du *sort*, comme mode d'attribution de la propriété, en matière de partage, reçoit encore dans le Code de procédure civile une nouvelle consécration (3), qui se reproduit d'ailleurs fréquemment, avec une application différente, dans le Code d'instruction criminelle (4).

Au nombre des vestiges purement philologiques, attestant l'existence d'un antique symbole, il n'est pas possible d'oublier ici le nom de *saisie-brandon*, conservé par le Code de procédure civile à l'occasion de la saisie des fruits pendants par racines(5). Cette dénomination se rattache à une vieille formalité juridique, qui consistait à placer des *bouchons de paille* sur un fonds de terre destiné à être vendu par autorité de justice. Après l'adjudication, on embrasait ces *bouchons de paille*, afin de consommer par là la prise de possession. C'était une réminiscence de l'investiture par le *feu*, qui se rattache, comme on l'a vu, au premier défrichement de la terre, rendu possible par le *feu*, cet élément qui, au point de vue cosmogonique, joue dans la *Symbolique* religieuse un rôle si élevé, comme principe fécondant et générateur, auquel s'adressent les hommages des premiers mortels (6). Notre

---

(1) *Voy.* ci-devant p. 236, 237.

(2) *Voy.* ci-après p. 265, Code d'instr. criminelle.

(3) Art. 982.

(4) *Voy.* ci-après p. 264, Code d'instr. crim.

(5) 1re partie, l. V, tit. ix, art. 626. Sur cette dénomination, *voy.* en outre ci-après l. II, ch. v, *Biographie des symboles.*

(6) Grimm, *Deutsche Rechtsalt.*, p. 194, 195 ; — Michelet, *Orig.*, p. 79, —*Voy.* ce que j'ai dit ci-devant p. 91 et suivantes, v° *Feu.*

appellation de *saisie-brandon* peut revendiquer, on le voit, une haute et poétique origine, dont M. Carré, faute d'études historiques, n'a eu qu'une idée très-incomplète et presque fausse. L'étymologie de ce nom dérive, selon lui, de l'usage où l'on était en quelques pays de placer sur le champ saisi des faisceaux appelés *brandons*, suspendus à des pieux fichés en terre (1). M. Carré laisse dans l'ombre et ne paraît pas même avoir aperçu la partie saillante et symbolique de la dénomination. Les faisceaux ont bien pu s'appeler *brandons*, mais on n'a pu les nommer ainsi que parce que, primitivement, ils étaient destinés à être enflammés ; de là, le nom de *brandon*, dont l'origine est germanique, car *brand*, en allemand, signifie *feu, incendie*. M. Michelet a parfaitement saisi l'origine de notre *saisie-brandon* (2). Il ne nous reste plus aujourd'hui de cet antique usage qu'une simple dénomination, qui ne suppose pas même la nécessité de planter sur le fonds saisi des *bouchons de paille* placés à l'extrémité d'une perche (3). Mais le canton de Genève « a abandonné la chose et le nom (4). »

Toutefois, le symbole du *feu*, dans ses rapports avec la prise de possession, a été conservé par nos usages judiciaires. Car, aujourd'hui encore, en Normandie, lorsque les huissiers dressent procès-verbal de la prise de possession d'une maison, la plupart ne manquent pas de constater qu'on a allumé le *feu* du foyer domestique (5). Notre ancien Code de procédure lui-même consacre le *feu*

---

(1) *Lois de la procédure*, t. II, p. 468, 1re édit. in-4. *Voy.* la collection de Denisart, vo *Brandons*.

(2) Pag. 139, 140.

(3) *Voy. Carré*, t. II, p. 469, quest. 2108 de la 1re éd. in-4.

(4) Tit. xxviii de la loi de procédure du canton de Genève ;—*Commentaire* de Bellot, p. 442 et 448 de l'édition publiée par MM. Schaub, Odier et Maillet, in-8o, Genève, 1837.

(5) Cf. Grimm, p. 558, n. 8, et voyez ci-devant p. 91, 92, 93, vo *Feu*.

comme symbole de tradition (1). Mais, malgré l'affectation d'une loi moderne, votée en 1841, à écarter le mot *feux* des nouvelles dispositions du Code de procédure civile relatives à l'adjudication des biens vendus par autorité de justice (2), ces *bougies allumées*, par lesquelles le mot *feux* de l'ancien Code a été remplacé, ne peuvent dissimuler la filiation qui les rattache à l'ancien mode symbolique de tradition par le *feu* perpétué jusqu'à nous depuis les temps les plus primitifs. Ce mode d'adjudication par les *feux*, par les *bougies allumées*, pratiqué encore de nos jours dans certains États allemands, notamment dans plusieurs cantons du Wurtemberg, en matière de vente judiciaire, M. Reyscher n'hésite pas à le considérer comme une forme symbolique (3). De là, ce proverbe allemand : *Les prés et les champs nous arrivent à l'éclat des lumières* (4). Le Code de procédure du canton de Genève a conservé ce mode symbolique, qu'il a emprunté à nos lois (5), qui l'avaient elles-mêmes emprunté à des usages antérieurs. Cette formalité est depuis longtemps pratiquée dans les ventes faites par la Compagnie anglaise des Indes orientales (6).

(1) *Voy.* les anciens art. 707 et 708. L'art. 707 se sert seulement du mot *bougies;* mais l'art. 708 emploie le mot *bougies* et le mot *feux*. La loi du 11 brumaire an VII, art. 17, qui est plus ancienne, employait seulement le mot *feux*. La nouvelle loi du 2 juin 1841 affecte de ne se servir que du mot *bougies*.

(2) *Voy.* les articles 705 et 706 du Code de procédure ainsi modifiés par la loi du 2 juin 1841.— L'art. 10 de cette loi permet de remplacer l'emploi des *bougies* par un autre moyen, qui n'a pas encore été trouvé. Cf. la note 1 ci-dessus.

(3) *Symb. des germ. Rechts.*, p. 74, note **.

(4) « Die Wiese, der Acker kommt zum brennenden Licht. » Reyscher, *loc. cit.*

(5) Art. 589, 590 ; — Bellot, *Commentaire* publié par MM. Schaub, Odier et Mallet, p. 531.

(6) Bellot, *loc. cit.*

CODE DE COMMERCE.

Comme le Code civil, le Code de commerce est riche en *fictions intellectuelles*. Mais, en fait de *fictions matérielles*, on ne trouve dans ce Code aucun de ces symboles réels ou parlés qui se présentent avec un caractère bien dessiné dans les Codes précédents. Quelques-uns même des symboles matériels consacrés par ce Code ont une affinité si prononcée avec les fictions intellectuelles, qu'on serait presque tenté de leur donner cette dernière qualification. C'est ainsi que l'art. 94, assimilant le prix d'une marchandise vendue à la marchandise elle-même, autorise le commissionnaire qui a vendu la marchandise qu'il ne détient plus, à se payer sur son produit. Cet article applique le bénéfice de la détention au prix de la marchandise. Ce produit représente symboliquement la marchandise. Cette fiction se rencontre avec les mêmes caractères dans l'art. 575, qui autorise le commettant à *revendiquer* le prix de sa propre marchandise, vendue par son commissionnaire, lorsque ce prix est encore dû. Le mot *revendication*, dont se sert cet article, est un mot impropre dans le langage rigoureux du Droit, car on ne *revendique* pas le prix d'une chose. La *revendication* ne peut s'appliquer qu'à la chose elle-même. Mais cette expression se justifie très-bien si l'on considère le *prix* comme le symbole de la marchandise, dont il est le remplacement et la représentation (1). Dans les vrais principes du Droit, le commissionnaire ou la faillite n'a qu'une action en payement contre l'acheteur. Le commettant ne pourrait donc avoir

_____

(1) *Voy.* mon article sur le *Contrat de commission*, inséré dans l'*Encyclopédie du Droit*, v° *Commission-commissionnaire*, n. 211, et *voy.* aussi MM. Delamarre et Lepoitvin, *Contrat de commission*, t. II, n. 372.

droit qu'à une subrogation dans cette action. La loi, au lieu de créer, par cette subrogation, un droit indirect au profit du commettant, a préféré créer une fiction pour lui accorder un droit direct et personnel sur le prix, que la loi considère comme la chose et la marchandise elle-même. La fiction intellectuelle est bien près de se confondre ici, on le voit, avec la fiction matérielle, qui ne se rattache en aucune manière aux vieux symboles de l'ancien Droit.

Sous l'empire de l'art. 581 de l'ancien Code, il avait été jugé que les *effets* donnés en règlement par l'acheteur au commissionnaire, tombé en faillite, pouvaient être revendiqués par le commettant, lorsque l'échéance n'en était pas encore arrivée, que le failli n'en avait point encore encaissé la valeur et qu'ils se retrouvaient dans son portefeuille (1). Les *effets* étaient ici le symbole du *prix*, qui était lui-même le symbole de la marchandise. Mais le nouvel art. 575 semble prohiber cette revendication lorsque le prix a été *réglé en valeur*. Cette disposition fait disparaître le caractère symbolique des effets de commerce, ce qui néanmoins ne paraît pas suffisant à deux graves jurisconsultes pour faire écarter la jurisprudence établie par l'ancien art. 581 (2). La cour de Rouen en a jugé autrement en décidant que le nouvel art. 575 s'oppose à la revendication lorsque le prix a été réglé en valeur (3).

C'est une fiction du genre de celle qui avait été créée par l'art. 581 de l'ancien Code de commerce, qu'on lit dans cette disposition de l'art. 93 qui veut que le com-

---

(1) Paris, 28 août 1828 ; S. V. 29-2-81 ; J. P., 3ᵉ édit. ; D. P. 29-2 240. — *Voy.*, dans l'*Encyclopédie du Droit*, mon article *Commission-commissionnaire*, n. 215.

(2) *Voy.* Delamarre et Lepoitvin, t. II, n. 377.

(3) Arrêt du 12 juin 1845.

missionnaire détenteur du *connaissement* ou de la *lettre de voiture* puisse se faire payer, pour le remboursement de ses avances, sur la valeur des marchandises énoncées dans le *connaissement* ou la *lettre de voiture*. Cet article a érigé ces deux objets en symboles de la marchandise; car le droit du commissionnaire n'existe que sous la condition de détenir la marchandise. Il est censé la détenir en effet par la détention du *connaissement* ou de la *lettre de voiture*, qui en sont l'image et la représentation. Cet effet symbolique est d'autant plus remarquable qu'avant le Code de commerce on jugeait que, pour l'exercice de son droit de privilége ou de rétention, le commissionnaire devait avoir la possession effective et la détention réelle de la marchandise. La détention du *connaissement* n'était pas admise comme suppléant la détention matérielle de la chose (1).

La *lettre de change* est quelquefois entre les mains du porteur un véritable symbole. Elle représente la somme que le tiré doit au tireur. En détenant la *lettre de change*, le porteur détient cette somme comme un dépôt sous le nom de provision. Il en a la propriété, à lui transmise par la négociation. La détention de la *lettre de change* lui assure la saisine de la somme ; c'est donc par suite d'une locution vicieuse qu'on dit que le porteur a privilége sur la provision. Il a non-seulement la propriété, mais encore la possession de la provision elle-même, qu'il défend contre les autres créanciers du tireur. Il y a là, on le voit, une fiction intellectuelle qui se confond pour ainsi dire avec une fiction matérielle.

Mais on ne peut voir qu'une fiction intellectuelle dans cet usage admis par la pratique du commerce, et autorisé par la jurisprudence, qui décide que celui qui fait faire une

---

(1) C. C., 3 brum. an XII. J. P., 3e édition, à sa date.

assurance maritime pour compte d'autrui est considéré, au respect des assureurs, comme étant le véritable assuré, quoiqu'il ait nommé son commettant. C'est en vertu d'une fiction de droit que la jurisprudence lui assure la qualité d'assuré (1).

La *marque*, on l'a déjà dit, est considérée comme le symbole de la propriété (2). En ordonnant l'énonciation de la *marque* dans le connaissement et dans les lettres de voiture, les art. 102 et 281 du Code de commerce n'ont pas déterminé d'une manière formelle la vertu juridique de ce signe. Mais il est évident que la *marque* n'est pas exclusivement considérée par la loi comme un moyen propre à prévenir une confusion possible, puisqu'elle exige en même temps que les objets *marqués* soient numérotés. La loi envisage en outre la *marque* comme un mode de constatation de la propriété (3). Aussi un des plus anciens proverbes du commerce enseigne-t-il que c'est à la *marque* qu'on reconnaît la propriété des ballots de marchandise : *ad signum cognoscuntur ballœ* (4).

Cette présomption, ce titre de propriété (5), qui fait foi, tant qu'il n'est pas détruit (6), n'est pas le seul effet engendré par l'*estampille* ou par la *marque* apposée sur la marchandise. Cette *marque* équivaut souvent à la tradition réelle de la chose, et, à ce titre, elle prend un carac-

---

(1) Bordeaux, 5 août 1840 (J. P., 1840-2-722 ; S. V., 41-2-824); pourvoi rejeté le 8 mai 1844, par la section civile de la cour de cassation (G. T., 10). *Voy.* mon article *Commission-commissionnaire,* n. 455.

(2) *Voy.* ci-devant p. 26 et 27.

(3) *Voy.* Delamarre et Lepoitvin, *Contrat de commission,* t. I, p. 529, n. 311, et p. 536, n. 313.

(4) Stracha, *Rotœ gen.,* decis. 201, *ap.* Delamarre et Lepoitvin.

(5) « *Signum* mercatorum facit rem eorum præsumi quorum sunt *signacula.* »Stracha, *loc. cit., ap.* Delamarre et Lepoitvin.—*Voy.* la note 1 de la page suivante.

(6) Delamarre et Lepoitvin, t. I, p. 530, n. 312.

tère symbolique des plus saillants. La *marque* ou l'*estampille* de l'acheteur, quand la vente est constante, est considérée comme une tradition symbolique, autorisée par les usages du commerce et consacrée par l'opinion des plus graves jurisconsultes (1). Dans ce cas, on le voit, il s'agit, non d'une présomption, mais d'une fiction bien caractérisée qui a toute la force de la vérité (2).

On a vu que le Code civil, comme le Code de procédure, ont conservé certaines dénominations juridiques qui rappellent l'existence d'anciens symboles usités dans le droit, et dont le nom seul est resté dans notre moderne législation. On trouve un vestige du même genre dans le nom de *charte-partie* conservé par le Code de commerce au contrat de louage d'un navire (3). « M. Boyer (Boerius), « dit Cleirac, en la décision de Bourdeaux 105, donne « l'étymologie ou dérivation de l'appellation de *charte- « partie, quod, per medium, litteræ et charta incideban- « tur, et sic fiebat charta partita*, ce qui prit origine du « tems que les notaires estoient clers et néantmoins clers « semez (4): le marchand et le maistre faisoit escrire « leurs conventions sur une charte ou papier à suite,

---

(1) « Ex *signis* vel *marchis* in ballis pannorum seu mercium arguitur non solùm dominium illarum esse illius cujus *signum* esse probatur; sed ex variatione primi *marchi* aliud imponendo super mercibus, arguitur traditio earum mercatori cujus est novum *marchum.* » Casaregis, disc. 10, add., n. 38. — « Fallit tamen hoc in mercatore si primus rem emptam *signo* mercatorio, quod vulgò *marchum* dicitur, signaverit; tunc enim præfertur secundo emptori cui tradita res est, et per eum dominium in signantem transfertur. » Marquardus, *de Mercat.*, lib. II, cap. IX, n. 45, *ap.* Delamarre et Lepoitvin, t. I, p. 531, 533.

(2) *Voy.*, dans ce sens, l'opinion de MM. Delamarre et Lepoitvin, et l'examen auquel ils se livrent à l'occasion de plusieurs cas semblables de tradition feinte, t. I, p. 531 à 533 et p. 534 et suiv.

(3) Art. 226, 273, 286.

(4) Le bon Cleirac semble avoir ici l'intention de jouer sur les mots. On pourrait presque l'accuser d'avoir voulu faire un calembour.

« coupoit la pièce en deux, chacun en retenoit une por-
« tion, et au retour adjustoit les deux pièces pour demeu-
« rer d'accord, par cet assemblage, des pactes et conven-
« tions qu'ils avoient faits, ce que ledit sieur président
« Boyer dit avoir vu pratiquer (1). » Il y avait là un usage
de la même nature que celui pratiqué par les Grecs qui
coupaient en deux une tablette, dont chaque contractant
retenait la moitié, pour être jointes ensuite comme preuves
de la convention conclue (2). La *charte-partie*, dans l'origine, avait, sous ce rapport, un caractère symbolique au
même degré que les *symboles* des anciens Grecs.

Le Code de commerce ne nomme nulle part un droit
que les usages du monde maritime accordent au capitaine
d'un navire. Ce droit, accessoire ordinaire du fret, se
nomme aujourd'hui *chapeau* et quelquefois la *cape* (3). C'est
une rémunération que le chargeur accorde au capitaine.
Cleirac lui donne le nom de *chausses* ou *pot de vin du maistre* (4). La loi nouvelle ne lui donne pas une désignation
spéciale ; mais elle ne l'exclut pas et l'abandonne aux libres conventions des parties (5). Ce droit, comme ces diverses dénominations l'indiquent, *chapeau, cape, chausses,*
ou *pot de vin,* a dû être primitivement une ancienne redevance payable en nature, convertie ensuite en une
somme d'argent qui en tient lieu. Il a les mêmes caractères que la plupart des droits et des prestations symboliques qui ont fait l'objet d'un examen spécial (6).

(1) *Us et coustumes de la mer,* p. 420.
(2) *Voy.* ci-devant p. 78, 79, 241, 242 et ci-après note J à la fin du vol.
(3) Vincens, *Législ. comm.,* t. III, p. 145.
(4) Page 260.
(5) C'est ce qui s'induit très-bien des termes des art. 250, 275, 286 du
Code de commerce, combinés avec l'usage.
(6) *Voy.* ci-devant le chapitre xiii sur les *Droits, prestations et redevances symboliques.*

CODE PÉNAL (1).

On trouve, dans le Code pénal, 1º des vestiges de l'antique système du *Talion* (2), 2º un symbole dont l'origine est romaine et le caractère sacerdotal ; 3º un autre symbole qui se rattache au moyen âge ; 4º la grande fiction de la mort civile (3), et 5º un vague souvenir de ce symbole du mariage, représenté à Rome, par le *joug* des épousailles et dont il ne reste plus chez nous qu'un seul mot écrit dans plusieurs articles du Code civil et dans deux dispositions de notre Code pénal (4).

Le *Talion* a pour objet, soit de représenter l'infraction commise et d'être l'image du crime, soit de punir le membre qui a été l'agent, l'instrument matériel du délit. L'amende se rapproche quelquefois du *Talion* lorsqu'elle est en rapport avec la nature du délit. Ainsi, dans la peine de l'amende prononcée pour les délits de concussion et de détournement de deniers confiés à un comptable ou à un dépositaire public, notre Code pénal semble avoir voulu conserver à cette peine une physionomie symbolique par le soin qu'il a eu de mettre la quotité de l'amende en rapport avec la quotité des restitutions et avec la valeur, soit des choses détournées, soit des choses reçues ou promises en cas de corruption (5). C'est aussi ce qu'avait fait, avant le Code pénal, la loi du 3 septembre 1807, qui réprime le délit d'usure, délit de cupidité, par une peine pécuniaire, dont la quotité est déterminée par le chiffre des

---

(1) *Voy.* ci-devant *Introduction,* p. cxi-cxii, aux dispositions poétiques appartenant au Code pénal.

(2) Sur le *Talion,* comme peine symbolique, *voy.* ci-devant p. 197 et s.

(3) Art. 18. Je n'ai qu'à renvoyer sur ce point à ce que j'ai déjà dit, page 234.

(4) *Maison conjugale,* art. 324, 339. *Voy.* ci-devant p. 235.

(5) Art. 169, 172, 174, 177.

capitaux prêtés à usure. Car, comme l'a fort bien dit M. Dupin, « la vraie peine de l'usure, c'est l'amende : on prête « à usure par avarice ; la loi arrache au prêteur ce gain « illicite. C'est le punir par où il a péché ; c'est la loi du « *Talion* (1). » Depuis le Code pénal, le même principe a été appliqué dans d'autres lois, notamment par l'art. 7 de la loi du 25 mars 1822 qui punit le compte rendu infidèle d'une audience ou des séances des Chambres par la défense de rendre compte des débats judiciaires ou législatifs (2).

Dans tous ces cas, on le voit, il y a assimilation entre la peine et la nature de l'infraction. L'amende et la défense de rendre compte représentent le délit, dont elles sont un emblème.

La dégradation civique, prononcée contre celui qui a commis un crime dans ses fonctions, contre celui qui s'est laissé corrompre, contre le juge qui s'est décidé, par faveur ou par inimitié, participe aussi d'un certain caractère symbolique, représentant le crime aux yeux de tous (3). Ces dispositions d'un Code tout moderne rappellent involontairement les dégradations symboliques des époques de barbarie, si communes surtout pendant le moyen âge. Mais entre les usages de cette dernière époque et les dispositions légales du temps actuel, il y a cette différence que, dans les dégradations de notre Code pénal, l'idée seule est symbolique, tandis que les dégradations du moyen âge sont presque toujours symboliques et par l'idée et par la forme, par tous les détails en un mot de la cérémonie (4).

(1) Affaire Vigné ; réquisitoire du 26 novembre 1841 devant les sections réunies de la cour de cassation. J. P. 1842-1-8.

(2) Le même caractère se retrouve dans les dispositions de l'art. 15 de la loi du 18 juillet 1828 *sur les journaux et écrits périodiques;* dans l'art. 12 de celle du 9 septembre 1835 *sur les crimes et délits de la presse,* et même dans l'art. 19 de cette dernière loi.

(3) Art. 166, 167, 177, 183.

(4) *Voy.* ci-devant, p. 219-220, un exemple de ces dégradations symboliques du moyen âge.

Le *Talion* a pour objet, non plus la représentation de la nature du délit, mais le châtiment de l'agent coupable, dans la peine du *poing coupé*, empruntée aux anciennes dispositions du Droit criminel (1), rétablie par notre Code de 1810, à l'égard du parricide, et de l'auteur d'un attentat contre la vie ou la personne du roi (2). La restauration conserva et exécuta cette peine dans l'un et l'autre cas (3). La loi du 28 avril 1832 l'a supprimée. Le gouvernement de la restauration, en faisant revivre le crime du sacrilége, avait voulu ressusciter également la *mutilation du poing* prononcée jadis contre les auteurs d'un pareil crime (4). Mais, avec la révolution de 1830, le crime a disparu (5). C'est ainsi que chacun de ces trois régimes, l'empire, la restauration, la révolution de 1830, est resté fidèle à l'esprit et au principe de son institution. La peine symbolique de la *mutilation du poing*, triste apanage des siècles de barbarie, toujours sympathiques pour les représentations du symbole, ressuscitée par le gouvernement impérial, maintenue et remise en honneur par la restauration, indique les tendances de ces deux régimes, dont l'un regrettait les coutumes éteintes des temps anciens, et dont l'autre rêvait le rétablissement d'une féoda-

(1) *Voy.* Jousse, *Just. crim.*, t. I, p. 56, et *voy.* ce que j'ai déjà dit à cet égard aux pages 200, 201, 205, 206 et suiv.

(2) Art. 13, 86, 302. — Dans l'ancienne jurisprudence, les coupables du crime de lèse-majesté au premier chef avaient le *poing brûlé*. C'est ce qui s'était pratiqué à l'égard de Ravaillac et de Damiens. Jousse, *loc. cit.*

(3) Sous la restauration, la peine du *poing coupé* a été exécutée non-seulement sur les parricides, mais encore sur des condamnés politiques, dans l'affaire des *Patriotes de* 1815.

(4) Dans le projet présenté par le gouvernement, la profanation des hosties consacrées était punie de la peine du parricide. La commission de la Chambre des pairs avait d'abord maintenu cette peine. Mais, à la mort avec *mutilation du poing droit*, on substitua ensuite la mort avec amende honorable. Art. 4 de la loi.

(5) Loi des 11-14 octobre 1830.

lité nouvelle, image de celle qui n'était plus. Par l'abrogation d'une pareille peine, la révolution de 1830 s'est placée dans l'esprit antisymbolique et tout humain des époques de civilisation et de progrès.

Le symbole s'allie très-bien avec la civilisation, lorsque, sans outrager l'humanité, il a pour objet de frapper vivement l'imagination et de l'impressionner par une grande et sombre image contre l'atrocité du crime. Les Romains avaient ordonné que le parricide, avant d'être enfermé dans un *sac de cuir*, aurait la tête couverte d'un *voile*. Objet d'horreur pour le ciel et pour la terre, le parricide devait être séparé de l'air, qu'il eût profané par son contact, et ses yeux ne devaient pas pouvoir troubler par leur regard la pureté du ciel (1). Notre Code pénal, en s'appropriant le symbole du *voile*, qui doit couvrir encore aujourd'hui la tête du parricide lorsqu'il marche au supplice (2), a fait un intelligent emprunt à une cérémonie, dont l'origine est toute sacerdotale (3).

Il y a aussi quelque chose de symbolique dans la disposition du même art. 13 de notre Code pénal, qui ordonne que le parricide sera conduit *en chemise* et *nu-pieds* sur le lieu de l'exécution. Cette prescription qui, sur un point et dans certains cas, lèse les principes d'humanité de notre législation moderne, rappelle les vieilles formalités du moyen âge, et notamment la procédure connue sous le nom de *chrenecruda*, relative à la cession de biens pour cause d'impuissance à payer la composition personnelle à raison d'un crime. C'est *nu-pieds* que le

---

(1) « Ne hunc jucundum cœli aspectum polluerent tetri oculi. » Fab. Quintilianus, *Declamat. — Voy.* d'ailleurs ci-après ch. XV, p. 270.

(2) Art. 13. — La loi, à ce que j'ai ouï dire, est assez mal exécutée. La tête seule du condamné est couverte, et non la figure tout entière.

(3) *Voy.* le ch. XV ci-après, p. 270.

débiteur insolvable remplissait les diverses formalités de
la cession de biens, afin de montrer par ce symbole l'infi-
mité de sa triste et misérable condition (1).

CODE D'INSTRUCTION CRIMINELLE.

Comme les Codes précédents, le Code d'instruction criminelle ne contient qu'un petit nombre de symboles.
Mais, à l'exception d'un seul, tous sont nettement carac-
térisés et peuvent revendiquer une ancienne origine.

J'ai déjà fait observer que l'art. 472, en conservant, à
l'égard du contumace, l'exécution fictive de la condamnation, n'a pas maintenu l'expression ancienne (*par effigie*),
que rien ne rappelle, d'ailleurs, dans l'exécution symbolique qu'il consacre. C'est bien évidemment une fiction
juridique et une fiction matérielle que l'exécution d'un
arrêt à l'aide d'une simple affiche apposée sur un poteau.
Mais le caractère de ce symbole est tout à fait indéterminé.

L'intervention du *sort* dans le tirage du jury est consacrée par un grand nombre de dispositions (2). Ce symbole, comme on l'a vu, remonte à la plus haute origine.
On le retrouve dans la loi brésilienne sur la liberté de la
presse (3).

Le *cœur*, comme symbole de la conscience et de l'honneur, comme garant de la pureté de l'intention, joue depuis longtemps un rôle intéressant dans le serment des

(1) *Voy.* ci-devant p. 158, v° *Ceinture.*
(2) Art. 236, 237 238, 239, 240, 280, 281, 332 ; — et 266, 309, 342, 393
394, 399, 403, 404.
(3) Art. 20 et 26 de la loi du 20 septembre 1830, promulguée par
l'empereur don Pedro I, de glorieuse mémoire. J'ai donné une traduction du texte de cette loi dans mon *Traité des délits de la parole, de
l'écriture et de la presse*, t. II, p. 798 et suiv. de la 2ᵉ édition publiée
en 1846.

prêtres catholiques, qui, au lieu de lever la main pour jurer devant les tribunaux, la placent sur la poitrine, *ad pectus* (1). C'est aussi *la main placée sur son cœur*, que le chef du jury prononce le verdict, en disant que la déclaration du jury est rendue *sur son honnenr et sur sa conscience* (2).

Les articles du Code d'instruction criminelle destinés à régler le serment des témoins ne déterminent pas la forme de ce serment (3). Comme je l'ai déjà fait remarquer, c'est l'usage seul qui, aujourd'hui comme autrefois, indique l'attitude et le geste symbolique du témoin lorsqu'il prête serment, *debout, découvert, et la main droite nue levée vers le ciel* (4). Mais l'art. **312** a prévu le cas à l'égard des jurés. Il ordonne que chacun d'eux, avant de commencer le jugement d'une affaire, dise : *Je le jure, en levant la main*, à peine de nullité.

Cet art. 312 exige, en outre, que les jurés, lorsqu'ils prêtent serment, soient *debout* et *découverts* (5). L'art. 348 veut que le chef du jury, qui lit le résultat de la délibération, soit également *debout* (6), pendant que ses collègues restent *assis* à leur place (7). Le président, en recevant le serment des jurés et la déclaration de leur chef sur le résultat de leur délibération, le président reste *as-*

_____

(1) *Voy.* ci-devant p. 128.

(2) Art. 348. — *Voy.* ci-devant p. 128, 236, 237.

(3) *Voy.* les art. 155, 189, 317.

(4) *Voy.* ci-devant p. 236, 237.—Mais il a été jugé qu'aucune disposition de l'art. 317 n'exige qu'en prêtant serment le témoin lève la main droite. C. C. 8 octobre 1840 ; J. P. 1841-1-273.

(5) Dans certaines éditions du Code d'instruction criminelle, l'art. 312 est imprimé de telle sorte qu'il semble que c'est le président qui doive être *debout* et *découvert*, pendant qu'il parle aux jurés. En mettant le mot *découvert* au pluriel (aux jurés *debout* et *découverts*), on a la véritable version de cet article.

(6) *Le chef du jury se lèvera...*

(7) *Les jurés... reprendront leur place.*

sis, de même que les autres membres de la cour, et, s'il est bien pénétré de la mission qu'il remplit en ce moment, il doit être *couvert* (1). Il y a, dans cette *attitude* des jurés, du président et de la cour, un symbolisme des plus saisissants.

De la part du juré qui prête serment et de la part du chef du jury qui lit la déclaration , l'obligation d'être *debout*, lorsque la cour est *assise*, celle d'être *découvert* , quand le président a la faculté d'avoir la tête *couverte*, constituent une *attitude* d'infériorité (2), qui peut étonner d'abord au respect du chef du jury dans le moment où il semble faire un acte de juridiction. Mais, si on veut bien y réfléchir, on verra que cette *attitude*, comme signe d'infériorité, ne blesse ni la vérité historique de la mission du jury, ni la nature juridique ou philosophique de son institution.

Le jury, en effet, par lui-même et à vrai dire, ne constitue pas une juridiction. Il fait passagèrement partie d'un tribunal ; il est l'un des éléments accidentels, dont il se compose ; mais il n'est pas le tribunal lui-même, qui a son existence propre , indépendante du jury.

Qu'étaient-ce, d'ailleurs, que les jurés dans l'origine ? Étaient-ils autre chose que des témoins, *conjuratores, compurgatores,* venant attester par serment l'innocence ou la culpabilité de l'accusé ? Les jurés d'aujourd'hui ne se rattachent ni aux *boni homines*, ni aux *rachimbourgs* du moyen âge, car, en prononçant en même temps sur le fait et sur le droit, les *boni homines* et les *rachimbourgs* étaient de véritables juges. Ce n'est donc pas à leur intervention qu'est due l'origine de notre jury. Cette ori-

---

(1) *Voy.* la note 5 de la page précédente.

(2) *Voy.* ci-devant, p. 124, 125, au mot *Attitude,* et p. 149, 150, au mot *Chapeau.*

gine se rattache plutôt historiquement aux *conjuratores*, qui ont pu en donner l'idée, comme elle se lie, d'ailleurs, politiquement, aux institutions d'association et de garantie mutuelles en vigueur dans l'ancien canton germanique (1).

Dans la théorie philosophique de l'institution du jury, donnée par un célèbre jurisconsulte allemand, le jury est le symbole de la conscience, cette voix de la moralité, dont les anciens ignorèrent les accents, et dont l'avénement distingue surtout l'ère des temps modernes. A ce titre, le geste qui consiste à placer la main sur le *cœur* et la formule du chef du jury : *sur mon honneur et sur ma conscience*, répondent parfaitement à la théorie philosophique. Le jury, toutefois, représente moins la conscience de la société que celle de l'accusé lui-même. « Le jury fait pour lui et avec lui l'aveu qu'il ne ferait pas seul ; non-seulement il prononce, mais il avoue pour le coupable ; il est, pour ainsi dire, sa conscience réalisée et mise en dehors (2). » Cette ingénieuse explication est en concordance parfaite avec ce qui se passait jadis dans les tribunaux des temps mérovingiens, où l'aveu de l'accusé terminait la procédure et rendait toute autre preuve inutile (3). Elle s'accorde également avec la formule par

---

(1) Sur l'origine du jury et sur les *boni homines* et les *rachimbourgs,* consultez ce que j'ai dit dans mes observations historiques et théoriques sur le jury, insérées dans mon *Traité des délits de la parole, de l'écriture et de la presse,* t. II, p. 119, 122, 123, 2ᵉ édit. de 1846. Sur le rôle des *boni homines,* des *rachimbourgs* et des comtes dans le *mallum* des Germains, indépendamment des autorités que je cite, *voy.* aussi F. Hélie, *Traité de l'inst. crim.,* t. I, p. 190 à 195, 254, 255.

(2) *Voy.* Gans, *Beiträge zur Revision der preussischen Gesetzgebung;* Berlin, 1830; Band I, art. 6, *Die Richter als Geschworne.* J'ai suivi l'analyse que M. Lerminier donne de cet ouvrage, que je ne connais pas autrement. *Philosophie du Droit,* t. II, p. 326, 327.

(3) Faustin Hélie, *Instr. crim.,* t. I, p. 224.

laquelle s'ouvre tout jugement criminel en Angleterre, où le juge commence toujours par faire un appel à la conscience de l'accusé en lui disant, avant tout débat : Plaidez-vous coupable ou non coupable ? Quand l'accusé répond : Coupable, tout est dit. L'appel du jury, l'audition des témoins et tous les débats sur le fait sont inutiles (1). La conscience de l'accusé a accepté la culpabilité, celle du jury n'a pas besoin de la reconnaître. Dans l'institution du jury ainsi entendue, on trouve, avec la réalisation pratique de la théorie de Gans, celle de la théorie de M. Ballanche qui enseigne que, pour que la peine soit efficace et devienne une expiation qui efface le crime, il faut « que le criminel accepte la peine (2). » Le coupable qui comparaît devant les jurés accepte toujours la peine par l'aveu que fait sa conscience propre ou celle du jury, qui en est la représentation.

Voilà pourquoi, on le comprend maintenant, le jury se tient *debout* et *découvert* lorsqu'il prête serment. Voilà pourquoi le chef du jury est également *debout* quand il lit son verdict, tandis que le président et les juges demeurent *assis* et *couverts* ; car, au-dessus du jury, simple appréciateur du fait, il y a la justice, la justice incarnée dans la magistrature inamovible, immuable comme la justice qu'elle représente. Ce système, consacré par notre Code d'instruction criminelle, est la véritable expression de l'idée philosophique contenue dans l'institution du jury, qui n'est autre chose que la conscience de

---

(1) J. Rey, *Institutions judiciaires de l'Angleterre*, t. II, p. 335, 1re édition.

(2) *Palingénésie*, 2e part., § 4, t. IV, p. 247 de l'édit. in-18. Ailleurs : « L'homme ne veut pas, il consent. Toute la morale évangélique, en ce « sens conforme à la morale stoïcienne, qui, pour cet objet seulement, « lui sert de précurseur ; toute la morale évangélique repose sur l'ac- « quiescement de l'homme et non sur sa volonté propre. » *Id.*, 3e part., p. 353.

l'accusé. Le jury lui-même devient ainsi un grand, un sublime symbole.

Au point de vue historique, comme au point de vue philosophique, le jury, soit qu'il comparaisse en qualité de témoin pour faire la déclaration de ses impressions personnelles, soit qu'il représente l'accusé et qu'il exprime pour lui l'aveu de son innocence ou de sa culpabilité, le jury, dans toutes ces hypothèses, est dans un état d'infériorité à l'égard de la Cour qui l'interroge. Témoin ou accusé, il doit donc se tenir *debout, découvert,* lorsqu'il dit ce qu'il croit être la vérité. Mais comme c'est le chef du jury seul qui parle et qui est interrogé par le juge sur le résultat de ses délibérations, seul aussi il se *lève* dans ce moment suprême, et ses collègues peuvent rester assis à leur place. C'est ainsi que s'expliquent parfaitement toutes les dispositions des art. 312 et 348 du Code d'instruction criminelle

CODE FORESTIER.

Ce Code, qui a conservé quelques curieux vestiges de l'ancienne rédaction poétique du Droit(1), n'apporte, dans le contingent de la *Symbolique* des Codes français, qu'un seul emblème ; mais cet emblème se lie à ces pittoresques symboles sidériques qui ont déjà été signalés et qui jouent un rôle si saisissant dans le domaine religieux aussi bien que dans le domaine juridique.

Le *feu* ne représente pas seulement la propriété, il figure aussi la famille, le manoir domestique, où se conserve le *feu* du culte religieux et le *feu* nourricier de l'habitation. Il représente plus particulièrement le chef de la famille chargé d'entretenir ce *feu.* Tel est le caractère

---

(1) *Voy.* ci-devant, *Introduction,* p. LXVIII, CI, CIII.

de ce symbole, on l'a vu, dans l'antiquité et dans le moyen âge (1). Le Code forestier n'a eu garde de méconnaître l'esprit de ce symbole. Aux termes de l'art. 105, le partage des bois d'*affouage*, comme la dénomination même de ces bois l'indique, doit se faire par *feu*, et l'article a soin d'ajouter : « c'est-à-dire par chef de famille « ou de maison, ayant domicile réel et fixe dans la com- « mune. » La loi donne ici elle-même la traduction du symbole, dont elle a soin de montrer l'application. C'est, d'ailleurs, ce qui avait déjà eu lieu dans un avis du conseil d'État du 12 avril 1808, lequel décide que « les par- « tages se feront par *feux*, c'est-à-dire, par chef de famille « ayant domicile. » Ainsi, le mendiant, le prolétaire, quoiqu'ils ne possèdent aucune propriété, quoiqu'ils ne payent aucune contribution dans la commune, ont droit à ce partage, parce qu'ils sont chefs de famille, parce qu'ils ont leur *feu* dans la commune, si d'ailleurs ils y ont leur domicile : c'est ce que décident Proudhon (2) et M. Curasson (3), et ce qu'a jugé la cour royale de Bourges (4).

CHAPITRE XV.

RÈGLES GÉNÉRALES D'INTERPRÉTATION.

Un très-grand nombre de symboles sont facilement intelligibles. Leur interprétation s'offre d'elle-même à l'esprit. Tout le monde peut comprendre qu'un *anneau* est un signe d'alliance, de fraternité, de mariage; que l'*épée* est l'emblème du commandement militaire, du pouvoir

---

(1) *Voy.* ci-devant p. 91 à 97.
(2) *Traité des droits d'usufruit, d'usage et d'habitation,* t. VII, p. 230, n. 3263, et p. 279, n. 3287, 1re édit.
(3) Annotation sur les passages ci-dessus de Proudhon.
(4) Arrêt du 10 mars 1840. J. P. 1841-1-92.

royal, de la juridiction criminelle (1). Mais l'idée enfermée
dans le symbole se présente rarement à l'esprit avec cette
spontanéité. Quelle sera dès lors la règle à suivre pour chercher cette idée et pour l'atteindre? Il peut paraître sage et
rationnel de demander l'interprétation des symboles à
la signification des objets qui frappent immédiatement
nos sens (2). Toutefois quand on examine avec attention
cette règle, on ne tarde pas à en reconnaître le danger et
la fausseté.

Considéré en lui-même, le symbole, avec sa nature essentiellement équivoque, ne doit pas toujours être pris
tel qu'il s'offre directement à nous ; car le rapport, qui
unit le signe à la chose signifiée, est souvent multiple
et toujours arbitraire. L'objet pris comme symbole renferme fréquemment un grand nombre d'acceptions qui
s'éloignent de l'idée symbolique qu'on a voulu représenter. Ainsi l'*épée*, comme on vient de le voir, a des acceptions diverses. Son aspect seul ne suffit pas pour indiquer si cet emblème est employé comme représentation du
pouvoir royal, de l'autorité militaire ou de la juridiction
criminelle. Ce n'est pas tout encore; on voit souvent la même
forme symbolique appliquée à des actes d'une nature ou
d'une valeur différentes. Il en est de cette manifestation
de la pensée, comme des mots alphabétiques qui, bien
qu'identiques, expriment quelquefois des idées diverses.
Il en était de même des signes hiéroglyphiques des anciens
Égyptiens. On y trouve l'emploi d'un même animal hiéroglyphique pour désigner plusieurs choses assez différentes, soit par extension, soit par analogie (3). C'est ainsi

(1) Ces symboles sont des symboles généraux et humains, et c'est là
ce qui les rend si aisément intelligibles sur les symboles humains. *Voy.*
ci-devant le ch. v, et ci-après l. II, ch. III.

(2) C'est la règle que semble établir Reyscher , *Symbolik des German.
Rechts.*

(3) Dupuis, *Orig. des cultes,* t. II, l. IV, ch. I, p. 260 de l'édit. in-4.

que le procédé *per æs et libram* de la jurisprudence romaine s'applique à des actes qui n'ont aucune ressemblance, aucun lien commun, tels que le mariage et le testament. Dans un autre ordre d'idées, dans le domaine de la
symbolique religieuse ou morale, le *taureau*, par exemple,
est l'emblème de l'agriculture. Mais il peut être aussi celui de la force ; il possède, en outre, d'autres attributs
symboliques inutiles à énumérer ici. Ces exemples, empruntés à plusieurs ordres d'idées différents, suffisent pour
démontrer qu'il serait téméraire de s'en rapporter à nos
sens pour déterminer la signification d'un symbole (1).

Dans les exemples, qui viennent d'être cités, la même
forme sert à représenter des idées multiples. Mais il arrive
souvent que les formes symboliques les plus diverses sont
employées pour une seule et même institution. Chez les
Romains, le *chapeau* est le symbole de la liberté ; tandis
que, chez les Germains, la même idée, la même chose a
pour symbole les *cheveux*. Pendant le moyen âge, l'investiture se donne, dans le même pays, tantôt avec un
bâton, tantôt avec une *épée* ; ici, avec une *paille* ; là, avec
un *drapeau*.

Cette différence n'est pas toujours insignifiante et arbitraire. Elle a quelquefois sa raison, soit dans le génie de
chaque peuple, comme pour le symbole de la liberté,
soit dans la nature même de l'objet auquel ce symbole
s'applique. L'*épée* et le *drapeau*, quoique employés l'un et
l'autre dans l'investiture, n'y ont pas toujours une signification identique. L'*épée* sert à l'investiture d'un comte,
chargé de l'administration de la justice criminelle (2) ; elle
sert aussi à l'investiture d'un duc, préposé au commande

_____

(1) *Voy.* ce que j'ai déjà dit à ce sujet dans le ch. II, p. 9 à 14 et surtout p. 12.
(2) *Voy.* ci-devant p. 138.
(3) *Voy.* ci-devant p. 138.

ment militaire (3); on l'emploie encore dans l'investiture d'un roi, qui réunit ces deux attributs (1). Mais le *drapeau* est le symbole destiné à l'investiture d'une province (2).

Dans ses rapports avec les mœurs de la nation qui l'a créé ou adopté, le symbole présente quelquefois un sens, non pas seulement distinct, mais tout à fait opposé à celui qu'un autre peuple serait tenté de lui accorder. Le *chien* fut, dans l'ancienne Égypte, un animal religieux ; il est , pour nous, un animal d'affection. Il a été longtemps , il est peut-être encore auprès de quelques peuples, chez les Indiens, par exemple, une bête immonde, un animal impur, objet du mépris et symbole d'ignominie. Avec nos idées actuelles , on verra en lui l'emblème de la fidélité, l'ami de l'homme. D'autres siècles, d'autres peuples le prendront pour l'image de la servilité , pour un symbole d'impureté et d'infamie. Comment comprendre, en effet, ce rit symbolique, assez fréquemment usité jadis , où l'on voit figurer un *chien* comme la représentation de l'ignominie d'un acte réprouvé, si l'on ne connaît l'opinion que certains peuples , à des époques déterminées , attachaient à cet animal domestique? Cette opinion est bien opposée à celle que nous avons aujourd'hui. Toutefois, la langue française, à notre insu , par son dédain pour l'emploi de ce mot, retient maintenant encore quelque chose de cette ancienne opinion venue probablement des régions orientales (3). Comment apprécier aussi la valeur symbolique de la *chevelure* rasée dans les usages juridiques des Germains, si on ignore la vertu qu'ils attribuaient à la *chevelure* (4) ?

---

(1) *Voy.* ci-devant p. 138.

(2) *Voy.* ci-devant p. 140.

(3) *Voy.* Ducange , *canem ferre ,* II, 163 ; *per canem jurare ,* II, 164, 165, et *voy.* ci-devant p. 216 et suiv.

(4) *Voy.* ci-devant, p. 124, v° *Cheveux,* et ci-après le ch. III du liv. II.

On serait souvent exposé à s'égarer, on le voit, si on voulait toujours chercher l'idée d'un symbole dans la manière dont sa forme frappe immédiatement nos sens. Le symbole est presque toujours l'expression des mœurs d'un peuple. C'est, dès lors, par l'esprit de la nation à laquelle il appartient, plutôt que par nos propres usages, que chaque symbole doit être interprété. La première condition d'une saine interprétation consiste, par conséquent, dans l'appréciation préalable de la nationalité du symbole (1).

La religion, dans la haute antiquité, fut là base du Droit. Les plus anciennes formules de jugement se trouvent dans les rituels religieux. La source première de la jurisprudence romaine est dans le *Jus sacrum* (2). Faute d'en avoir une connaissance suffisante, on ignorait déjà, du temps d'Auguste, le sens de plusieurs dispositions de l'ancien Droit, qui fut si profondément symbolique. Aussi est-il vrai de dire que, sans les traditions cosmogoniques et mythiques, sans la connaissance des dieux, de leurs attributs et du culte qui leur fut propre, les symboles juridiques de chaque peuple ne sont, le plus souvent, que d'impénétrables mystères. C'est donc aux traditions cosmogoniques ou mythologiques, à l'étude des anciens cultes, qu'il faut fréquemment recourir pour trouver l'idée de tous les symboles civils ou juridiques, ainsi que l'esprit d'un grand nombre d'usages judiciaires ou ci-

(1) *Voy.* ci-après le chap. III du liv. II, sur la *nationalité des symboles juridiques.*

(2) « Jus civile repositum in penetralibus pontificum evulgavit. » Tite-Live, *Décad.* I, lib. IX, *in fine.* — « Jus civile per multa sæcula inter sacra ceremoniasque deorum immortalium abditum, solisque pontificibus notum. » Valer. Maxim., lib. II, cap. v, n. 2. — « Omnium harum (legum XII tab.) et interpretandi scientia, et actiones apud collegium pontificum erant. » Pomponius, *De orig. jur.*, D., I, II, L. 2, § 6.

vils (1). Comment, en effet, expliquer le sens du *cheval blanc*, souvent employé pendant le moyen âge comme signe de suzeraineté, si l'on ignore la liaison intime de ce symbole avec les idées sidériques qu'on trouve fréquemment dans les religions de l'antiquité ? M. Michelet se borne à dire que le *cheval blanc* est, dans le moyen âge, le signe de la suzeraineté, ce qui n'apprend pas pourquoi ce signe fut choisi pour représenter cette idée (2). Ducange l'explique en rattachant ce symbole aux usages des triomphateurs romains, qui montaient au Capitole placés sur un *blanc coursier* (3). Ducange est plus près de la vérité ; mais, pour la dire tout entière et pour la faire bien saisir, ne devrait-il pas nous apprendre la raison du *cheval blanc* choisi par les généraux que Rome honorait du triomphe ? Cette raison, la mythologie seule peut la révéler. Dans toutes les religions de l'antiquité, le *cheval blanc* fut consacré au soleil, au dieu qui était la personnification de cet astre, ce qui explique très-bien la couleur et la forme de ce symbole. Pendant les fêtes célébrées à Rome le premier jour de janvier en l'honneur de Jupiter, considéré comme dieu du soleil, pour consacrer sa victoire sur Briarée, c'est-à-dire en commémoration du triomphe de la lumière sur les ténèbres de l'hiver, le consul se rendait au Capitole monté sur un *blanc coursier*, dont la couleur était parfaitement en harmonie avec l'attribut du dieu, avec l'astre qu'il représentait. C'est là, c'est dans cette idée sidérique, dans cette com-

---

(1) Les usages civils les plus insignifiants ont souvent une origine religieuse qui remonte à la plus haute antiquité. Notre jeu de société, où plusieurs personnes rangées en cercle se passent de main en main un morceau de papier allumé, se rattache peut-être à une cérémonie des fêtes de Vulcain, chez les Grecs, où un flambeau allumé passait ainsi de main en main. Cf. Hérodote, VIII, § 98.

(2) *Origines,* p. 154, note.

(3) *Equus, equi albi,* III, 149.

mémoration du triomphe du jour sur la nuit, de la supériorité de la lumière sur les ténèbres, que réside l'idée de
victoire, de commandement, de souveraineté, qui donne
la clé de cet emblème dans la cérémonie du triomphe romain et dans les coutumes du moyen âge (1).

Le *feu* figure dans le Droit comme symbole du mariage. C'est encore aux notions cosmogoniques qu'il faut
en demander le sens. Il représente le principe actif, générateur et fécondant; tandis que l'*eau*, usitée aussi à titre
de symbole dans le mariage romain, indique le principe
passif et fécondé. La communication de l'*eau* et du *feu*,
entre les époux, est aussi le symbole de l'union intime de
leur âme avec leur corps, l'âme figurée par le *feu*, le
corps, que représente l'*eau*, élément tout matériel de l'organisation humaine. Comme signe d'occupation, de propriété, le *feu* n'est pas sans regard non plus avec les idées
de fécondation qu'on trouve dans l'ancien culte du *feu*.
M. Michelet et M. J. Grimm enseignent seulement que
le *feu* jadis fut l'emblème de l'occupation, de la possession, de la propriété. Ils le prouvent par de nombreux
exemples (2). Mais ils oublient de donner la raison de ce
symbole, qui a, dans cette application, une origine presque exclusivement cosmogonique, et qui, sous ce rapport, se rattache au premier défrichement de la terre, au
grand essartement des forêts primitives opéré par le *feu*.
C'est cette réminiscence toute cosmogonique qui seule
explique l'idée de ce symbole en qualité de signe d'occupation et de propriété, symbole dont il n'est pas possible de
se rendre compte sans le secours de ce rapprochement (3).

C'est surtout pour l'interprétation des peines symboliques qu'il faut recourir à la mythologie des anciennes

(1) *Voy.* ci-devant p. 105 à 110.
(2) J. Grimm, 194-196; — Michelet, *Origines*, 79.
(3) J'ai déjà traité tous ces points dans le ch. VIII, p. 91 à 102.

religions. La plupart des symboles criminels, en effet, ont une origine religieuse. En pareil cas, l'idée populaire ne peut qu'égarer. Le sens mythologique ou théogonique guide et conduit souvent au vrai. Qu'on demande aux idées ordinaires, propres au peuple ignorant et illettré, la signification du *sac de cuir* dans lequel le parricide romain est enfermé vivant et jeté ensuite à la mer, et l'on ne trouvera dans le genre de ce supplice qu'une idée d'horrible torture. L'esprit sacerdotal, qui présida jadis à cette peine, révèle seul la profondeur de la pensée qui la dicta. Objet d'horreur pour le ciel et pour la terre, il faut que le parricide ait la face cachée aux hommes et aux dieux, qu'il soit séparé de tous les éléments, de l'air, de l'eau, de la terre et du feu même, qu'il souillerait par son contact.

> Dii te summoveant, ô nostri infamia sæcli,
> Orbe suo, tellusque tibi, pontusque negetur (1).

On comprend maintenant l'idée qui a présidé à cette peine. C'est par ce rapprochement intelligent et tout scientifique, qu'on peut expliquer le *voile* lugubre, dont nous enveloppons encore aujourd'hui en France la tête du parricide, alors qu'il est conduit au supplice (2). Ce *voile* est un souvenir emprunté aux Romains, qui, avant de coudre le parricide dans le *sac de cuir*, couvraient sa tête d'un *voile*, par un motif tout semblable à celui qui préside à la cérémonie du *sac de cuir*, afin que les yeux du parricide ne pussent pas troubler par leur regard la pureté du ciel. La même idée a présidé à ces deux formalités symboliques, qui ont l'une et l'autre une origine sacerdotale (3).

(1) Ovide, *Metamorph.*, lib. VIII.
(2) Art. 13 du Code pénal.
(3) *Voy.* ci-devant. p. 263.

Si nous étions mieux initiés que nous ne le sommes à la connaissance des religions de l'antiquité , nous pourrions obtenir la signification de ces quatre *animaux* symboliques que les Romains renfermaient vivants dans le *sac* avec le parricide. Le mot de cette partie du symbole nous échappe, faute de science et non pas faute de sens (1). Les idées vulgaires et la raison commune sont impuissantes pour la solution de cette énigme. Si la science mythologique l'est aussi, c'est sans doute parce que nous ne la possédons qu'imparfaitement.

(1) Il échappait peut-être déjà aux jurisconsultes de l'époque de Justinien qui ont travaillé à la compilation des Pandectes et du Code. Ils ne disent pas un seul mot qui serve à expliquer le sens de ces symboles vivants et animés. Cicéron l'ignorait peut-être aussi lui-même; car cet orateur, qui nous initie si bien au sens du *sac de cuir,* ne dit rien au sujet des quatre *animaux* symboliques. Mais il est possible qu'il y eût, de son temps, interruption dans l'usage de ces bêtes symboliques. Les anciens, au surplus, ne nous ont rien transmis de rationnel à ce sujet, et les modernes n'ont pas été plus heureux.

LIVRE II.

HISTOIRE ET PHILOSOPHIE.

— ●○○● —

CHAPITRE I.

APTITUDE DES ÉPOQUES ET DES RELIGIONS POUR LES
SYMBOLES EN GÉNÉRAL; INFLUENCE DE CETTE
APTITUDE SUR LA SYMBOLIQUE JUDICIAIRE.

Le trait qui domine dans la physionomie de plusieurs
nations de l'antiquité, c'est leur sympathie profonde, ardente et prolongée pour le symbole. On retrouve cette
sympathie au milieu des plus grands progrès. Leur amour
des représentations symboliques résiste même longtemps
au développement de la civilisation. L'art, le Droit, la
Religion, les usages domestiques, comme ceux de la vie
publique et civile, sont également empreints de cette passion du symbole. Ils l'étendent à tous les actes, à toutes
les parties et à toutes les phases de leur existence (1).
L'univers lui-même, l'univers entier n'est, à leurs yeux,
qu'un symbole (2). Il n'est pas Dieu, mais il est son image.
La Grèce et l'Italie ne sont pas les seules contrées de
l'antiquité possédées de l'amour du symbole. L'antiquité
orientale et l'antiquité de l'Occident, l'antiquité éclai-

_____

(1) Cf. Creuzer, *Symbolik* (trad. fr., Introd., ch. v); et, en ce qui concerne les Grecs, Reyscher, *Symb. des germ. Rechts,* p. 99.
(2) Salluste le Philosophe, *De diis et mundo,* cap. III.

rée et l'antiquité barbare éprouvent la même sympathie.

Les peuples mêmes, dont le culte réprouve les idoles, sont également pénétrés de l'amour du symbolisme. La religion d'Iran, chez les anciens Perses, ne consistait qu'en un culte simple, l'adoration des astres, de la nature et des éléments (1). Elle n'était pas favorable, sans doute, aux allégories et aux symboles de l'art (2). Il ne faut pas croire toutefois que les Perses aient manqué de symboles religieux. Ils étaient même, s'il faut en croire Creuzer, fort riches en ce genre (3). Les symboles juridiques ne leur furent pas non plus étrangers. On verra, dans le cours de cet ouvrage, que l'un des symboles juridiques des Lombards se rattache à la *Symbolique* judiciaire des anciens Perses (4). D'après M. Michelet, le roi est le symbole vivant de l'État ; il absorbe en sa personne tout le symbolisme juridique de la nation (5). Cet aperçu, qui paraît hasardé, a plus de vérité qu'on ne serait d'abord porté à lui en accorder. Car le roi qui répand la prospérité et qui conserve l'ordre et l'harmonie dans la société, est une réalisation de la lumière et représente Ormuzd lui-même, Ormuzd, qui est l'idée divine et sa réalisation par la lumière, dont l'existence se répand dans

---

(1) Sur le culte des Perses, *voy.* Hérodote, I, § 121, 122, 128 ;— Dupuis, t. I, l. I, ch. ii, p. 24 et 26, édit. in-4°.

(2) Hegel, *Esthétique,* trad. fr., t. II, p. 50 et 102.

(3) *Symbolik*, trad. fr., l. II, ch. iii. *Voy.* dans cet ouvrage l'explication développée de cette contradiction qui n'est qu'apparente. M. Michelet enseigne absolument le contraire : « peu de symboles religieux,» dit-il. *Origines du Droit,* Introd., p. lxxvi. C'est aussi l'opinion de Hegel, *Esthétique,* trad. franç., t. II, p. 40 à 52, et notamment p. 49 et 50. Mais *Voyez* les explications de Dupuis sur le symbolisme de la religion des Perses, t. I, l. I, ch. ii, p. 26, édit. in-4°.

(4) *Voy.* le ch. iii ci-après, et conférez ci-devant p. 134, v° *Flèche, arc.*

(5) *Origines du Droit,* Introd., p. lxxv, lxxvi.

les animaux et dans les plantes, dans la race humaine, et dans le monde civil, et pénètre jusque dans la hiérarchie des différentes classes de la société (1).

L'amour du symbole forme aussi le trait le plus saillant du caractère du moyen âge. Comme ceux de l'antiquité, les hommes de cette époque symbolisent dans toutes les actions de leur vie. Ils multiplient même l'usage des symboles en les appliquant, non pas seulement, comme les Romains, à quelques contrats, à quelques actes ou à la transmission de quelques biens d'une nature particulière, mais en étendant leur application à toutes les transactions, aux objets du droit privé, comme aux choses du droit public, à l'aliénation d'un champ aussi bien qu'à l'investiture d'un empire.

Le moyen âge, en effet, applique cette sympathie à toutes les choses du domaine juridique. « Tout ce « qu'il y a d'abstrait et de moral dans l'homme, dit « M. Troplong, venait se traduire en représentations cor- « porelles, et le droit n'était qu'une perpétuelle allégo- « rie. » L'école des jurisconsultes du moyen âge, quoique généralement ennemie du symbole, se laisse fréquemment encore entraîner par le spectacle vivant et contagieux des habitudes et des préoccupations contemporaines. Aussi peut-on reprocher à la science du moyen âge de se placer trop souvent sous le joug du symbolisme et de ne pas toujours savoir s'affranchir de l'esclavage et du matérialisme de la forme (2). Le contact des hordes germaines avec la civilisation de Rome contribua pour beaucoup au règne de ces préoccupations symboliques du moyen âge.

La religion chrétienne, toute spiritualiste qu'elle est, ne contrarie pas cette passion pour les symboles. Elle ac—

---

(1) Cf. Hegel, *loc. cit.*, p. 41 et 43.
(2) Troplong, *Vente*, t. I, p. 443, 444, 446, n. 271.

cueille dans ses temples, sur ses autels, les signes symboliques qu'on y dépose en témoignage d'un pacte conclu
ou d'une alliance formée. Le Droit canonique prescrit
l'observation des formalités allégoriques dans les donations faites aux monastères (1). L'Église se mêle, sans ré-
pugnance, aux allégories de la chevalerie féodale. Dans
les formalités juridiques qu'elle attire à sa juridiction,
telles que les cérémonies du mariage et la légitimation des
enfants naturels, elle est loin de dédaigner l'appareil pittoresque du symbole. Elle ne réprouve et ne défend que
ceux qui portent un caractère de sauvage férocité (2);
et c'est ainsi que, tout en se conformant à la prédilection
des esprits pour les formes emblématiques, elle demeure
toujours civilisatrice par excellence et reste fidèle à sa
sainte mission, qui est d'adoucir les mœurs et d'instruire
les peuples.

Les origines du Christianisme expliquent parfaitement
cette attitude de l'Église dans les rapports si fréquents
qu'elle eut, pendant le moyen âge, avec les symboles juridiques. Simple et pauvre dans les premières années, le

---

(1) Dans une lettre du pape Innocent III, on lit ce qui suit : « Si verò
aliquis possessiones aliquas claustris vel aliis religiosis locis in bonâ
valetudine vel ultimâ voluntate, pro suorum vult remedio peccatorum
conferre, hanc conferendi formam esse proposui, quod in hujusmodi
donationibus *modicum terræ consuevit in manu accipere... super altare
ponendum sub testimonio videntium et audientium...* discretioni vestræ
mandamus quatenùs donationes quæ claustris, ecclesiis... conferuntur...,
faciatis irrevocabiliter observari, cùm hujusmodi *signum* non tam factæ
donationis quàm traditæ possessionis sit evidens argumentum. » (*Decret.*,
lib. I, t. IV, p. 26).

(2) C'est ainsi que l'Église proscrivait l'usage symbolique du serment
par le *chien* (*per canem jurare*), qui consistait à tuer un animal de cette
même espèce, en disant : « Si je manque à mon serment qu'il me
soit ainsi fait. » — Cf. à ce sujet la lettre de l'archevêque Jean à la suite
de la chronique de Reichersperg dans les *Observations sur Joinville*
de Ducange, et le même, *Gloss.*, vᵒ *Per canem jurare*. *Voy.* la note 2
ci-après.

culte chrétien veut plus tard rivaliser avec le paganisme pour le luxe des temples, la pompe et la splendeur des cérémonies. Vers la fin du troisième siècle, les chrétiens commencent à avoir dans leurs maisons toutes sortes d'emblèmes, tels que la *colombe*, le *poisson*, l'*ancre*, l'*agneau* et la *lyre*, qu'ils placent comme ornementation sur les meubles les plus usuels, symboles d'un caractère tellement pur, que l'Église, sévère d'abord, ne tarde pas à les tolérer, même dans ses temples (1). Ce goût pour les choses figurées se retrouve dans les caractérisations employées pour représenter la Trinité, le Christ, la sainte Vierge et les Apôtres. La *plante*, sa *fleur* et le *parfum* qui s'en exhale sont l'emblème de la Trinité. Le symbole de la sainte Mère de Jésus-Christ, c'est le *buisson ardent*, le *vase à manne* des Hébreux, la *pluie* qui arrosa la toison de Gédéon. En qualité de fondateur des sacrements, Jésus-Christ lui-même est appelé du nom de créateur des symboles. On le compare au *serpent d'airain* de l'ancienne loi, au *soleil nouveau* de la loi nouvelle (2). On le montre aux yeux des fidèles sous l'image sensible d'un *agneau* de paix destiné à racheter les fautes des hommes. Il n'est pas enfin jusqu'au paradis qu'on ne cherche aussi à allégoriser, de telle sorte que des esprits graves et des intelligences sévères commencent à s'alarmer de ce goût pour l'allégorie appliqué à toutes les personnes et à toutes les choses des croyances chrétiennes (3).

(1) Non-seulement les premiers chrétiens n'adoptèrent que des symboles d'une nature pacifique et d'un caractère plein de pureté, mais ils proscrivirent, en outre, comme indignes de l'esprit du christianisme, l'*épée*, l'*arc* et la *coupe bachique*. Cf. la note précédente.

(2) Ce nom de *soleil* donné à Jésus-Christ et l'usage des chrétiens de se tourner vers l'orient dans leurs actes religieux les avaient fait appeler par les païens du titre d'*adorateurs du soleil*.

(3) C'est le reproche que saint Jérôme faisait à Origène : « Quod sic

Les symboles du Zend-Avesta se retrouvent dans les livres des Hébreux (1). Les *animaux* religieux, ces *animaux* purs ou impurs du culte antique des Perses, se retrouvent aussi dans les *bêtes* merveilleuses [de l'Apocalypse (2). Le *feu* sacré, entretenu dans le sanctuaire chez les Perses, en Égypte, en Palestine, chez les Romains, comme un emblème de la Divinité, est adopté par les Chrétiens, dès que le culte devient libre et à mesure qu'il prend quelque solennité (3).

L'antiquité païenne avec ses mystères, ses symboles, une partie de ses mythes, de ses fêtes et de ses célébrations allégoriques, vient peu à peu se fondre dans le christianisme triomphant. Le culte vaincu cherche à dissimuler sa défaite en s'identifiant de mille manières avec les croyances, les personnes sacrées et les signes sensibles de la nouvelle religion.

Ainsi s'explique, après une grande simplicité dans le culte, l'amour de l'Église, libre et dominante, pour les représentations figurées ; et c'est ainsi que se justifie la sympathie persévérante du moyen âge et la faveur de

paradisum allegoriset ut historiæ auferat veritatem, pro arboribus angelos , pro fluminibus virtutes cœlestes intelligens , totamque paradisi continentiam tropologicâ interpretatione subvertat. » S. Hieronym. *ad Pammach.*

(1) Guigniaut, *Relig. de l'ant.*, t. I, part. 2, p. 721, 723 note, 724 note, 728. Sur le rapport des doctrines hébraïques avec le système de Zoroastre, un peu avant l'ère chrétienne, voyez Matter , *Hist. universelle de l'Église chrétienne,* I, 38 et suiv., et le même, *Hist. crit. du Gnosticisme,* I, 76 et suiv.

(2) Creuzer, *Symbolik,* trad. fr., t. I, l. II, ch. iii, part. 1, p. 340, 341, note ; — Guigniaut, p. 721 déjà citée.

(3) Les Juifs conservaient aussi le *feu* perpétuel dans leurs temples, comme les Perses dans leurs pyrées ; et l'on sait que le moyen âge prodigua ce symbole, en suspendant une grande quantité de lustres au plafond de ses temples. On en voit encore beaucoup aujourd'hui dans les églises où une lampe est constamment allumée.

l'Église catholique pour les symboles en général, et particulièrement pour les symboles judiciaires.

La réformation évangélique du seizième siècle, en enlevant à la représentation religieuse l'image sensible et en ramenant les esprits à la méditation intérieure, imprime-t-elle une nouvelle direction à l'antique prédilection pour les allégories et pour les images? Là où la réforme est adoptée, l'amour pour les images ne s'éteint pas : il ne fait que suivre un autre cours. Dans ce temps-là, les esprits se jettent avec ardeur, avec passion, sinon avec discernement, dans l'étude des symboles et de la mythologie (1). La politique et la morale entrent dans le domaine de l'allégorie et du symbole (2). Toutes les idées sont personnifiées; tous les arts sont dominés par l'allégorie (3). On a vu que, malgré sa simplicité, le culte des anciens Perses, ces puritains de la gentilité, n'excluait ni le symbole religieux, ni même le symbole juridique. L'âge du christianisme réformé, de ce culte nouveau qui est venu placer la prose de la vie à côté des rapports religieux, n'est pas non plus une période antisymbolique.

(1) Creuzer, *Symb.*, trad. fr., Introd., ch. v.—Cette époque vit naître, en effet, une grande quantité d'écrits sur les symboles, parmi lesquels il faut citer l'ouvrage si célèbre de l'Italien Alciat, *Alciati emblematum libellus*, Parisiis, 1535 ;— *Sambuci emblemata,* 1584 ;—plus tard, *Pignorii epistolæ symbolicæ,* 1629 ; — *N. Caussini electorum symbolorum et parabolarum syntagma*, 1618 ; — *Diduci Saavedræ symbola politica* ou *Idea principis christiano-politici symbolis expressa*, composé en 1640, in-18, 1659, etc., etc. — Pour la mythologie, *voyez* l'ouvrage de Jean Boccace qui est déjà du quatorzième siècle, publié dans le quinzième sous le titre de *J. Boccacii genealogia deorum, Venet.* 1472 in-fº;—*Marsilii Ficini theologia platonica, Florent.* 1482 in-fº; — *Natalis Comitis* (Noël Conti ou Lecomte) *mythologiæ sive explicationum fabularum lib. X, in quibus omnia prope naturalis et moralis philosophiæ dogmata continentur, Venet. Ald.,* 1551, 1581, *Paris.,* 1583 ; etc., etc.

(2) Creuzer, *loc. cit.*

(3) Goethe, *Maximen und Reflexionen,* traduct. franç. de M. Sklower, p. 53.

La dernière heure du Symbolisme ancien, peu éloignée sans doute, n'a pas encore sonné en Europe. Mais quand ce moment suprème sera venu, les efforts les plus énergiques n'auront pas assez de puissance pour une résurrection que les peuples ne comprendraient plus. L'imagination des peuples modernes semble trop éloignée des temps primitifs pour pouvoir allier les progrès de la civilisation avec l'amour des symboles. Il n'y avait peut-être que l'antiquité, encore voisine des premiers instincts de la nature et des premières traditions du genre humain, qui pût cumuler ces deux facultés.

Pendant les orages de notre première Révolution, on essaya de ressusciter les symboles et les allégories. A l'âge cosmogonique de l'ère moderne on voulut donner des représentations symboliques (1). Les fêtes civiles imaginées alors portent exclusivement ce caractère. Les programmes qui nous en ont été conservés sont pleins d'une poésie qui, pour être puissante, n'a besoin que d'une seule chose, de n'être pas un anachronisme. Il n'y a là qu'un symbolisme vide, puéril et sans séve, ne répondant plus aux sympathies populaires (2) et ne prouvant qu'une chose, l'impuissance de l'homme à être incrédule, impuissance attestée par la substitution d'une *vaine comédie* au culte respectable et sacré des vieilles croyances religieuses.

---

(1) M. Ballanche a dit : « La Révolution française est le chaos cosmo-« gonique, le combat toujours énergique et souvent aveugle de tous les « divers éléments sociaux entre eux. » (*Palingénésie*, Prolégomènes, 2ᵉ partie, § 6). C'est dans ce sens qu'il faut entendre l'expression d'*âge cosmogonique* que j'applique aux premières années de la Révolution française. Je n'avais pas la phrase de M. Ballanche sous les yeux, ni présente à l'esprit, quand je me suis servi de cette appellation, qui se rapproche tant de la sienne et qui exprime la même idée, c'est-à-dire le sens d'une époque primitive.

(2) *Voy.* ci-devant p. 174, 175, et ci-après p. 289.

Ce n'est pas un symbolisme suranné qui peut agir désormais sur l'imagination des peuples modernes. Il faut, à chaque époque, sa *Symbolique* et ses croyances; à chaque monde, ses allégories et sa foi. Le Symbolisme actuel ne peut plus être le Symbolisme des temps primitifs. Les grandes allégories de l'antiquité consistaient surtout dans ces fêtes solennelles et dans ces pantomimes religieuses, qui servaient à la célébration de l'année sacrée, et qui se rattachaient au berceau du genre humain (1). Ce fut là le foyer où s'entretint et se ranima sans cesse le goût des peuples pour les allégories, et leur tendance à la symbolisation. Le moyen âge eut aussi les grandes cérémonies symboliques de l'Église. Par leurs rapports avec les fêtes du paganisme, ces cérémonies allégoriques du catholicisme servent à unir l'ancien monde qui tombe, au monde intermédiaire qui s'élève.

Dans chacune de ces époques, la foi, la foi religieuse, constitue l'âme du Symbolisme. Est-ce dans la foi politique qu'il pourra se retremper aujourd'hui? La révolution française, lorsqu'elle tenta la résurrection du symbole, ne vit pas qu'une religion philosophique s'allie mal avec les fictions. Les symboles, d'ailleurs, ne se créent point par ordre de l'autorité, officiellement et d'un seul coup. Leur production est lente, successive, l'œuvre des siècles. Ils éclosent avec spontanéité au soleil des croyances populaires, pour ne se développer ensuite que graduellement. Sortis des origines du monde, ils n'arrivent au siècle présent que sur l'aile des traditions antiques.

Les anciens dieux du paganisme, enlevés par le flot du temps et chassés de l'Olympe, avaient pu continuer pendant des siècles à planer encore sur le sommet du Pinde.

(1) *Voy.* ci-devant p. 173.

Ce qui était mort à la vie avait pu vivre dans les chants du poëte (1) ; les images des anciennes divinités, les fêtes instituées en leur honneur avaient pu sourire encore pendant longtemps à la terre émerveillée. Mais de nos jours, les dièux sont partis aussi bien que leurs images. Le Pinde est désert ainsi que l'Olympe. Les symboles du monde ancien ont disparu. Tout, dans le monde moderne, a subi la grande loi de régénération, apportée il y a dix-neuf siècles et scellée du sang du Christ. Politique, littérature, mœurs, tout est changé. Le renouvellement social est complet. Le monde antique n'est qu'un souvenir. Le monde du moyen âge lui-même n'est déjà plus qu'un écho, dont le son expire.

Il serait téméraire peut-être d'affirmer que le symbolisme soit mort irrévocablement pour l'âge moderne. Mais il aura, s'il doit un jour renaître, son caractère spécial, ses couleurs propres et sa raison particulière, car le symbole est toujours l'expression vraie de chaque époque.

La *Symbolique* ancienne, avec ses racines dans une foi religieuse, exclusive, étroite, intolérante, ne peut étendre son feuillage sur la *Symbolique* moderne, dont la foi n'a pas les mêmes caractères. Cette *Symbolique* nouvelle, si elle se constitue, ne trouvera des forces peut-être que dans une foi large, complétement et universellement sympathique, dans une plus profonde régénération du genre humain, dans l'application de plus en plus progressive de l'égalité, de la confraternité humaine du christianisme, d'où sortira un jour, avec le développement total de la

_____

(1) « Aus der Zeitflut weggerissen, schweben
    Sie gerettet auf des Pindus Hœhn :
    Was unsterblich im Gesang soll leben,
    Muss im Leben untergehn. »
        SCHILLER, *die Götter Griechenlands.*

loi évangélique, le développement complet de l'humanité.

Il y a bientôt un demi-siècle qu'on tenta d'exhumer l'ancien *bonnet* phrygien du monde romain comme symbole de la liberté. Ce signe suranné ne fut qu'un objet de risée ou d'horreur. Le *chapeau de roses* du moyen âge eût été mieux en harmonie avec la douceur des mœurs modernes (1). L'*arbre de la liberté*, cet autre symbole des fêtes révolutionnaires, malgré les vieux instincts galliques et germains que ses rameaux verdoyants faisaient revivre (2), ne fut pas plus sympathique à la nouvelle génération. Le sang et les larmes, dont on l'arrosa, n'eurent pas la vertu de rafraîchir la feuillée languissante de cet emblème décrépit. Tout, dans ce symbolisme bâtard, était emprunté; rien de spontané, rien d'harmonique avec le mouvement du siècle (3). Pendant ce temps, les peuples, cherchant toujours des formes symboliques plus en rapport avec leurs sympathies, continuaient à dresser en silence, au fond de leur cœur, un mystérieux autel à l'émancipation progressive de toutes les familles humaines, cette divinité si souvent outragée et si cruellement méconnue par l'homme lui-même. Le symbole qu'ils adoptaient secrètement, pour représenter ce grand principe, ils le plaçaient dans ce glorieux *Drapeau tricolore,* que la France promène depuis cinquante ans, en Afrique et dans l'Europe, comme le signe radieux de la moderne rédemption.

L'âme de la *Symbolique* nouvelle est dans cette idée. Mais sa formule est encore à créer. Tout ce qu'on croit pouvoir assurer, c'est que les dieux du futur âge emblématique, si cet âge vient à luire, animés par un nouveau

---

(1)   Ma liberté n'a qu'un chapeau de fleurs.

                      (Béranger.)

(2) Sur ces instincts, *Voyez* l'*Introduction,* III, p. LXXIV à LXXVIII.

(3) *Voy.* ci-devant p. 174, 175, 286.

souffle, pétris d'un limon nouveau, et se révélant à l'humanité sous des apparences inconnues, marqueront par de puissantes inspirations les jours qu'ils auront consacrés à leur manifestation réparatrice.

J'ai demandé aux religions et aux siècles leur goût pour les symboles; interrogeons maintenant les peuples en particulier.

CHAPITRE II.

APTITUDE DE QUELQUES PEUPLES POUR LES SYMBOLES EN GÉNÉRAL ET SPÉCIALEMENT POUR LES SYMBOLES JURIDIQUES.

Quand on parle de symboles et de l'antiquité, l'Inde et l'Égypte doivent être mises au premier rang. Rome et les peuples italiques ne viennent qu'après.

L'Inde, berceau de la mythologie primitive, type immuable du symbolisme, avec ses dogmes et ses symboles fantastiques, où tout semble vertige et confusion, explique les croyances et les mythes de la plupart des autres peuples (1).

L'ancienne Égypte, ce pays des merveilles et cette terre si intelligente des formes symboliques, où les monuments publics, les maisons privées, les tombeaux, l'écriture, le Nil lui-même, tout parle une langue emblématique; l'Égypte cherche à retracer dans sa topographie et dans son

---

(1) Cf. la *Symbolique* de Creuzer et surtout la traduction française de cet ouvrage par M. Guigniaut qui a refondu, presque entièrement, la partie relative à l'Inde; — *Religions de l'antiquité*, t. I, part. 1, l. I, ch. I et suiv., p. 133 et suiv.; — Hegel, *Esthétique*, trad. fr. de M. Bénard, t. II, p. 82, 102, 124, 125 et *passim*. Sur les symboles de l'Inde, *Voyez* aussi ci-après le ch. VII.

administration, l'harmonie admirable de l'univers qu'elle prend pour type de son harmonie politique. Son culte et son gouvernement sont profondément empreints de ce caractère allégorique que l'Égyptien met dans tout ce qu'il dit, dans tout ce qu'il fait, dans tous les modes et dans tous les actes de son ¦existence, façonné qu'il est, comme par une seconde nature, par l'esprit du symbole qui pénètre tous les pores de son intelligence et de son âme (1).

Grâce à l'influence partie du fond des sanctuaires de l'orientale Étrurie, le Latium est, à un bien plus haut degré que l'Hellénie, fidèle à la pureté du mythe et du symbole (2). Dans le domaine spécial du Droit, Rome, mieux et plus longtemps que la Grèce, se distingue par un attachement plein d'énergie pour les formes symboliques. La gravité du génie quirinal et son identité avec le génie aristocratique et sacerdotal de l'Étrurie expliquent facilement ces deux facultés de la race romaine. La Grèce aima le symbole et le mythe, parce que tout ce qui est image plaisait à la vivacité de son esprit et séduisait son heureuse intelligence. Mais, en cherchant à parer le symbole, sa brillante fantaisie le pervertit. Le génie de la Grèce, plus critique que croyant, ne pouvait s'attacher à la sévérité du dogme symbolique des Pélasges, qu'en le couvrant des fleurs de la poésie. L'amour du symbole était dans son imagination ; Rome le portait au fond du cœur (3).

En Grèce, le symbolisme brille, non sans éclat, dans les

---

(1) Cf. Dupuis, *Orig. des cultes*, t. I, l. I, ch. ii, p. 77, édit. in-4.—Sur la *symbolique* de l'art égyptien, *voy.* Hegel, *locis cit.*, et p. 88, 89 et suiv.

(2) Creuzer, *Symb.*, trad. fr., l. VI, ch. ii; — Ballanche, *passim*, particulièrement *Palingénésie*, 1re add. aux prolég.; — *Orphée*, l. VI.

(3) On a dit que la Grèce n'avait eu de symbolisme que dans la gymnastique et la statuaire. Cf. Michelet, *Origines*, Introd., p. LXXVI, LXXVII. C'est oublier que la religion, chez les Grecs, est tout allégorique, et que leurs usages judiciaires et civils abondent en signes et en cérémonies symboliques.

usages juridiques. A Rome, il gouverne despotiquement
pendant plus de sept siècles (1). Lorsque le Droit de Rome
perd son caractère local, à mesure que sa physionomie
municipale s'efface pour prendre un caractère philosophique, pour devenir le Droit romain et s'élever à la
hauteur et à la généralité d'un droit humain, le symbole
disparaît peu à peu, détrôné par l'autorité mathématique
et positive du raisonnement, dont ce droit est la plus
brillante et la plus haute manifestation (2). Rome alors,
suivant l'heureuse expression de M. Michelet, « plaçant
« sa religion principalement dans le droit... accomplit,
« avec une gravité pontificale, l'immolation progressive
« des symboles (3). »

La Germanie accueillit les symboles et en féconda le
germe avec passion. Je ne sais même si les Germains ne
peuvent pas être considérés comme s'étant approprié cet
appareil pittoresque du Droit, plus particulièrement que
Rome et surtout que la Grèce. « Chez aucune nation, dit
« le professeur Reyscher, le symbole n'apparaît d'une
« manière plus nette, plus franche, plus tranchée que
« chez les peuples germaniques (4). » — « Il n'y a peut-
« être, avait dit avant lui le docteur Dümge, aucun
« peuple de la terre, à l'exception des Égyptiens, qui
« ait été plus riche que les Germains en expressions
« emblématiques ; et par suite de ce penchant si remar-
« quable et de cet attachement non moins remarquable

(1) *Voy.* ci-devant p. 179 et la note.
(2) « Dixi sæpius, post scripta geometrarum, nihil exstare quod vi ac
subtilitate cum romanorum jurisconsultorum scriptis comparari possit. »
Leibnitz, *Opera,* t. IV, part. 3, p. 267, epist. xv, n. 2, édit. Dutens.
(3) *Origines du Droit,* Introd., p. cxi. — Sur l'époque où cette ère commence, *voyez* ci-devant p. 179 et la note, et sur l'époque où le symbolisme
est vaincu, *Voy.* ci-après chap. vii, p. 337.
(4) *Symb. des germ. Rechts.*

« aussi pour les vieilles formes, ce peuple a conservé, à
« travers les vicissitudes des temps et de la fortune, une
« étonnante quantité de manifestations symboliques,
« en ce qui concerne surtout les usages judiciaires (1). »
Le symbole juridique, retiré du Droit romain, semble,
en effet, s'être concentré dans la race teutonique à qui
l'Europe peut véritablement attribuer la restauration
du symbolisme civil et judiciaire. C'est à partir de leurs
grandes migrations dans les Gaules, en Angleterre, en
Italie, en Espagne, que l'usage des symboles juridiques
redevient si fréquent dans ces pays, surtout en ce qui
concerne l'aliénation des biens et l'investiture des dignités. Aussi, un grand nombre de symboles de ces
contrées portent-ils l'empreinte germanique. Cette sympathie s'est maintenue avec vigueur dans toutes les
Allemagnes pendant tout le moyen âge. Le symbolisme
juridique ne s'est montré dans nul pays avec cette riche
efflorescence qui l'y caractérise. Le même amour s'est
perpétué jusque dans les temps modernes. Il faut voir
avec quelle religieuse affection les savants allemands
eux-mêmes parlent des symboles, avec quels pieux
regrets ils assistent à la décadence de cet élément judiciaire. C'est comme un culte que la science allemande lui
a voué dans le secret de son cœur.

Chez les peuples de l'ancienne Gaule soumis à l'empire sacerdotal des Druides, dont les lois ne se conservaient que dans la mémoire et ne se transmettaient que
par les chants des Bardes, il semble que la poésie dramatique du symbole dût harmonieusement s'adapter aux
principes de cette législation théocratique et aux mœurs
d'un pays, où la langue du droit fut, peut-être plus longtemps qu'ailleurs, la langue de la poésie. Aussi, M. Giraud
n'hésite-t-il pas à considérer comme une erreur, l'opi-

---

(1) *Symb. der germ. Völk. in einig. Rechtsgewohn.,* Vorrede.

nion de ceux qui pensent que le droit de l'ancienne Gaule
fut antisymbolique. « Les symboles,⸙ dit-il, devaient y
« abonder comme dans toutes les législations théocrati-
« ques. » Le droit gallique si longtemps négligé vient
enfin d'être exhumé de la poussière de l'oubli. Son influence sur nos vieilles coutumes et sur nos antiques
usages a été l'objet des plus savantes recherches (1). Si
ces recherches n'ont pas jeté un jour bien éclatant sur la
Symbolique judiciaire des anciens Galls, on aurait tort
d'en conclure que le droit de nos premiers ancêtres fut
privé de symboles. Cette conséquence peu logique serait
en contradiction avec les origines des peuples qui ont
presque tous commencé par le langage des signes ; elle
serait en contradiction avec la nature du gouvernement théocratique des Druides ; elle démentirait aussi
la tendance générale de l'esprit humain (2). On doit
admettre, jusqu'à preuve contraire, que les Gaulois
n'évitèrent pas le sort commun des nations et que, s'ils
n'eurent pas une *Symbolique* particulière, ce qu'on
ignore, ils ne furent pas étrangers, du moins, à cette
Symbolique humaine, dont le caractère a déjà été signalé (3). M. Laferrière semble indiquer que la forme
symbolique de la tradition par l'*épée,* par le *casque,* par
une *corne* de bœuf, par un *bâton,* par une *coupe pleine
de vin,* faisait partie de la *Symbolique* gauloise (4). Mais
les exemples qu'il cite se rapportent à des époques où l'invasion germaine avait dû modifier les usages celtiques.

(1) Sur le droit celtique et sur les vestiges qui en restent dans notre
Droit, *voy.* Laferrière, *Hist. du Droit civ. de Rome et du Droit français,*
passim, et notamment t. II, p. 85, 94, 95, 145, 412, 413, 417, 419, 420,
451, 474, 476, 630, 632, 633 ;—et Giraud, *Essai sur l'histoire du Droit français au moyen âge,* t. I, *passim,* notamment p. 27, 30, 34, 37, 38, 56.
(2) *Voy.* mon *Introduction,* p. 6 à 9 et p. 21, 96.
(3) *Voy.* ci-devant p. 51, et ci-après ch. III, p. 306 et suiv.
(4) *Hist. du Droit civ. de Rome et du Droit français,* t. II, p. 134, 135.

Ces formes symboliques, si en honneur chez d'autres peuples, ont bien pu leur être empruntées par le droit breton. Toutefois, le droit celtique peut revendiquer, non pas exclusivement, mais en commun avec tous les peuples, le symbole de la jonction des *mains*, comme image d'un pacte convenu, ce qui démontre que les symboles humains ne furent pas inconnus aux Gaulois (1). La *terre*, le *champ*, comme symbole du droit de justice, pourrait bien avoir un caractère plus exclusivement celtique ; car les Celtes, qui ont longtemps adoré les éléments, avaient l'habitude de donner la préférence aux désignations matérielles des choses (2). Aussi ce symbole, avec le même sens, se retrouve-t-il dans les usages et les lois des Écossais, dont l'origine ou l'affinité celtique est incontestable (3).

La *Symbolique* germaine s'étendit avec rapidité sur toute la surface du nouvel empire des Francs (4) ; elle absorba ou transforma, en grande partie, sur le sol gaulois, la *Symbolique* romaine. Cette circonstance ne montre pas seulement l'affinité de la race germaine et de la race celtique, chez lesquelles se retrouvent, on le sait, un grand nombre de coutumes identiques; cette circonstance révèle surtout la sympathie de la race gallique pour les symboles agrestes de la race germaine; elle prouve encore, et c'est principalement l'objet de mon observation , que les

(1) Ce symbole est conservé dans les lois de Howel le Bon, qui peuvent être acceptées, sur ce point, comme une tradition du droit gallique. *Voy.* Laferrière, p. 140, 148.

(2) Laferrière, p. 159. — *Voy.* ci-devant *Introd.*, p. 79, et *Symb.* l. I, ch. VIII, p. 69, 72.

(3) *Voy.* ci-devant l. I, ch. VIII, p. 71, 72.

(4) Grâce aux vieux instincts galliques pour le culte des arbres, les symboles juridiques qui avaient pour forme le *rameau*, la *branche d'arbre*, symboles exclusivement germains, furent accueillis avec empressement par les Gaulois. Aussi voit-on ces formes symboliques se répandre facilement dans toute la Gaule. *Voy.* mon *Introduction*, part. 3, p. 73 à 78, et Cf. ci-après chap. III, p. 309 à 311.

Gaulois ne furent pas privés de toute aptitude pour les symboles juridiques.

Si, de l'ancienne Gaule, on passe à la France du moyen âge, d'où notre Droit actuel et notre civilisation tirent plus directement leur origine, il faudra se demander quels furent, dans notre France, le sort et le développement du symbole? L'antisymbolisme du Droit français est un axiome que justifient, à tous les titres, le Droit actuel et le Droit antérieur, pris dans la jurisprudence parlementaire et dans les ordonnances royales. Toutefois, le règne du symbole juridique fut, chez nous, plus long et plus durable qu'on ne le pense ordinairement. Quand on dit qu'il y a eu, dans l'ancienne France, indigence de symboles; quand on enseigne que la France a commencé son Droit par la prose (1), on ne considère que les monuments écrits de la législation des rois francs de la deuxième race, et surtout les compilations juridiques des treizième, quatorzième et quinzième siècles, telles que les *Établissements de saint Louis*, le *Conseil de Pierre Desfontaine*, la *Somme rurale* de Bouteiller, le Commentaire de Beaumanoir et le Recueil des ordonnances. On ne fait pas attention que, dans ces documents, le Droit est sans originalité. Le Droit indigène, quels que soient ses éléments primitifs, y est sans cesse sacrifié à un Droit étranger. Les principes qu'on cherche à y faire prévaloir sont constamment ceux des lois romaines et canoniques qui pénètrent profondément tous les écrits de cette époque. Malgré la juste admiration qu'inspire le Droit romain, et quelle qu'ait pu être la légitime influence de cet élément dans le Droit ancien de la France, lorsqu'on étudie notre Droit, au point de vue historique, on se prend à regretter que ses premiers monuments écrits aient été ré-

---

(1) *Voy.* M. Michelet, *Origines,* Introd., p. v et cxvii à cxx.

digés par des légistes passionnés pour l'étude du Droit romain, dont le mélange, toujours de plus en plus prédominant, a fini par altérer tout à fait la physionomie de notre Droit indigène (1). Ce n'est bien certainement ni dans les écrits des légistes, ni dans les ordonnances de nos rois, pas plus que dans le Droit canonique, que se trouve la source pure, ou, du moins, sans un considérable alliage, des anciens usages juridiques de la France. Ces compilations et ces recueils sont le point de départ d'un Droit nouveau qu'on voulait substituer à la coutume antique et traditionnelle. Ils sont un intermédiaire entre deux Droits, dont l'un finit et dont l'autre commence. On peut y trouver, sans doute, plusieurs vestiges du Droit primitif; mais ces documents ne sont pas ce Droit primitif lui-même. L'ancienne *Symbolique* de la France n'est point là, bien qu'elle n'en soit pas absolument bannie.

Quoique privé de la consécration de la loi écrite, qui fut toujours son ennemie, le symbole n'en exista pas moins dans les mœurs, dans les croyances et les usages populaires, dans les coutumes locales, dans les statuts municipaux et dans les habitudes féodales. C'est là surtout qu'il faut aller le chercher, et on l'y trouvera, si l'on veut s'en donner la peine, au Nord comme au Midi, comme au Centre de la France, dans les pays de Droit écrit comme dans les provinces coutumières, en Picardie et dans le Berry, dans l'Artois et la Flandre française comme dans la Normandie, dans le Dauphiné et le Bourbonnais, dans la Marche, la Provence, l'Auvergne et le Nivernais. On le

_____

(1) La jurisprudence parlementaire surtout se mit de très-bonne heure à la suite et sous l'influence du Droit romain. Déjà au treizième siècle, la cour du roi admettait le célèbre sénatus-consulte Velléien, qui devint loi dans les pays de droit écrit : « Laquelle dame, dit un arrêt de cette cour « de 1282, renonça à la loy Velleyn et à tous priviléges pour les dames. » Les *Olim*, II, 211, n. 29, et p. 869, note 52.

verra, dans ces différentes provinces, se produisant sous des formes simples ou pittoresques , sous les apparences les plus variées, dans les occasions les plus diverses, dans les actes usuels ou dans les plus grandes solennités de la vie juridique. De nombreux exemples en sont cités dans le cours de cet ouvrage. Il n'y a là, pour la France, ni un titre d'honneur, ni un sujet de reproche. C'est une vérité historique que je rétablis ici, sans orgueil, mais assurément aussi sans tristesse. Et pourquoi la France aurait-elle commencé autrement que les autres peuples? Pourquoi aurions-nous été affranchis d'une condition qui est commune au genre humain? Ce qui est vrai, et ce qui n'a pas été dit encore, c'est qu'en France le symbole juridique ne se rencontre ordinairement qu'avec un vêtement étranger. Il affecte le plus souvent, soit la forme romaine, soit la forme germanique. Il fait même quelquefois des emprunts à l'ancienne Grèce (1) et à l'Italie du moyen âge (2). Il se peut qu'après de patientes recherches , des symboles celtiques tombent sous notre main. Mais, comme nous ignorons leur signalement, leur trait distinctif nous échappe. Il est possible aussi de rencontrer sur notre sol plus d'un symbole aux allures françaises; mais la généralité, la masse des symboles qui ont vécu sur le territoire français ne peut revendiquer qu'une origine étrangère (3).

---

(1) On rattache à une coutume juridique, jadis usitée en Grèce, la cérémonie de la cession de biens établie par une ordonnance de Louis XII et qui se conserva longtemps dans plusieurs provinces de l'ancienne France, dans le Bourbonnais, l'Auvergne et la Marche.

(2) Le *bonnet vert* des débiteurs déconfits. *Voy.* ci-devant l. I, ch. VIII, p. 150, v° *Bonnet.*

(3) Parmi les symboles qui paraissent avoir une physionomie française, le docteur Dümge cite plusieurs symboles de vasselage, tels que l'obligation pour le vassal de porter chaque année à son seigneur une charge de bois de sa terre, de chanter une chanson devant la dame du seigneur,

Il a dû en être ainsi évidemment dans un pays, dont la nationalité actuelle ne s'est établie que par un mélange de peuples divers, par la fusion des races gauloise, germanique et romaine, opérée sous l'influence du spiritualisme chrétien (1). Dans une nation ainsi constituée, sous l'inspiration toujours vivante du génie celtique si prompt à s'assimiler, à s'approprier tout, sans avoir jamais rien en propre, le symbolisme, réduit à un petit nombre d'actes, là où son caractère est indigène, ayant dans la plupart de ses rites une physionomie ou une filiation étrangères, doit résister moins énergiquement qu'ailleurs aux progrès du temps, aux attaques incessantes de la législation écrite, partout opposée aux symboles, et qui, en France, par le mouvement de centralisation imprimé aux affaires depuis tant de siècles, devait avoir une puissance d'absorption plus efficace que dans nul autre pays.

Voilà la cause principale de l'antisymbolisme de notre Droit moderne. Ce droit s'est dégagé, plus facilement et

---

d'amener dans sa cour, sur un chariot traîné par des bœufs, un roitelet, une alouette, etc. Les symboles allemands du même genre ne présentent pas le même style. Cf. *Symb. der germ. Völk. in ein. Rechtsgewohn.*, 5, 33, 34.—A l'appui de cette observation je dois dire qu'il y a une forme allégorique qui se rencontre dans presque toutes les provinces françaises, c'est celle qui consiste dans la redevance d'un faible oiseau conduit sur un char traîné par des chevaux ou par des bœufs. On trouve cette forme notamment dans le Nivernais et dans le Poitou. *Voy.* Ant. Duvivier, notice sur les Amognes, dans le *Nivernais, Album hist. et pittor.*, et un Mémoire de M. de Lavergnie sur le symbolisme du Droit en Poitou, inséré dans les *Mémoires de la Société de statistique des Deux-Sèvres*, t. VI, p. 58.

(1) Il y a même, à ce sujet, une remarque à faire, c'est que, dans le quatrième siècle et dans les temps voisins de l'invasion, les Francs qui, en définitive, ont dominé sur notre sol, n'étaient eux-mêmes qu'un mélange de peuples germains, n'ayant ni un caractère personnel bien marqué, ni un droit d'une physionomie distincte, comme celui des autres familles germaines qui traversèrent la Gaule ou s'y arrêtèrent. Cette circonstance dut être pour beaucoup dans la formation de la nationalité et de la civilisation françaises. M. Michelet remarque même, d'après J. Grimm (*Deuts. Rechtsalt.*), mais sans indiquer la page, dont je n'ai pu

plustôt que tout autre, des entraves matérielles du symbolisme, parce que ce symbolisme, presque entièrement étranger, n'avait point, par cela même, de profondes racines dans les mœurs.

Cette cause, on le voit, s'explique par l'histoire, bien plus, ou tout au moins autant, que par la psychologie. Le fait n'a pas sa raison, comme on l'a dit, dans l'esprit positif et logique de notre nation. Car le génie romain qui eut, à cet égard, les mêmes qualités que le génie français, qui finit aussi par produire un Droit spiritualiste et logique, dont le nôtre, en ce point, n'est que l'imitation, fut néanmoins symbolique, pendant une longue suite de siècles, et dans la religion et dans le Droit.

Chose étonnante ! Rome et la France, dans les affaires religieuses, se rattachent avec énergie à l'Église catholique, amie des symboles ; mais elles consomment en même temps l'une et l'autre l'immolation du symbolisme dans le Droit.

L'Allemagne condamne le symbole dans la religion. Elle continue à l'aimer dans les choses juridiques.

A chaque race son rôle et sa mission, d'accord avec son origine. Le génie de la race germaine est métaphysique. Son christianisme l'est aussi. Le génie de la France, qui descend en si grande partie de Rome, et celui de Rome, qui s'est modelé sur la Grèce, est plus plastique que spirituel. Leur christianisme se plaît dans les images.

Tournée vers la critique, comme la Grèce, la France incline au protestantisme par ses opinions. Mais ses mœurs, si sympathiques pour les cérémonies extérieures, l'attachent fortement au catholicisme, qui, pour elle, est l'expression du sentiment religieux (1).

atteindre les traces, que les Francs adoptaient la plupart des symboles des autres tribus germaniques. *Hist. de France*, t. I, p. 309.

(1) C'est ce qu'avait très-bien compris Napoléon, lorsque, contraire-

Par suite de sa filiation romaine, la France est spiritualiste dans les choses juridiques. Elle met ses mœurs dans le culte, mais elle place ses opinions dans le Droit. L'Allemagne, au contraire, qui n'a pas les mêmes affinités d'origine, n'a pas eu pour lors les mêmes instincts. Elle a fait son culte d'après son opinion, et son Droit d'après ses mœurs. Absorbée jusqu'à présent par la spiritualisation du culte, elle s'est laissé devancer dans la spiritualisation du Droit (1).

CHAPITRE III.

PHILOSOPHIE ET NATIONALITÉ DES SYMBOLES.

Cet élément juridique qu'on nomme Symbole, dont la physionomie est si pittoresque, d'où vient-il? Est-il parti d'un point particulier du globe pour s'élancer de là à la conquête du monde? S'il en est ainsi, à quel signe son caractère originel se révèle-t-il? Quelle est la marque distinctive de sa nationalité? N'a-t-il, au contraire, d'autre nationalité que celle du genre humain? Sorti du berceau commun à toutes les nations, appartient-il au monde en-

---

ment aux suggestions dont il était entouré, il écarta l'idée de pousser au protestantisme et se décida à rétablir le culte catholique. Il vit très-bien que le protestantisme n'était conforme ni aux mœurs, ni au génie de notre nation. Ce n'était pas là la religion qui, après de longues guerres civiles, avait définitivement prévalu. En lui proposant de la faire triompher, on proposait une violence et une impossibilité. Napoléon avait raison de le dire : les siècles ont décidé ; le protestantisme n'est pas la religion de la France. *Voy.* l'*Histoire du Consulat et de l'Empire* de M. Thiers, t. III, p. 216 à 222.

(1) Cette idée a besoin d'être expliquée plus amplement. L'un des chapitres qui suivent, le chapitre VI, en est le développement, comme il est la conclusion de tous les chapitres qui précèdent.

tier et non à une contrée particulière, à un peuple déterminé? Ou bien encore existe-t-il une race d'hommes qui l'ait
accueilli avec plus de sympathie que nulle autre, et qui, à
ce titre, puisse dès lors plus spécialement se l'approprier?
Quel caractère le symbole prend-il dans chaque pays? Re-
çoit-il l'empreinte du Temps qu'il traverse et des Nations
où il réside? Vastes et mystérieux problèmes, dont la solution mérite d'être proposée aux esprits investigateurs
et méditatifs.

Pour aller tout de suite au cœur même de la difficulté, interrogeons la raison philosophique du symbole (1). Cet examen doit nécessairement conduire à son origine nationale.

S'il faut en croire un écrivain allemand, le Symbole n'a
été introduit dans le Droit, et spécialement dans les conventions, que comme équivalent de la garantie que donne
aux actes la rédaction écrite (2). Ce système est énergiquement repoussé par J. Grimm (3) et par le professeur
Reyscher (4). En suppléant, dans les temps de barbarie, à
la pauvreté du langage, à l'absence ou au peu de propa-
gation de l'écriture, le Symbole a pu et a dû être nécessairement un moyen de se procurer et de s'assurer une
preuve. Mais ce fait, qui est incontestable, ne peut expliquer la persistance du Symbole pendant plusieurs siècles,
à côté des actes écrits, alors que le peuple est parvenu à
un haut degré de civilisation, comme chez les Grecs aux
époques classiques, et jusque dans ces derniers temps en
Allemagne.

D'autres veulent que le Symbole n'ait dû son applica-

---

(1) J'ai déjà dit quelques mots à ce sujet, *Introduction*, p. 1 à 9, *Symbolique*, p. 1, 8, 9, 10, 176, 177, 183, 271, 272.

(2) Kopp, *Bilder und Schriften der Vorzeit*, I, 50, cité par Reyscher,
Symb. des germ. Rechts, p. 99.

(3) *Deutsche Rechtsalterthümer*, Einleitung, cap. IV, 109;—Le même,
Von der Poesie im Recht, § 10.

(4) *Loco citato*.

tion dans le domaine du Droit qu'à la nécessité d'offrir aux personnes présentes à une affaire, l'image complète d'un contrat à l'égard duquel leur témoignage peut un jour devenir nécessaire (1). Mais pourquoi cette image, destinée à la représentation d'un rapport juridique, alors que des témoins sont présents et peuvent reproduire, dans toute leur énergie, les termes de la convention ? Pourquoi l'intervention du Symbole, lorsqu'on emploie, en même temps que la présence des témoins, la rédaction écrite d'une charte, d'un diplôme, moyen bien plus durable et plus certain pour établir et conserver une preuve (2) ? Cette théorie est aussi peu admissible que la première avec laquelle d'ailleurs elle a une grande analogie.

Toutefois il y a du vrai dans chacun de ces systèmes. Leur fausseté vient de ce qu'ils ont la prétention d'être absolus, et surtout de ce qu'ils veulent expliquer l'origine ou, pour mieux dire, la raison philosophique du Symbole. Comme explication de la théorie psychologique du Symbole en général, ou même particulièrement du Symbole juridique, ces deux systèmes sont faux. Car cette théorie repose sur la nature intime de l'homme, sur son amour pour les images, sur son penchant à se représenter les rapports des choses à l'aide de signes qui parlent aux yeux (3). Mais comme indication du but ou, pour mieux dire, d'une partie du but que se propose le Symbole, ces

_____

(1) Mone, *Teutsche Denkmäler*, Einl., p. 14, cité par Reyscher, *Symb.*, p. 99.

(2) Reyscher, *loco citato.—Voy.* ci-devant, p. 186, un passage de Littleton où l'on voit qu'indépendamment de la formalité de la remise de la *verge*, l'aliénation est inscrite sur le registre de la juridiction. C'est ce qui apparaît par les chartes et les diplômes, qui non-seulement mentionnent la formalité symbolique, mais qui la fixent au parchemin même, où se trouve joint le symbole, dont on s'est servi dans la cérémonie, tel que la *verge*, ou la *paille.* Cf. Ducange, *Investitura,* III, 1521, 1522.

(3) *Voy.* ci-devant p. 1, 8, 9, 10.

systèmes sont vrais et admissibles. Ils établissent très-bien; en effet, son emploi, son utilité dans une sphère restreinte et relative, par exemple, dans les conventions et dans un grand nombre d'actes de la juridiction contentieuse ou volontaire, aux grandes époques d'ignorance et de barbarie.

Lorsque, plus tard, cette utilité passagère et relative n'existe plus, le Symbole se maintient néanmoins, soit par suite de l'aptitude de l'esprit humain qui lui avait fait trouver jadis et qui lui fait éprouver encore je ne sais quel charme secret dans la création et dans l'usage de ces fictions, soit aussi par suite d'une longue habitude qui, jointe à ce tour d'esprit naturel, a fait pénétrer l'emploi et le sens du Symbole dans les mœurs, dans les croyances et jusque dans les préjugés superstitieux du peuple. Ce sont là véritablement les deux grandes et puissantes causes de l'influence du Symbole, dont la dernière surtout paraît avoir plus particulièrement frappé un des plus savants philologues de nos jours (1).

C'est ce même attachement populaire aux choses contemporaines du berceau du monde ou de la nation, qui fait que, malgré le progrès des connaissances humaines, malgré le développement de la civilisation et des sciences, un acte est considéré comme incomplet, semble dépouillé de sa puissance efficace et paraît manquer de solennité, si, à la formalité de l'écriture ou de la présence des témoins et du magistrat, ne vient se joindre la coopération du Symbole. Cette coopération en imprimant à l'acte la forme solennelle, mystérieuse et sacrée, lui donne seule, aux yeux des peuples, la plénitude de ses effets civils.

Maintenant, pénétrons, d'une manière plus intime, dans la nature philosophique du Symbole.

Le Symbole, en général, plus particulièrement le Symbole juridique, en ce qui touche à son origine philosophi-

(1) J. Grimm.

que, se présente sous deux aspects principaux, selon qu'on l'envisage d'une manière abstraite ou idéale, par rapport à l'humanité, ou d'une manière plus restreinte et plus positive, par rapport à une nation.

Considéré au point de vue abstrait, d'une manière générale, le Symbole a sa cause déterminante, sa raison d'être et par conséquent son origine dans ce penchant intime qui porte la nature humaine vers toute acception figurée des choses, et qui nous fait trouver un charme infini à exprimer nos idées ou à les voir traduire par des images vives et saisissantes, par des signes visibles qui parlent aux sens et surtout aux yeux (1). « L'homme, dit Creuzer, veut des « signes extérieurs, des images, des figures visibles qui ré- « pondent à ses sentiments intérieurs, qui représentent et « qui manifestent aux yeux ce qu'il y a de plus obscur et de « plus mystérieux dans ces sentiments (2). » De là, à l'égard du prêtre, la nécessité, pour justifier sa mission divine, de créer des symboles en produisant aux yeux l'être invisible, et le besoin de personnifier, sous une figure physique, la force vivante, dont les peuples sentent, sans pouvoir l'expliquer, la secrète puissance. C'est en s'accommodant ainsi à la faiblesse des intelligences des âges primitifs, au penchant intime et à la nécessité de notre propre nature, que le prêtre, à l'aide du symbole qu'il a créé, manifeste tout à la fois le pouvoir de son Dieu et la vérité de son culte (3). Cette nécessité, plus ou moins énergique selon les progrès de l'esprit humain, se fait sentir néanmoins à toutes les époques; car elle a sa cause dans la nature même de l'homme qui se modifie, à la vérité, à travers le cours des siècles, mais dont le principe se mon-

---

(1) Reyscher, *Symb. des germ. Rechts.*, p. 101, et Bauer, *Symbolik und Mythologie des Alterthums*, cité par Reyscher.

(2) *Symbolik*, trad. fr., Introd., ch. I.

(3) Creuzer, *ibid.*

tre toujours immuable et toujours identique, aux époques
de barbarie comme aux jours de civilisation.

C'est à ce même penchant, à cette même nécessité qu'appartient cette disposition de l'esprit humain qui le porte,
dans tous les temps, à revêtir certains actes juridiques
de certaines images accommodées soit à l'individualité
propre à la nature humaine en général, soit à l'individualité propre à la nature particulière de ces actes eux-
mêmes. A ce point de vue, le symbole juridique est simple,
saisissant, diaphane. Il est sensible à tous les yeux, perceptible par toutes les intelligences. Le signe symbolique est
en rapport direct avec l'acte même qu'il représente ; la
nature de l'acte représenté est parfaitement indiquée par
celle du signe. La *motte* de terre figure le champ vendu ;
la *motte* couverte de *rameaux* ou de *gazon* indique la
nature du terrain ; dans un sens abstrait, la *glèbe* est le
signe de la propriété ; la *peau* d'une brebis représente le
troupeau tout entier ; la *voile* du navire simule le vaisseau ;
l'*anneau* désigne l'alliance ou l'amitié, les fiançailles, le
mariage ; le *mouvement des yeux,* de la *tête* indique le
mouvement de la pensée et exprime le consentement ou
le refus d'une manière symbolique consacrée par le
Droit (1). Le Symbole, exprimé de cette manière, se rencontre dans les usages de tous les peuples. Il parle une
langue qu'on doit entendre sur les bords du Tibre comme
sur les rives de la Seine ou du Danube, dans les forêts des
Gaules aussi bien que sur les montagnes de la Syrie, langue
facile et simple, s'il en fut, car c'est une langue commune
à tous, propre à l'humanité, la langue de la nature (2).

---

(1) « Hoc autem eos velle ex *motu corporis* aperiebatur, tanquam
verbis naturalibus omnium gentium, quæ fiunt *vultu* et *oculorum motu,*
cæterorumque membrorum actu.» — S. Augustin., *Confession.,* c. VIII.

(2) Verbis naturalibus omnium gentium. S. Augustin, *loc. cit.,* —
Cf. Creuzer, *Symbolik,* trad. fr., Introd., ch. II.

Quand le symbole est clair, simple, aisément intelligible pour tous, il sort du berceau commun à toutes les nations; il n'a point de patrie; il appartient au monde. Sa matière se compose, pour lors, le plus souvent, d'éléments tirés de la nature même, tels que la terre et ses productions. Toutefois, pour qu'il se range dans cette catégorie, il n'est pas absolument nécessaire qu'il soit emprunté exclusivement aux substances naturelles. On le trouve tout aussi fréquemment composé d'un élément artificiel. Il est évident, en effet, que la *porte* d'une maison représente la maison tout entière, et que l'*antenne* ou la *voile* figure le vaisseau lui-même, avec la même énergie d'expression qui s'échappe de la *glèbe* destinée à représenter la terre ou la propriété.

Le sens du symbole judiciaire se complique, il s'obscurcit et se dérobe souvent à l'intelligence, lorsqu'il porte le cachet propre à une nation. C'est là le second point de vue de son origine psychologique, et c'est ici que se manifeste en lui le caractère national.

Son essence, toujours la même sans doute, ne cesse pas d'avoir pour fondement le besoin inhérent à notre constitution de peindre aux yeux, d'instruire par des images, la nécessité pour l'homme des temps primitifs de parler aux sens à défaut d'une langue plus expressive. Mais, dans cette hypothèse, l'individualité propre à la nature de l'acte symbolique, au lieu de se confondre avec l'individualité de la nature humaine, s'identifie avec l'individualité de la nation. Celle-ci absorbe ou domine les deux autres. Le signe alors est déterminé, non plus par la nature même de la chose représentée, mais par les idées et les croyances de la nation, par ses usages, ses mœurs, sa manière de voir et de sentir. La nationalité efface l'humanité.

La langue que parlent ces symboles n'est plus une

langue commune à tous : c'est un idiome étranger, dont
l'intelligence nécessite une initiation particulière à l'histoire religieuse, morale, politique et privée de la nation
qui a créé ces symboles (1). « Chaque symbole, dit Grimm,
a un sens mystérieux, sacré et historique. Si un pareil sens
lui manquait, il ne formerait pas une croyance et ne serait
plus compris par le peuple. De là vient que la puissance
du symbole n'était pas enfouie jadis dans la lettre morte
des livres, ni dans le cadre inanimé de la formule. Elle
existait dans la bouche et dans le cœur de tous les membres de la nation (2). » — « La plupart des symboles, dit
également le professeur Reyscher, ont à la fois une profonde signification historique et une liaison étroite avec
les mœurs et l'esprit particulier de chaque nation (3). »

Des symboles identiques se rencontrent souvent chez les
Germains et chez les Romains. On y trouve, par exemple,
la *glèbe*, l'*anneau*, la *main*, l'*épée*, la *baguette* ou le *bâton*,
employés avec le même sens et destinés au même usage
symbolique. Là est le point de jonction qui, chez ces deux
peuples, est commun à l'esprit humain en général. Mais
ensuite le symbole juridique prend chez l'un et chez l'autre
une teinte et une forme particulières selon son caractère
particulier. Il se résume en quelques formes spéciales où
se manifeste plus énergiquement la trace du génie et des
habitudes qui distinguent chacune de ces races.

Chez les Germains, peuple guerrier, il est vrai, mais
peuple amoureux de la vie nomade, religieux contempla-
teur de la riante verdure des bois, si longtemps l'objet de
son culte et toujours, même à présent, celui de son affection (4); peuple, à qui la vie de la cité était odieuse, qui

(1) *Voy.* le ch. xv du liv. I, p. 273, 274.
(2) *Von der Poesie im Recht*, § 10.
(3) *Symb. des germ. Rechts.*
(4) Cet amour de la race teutonique pour les verts *rameaux* s'est ma-

regardait les villes comme des prisons et qui, dans sa passion pour les spectacles de la vie champêtre, considérait comme sa cité la prairie elle-même dont l'intérieur de la forêt était tapissé, chez les hommes de cette race, le symbole primitif porte l'empreinte de cette aptitude de la nation. Il se plaît dans la matière agreste. Il aime à revêtir une forme champêtre. Chez les Romains, nation amie de la cité, la forme du symbole judiciaire, qui paraît avoir toute leur sympathie, réveille plus particulièrement l'idée des professions industrielles qui sont une nécessité de la ville.

Tandis que les objets qui forment le plus fréquemment la matière du symbole primitif des Germains sont le *gazon,* le *brin d'herbe,* la *paille,* la *branche d'arbre* et le *rameau,* le *rameau* surtout (1), ceux qui figurent principalement dans les rits symboliques des Romains sont le *cuivre* et la *balance* (*œs et libra*), un peu plus tard une pièce de *monnaie* (*sestertius nummus, stips*), puis toujours le

---

nifesté à toutes les époques. Dans le sixième siècle, l'armée austrasienne, qui envahit la Neustrie, vit s'avancer contre elle, avec effroi, une forêt mobile. C'était l'armée neustrienne qui marchait chargée de *rameaux.* *Voy.* Michelet, *Hist. de France,* t. I, p. 243. Plus tard, dans le onzième siècle, l'armée des hommes de Kent, de ces Anglo-Saxons qui marchèrent contre Guillaume-le-Conquérant, après la bataille d'Hastings, était chargée de *branchages* et ressemblait à une forêt en mouvement. *Voy.* Aug. Thierry, *Conquête de l'Angleterre par les Normands ;* — Michelet, *loc. cit.,* et t. II, p. 338. Ceux qui, en 1814 et 1815, ont vu les troupes de la confédération germanique, dans nos provinces envahies, peuvent se rappeler cette coutume. En faisant leur entrée dans les villes, les soldats portaient à leurs shakos des *branches d'arbres.* Nous donnions à ces *rameaux* une signification de triomphe, un sens insultant pour les vaincus. C'était là probablement, bien plutôt, ou du moins aussi bien, la traduction d'un phénomène psychologique propre à la nature de la race allemande, que l'expression d'une pensée d'orgueil ou de raillerie.

(1) Le *rameau,* comme symbole, a tellement le caractère germain, que le Rhin, le grand fleuve, le fleuve sacré de la Germanie, est représenté sur les médailles antiques par un vieillard appuyé sur une urne et tenant dans la main un *rameau.* Cf. Montfaucon, *Ant. expl.,* t. III, p. 188; *voyez* la planche cxiii.

peseur (*libripens*) avec ses témoins. Ces formes symboliques, qu'on ne rencontre dans les coutumes judiciaires
d'aucun autre peuple et que le génie quirinal peut, à juste
titre, revendiquer exclusivement comme siennes (1), Rome
les emploie avec une fatigante uniformité dans les actes
de la nature la plus différente, dans la vente et dans l'a-
doption, dans le testament comme dans l'émancipation et
le mariage (2). Ici, le monde de la campagne, de la tribu,
et l'emblème de la vie rurale, de la forêt, comme signe
distinctif du symbole germanique. Là, le monde de la
cité, et, par suite, dans le symbole romain, la manifestation des habitudes urbaines de la nation, une signification mercantile (3), propre à la cité, indice en même
temps de cet esprit d'avarice et d'avidité qui distingue

(1) En parlant du testament *per æs et libram,* M. Troplong dit quelque
part « la forme romaine » *per æs et libram*, et il l'oppose à la forme
prétorienne, exprimant par là que le mode *per æs et libram* a un caractère tout romain. *Influence du christianisme sur le Droit civil des
Romains*, p. 101.

(2) M. Giraud a été frappé comme moi de cette uniformité. Il l'explique
« par l'habitude constante des Romains de simplifier leurs actes solen-
« nels, en ramenant à une même forme tous ceux qui avaient entre eux
« un point de contact. » *Hist. du Droit français au moyen âge*, t. I,
p. 312. Cette explication ne détruit pas mon observation.

(3) C'est ainsi que M. Guerard qualifie le rit *per æs et libram*, dans le
mariage par *coemptio* : « dans le mariage plébéien, dit-il, tout signifie
commerce... » *Essai sur l'hist. du droit privé des Romains*, p. 273. Cette
qualification est très-juste et se rattache exactement au génie urbain et
civil de Rome, quoique Rome, avant qu'elle eût subi l'influence de la civilisation grecque, qui fut si antipathique à la culture des champs (Giraud,
Droit français au moyen âge, t. I, p. 150), ait aimé l'agriculture, c'est-
à-dire les champs cultivés, et quoiqu'elle n'ait eu que peu d'aptitude
pour le commerce, sans être restée néanmoins étrangère aux entreprises commerciales, comme on est trop porté à le croire. Holtius a dit
des Romains : *mercatura et officina nunquam placuerunt (Hist. jur.
rcm. lineam.*, p. 12). Mais M. Troplong a très-bien démontré que le
commerce, et la banque surtout, furent pratiqués par les Romains et régis
par leur Droit avec plus de distinction qu'on ne le pense communément.
Voy. son Introd. au Commentaire sur le contrat de société.

les mœurs privées des Latins et qui rappelle que Rome doit son origine et sa grandeur à l'asile ouvert à tous les aventuriers de l'Italie.

Il est hors de doute qu'on trouve aussi dans les pays allemands des symboles urbains, s'il m'est permis de parler ainsi. Mais on peut dire, sans hésiter, que ces emblèmes n'appartiennent pas aux époques primitives de la nation, à ces temps où la tribu campait sous la voûte des bois, où les fontaines et les arbres étaient l'objet de sa fervente adoration. Ils sont d'une époque moins reculée. Ils annoncent l'établissement territorial et sentent déjà l'influence d'un nouveau culte et les approches de la civilisation. Sous ce rapport, ces symboles ne représentent plus, avec une rigoureuse exactitude, le type de la race germaine.

De leur côté, les Romains empruntent, il est vrai, à la vie rurale quelques formes de leurs symboles; mais ce n'est que rarement et comme par accident. Il est bien certain, par exemple, que la tradition par le *rameau* et par la *paille* leur fut inconnue(1). Le *rameau* ne figure que timidement dans leurs coutumes juridiques (2). Mais jamais, comme chez les Germains, il n'y représente le fonds de terre, ni même la propriété abstraite, à aucun titre (3). Le signe de la propriété, chez les Romains, est bien plutôt la *lance* (*quir*), ce vieux fétiche des Sabins, dont ils ont tiré l'appellation de *Quirites,* qui fut le nom de majesté qu'on leur donnait dans les assemblées solennelles (4). Peu importe donc que quelques emblèmes tirés de la vie rurale, tels que la *branche d'arbre* et la *glébe,* se rencon-

---

(1)-(2)-(3) Sur tous ces points, *voyez* la dissertation placée à la fin du volume, note N.

(4) « Così sopra vedemmo da *Quir* essere stati detti i *Quiriti Romani,* che fu il titolo della romana maestà, che si dava al popolo in pubblica ragunanza. » Vico, *Scienza nuova,* lib. II, *origine de' comizj romani.*

trent quelquefois dans les pratiques judiciaires des Romains ; ce n'est pas là ce qui peut servir d'indication sur le caractère particulier que Rome manifesta dans la forme des symboles juridiques. Les symboles de cette espèce, si on veut bien y réfléchir, appartiennent à ce que ce peuple avait de commun avec l'esprit général du genre humain. Ils se rapportent à l'humanité romaine, bien plus qu'à la nationalité romaine en particulier.

Les exemples relatifs à la nationalité des formes symboliques pourraient être multipliés. J'ai dû me borner. Qu'on me permette néanmoins d'en rapporter quelques-uns encore qui appartiennent aux deux peuples auxquels une grande partie de l'Europe doit sa civilisation et son origine. Chez les Romains, le *chapeau* ou le *bonnet* est le symbole de la liberté ; chez les Germains, l'emblème caractéristique de la classe générale des hommes libres, le signe de la liberté réside dans les *cheveux* (1). Les deux signes symboliques, que je viens de citer, expriment, on le voit, une idée identique, mais sous des apparences diverses. Les Romains prennent la forme plastique de l'idée dans les usages de la ville ; les Germains la demandent à la personnalité humaine. Rome l'emprunte à l'industrie ; la Germanie, à la nature. Cet antagonisme dans la forme fait ressortir, mieux peut-être que dans l'exemple précédent, la différence qui existe dans le génie des deux peuples et dans la nationalité de leurs symboles (2).

(1) Le *chapeau* est un symbole usité aussi chez les Germains ; mais c'est la forme de la coiffure, plutôt que la coiffure elle-même qui fait le symbole. Ainsi, la forme du *chapeau*, du *béret*, de la *toque*, du *casque*, et leurs ornements, sont le symbole, non pas des hommes libres, mais des hommes de qualité. *Voy.* Reyscher, *Symb. des germ. Rechts*, p. 43, à la note.

(2) *Voy.* au chapitre VI ci-après une nouvelle appréciation de la *Symbolique* romaine et de la *Symbolique* germaine sous un autre point de vue, comme expression de la législation et de la civilisation des peuples.

La nationalité de la forme symbolique prend quelquefois un caractère très-étendu, qui peut mettre en question la nationalité même du symbole. Au lieu d'être bornée aux usages d'un seul peuple, aux coutumes d'une seule localité, elle s'applique à une époque tout entière, chez un grand nombre de nations différentes, sans que, bien souvent, aucune d'elles puisse revendiquer comme sien ce symbole commun. En Europe, pendant tout le moyen âge et longtemps après encore, le *fétu* ou la *paille* devient un symbole général, presque universel, d'investiture. Ici l'influence de la race teutonique, qui a parcouru une grande partie de l'Europe, se fait sentir et peut servir à indiquer l'origine de ce symbole général. A la même époque, la *cloche* est, pour les communes, le grand symbole auquel vibrent pour lors tous les cœurs (1). Ces symboles ont un type évident de généralité; mais cette généralité est restreinte, elle comporte encore une certaine nationalité, déterminée par la même manière de sentir et par les mêmes besoins ou les mêmes passions dans une même époque et dans une même étendue de pays. Quelles que soient la grandeur et la variété du sol où ils se meuvent, il n'y a pourtant pas autre chose dans ces symboles qu'un caractère de nationalité.

Il ne faut pas confondre la généralité purement spéciale de ces symboles (2), avec la *glèbe*, avec l'*anneau*, avec l'*épée* ou même avec la *main*, comme signe d'alliance et de consentement, et, selon Vico, comme signe universel

---

(1) Expression empruntée à M. Michelet dans son *Histoire de France,* t. V, p. 333.

(2) Cette confusion a été faite par M. Michelet dans le passage indiqué de son *Histoire de France,* et surtout dans ses *Origines du Droit* (Introd., p. civ), où il dit très-nettement que le mode de tradition par la *paille* se retrouve chez presque toutes les nations, dans l'antiquité et le moyen âge. *Voy.* à cet égard ce que j'ai dit dans la note N, § 1, à la fin de ce volume.

d'autorité et de puissance (1), vrais symboles généraux, universels, communs à l'humanité tout entière, qui appartiennent à tous les temps, à tous les pays, qui peuvent, à ce titre, porter le nom de symboles humains que les autres ne peuvent pas s'attribuer.

Le signe de la nationalité d'un symbole ne se conserve pas toujours dans toute sa pureté. Le temps, qui soumet tout à son empire, n'épargne pas les symboles. Tantôt il les dépouille de leur sens, alors qu'il respecte leur forme; tantôt il altère cette forme elle-même, et tantôt il en obscurcit ou en vicie l'application dans les pays mêmes où le symbole prit naissance. Ce sont là tout autant d'altérations de la nationalité des symboles (2).

Les Romains, du temps de Justinien, avaient rétabli l'ancienne peine symbolique réservée au parricide, enfermé tout vivant, comme on sait, dans un *sac de cuir* avec un *chien*, un *coq*, un *singe* et une *vipère*. Mais la signification de ces quatre bêtes symboliques paraît avoir été déjà perdue pour eux (3). Le symbole n'est plus, dans ce cas, qu'une matière inerte, privée d'âme et d'intelligence. Le signe physique existe encore, mais l'esprit est mort, la vie est éteinte et la nationalité n'est qu'un nom. C'est une monnaie effacée qu'on ne tolère plus que par habitude.

Les pays qui adoptent ces formes symboliques arrivées jusqu'à eux à l'état cadavérique, les comprennent bien moins encore que la nation chez laquelle le symbole prit

---

(1) « La *mano*, ch' appo tutte le nazioni significò potestà. » *Scienza nuova*, lib. II, *origine de' comizj romani*, et lib. IV, *corollario, il diritto rom. antico fu un serioso poema*.

(2) Sur ces transformations, à un autre point de vue, *voy*. le chapitre V ci-après, et Cf. dans le livre I le chapitre XIII, notamment aux pages 220, 221, 222.

(3) *Voyez* ci-devant liv. I, ch. XV, pages 277, 278.

naissance et fut frappé de mort dans sa vie intellectuelle. Comme l'esprit de ces symboles échappe absolument aux peuples qui ont reçu ces formes décrépites, ils remplacent sans difficulté une forme par une autre ; et c'est ainsi que l'Allemagne, qui pratiquait encore, il y a environ deux siècles, la peine romaine des quatre animaux symboliques, substituait stupidement le *chat* au *singe* dans le supplice du parricide.

La femme germaine, dans le siècle de Tacite, en s'unissant à un homme par le mariage, s'associait à ses travaux pendant la paix, à ses périls en temps de guerre. C'est cette pensée qu'exprimaient si bien les *bœufs* accouplés ensemble au même *joug*, le *cheval* tout équipé, le *bouclier* et la *framée* apportés par le mari, et les *armes* que la femme elle-même donnait en échange à celui-ci à titre de présents symboliques, pour désigner la communauté de leur future destinée, symboles augustes et sacrés qu'ils considéraient comme formant le lien mystique de l'union conjugale : *sic vivendum, sic pereundum* (1). Plusieurs siècles après, l'un de ces éléments symboliques de l'ancien mariage germain, l'*épée* ou la *lance*, se retrouve encore chez quelques peuples de race teutonique dans les solennités du mariage. C'est par l'*épée* et par le *gant* que se confirme le mariage des Lombards. Chez les Francs Saliens, une *épée* et une *chlamyde* sont présentées au fiancé par la fiancée elle-même. D'après une très-ancienne coutume suédoise, les proches parents de la fille mettent aux pieds du fiancé une *lance* ornée de rubans de soie. Ces rits symboliques, si étranges pour une pareille cérémonie, si inexplicables au premier aspect, ne sont évidemment autre chose que l'ancien usage attesté par Tacite,

(1) *Mor. germ.*, cap. XVIII.

mais altéré par le cours du temps (1). C'est ainsi que, dans son propre pays ou chez les peuples qui l'ont créé, le caractère du symbole s'efface quelquefois de manière à rendre problématique ou douteuse sa nationalité primitive (2).

La *flèche* fut, on le sait, un symbole affectionné par les Scythes, qui en tiraient, dit-on, leur dénomination. L'*arc* fut un symbole juridique, le signe de la royauté et du pouvoir chez les anciens Perses, qui sont d'origine scythique. Parmi les peuples de cette grande famille teutonique qui descend de la Scythie asiatique et peut-être aussi de l'Inde, les Lombards, dans la formalité de l'affranchissement et dans plusieurs autres de leurs coutumes judiciaires, employaient de préférence le symbole de la *flèche* (3). La forme matérielle de ce symbole est le titre de filiation de ces trois peuples. Un simple signe, en remontant le sillon des âges écoulés, sert ainsi de guide pour arriver au premier anneau qui lie à une nationalité commune plusieurs nations en apparence étrangères l'une à l'autre.

Le symbole ne reçoit pas seulement dans sa propre patrie ou chez les peuples de même race l'empreinte du temps qu'il traverse; sa nationalité s'use ou s'altère, à bien plus forte raison, au contact d'une nationalité différente. Ce qui semble une floraison d'un symbolisme local n'est souvent qu'une maladroite imitation d'un symbolisme étranger (4). Les Lombards trouvent en Italie et

---

(1) Heineccius, *Ant. germ.*, III, 183; — Reyscher, *Symb. des germ. Rechts*, 81-83.

(2) Cf. ce que j'ai dit sur le symbole des armes dans le mariage, au ch. VIII, du livre I, v^is *Épée, Lance*, p. 136, 137.

(3) *Voy.* ci-devant l. I, ch. VIII, v^is *Arc, Flèche*, p. 134 et p. 139, 140.

(4) Cette observation générale s'applique particulièrement à plusieurs

les Francs voient pratiquer dans les Gaules la cérémonie symbolique de l'émancipation romaine opérée, on le sait, à l'aide de quelques paroles sacramentelles, par trois ventes imaginaires et successives suivies d'un contrat fiduciaire, en présence du *libripens*, de l'*antestatus*, dont on ignore précisément le rôle, de cinq témoins représentant peut-être les cinq classes de Servius Tullius. Ils adoptent ce rit symbolique et le transportent dans la formalité de l'affranchissement, en multipliant les ventes et les traditions, portées à quatre, sept et quelquefois douze manumissions différentes. Ils font intervenir quelques compagnons en qualité de témoins, remplacent par un gage (*wadium*) le contrat fiduciaire de la troisième mancipation, et, pour conserver l'analogie avec l'usage romain, ils placent aussi dans la cérémonie la prononciation de quelques paroles solennelles. Il y a là une réminiscence évidente, mais confuse, une imitation inintelligente, mais bien marquée, du rit latin usité dans l'émancipation (1). La nationalité romaine subit ici l'empreinte du génie tudesque, et reçoit le signe abâtardi de la nationalité franque ou lombarde, qui en corrompt et en vicie le caractère originel.

Ainsi, on le voit, le génie propre à la nature humaine, en général, et celui de chaque peuple, en particulier, se reflètent, ensemble ou séparément, sur les formes de la *Symbolique* judiciaire. Chaque nation a ses symboles; mais le genre humain aussi a les siens, qu'on rencontre chez tous les peuples. De là, un lien commun qui rattache l'un à l'autre les symboles de tous les pays, qui rend pos-

symboles qu'on trouve dans les Gaules après la conquête germaine, et même en Allemagne depuis que la nationalité germaine s'était frottée à la nationalité des Romains. Quelques-uns de ces symboles, qui semblent d'abord germains, ne sont autre chose qu'une substitution d'un ancien rit en honneur chez les Romains.

(1) Heineccius, *Ant. germ.*, III, 25, 26.

sible une *Symbolique* générale, et qui, dans cette apparente confusion des langues emblématiques, révèle une langue mère, un idiome primitif et typique, l'unité dans la diversité.

CHAPITRE IV.

CHRONOLOGIE DES SYMBOLES.

On a essayé de faire la chronologie des symboles. Mais on a aussitôt reconnu qu'il n'est que bien rarement possible de leur assigner des dates, même approximatives (1). Cette question n'a qu'un mot. On peut bien savoir comment et quand meurt le symbole, mais on ignore quand et comment il prend naissance. On ignore surtout qui l'a inventé. Sait-on quand naît la coutume? Connaît-on le moment où la tradition commence? La coutume et le symbole n'ont pas de pères. Ils sont, tout à la fois, dans le temps et, pour ainsi dire, hors du temps.

Quoiqu'elle se rattache à l'histoire particulière de chaque peuple ou aux traditions générales du genre humain, l'origine des symboles est préexistante à tous les temps historiques, antérieure à toute institution civile, en dehors de toute invention. C'est le point de vue de Grimm, lorsqu'il s'enquiert de l'origine commune du Droit et de la poésie (2). C'est celui que Repkow, le compilateur du vieux Droit saxon, a exprimé dans ces vers si simples mais si vrais, qui servent de prolégomène à sa compilation :

> Je n'ai point inventé ce Droit ;

---

(1) Michelet, *Orig.*, Introd., p. c.
(2) *Von der Poesie im Recht*, § 2.

Il nous est venu des anciens temps,
De la part de nos bons aïeux (1).

Tout ce qu'on peut dire de rationnel et de vrai sur la chronologie du symbole, c'est que c'est une fleur qui s'épanouit dans l'âge poétique du Droit et des peuples, qui brille dans les temps héroïques et barbares, que cultivèrent avec amour l'antiquité grecque et l'antiquité romaine dans les jours de leurs plus grands progrès ; et qui languit, se fane et tombe au soleil de la civilisation moderne. Ceci n'est plus la chronologie, c'est la biographie du symbole, qui fait l'objet du chapitre suivant.

Il est des symboles auxquels on peut assigner un âge, attacher une date, ce sont ceux qu'une nation emprunte à une autre en les transformant, en les accommodant à ses goûts, à son génie, à ses habitudes. Découvrir leur nationalité sous leur vêtement étranger, c'est trouver l'âge de ces symboles. Mais ce n'est là qu'un âge de transition. La date d'origine n'en reste pas moins un mystère.

CHAPITRE V.

BIOGRAPHIE ET TRANSFORMATIONS DES SYMBOLES JURIDIQUES (2).

Antipathique à l'écriture, ce n'est ni sous la lettre morte d'un Code, ni dans le cadre inanimé de la Formule

(1) Préface du *Sachsenspiegel :*

Dies recht hab ich nicht erdacht,
Es habens von alter uf uns bracht,
Unsere gute vorfahren.

(2) On ne peut s'attendre à trouver dans ce chapitre qu'un coup d'œil

que s'exerce la vie du symbole (1). Dans cette prison, l'air lui manque, il ferme ses ailes. A cet enfant des préjugés et des croyances populaires, il faut le grand air de la voie publique et du carrefour, mieux que cela, la vie des champs pour courir en liberté, pour y prendre sa forme et cueillir sa parure dans l'*herbe* de la prairie, parmi les verts *rameaux* de la forêt.

Tant que le Droit ne connaît pas d'autre manifestation que celle de la coutume orale et traditionnelle, le symbole domine encore. Sa biographie n'est que l'histoire de sa prospérité. Mais à mesure que la coutume s'écrit, le territoire du symbole se resserre. Exclu des Codes, qu'il déteste, il se réfugie dans les habitudes des praticiens et jusque dans le cœur du peuple, qui le conserve religieusement comme un reflet mystérieux, poétique et sacré des vieilles traditions, qui consacre au symbole, proscrit et persécuté par les légistes, cette pieuse affection, don nous aimons à entourer les choses contemporaines du berceau de la nation (2). Aussi, malgré la guerre incessante que lui fait, en tout pays et en tout temps, la coalition des hommes de loi, malgré le dédain des législateurs (3) et des philosophes, le symbole conserve, longtemps encore, dans le Droit, sa puissance et sa vie. Il n'abandonne la jurisprudence qu'alors que le Droit se spiritualise.

---

général et quelques exemples. Il faudrait consacrer tout un gros volume à la seule biographie des symboles, si on voulait rapporter tous les symboles juridiques connus, en indiquant l'origine et la destinée particulière de chaque symbole avec toutes les phases et toutes les vicissitudes de sa vie. *Voy.* au surplus, dans le chapitre précédent, plusieurs exemples de transformations symboliques qui ne sont pas rapportés ici.

(1) J. Grimm, *Von der Poesie im Recht*, § 10.

(2) Le même, *Deutsche Rechtsalterthümer*, p. 109.

(3) *Antiqui juris fabulas,* dit Justinien en parlant des symboles, dans la préface du Digeste. *Voy.* aussi ce qu'il dit dans la Novelle 81. Dans une ordonnance de 1350, notre roi Jean les qualifie de *frivola et inania.* *Voy.* le texte de cette ordonnance à la page 187, note 1.

Mais, alors même, il ne périt pas toujours tout entier. Il ne fait souvent que se transformer. Obligé de quitter les lieux où fut son règne, il dépose, en partant, dans le langage de la vie usuelle, dans les habitudes pratiques, dans le style judiciaire et même dans les lois les plus anti-symboliques, de nombreux vestiges qui nous permettent de pénétrer par l'induction jusqu'aux jours de son ancienne puissance (1). Tant est profonde et durable l'influence des institutions et des coutumes qui ont leur racine dans les dispositions de la nature humaine, et dans les mœurs ou les croyances des peuples !

Essayons à présent de suivre plus spécialement sur quelques symboles les phases diverses de leur vie, de constater les empreintes que laisse sur eux la main du temps, de signaler les transformations successives que la forme symbolique subit dans le cours des âges écoulés (2).

Par suite des vicissitudes des siècles, les symboles réels se transforment quelquefois en un droit fiscal, en une prestation pécuniaire, et conservent encore ainsi, avec le nom qui rappelle leur forme ancienne, une forme nouvelle qui ne cesse pas d'être une forme physique. Le *manteau*, les *gants*, objets symboliques usités dans la cérémonie de l'hommage féodal, se métamorphosent par la suite en une redevance, donnée d'abord en nature, convertie plus tard en argent, sous les noms de *chambellage*, *droit de gages et manteaux* et *droit de gants*, au profit du seigneur ou de ses officiers (3).

(1) « Fuerunt symbola, *dit Ducange*, legibus vel consuetudine apud omnes recepta. » III, 1520.

(2) J'ai parlé de ces transformations dans le chapitre III qui précède, au point de vue de la recherche de la nationalité des symboles. C'est à un autre point de vue qu'il en est question ici. Cf. aussi le chapitre XIII du livre I, notamment aux pages 220, 221, 222 et suiv.

(3) J'ai consacré un chapitre spécial aux *Droits, Redevances et Prestations symboliques*, voy. ci-devant le ch. XIII du livre I, *locis citatis*.

Le temps ne se borne pas à cette seule métamorphose. Il dépouille peu à peu l'acte symbolique de ses attributs matériels pour le transformer en une simple figure métaphorique. Le symbole, de *réel* qu'il fut d'abord, devient ensuite un symbole *parlé* (1). C'est là la première et peut-être la véritable spiritualisation du symbole : car, en perdant tous ses attributs matériels, il conserve néanmoins sa nature et son caractère symboliques.

La métamorphose touche à sa plus haute expression, lorsqu'il ne reste plus du symbole qu'un nom, qui n'exprime même pas une pensée allégorique et qui, par lui-même, ne réveille aucune idée métaphorique se rattachant à l'existence d'un ancien symbole. Pendant le moyen âge, des *bouchons de paille*, suspendus à une perche, sont placés sur le fonds de terre qui doit être vendu. Après l'aliénation, le *feu* est mis à ces *bouchons de paille* pour consommer légalement la prise de possession. C'est là une forme particulière, une expression nouvelle du symbole du *feu*, cet antique signe de possession qui se rattache aux temps les plus primitifs et qui rappelle l'époque de la première conquête de l'homme sur les éléments, de sa première appropriation de la terre par le défrichement des forêts opéré à l'aide du *feu*. Plus tard, le *bouchon de paille* se transforme en un simple *chiffon*, dans quelques localités où le sens du symbole est entièrement oublié ; et là où la *paille* est conservée, on néglige d'y mettre le *feu*, formalité essentielle pourtant, qui, dans les premiers âges, avait seule la vertu de transférer la propriété (2). Enfin le *faisceau* disparaît et le *bouchon de paille* avec lui. A Genève, il n'en reste plus rien ; la chose

---

(1) On a vu dans le chapitre VII du livre I, p. 58, 59, 60, ce que c'est que le symbole *parlé*.

(2) Sur ce symbole, *voy.* ci-devant l. I, ch. VIII, v° *Feu*, p. 91, 92, 93, et ch. XIV, p. 251, 252.

et le nom sont partis. Mais, en France, il nous en reste encore une dénomination, la saisie-*brandon*, qui sert à rappeler l'origine et l'antique puissance du symbole. Telle est la biographie et telles sont les métamorphoses de ce symbole qui, après avoir régné pendant longtemps dans le monde juridique de l'antiquité et du moyen âge, n'a plus laissé, chez nous, d'autre trace de son passage qu'un seul mot, moitié français et moitié tudesque, indéchiffrable énigme pour la plupart de ceux qui le prononcent (1).

Le morceau de métal brut, *œs*, dont les Romains se servaient primitivement dans leurs ventes fictives, change de forme et devient une pièce de monnaie, nommée *stips* dans la *stipulation* (2). La pièce de monnaie elle-même, le *libripens*, la balance et les témoins disparaissent ensuite. Les Romains ne conservent de l'antique formalité que les paroles sacramentelles *Spondes ne? spondeo*, paroles qui, par elles-mêmes, n'ont rien d'allégorique (3). Le symbole enfin arrive jusqu'à nous et prend place dans nos Codes, privé même de sa formule et réduit à un nom, la *stipulation*, qui seule indique la primitive existence du symbole, dernière et simple expression d'un drame vivant et compliqué, qu'animait jadis la présence d'un grand nombre d'acteurs, où chacun avait son rôle marqué, ses paroles et sa pantomime réglées par la coutume. De tout cela, il ne reste plus, pour nous, qu'un son aérien, un être métaphysique, un nom, la *stipulation*, qui réveille le souvenir de l'ancienne splendeur de ce symbole, semblable à ces grandes cités qui jadis agitèrent le monde et dont le nom seul a survécu.

On a donné de ce mot *stipulation* une étymologie dif-

---

(1) Saisie-*brandon*, de *Brand, Feu, incendie*, en allemand.

(2) *Voy.* ce que j'ai dit à ce sujet dans la note N, § 1, à la fin du volume.

(3) *Voy.* ci-devant p. 41, et ci-après p. 330.

férente qui forme à elle seule tout un système et dont on s'est servi pour construire une pittoresque biographie symbolique (1). Est-il vrai, comme on l'a dit, que le symbole de la *glèbe*, se dégageant d'âge en âge de ses parties les plus matérielles, se transforme ensuite en *rameau*; que le *rameau* se civilisant se fasse *bâton, sceptre, lituus* augural, *paille* et *fétu*; que, rejetant ainsi graduellement tous ses éléments physiques, le symbole se métamorphose en *formule*, pour aller se perdre enfin en une simple locution qui n'a plus rien de matériel, la *stipulation*, souvenir encore vivant aujourd'hui du symbole primitif tiré de l'élément sacré, de la *terre* ?

Rien de plus poétique, il faut l'avouer, que la biographie, ainsi faite, de ce symbole. Mais cela est-il bien vrai ? Examinons.

Tous ces symboles, il faut le reconnaître, le *rameau*, le *bâton*, la *paille*, le *fétu*, viennent de la *terre*. Ils en sont les produits, les dérivés, l'émanation. A ce titre, ce sont de véritables symboles *telluriques*, comme je les appelle moi-même (2). Mais cette appellation, dictée par les besoins de la classification, n'est qu'un terme de nomenclature qui n'emporte, en aucune manière, l'idée d'un seul et même symbole subissant graduellement plusieurs transformations successives et conservant toujours, au milieu de ses métamorphoses, le même sens primitif, la

(1) Ce système repose sur le mot *stipula,* paille, considéré comme la racine étymologique du mot *stipulation. Voy.* Michelet, *Orig. du Droit,* Introd., p. cxi et cxii, et p. cxix et cxx, où il est dit : « *stipuler,* c'est lever « de terre une *paille,* puis la rejeter à terre en disant : par cette *paille* « j'abandonne, etc. » Cf. la note N à la fin du volume.

(2) M. Michelet ne se sert pas de cette expression, que j'ai empruntée à la *Symbolique* de Creuzer, et dont on a vu déjà le sens et l'application au chapitre viii, p. 69 et suiv. Mais si le mot n'est pas employé par M. Michelet, le sens, que ce mot paraît d'abord révéler, est bien celui de cet écrivain.

même valeur originelle. En fait de nomenclature, on le sait, l'identité de famille ne constitue pas toujours l'identité de race, de nature ou d'origine.

La conformité d'origine ne s'établit pas ainsi.

Cette biographie a pour premier et dernier termes matériels, d'une part la *terre*, et d'autre part le *fétu de paille*, lequel se transforme ensuite en quelque chose d'immatériel, le mot *stipulation*, conservé dans nos lois, métamorphose que repousse la vérité des choses, que répudie la science étymologique et que rejette l'autorité de plusieurs graves jurisconsultes.

La *stipulation*, en effet, n'est pas engendrée par le symbole de la *paille*. Elle est, on l'a déjà pu voir, la dernière expression d'un symbole métallique et non pas d'un symbole végétal. Elle a, si l'on veut, une autre origine étymologique, tout aussi opposée d'ailleurs à l'application qu'on cherche à donner à cette locution. Comme destinée à rendre fermes et stables les conventions des parties, la *stipulation*, au lieu d'avoir pour étymologie la petite pièce de monnaie, *stips*, que le *libripens* plaçait dans sa balance, tirerait son nom du pieu, *stipes*, *stipulum*, qu'on plante dans la terre et qui y demeure fixe et inébranlable (1). Dans cette dernière explication, le mot *stipulation* ne se lie à aucun symbole, et l'hypothèse biographique, dont je m'occupe, ne s'évanouit pas moins.

Ce moment en quelque sorte solennel, où le symbole de la *terre*, tout à fait dégagé de sa dernière forme matérielle, qui est la *paille*, se spiritualise entièrement pour n'être plus qu'un son, un être métaphysique, ce moment n'est donc qu'une illusion poétique dans cette biographie du symbole qui emprunte sa forme à l'élément sacré, à

(1) Sur l'étymologie du mot *stipulation,* voyez la note N, § 1, à la fin du volume.

la *terre*, puisque la *terre*, la *glèbe* et le mot *stipulation* n'ont aucun rapport étymologique ni aucune analogie juridique.

Les autres transformations présentent–elles plus de réalité?

Voyons encore.

Pour que la *motte de terre*, la *glèbe* devienne successivement *rameau, bâton, herbe, paille, fétu,* il faut que l'emblème primitif disparaisse lui-même de la scène juridique à mesure que les autres emblèmes voient le jour. Il faut que le *rameau*, chargé de représenter le fonds au lieu de la *glèbe*, cède la place au *bâton*; que celui-ci se retire devant un emblème moins substantiel, plus dégagé de l'élément terrestre, tel que le *tuyau de paille*, et tel enfin que le mince et léger brin de paille, jouet du vent, le *fétu*.

Loin que l'ordre et le cours des choses se passent ainsi, il arrive, au contraire, que tous ces symboles ont une existence contemporaine et simultanée. Le symbole qui, dans ce système, aurait engendré tous les autres pour périr après le premier enfantement, la *motte de terre*, appartient à l'âge le plus reculé comme aux temps les plus rapprochés de nous. Son usage est parallèle à celui du *rameau*, du *brin d'herbe*, du *bâton*, du *fétu de paille*, dont l'emploi a souvent lieu en même temps, à la même époque et quelquefois dans la même formalité, dans le même contrat.

La raison de cette simultanéité, de ce concours est bien simple, c'est parce que l'objet de chacun de ces symboles n'est pas identique.

La *motte de terre*, la *glèbe*, simple et nue, figure la propriété dans son sens abstrait, le sol en général, la patrie; à un point de vue plus restreint et plus pratique, elle représente un fonds, un héritage rural, considéré d'une manière générale. Quand on veut qu'elle figure un pré, on prend une *motte de gazon*, ou bien l'on enfonce de l'*herbe* dans la *glèbe*. Pour la représentation d'un champ couvert d'arbres, on y plante des *rameaux*. La *glèbe* figure le tréfonds ; l'*herbe*, le *gazon* ou le *rameau* sont l'image de la superficie, de ce qui couvre le sol. Comme le sol est souvent foulé par des esclaves, par des serfs, qui y sont attachés et sur lesquels il existe un droit de *dóminium*, ce droit de commandement et d'autorité sur les hommes, sur les choses est représenté par une *baguette*, un *bâton*, qu'on plante aussi dans la *motte de terre* ou qu'on remet au nouvel acquéreur ; enfin, le droit absolu de propriété, cette faculté d'user et d'abuser, d'améliorer et de détruire a aussi son emblème réuni quelquefois à tous les précédents : cet emblème, c'est le *couteau* (1). Voilà ce qu'on rencontre dans les chroniques, dans les diplômes, et voilà les symboles que l'on conservait dans les églises, souvent séparés, mais souvent aussi rassemblés et réunis. A chaque emblème son sens, à chaque signe sa valeur. C'est une réunion, une alliance de symboles, ayant chacun un rôle spécial et exprimant une idée différente, sans que celui-ci ait engendré celui-là, et sans que l'un procède nécessairement de l'autre.

Comment allier cette simultanéité d'existence, ce concours d'action, de la part de tous les symboles ou de quelques-uns d'entre eux, dans le même contrat ou à la même époque, si, comme on le prétend, le *rameau* a été destiné à tenir la place de la *glèbe*, et si l'*herbe*, le *gazon*, le *bâton*, ou la *baguette* ont été inventés pour succéder au *rameau* dans les cérémonies symboliques? Il arrive souvent, il est vrai, que le *rameau* isolé représente une forêt, une prairie, un simple champ, l'héritage tout entier ; que la *paille*

---

(1) *Voy.* Ducange, *Gloss.*, III, 1521, et Cf. ci-devant, p. 61.

figure les mêmes objets et serve même dans l'aliénation d'une maison. Mais ces emblèmes ne sont point, dans ces divers cas, substitués à la *glèbe* de terre ; car, dans la même période de temps, dans le même pays, le symbole de la *glèbe* continue à être usité avec la signification qui lui est propre.

Le *fétu de paille* est certainement l'emblème dont l'usage fut le plus fréquent pendant le moyen âge. On s'en est servi dans la vente d'un arpent de terre, comme dans la déposition d'un monarque, du roi Charles le Simple, par exemple. On l'a appliqué dans le cautionnement ; on l'a même employé comme signe de rémission d'une offense, ainsi qu'on le voit dans le poëme flamand du *Renard* (1).

Où est, dans tout cela, le rapport entre le symbole de la *paille* et le symbole de la *glèbe*?

Cette fréquence et surtout cette infinie variété d'application démontrent évidemment que la *paille* ne fut destinée à remplacer ni le *rameau*, ni le *bâton*, encore moins à représenter la *motte de terre*, ancien symbole qui serait tombé en désuétude ; car, dans la plupart des cas où la *paille* était employée, elle n'avait et ne pouvait avoir aucune liaison, même indirecte, avec la forme symbolique tirée de la *terre*. Savez-vous pourquoi cet emblème, la *paille*, fut d'un usage si fréquent? Un savant et célèbre auteur l'explique de la façon la plus simple et la plus vraie. C'est parce qu'il était extrêmement facile de se procurer, en tout temps et en tous lieux, un *brin de paille*, qu'on l'employa dans un si grand nombre d'occasions (2). Il n'y a là, on le voit bien, aucune combinaison scientifique, ni aucune prévision métaphysique. L'explication est simple, mais péremptoire, comme l'est toute vérité pratique.

(1) Cité par M. Michelet lui-même, p. 123.
(2) Bignon, *ap.* Ducange, vº *Festuca*, III, 410. *Voy.* ci-devant, p. 76 à 78 et p. 169.

Le *bâton* sert dans la vente d'un fonds de terre. Mais on l'applique aussi à l'investiture d'un duché, d'une chapelle. Si, dans les deux premiers cas, on peut dire qu'il représente le sol ou la *glébe* de terre, que figure-t-il dans l'exemple relatif à l'investiture d'une chapelle? Dira-t-on qu'il représente aussi le sol sur lequel repose la chapelle? Mais je demande alors si une *glèbe* eût été un symbole usité pour figurer un édifice? Tout cela n'est, au surplus, qu'un oubli complet de la destination du *bâton* dans les représentations symboliques. Car, dans aucune hypothèse, le *bâton* ne tient la place du *rameau*, ni de la *motte de terre* ou du sol lui-même. Le *bâton*, en effet, représente toujours une chose abstraite; jamais une chose matérielle. Il figure le droit du donateur, du vendeur, du prince, en vertu duquel il transmet au donataire, à l'acquéreur, au vassal. C'est avec la même signification qu'il sert à consacrer un affranchissement, à recevoir un serment, un hommage féodal. On est loin, bien loin de la vérité quand on considère ce symbole, le *bâton* ou la *baguette*, comme l'image de la propriété matérielle; car, je le répète, il n'y a jamais dans ce signe physique qu'une idée morale ou intellectuelle, l'idée du droit, du pouvoir, du commandement, de l'autorité (1).

Le *bâton* est de tous les symboles le plus ancien, mais aussi le plus vivace. L'emblème de la *paille*, qu'on présente comme l'ayant remplacé et lui ayant dès lors survécu, est enseveli dans la poussière de l'oubli depuis de bien longues années (2); tandis que l'emblème du *bâton*, de la

(1) « Cum *baculus* ac *virga* domini in suos ac res suas jus et potestatem denotet. » Ducange, *Investitura,* III, 1521. Cf. ce qui a été dit ci-devant, p. 132 et suiv.

(2) Dans l'ancienne investiture, la *paille* avait peut-être survécu au *bâton*. Le *bâton* était encore en usage dans quelques lieux de là Flandre et de la Picardie en 1637, comme l'atteste Galland (*Franc-alleu,* XX, 326, édit. de 1637). Mais M. Michelet assure qu'en Hollande l'investiture

baguette, de la *verge* s'étale encore de nos jours, dans le monde juridique, sous toutes les formes, modeste et simple comme la *baguette* des alcades constitutionnels en Espagne, comme celle des rois d'armes ou comme la *verge* des huissiers ou sergents actuels en Angleterre; superbe, comme le *bâton* des maréchaux de France, resplendissant d'or et de pierreries, comme la *crosse* épiscopale, ce *bâton* pastoral des évêques, ou comme le *sceptre* des rois, ces augustes pasteurs des peuples.

Quant à la formule de la *stipulation* romaine, cette formule, si simple en dernier lieu, qui consistait dans une interrogation et dans une réponse conforme (1), elle ne présentait, ainsi que le fait observer Cujas, aucun sens allégorique (2), et n'était pas destinée à tenir la place de la cérémonie et de la pantomime symboliques qui avaient disparu. La formule de la stipulation existait d'abord en même temps que le symbole. La transformation du symbole en formule est donc purement imaginaire. La réalité ne répond pas au système (3).

Et maintenant, il faut bien que je le dise, c'est avec peine et contre mon gré, que je me vois obligé d'arracher quelques pages à cette séduisante odyssée juridique. Mais quel que soit le charme de ces brillantes hypothèses, avant tout, quand on fait du Droit, il faut être vrai, alors sur-

avait encore lieu par le *fétu* en 1764 (*Hist. de France,* V, 333, note). Cette circonstance ne modifie en rien mes observations.

(1) Spondes? spondeo. — Dabis? dabo. — Quinque aureos dare spondes? quinque aureos dare spondeo.

(2) « Sunt qui dicunt verba solemnia quæ interveniunt in stipulationibus esse symbola quædam... verba non sunt symbola, nisi sint allegorica. Stipulationum verba non sunt ejusmodi; ergo stipulationum verba non sunt symbola. » Cujas, *De verb. oblig. com.*

(3) Ce que je dis ici ne s'applique qu'à la formule des stipulations, qui est celle que M. Michelet a eue spécialement en vue dans le passage auquel je réponds. Sur les Formules en général, *voy.* ci-devant le chapitre III, § 6 du livre I, p. 40 et suiv.

tout qu'avec la vérité il reste encore, dans la science juridique, assez d'éléments réels pour enchanter l'imagination; car des origines du Droit de tous les peuples s'exhale de toutes parts, naturellement et sans contrainte, le plus suave des parfums poétiques.

CHAPITRE VI.

CONCLUSION : L'ESPRIT DE LA LÉGISLATION ET DE LA CIVILISATION EST DANS L'ESPRIT DES SYMBOLES JURIDIQUES.

De ce que chaque peuple a un penchant général et une tendance particulière pour la symbolisation et de ce qu'il met dans les symboles quelque chose de son caractère et de son génie, on doit conclure que l'examen de la *Symbolique* d'une nation conduit à l'idée dominante de sa civilisation et à l'esprit de sa législation écrite (1). La connaissance approfondie et parfaite des symboles usités chez un peuple, l'appréciation de leur origine et l'étude de leur application judiciaire peuvent mettre assurément sur la voie qui conduit à la solution de ce problème, et doivent éclairer les investigations scientifiques d'une lumière souvent brillante, mais plus souvent peut-être incertaine et douteuse.

L'incertitude, qui frappe si fréquemment de stérilité les résultats d'une pareille investigation, a sa cause dans la difficulté de pouvoir discerner, avec précision, le symbole, né sur le sol, du symbole transporté par les migrations des races étrangères. Comment reconnaître avec sûreté, dans le symbole, la chaîne qui lie une nationalité

(1) Michelet, *Origines*, Introd., p. LXXIV.

vivante à une autre nationalité qui est éteinte? Et, parmi les symboles réellement indigènes, est-il toujours possible de distinguer ce qui appartient à leur âge primitif et ce que le temps a enlevé ou ajouté à leur type originel? L'état actuel de la science symbolique, avec ses éléments encore incomplets, ne permet à cet égard que de simples conjectures.

La logique enseigne, sans contredit, que les symboles juridiques d'un peuple contiennent, en germe, l'idée de sa nationalité et l'esprit de sa législation. On peut, on doit même affirmer que la législation est toute entière dans les symboles. Mais on ne saurait dissimuler que l'application de cet axiôme à tel peuple déterminé ne soit difficile et périlleuse au dernier point. On peut citer cependant quelques heureux exemples de cette application.

La forme du symbole juridique des anciens Germains, dans laquelle ils paraissent avoir mis plus particulièrement l'empreinte de leurs mœurs primitives, c'est, on l'a vu, le *brin d'herbe*, le *rameau*, la *branche d'arbre*, emblème agreste, signe rural, image des habitudes religieuses, mais en même temps de la vie errante de la nation dans ces profondes forêts et dans ces vertes prairies, où les Germains vécurent si longtemps dispersés selon l'aventureuse liberté de leur génie. L'élément que les Germains ont introduit dans les sociétés modernes reproduit cette même image. C'est par eux que la civilisation moderne de l'Europe se trouve pénétrée à un si haut degré du sentiment de la grande valeur personnelle de l'homme, de son indépendance individuelle, sentiment inconnu au monde grec et au monde romain, où l'on ne trouve que la liberté du citoyen, qui s'abdique lui-même au profit de l'État et de l'association politique (1). Le

---

(1) Il faut, dans cette appréciation, ne pas oublier de tenir compte

caractère du droit des Germains est celui de l'indépendance *personnelle*, qu'ils nous apportèrent jadis du fond de leurs forêts (1). Ce caractère s'allie merveilleusement à la forme et à l'esprit dominant de leurs symboles.

À Rome, le symbole est urbain (2). Ce caractère annonce l'esprit de légalité, d'association régulière, indispensable à la police de la cité. Ici, plus d'individualisme et d'indépendance ; l'ordre est la loi suprême. Tout est sacrifié à l'État, qui absorbe à son profit la personnalité individuelle. Par une conséquence de cette absorption, le Droit romain est plus *réel* que *personnel* (3). La *propriété* y gagne en protection, en solidité, ce que perd l'indépendance de la *personne*.

Le symbole juridique des Romains a un autre caractère. En opposition avec le symbolisme germain qui est un, simple, purement civil et tout patricien, le symbolisme romain est double, sacerdotal et civil, patricien et plébéien, comme le génie de la nation, comme le droit de la cité primitive, si longtemps en proie aux luttes de cet antagonisme qui se réfléchit partout, dans la religion, dans les mythes, dans les symboles, dans le Droit (4).

---

aussi du christianisme, dont l'influence a contribué à faire entrer et à développer l'élément personnel dans la civilisation moderne.

(1) M. Michelet dit : *un droit Personnel*. C'est la même idée ; mais le savant historien ne l'a rattachée ni à la forme, ni au caractère du Symbole germain, comme j'ai essayé de le faire. *Origines*, Introduction, p. LXXIX.

(2) *Voy.* ci-devant p. 308, 309 et suiv.

(3) Michelet, *Origines*, Introd., p. LXXVII à LXXIX. Même observation que celle de la note 1.

(4) Sur cette dualité, *voy.* Niebuhr, dans son *Histoire romaine*, et l'*Essai sur le droit privé des Romains* de M. Guérard. M. Laferrière combat cette hypothèse, et son Histoire du Droit civil des Romains repose sur l'unité du Droit civil, qui a pour fondement l'unité de la cité, laquelle y est unie à deux éléments, le patriciat et le peuple, division des personnes, non du Droit. *Histoire du Droit civil de Rome et du Droit*

Parmi le petit nombre de formes symboliques que la France peut revendiquer en propre, l'obligation d'amener au seigneur un faible oiseau sur un char immense semble relever plus spécialement du caractère national. Cette forme, avec toutes celles qui lui sont analogues, indique, en effet, une pensée railleuse qui perce l'écorce symbolique, pour laisser apercevoir cette fine fleur de malice gauloise qu'on voit encore s'épanouir sur la physionomie française (1). Mais il n'y a là que la partie superficielle du caractère français. Notre nationalité se manifeste par un trait plus profondément accusé et plus vrai. La France, fusion de plusieurs peuples, si elle peut montrer quelques symboles isolés, qui lui soient propres, n'a pas, à vrai dire, un système de symboles indigènes. Sa *Symbolique* judiciaire est variée et complexe. Elle se compose des symboles de toutes les races qui se sont établies sur son territoire (2). Ce caractère se retrouve dans la civilisation française, qui n'est ni exclusivement romaine (3), ni essentiellement germanique. Le type de la civilisation, comme celui de la *Symbolique* judiciaire de la France, expression des éléments divers de la société moderne, est européen. Il reproduit, avec le plus de vérité, l'idée générale de la civilisation.

La *Symbolique* française, sans caractère fortement indigène, s'approprie avec raison, plus exclusivement que toute autre, la physionomie qui appartient aux symboles communs et généraux, à ces symboles *humains*, qui sont

français, t. I, p. 39 et suiv. — *Voy.* aussi au chapitre suivant une appréciation de la *Symbolique* romaine et de la *Symbolique* allemande au point de vue de leurs rapports avec le principe politique de la société.

(1) *Voy.* p. 298, note 3.

(2) Cf. ci-devant, page 299 et la note 1.

(3) Ce qui ne rejette pas l'influence, prépondérante d'ailleurs, de l'élément romain, que j'ai déjà reconnue, pages 296, 297, et que signale M. Guizot, *Hist. de la civil. franç.,* 7e leçon.

de tous les siècles et de tous les pays (1). Le Droit français réfléchit depuis longtemps cette disposition avec une admirable exactitude. Il ne se pose pas, dans le monde juridique, comme un droit national, comme un droit local, haineux, exclusif. C'et un droit plébéien et progressif, un véritable droit cosmopolite, droit *humain* (2), que les peuples, tout en le critiquant, nous envient et nous empruntent. Ce droit, par la force de son principe sympathique, marche peu à peu et en silence à la conquête du monde (3).

CHAPITRE VII.

AUTRE CONCLUSION : LE PRINCIPE POLITIQUE DE LA SOCIÉTÉ DÉTERMINE LE RÈGNE OU LA DÉCA- DENCE DES SYMBOLES JURIDIQUES.

Il y a encore une autre conclusion à tirer de ce qui a été dit précédemment. Cette conclusion emprunte sa formule au principe social. De même que l'aiguille aimantée incline constamment au pôle ; de même aussi les symboles juridiques tournent sans cesse vers le principe politique de la société qui détermine toujours ou leur règne ou leur décadence (4).

Deux principes gouvernent le monde civil et régissent la société, soit ouvertement, soit en secret. Ces deux principes, également légitimes et nécessaires, représentent toujours, sous des noms divers et avec d'innombrables mo-

(1) *Voy.* ci-devant l. I, ch. V, p. 51; et l. II, ch. III, p. 306,307,313, 314.

(2) Michelet, *Origines*, Introd., p. cxxi; et *Histoire de France*, t. II, p. 642.

(3) *Voy.* mon *Introduction*, part. IV, p. cxvii, cxviii.

(4) *Voy.* la fin du ch. I du livre II, p. 288, 289, 290.

difications, l'élément sacerdotal ou l'élément civil, l'intérêt patricien ou l'intérêt plébéien, l'élément actif ou l'élément passif de la société. L'un de ces principes vient de l'Orient ; il donne naissance à l'immobilité sociale qui est le produit de l'élément sacerdotal ou patricien, de l'élément matériel, passif ou conservateur de la civilisation ; l'autre principe qui appartient à l'Occident, engendre le mouvement, le progrès, dont le mobile est l'élément plébéien, l'élément actif, spirituel de l'association civile.

Le Droit a la faculté de reproduire admirablement cet ordre de choses, et de représenter avec fidélité l'union des deux principes des sociétés humaines, savoir : l'élément immobile, stationnaire ou conservateur, c'est-à-dire le principe sacerdotal, patricien ou oriental ; et l'élément actif ou progressif, c'est-à-dire le principe plébéien ou occidental ; en d'autres termes, l'élément historique figuré par le symbole qui en est le type le plus pittoresque et le plus simple ; l'élément philosophique, représenté par la raison humaine (1).

Lorsque la société est barbare, elle est soumise à la religion de la lettre ; le droit est emprisonné dans le matérialisme de la forme. Le symbole règne et domine. C'est le droit des époques héroïques, celui des XII Tables et celui du moyen âge. La loi des XII Tables dit : *uti lingua nuncupassit, ita jus esto.* Le moyen âge disait : *qui virgulâ cadit, causâ cadit.* Ces effets se prolongent longtemps encore après que la civilisation a remplacé la barbarie. Les époques civilisées ont pour mission de débarrasser le

---

(1) « Le Droit civil, comme le Droit politique, comme les mœurs, comme les sciences, comme les arts, comme tout ce qui tient à l'histoire de l'humanité, comprend deux éléments inséparables , l'un historique , traditionnel , conservateur, l'autre novateur, rationnel, philosophique. » Klimrath, *Essai sur l'étude historique du droit et son utilité pour l'interprétation du Code civil.*

Droit de ces entraves, de l'élever au-dessus des mots, de placer l'idée au-dessus de la forme ; de là, le règne de la bonne foi, de l'équité, *æqualitas*, signe de la victoire du principe plébéien, qui réside essentiellement dans l'égalité, racine et fondement de l'équité.]

Ainsi, quand le Droit est chargé de symboles, l'élément sacerdotal ou l'élément patricien domine. La société est immobile, immuable, hors de la loi des vicissitudes, hors du tumulte des passions et de la pensée, comme l'Inde qui est la plus haute expression de cette pétrification sociale.

Dans des proportions plus restreintes et avec un caractère moins déterminé, Rome offre un autre exemple de ce règne parallèle et simultané du symbole et de l'élément sacerdotal ou patricien. Quand l'élément plébéien, personnifié en César, a définitivement triomphé, le symbolisme du Droit romain n'est plus, les lois *OEbutia* et *Julia* l'ont frappé à mort; la spiritualisation du Droit est arrivée (1).

La France, qui a, de bonne heure, débarrassé son Droit des liens matériels du symbole, a un Droit spiritualiste et en même temps plébéien, une civilisation occidentale et en même temps progressive (2).

L'Allemagne, dont la civilisation conserve quelque chose du caractère oriental, qui rappelle l'Asie, d'où la race germaine est, dit-on, issue, l'Allemagne se plaît aux formes matérielles du symbole juridique. Aussi possède-t-elle encore un Droit, non sacerdotal, mais patricien, ce

---

(1) Le plus rude coup porté au symbolisme juridique des Romains l'a été par la loi *OEbutia*, qu'on croit être peu antérieure à Cicéron, et par les deux lois *Julia*, dont l'une est certainement d'Auguste et dont l'autre est peut-être de Jules-César lui-même. C'est l'époque du triomphe complet de l'élément plébéien. Sur ces lois, *voyez* ce que j'ai déjà dit ci-devant, p. 179 et la note.

(2) Cf. p. 296 à 300, et la fin du chapitre précédent, p. 334, 335.

qui diffère peu quant au résultat, tout en n'étant pourtant pas précisément la même chose (1).

En Angleterre, où la lutte des deux éléments se maintient, le Droit n'a pas encore un caractère fixe et déterminé. Dans cet antagonisme entre l'esprit et la matière, entre l'élément plébéien et l'élément patricien, le symbolisme juridique, ébranlé sur sa vieille base, résiste encore, mais en chancelant. Lorsque les symboles tomberont, l'Angleterre sera entrée dans les voies de la civilisation occidentale, le principe politique de la société britannique sera changé, l'élément plébéien aura définitivement triomphé; l'étroit et rigoureux formalisme aura disparu.

La meilleure condition pour un peuple, loin de résider dans la domination absolue d'un seul de ces deux éléments, consiste, sinon dans leur lutte, du moins dans leur combinaison et leur équilibre. Avec l'unité d'élément, on a l'immobilité ou l'agitation, le despotisme ou l'anarchie, c'est-à-dire la mort dans l'association politique, mort de consomption dans un cas, mort violente dans l'autre. Avec la lutte des deux principes, il n'y a qu'incertitude, trouble, malaise; avec l'équilibre, on a le mouvement et la vie.

---

(1) Cf. ce que j'ai dit sur le Droit allemand dans le précédent chapitre, p. 332, 333, et à la fin du chapitre II de ce 2e livre, p. 300, 301. Il n'y a aucune contradiction entre le chapitre précédent et le chapitre actuel. Car un Droit peut n'être pas sacerdotal et être néanmoins patricien. Quoique venant du même principe, il y a une nuance entre ces deux éléments. L'élément sacerdotal est le *nec plus ultra* de la pétrification sociale. D'autre part, le génie d'un peuple peut fort bien être celui de l'indépendance personnelle, être représenté, dans le Droit privé, par le principe de la liberté personnelle, quoique le Droit politique soit un Droit tout patricien. L'histoire des Francs contient un exemple qui peut contribuer à faire saisir ces deux nuances. Clovis est obligé de céder devant le Franc qui s'oppose à ce qu'il s'approprie, après la bataille, un objet déterminé du butin, convoité par ce prince. Plus tard, Clovis, pour se venger, fend la tête à ce même compagnon, en vertu de son autorité de chef, sans s'exposer par cet acte à l'esprit de révolte.

Quand on dit que l'élément actif ou plébéien triomphe chez un peuple, cela signifie que, se dégageant des entraves qui le retenaient captif, il est entré dans la direction de la société. Mais cela ne veut pas toujours dire qu'il a absorbé l'élément passif ou patricien. Le comble de l'habileté politique consiste à balancer l'un par l'autre les deux éléments opposés, sans en détruire aucun. Le triomphe de l'élément plébéien, qui est désirable, serait à déplorer, s'il avait pour conséquence de faire disparaître entièrement l'élément patricien ou conservateur, au lieu de se l'assimiler.

La spiritualisation du Droit, suite de l'émancipation de l'élément plébéien, est un progrès et un bien, mais elle devient bientôt un mal et un mal très-regrettable, si elle est absolue. Dans le Droit politique, cette spiritualisation absolue conduit à l'affranchissement de la garantie que donne la propriété foncière, qui est le symbole par excellence ; dans le Droit privé, elle renverse toutes les formes, dont le symbole est la manifestation la plus expressive. Cette spiritualisation du Droit privé a conduit la France à la suppression de la tradition dans la vente des immeubles, ce qui peut très-bien se justifier, et à la suppression de la transcription même de la vente sur un registre public comme condition de la validité de l'aliénation au respect des tiers, ce qui excite aujourd'hui un cri général de réprobation. Voilà où mène l'excès dans la spiritualisation du Droit. Le matérialisme éclairé des formes vaut mieux que ce spiritualisme exagéré. C'est ainsi qu'à force de se spiritualiser, le Droit se volatilise. Insaisissable, éthéré, il échappe à toute appréhension par son extrême ténuité. C'est un pur esprit qui n'est pas de ce monde et qui éblouit le regard ou lui échappe.

Le Droit, destiné à l'homme qui n'est pas un pur esprit, a besoin de s'accommoder à la double nature de l'hu-

30

manité. Il faut qu'il tienne au sol, où l'homme réside, et qu'il soit spiritualiste comme l'homme est intelligent, c'est-à-dire sans être dominé par la matière, par la forme, mais sans en être affranchi. Car, pour l'homme, l'affranchissement absolu de la forme, c'est la mort; pour le Droit, c'est la même chose.

Le symbole, on le voit, est un indice presque infaillible de l'état politique d'un pays, une mesure à peu près certaine de la civilisation. Le Droit le plus fécond en représentations symboliques est celui qui parle le plus vivement à l'imagination, qui se prête le mieux aux inspirations de la poésie; mais ce n'est pas assurément celui qui est le plus à l'abri de la critique et qu'on doit le plus affectionner dans l'intérêt des destinées humaines.

NOTES, DÉVELOPPEMENTS

ET EXPLICATIONS.

———✦———

INTRODUCTION.

———✦———

Note A. — (*Voy.* Introd., p. 17.)

AUTORITÉ D'HOMÈRE AUPRÈS DES JURISCONSULTES ROMAINS.

Homère est cité assez souvent dans le Digeste. Il est cité tantôt par allusion et tantôt nominativement.

M. Giraud se trompe, lorsqu'il dit que son nom n'est cité que *six* fois dans les Pandectes (1).

Le nom d'Homère est cité au moins *neuf* fois textuellement dans le Digeste, et ses vers *huit* fois, dont *sept* avec le texte grec et *une* fois en indiquant le sens d'un passage de l'Odyssée. C'est du moins ce que j'ai relevé moi-même dans le Digeste.

Je me borne à indiquer ici les lois où il est question d'Homère :

1º *De verbor. signif.*, l. 236; L. XVI.

2º *De pœnis*, l. 16, § 8; XLVIII, 19.

3º *De legatis*, l. 52, § 2; III (32).

4º *De legatis*, l. 65, § 4; id.

5º *Ad leg. Jul. de adult.*, l. 13, § 1; XLVIII, 5.

6º *De contrah. nupt.*, l. 1, § 1; XVIII, 1.

7º *De suppellectile*, l. 9, § 1; XXXIII, 10.

8º *De gradibus*, l. 4, § 6; XXXVIII, 10.

9º *De mortis causâ donat.*, l. 1, § 1; XXXIX, 6.

Dans ce dernier texte son nom seul est cité.

Justinien, dans ses Institutes (lib. I, tit. II, § 2), a soin de prévenir que, lorsqu'il dit *le Poète*, c'est Homère qu'il veut désigner, en parlant

(1) *Introd. Hist. aux Élém. d'Heineccius*, p. 282 à la note.

des Grecs. M. Giraud assure qu'il est cité nominativement *trois* fois dans les Institutes (1).

Scipion Gentili et Samuel Fermat ont expliqué l'histoire de l'influence d'Homère sur les jurisconsultes romains. *Voyez* les deux livres *Parergorum* de Gentili dans le IVe volume du trésor d'Otton, et la Dissertation de Fermat, fils du géomètre, *De auctoritate Homeri apud jurisconsultos*, dans le VIIIe volume (suppl.) du *Trésor* de Meermann. Cette dissertation a aussi été imprimée à Toulouse, avec d'autres mélanges, in-8°, 1680. Consultez aussi sur ce sujet M. Giraud, *Introd. hist. aux Éléments d'Heineccius*, p. 281, 282.

Note B. — (*Voy.* Introd., p. 30, 31, 52, 53.)

EXEMPLES DE FORMES TAUTOLOGIQUES A DEUX, TROIS, QUATRE TERMES ET PLUS, TIRÉS DU DROIT DE PLUSIEURS PEUPLES ET PARTICULIÈREMENT DU DROIT ROMAIN, DU DROIT FRANÇAIS ET DU DROIT ALLEMAND.

Grimm divise toutes les formes tautologiques en deux classes, à deux et à trois termes (2). On en trouve cependant quelques-unes à quatre et même à cinq termes. Mais elles sont en si petit nombre, que Grimm a fort bien pu ne pas en tenir compte. J'en citerai quelques exemples.

§ I. — FORMES TAUTOLOGIQUES A DEUX TERMES.

I. — Formes romaines (3).

Jus fasque (4).
Juste pieque.
Ope et consilio.
Æquius, melius.
Solum, purum.
Palam atque aperte.
Uti, frui.
Nei habeto, neve fruimino.
Vendere obligareve.
Inquinetur, vitietur.
Corrumpatur, deteriorve fiat.

Jus potestasque (5).
Ut perpetuum firmumque observatis.

(1) *Ibid.*
(2) *Deuts. Rechtsalt.*, p. 14.
(3) *Voy.* Grimm, p. 25 et 26.
(4) Les formes de ce groupe sont extraites par Grimm, du Recueil de Brisson.
(5) Grimm a tiré ce groupe du Recueil de formules publié par Spangenberg.

Fixum ratumque sit. (a. 475)

Liberaliter et amanter. (a. 475)

Omnino et absolute.

Fieri præstarique volo.

Volo ac jubeo. (a. 502-542)

Spondeo atque promitto. (a. 587)

Complevi et absolvi. (a. 639)

Volumus jubemusque (1).

II. — Formes latines du moyen âge (2).

Mundeburde vel defensione.

Mundiburdum vel defensionem. (a. 784)

Mundiburdus sive procurator.

Trustem et fidelitatem.

Consensu et consilio.

Firmiter et pleniter.

Firmiter et stabiliter.

Firma et stabilis. (a. 744, 776)

Totum et integrum. (a. 752)

Vacuum et inane apparent.

Teneant et possideant.

Habet et continet.

Egeris, gesseris.

Dono atque trado. (a. 757)

Decernimus ac jubemus.

Rogatus et petitus. (a. 775)

Devulgatum et patefactum.

Promittere et conjurare.

Ministrare et adimplere.

Statuimus et ordinamus (3).

Jubemus et mandamus.

Servabunt et faciunt servari.

Volumus atque precipimus (4).

Honorabo et salvabo (5).

---

(1) Tite-Live, XXVI, 33; jugement des Campaniens.

(2) *Voy.* Grimm, p. 23 et 24. Les ouvrages ou les lois d'où ces formes sont tirées y sont indiqués.

(3) Aucune des formes de ce groupe n'est extraite de l'ouvrage de Grimm. Pour les trois premières, *voy.* une ordonnance de saint Louis citée par Claude Menard dans ses *Observations* sur Joinville, p. 393 de l'édit. de Ducange, 1668.

(4) Au. 833; *Histoire du Languedoc*, I, dipl. 53; — autre, dans Baluze, II, 269, addit., cap. III.

(5) *Capit. Car. calvi, tit. 26.*

Honoratum ac salvatum (1).
Legem et justitiam (2).
Legem et consuetudinem (3).
Dedimus et concessimus (4).
Habendas et tenendas (5).
Statuimus et sancimus (6).
Volumus atque jubemus (7).
Volumus et concedimus (8).
Fixum ratumque (9).

III. — Formes françaises (10).

Riches et manant.
Lies et baux (11).
Mus (*mutus*) et taisant.
Volentiers et de gré.
Tost et delivrement.
Teue et celée.
Otroié et graé.
Juri et plevi.
Fervestir et armer
Tenir et palmoier.
Ne guerpir ne laissier.
Guerpi et laissié.

Joyaux et lies (12).
Demanda aïe et socors (13).
Lor gent ocient et abattent (14).

(1) *Ibid.*
(2) *Ibid.*
(3) Préambule de la Charte de Saint-Dizier de 1228 (les *Olim*, II, 702).
(4) Charte citée de Saint-Dizier et charte de Henri II, de 1455; Brussel, *Usage général des fiefs*, à la fin du 2e volume.
(5) Charte citée de Henri II.
(6) *Usatges* de Catalogne, an. 1060 ; *usatge* 142.
(7) *Car. calvi Capitul.*, ann. 869, cap. XL. Baluze, II, 215, ap. F. Hélie, *Inst. crim.*, t. I, p. 276.
(8) Ord. juin 1319, art. 13. Louvre, I, 688, *ap.* F. Hélie, *Inst. crim.*, t. I, p. 435.
(9) Testam. de Perpétue, évêque de Tours. Laferrière, *Hist. du Dr. civ. de Rome et du Dr. fr.*, t. II, p. 512.
(10) Grimm, p. 22.—Mais je dois faire observer que les formes du premier groupe sont tirées de quelques ouvrages poétiques.
(11) *Læti et hilares.*
(12) Les formes de ce groupe sont également extraites de plusieurs vieux poëmes. Ducange, vo *canterina*, II, 194.
(13) Wace, *Brut*, v. 2698 ; édit. de Leroux de Lincy, t. I, p. 129.
(14) *Ocient, occidunt;* id., v. 3157; *ibid.*, p. 150.

Joie firent mult furent lié (1).
Et li chaitif braient et crient (2).
A un port vinrent, s'arivèrent (3).
Sergans aler, sergans venir,
Et ostex saisir et porprandre (4).
A grant joie et à grant liesce (5).
Te doivent aidier et valoir (6).
Quant prest et apparillée furent (7).

Prendront ne laisseront prendre (8).
Dons ne presens.
Rendre et restituer.
Ils sçauront et congnoistront.
Deffendons et prohibons.
Voulons et entendons.
Prins et accepté (9).
Prennons et acceptons.
Avons promis et promettons.
Continuer et entretenir.
Promises et jurées.
Promettons et jurons.
Voulons et consentons (10).
Voulons estre alliéz et nous allions.
Juré et affermé (11).
Serment et foy.
Tenir et garder.
Voudrent (voulurent) et accordèrent.
Avons dit et déclaré (12).

(1) *Brut*, v. 4201 ; t. I, p. 199.
(2) *Id.*, v. 6243 ; *id.*, p. 288.
(3) *Id.*, v. 6861 ; *id.*, p. 316.
(4) *Id.*, v. 10612 et 10613 ; t. II, p. 102.
(5) *Id.*, v. 10681 ; *id.*, p. 105.
(6) *Id.*, v. 11249 ; *id.*, p. 130.
(7) *Id.*, v. 11400 ; *id.*, p. 136.
(8) Ce groupe n'est pas tiré de Grimm. Les six premières formes sont extraites d'une ordonnance de saint Louis de l'an 1256. *Voy.* Joinville, p. 122, 123, édit. in-fol., 1668, et Ducange, *Observations sur Joinville*, p. 107.
(9) Cette forme et les cinq qui suivent sont tirées du *Pacte de fraternité d'armes* entre Louis XI et Charles, duc de Bourgogne. Ducange, dissert. 31, à la suite de Joinville, p. 265.
(10) Cette forme et la suivante sont tirées du *Pacte de Fraternité* entre Duguesclin et Olivier de Clisson. Ducange, *id.*, p. 266.
(11) Cette forme et les trois suivantes sont tirées de *l'Establiss. des mestiers de Paris*, par Est. Boileau, septembre 1321.
(12) Cette forme et les trois autres sont tirées des Lettres de rémission d'Henri I en faveur des enfants de Robert Estienne, août 1552. *Biblioth. de l'École des Ch.*, t. I, p. 572.

Disons et déclairons.

N'avons entendu et n'entendons.

Avoir esté ne estre.

Assent et octroy (1).

Voulons et octroions (2).

IV. — Formes allemandes (3).

Kraft und Macht.

Sicher und gewiss.

Fest und dauerhaft.

Schuldig und pflichtig.

Sein und bleiben.

Weisen und erkennen.

§ II. — FORMES TAUTOLOGIQUES A TROIS TERMES.

I. Formes romaines (4).

Dare, facere, præstare (5).

Do, lego, testor.

Datum, assignatum, adscriptum.

Volo, statuo, jubeo (a. 475) (6).

Permitto, volo, statuo. (a. 475)

Volo, rogo, statuo.

Rogo, volo, statuo.

Heredes, scribo, dico, statuo.

Dedero, legavero, darive jussero.

Consensi, subscripsi, adsignavi. (a. 251)

Relegi, consensi et subscripsi. (a. 523-539)

Fiat, detur, præstetur. (a. 571)

Dari, fieri, præstarique. (a. 174-251)

Habeant, teneant, possideant. (6 sec.)

Habeat, teneat, possideat. (a. 587)

Habere, tenere, possidere. (a. 540)

Res dare, facere, solvere (7).

---

(1) Ligue de Pierre de Dreux-Mauclerc, duc de Bretagne, avec les comtes d'Angoulême et de Saint-Pol, contre le clergé; an. 1247, *ap.* Michelet, *Hist. de Fr.*, II. 616 à la note.

(2) Ord. 15 mai 1315, art. 17; collect. Louvre, I, 561 ; *ap.* F. Hélie, *Inst. crim.*, t. I, p. 432.

(3) Grimm, p. 14 et 15.

(4) *Voy.* Grimm, p. 25 et 26.

(5) Cette forme et les deux suivantes sont tirées du Recueil de Brisson.

(6) Cette forme et les douze qui suivent sont tirées, par Grimm, du Recueil de Spangenberg.

(7) Tite-Live, I, 13.

II. — Formes latines du moyen âge (1).

Testes nec boni, nec veri, nec receptibiles.
Ductus (tutus), quietus atque securus.
Bene et honeste et utiliter. (a. 1090)
Habeat, teneat et possideat.
Habeant, teneant atque possideant. (a. 744, 772, 783)
Habeant, teneant et possideant. (a. 1244)
Egeris, feceris, gesserisve.
Dono, lego atque trado. (a. 795)
Dono, trado, atque transfundo. (a. 802)
Dono et pertrado et pertransfundo. (a. 752)
Damus, tradimus et donamus.
Rogo, preco atque supplico.
Pronuntiamus, laudamus, dicimus. (a. 1291)
Laudamus, adjuvamus, confirmamus. (a. 1090)
Ordinavi, statui et confirmavi. (a. 1068)
Approbavit, ratificavit et laudavit. (a. 851)
Constituimus, volumus et ordinamus. (a. 851)
Contestamur omnes, convenimus cunctos, monemus universos. (a. 1090)
Placuit atque convenit atque adcrevit mihi voluntas. (a. 680-690)
Providere, regere, gubernare.
Maneant, consistant, perseverent. (a. 1090)
Monuerunt, requisiverunt et petiverunt. (a. 1403)
Dici, declarari et indicari.
Infringens, irritans, annihilare volens.
Per vim tulerit, et raubaverit et expoliaverit.

Statuimus, volumus et mandamus (2).
Jus, fas atque licentiam (3).
Faciendi, statuendi atque construendi.
Fidelis et obediens et adjutor (4).
Ad habendum, possidendum, tenendum (5).
Volo, rogo, statuo (6).

---

(1) Grimm, p. 24 et 25. Il cite le recueil d'où il a tiré chaque forme du premier groupe.

(2) Ordonn. de saint Louis citée par Cl. Menard, *Observ. sur Joinville*, p. 393, édit. de Ducange.

(3) Cette forme et la suivante sont tirées d'un diplôme d'Otton III, rapporté par Laboulaye, *Histoire de la prop.*, p. 331.

(4) *Capit. Caroli calvi, tit.* 44.

(5) Dipl. de Charles de Prov., an. 862. *Biblioth. de l'École des Ch.*, t. I, p. 456.

(6) Testam. de Perpétue, évêque de Tours. Laferrière, *Hist. du Dr. civ. de Rome et du Dr. fr.*, t. II, p. 512.

III. — Formes françaises (1).

Lerres, traistres et briseres de chemin (2).
Prison, cep et buie fermée.
Baus (*hilares*) et joyaux et lies (*lœti*).
Rice d'avoir, manant et acasé.
Rice d'avoir, acasé et garni.

Maimbour, protecteur et deffendeur (3).
Recordons, salvons et wardons.
Salvent et wardent et recordent.
Concéder, gracier et ottroier.

Sans nostre congié, licence et permission (4).
Avons fait, contracté et conclud (5).
Faisons, contractons et concluons.
Nous faisons, constituons et déclarons.
Avons promises, accordées et jurées (6).
Promettons, accordons et jurons.
Leur avons quicté, remys et pardonné (7).
Quictons, remectons et pardonnons.
Donnons, transportons et délaissons (8).

IV. — Formes allemandes (9).

Gericht, Herrlichkeit und Freiheit.
Herrlichkeit, Freiheit und Gerechtigkeit.

(1) Grimm, p. 22.
(2) Les formes de ce premier groupe appartiennent à des œuvres poétiques et sont tirées de Grimm, *loc. cit.*
(3) Les formes de ce groupe et du suivant sont juridiques. Celles du premier sont tirées des Recueils de Weismes, de Stavelot et de Malmedy, et sont citées par Grimm.
(4) Les formes de ce groupe ne sont pas dans l'ouvrage de Grimm. Pour cette première forme, *voy.* une ordon. de saint Louis, de 1256, rapportée par Joinville, p. 122, 123, et par Ducange, *Observ.* à la suite de Joinville, p. 107, édit. in-fol., 1668.
(5) Cette forme et les deux suivantes sont tirées du *Pacte de fraternité d'armes* entre Louis XI et Charles de Bourgogne, déjà cité.
(6) Cette forme et la suivante sont tirées du *Pacte de fraternité* entre Duguesclin et Olivier de Clisson, déjà cité.
(7) Cette forme et la suivante sont tirées des *Lett. de rémission* en faveur des enfants de Rob. Estienne, déjà citées.
(8) Traité de septembre 1423 entre Bedfort et le duc de Bourgogne. Archiv., *Trésor des Chartes*, J. 249, N. 12 et 13; *apud* Michelet, *Hist. de Fr.*, V, 24, note 2.
(9) Grimm, p. 15 à 19. Les Recueils d'où ces formes sont tirées y sont indiqués exactement.

Mit Willen, Rath und Gunst.
Ledig, frei und los.
Frî, ledig und los.
Sein, bleiben und gehalten werden.
Gesagt, erkannt, geweist.
Bekennen, weisen und sprechen.

§ III.—FORMES TAUTOLOGIQUES A QUATRE, A CINQ TERMES ET PLUS,

I. — Formes romaines (1).

Do, lego, volo, statuo.
Dono, cedo, trado et mancipo. (a. 587)
Transcribo, cedo, trado et mancipo. (a. 625)
Bonum, fortunatum, felixque salutareque siet (2).

II. — Formes latines du moyen âge (3).

Ut fiat, detur, præstetur, impleatur.
Sciat, dicat, contestetur, admoneat. (a. 1090)

III. — Formes françaises.

Fierent, batent, ocient, matent (4).
Avons dit, déclaré, voulu et ordonné (5).
Disons, déclarons, voulons et ordonnons (6).
De le porter, aider, soutenir, favoriser et secourir (7).

IV. — Formes allemandes (8).

OEffentlich, hell, lauter und verstændiglich lesen.
Quit, frei, sicher, müssig, ledig und los sagen und zelen.

(1) Pour les trois premières, Grimm, p. 25 et 26, qui les a extraites du Recueil de Spangenberg.
(2) *Tabulæ cens.,* apud Varro, *Ling. lat.,* VI, 86.
(3) Grimm, p. 24 et 25 ; il indique ses sources.
(4) *Fierent, ferunt; ocient, occidunt; matent* de *matare,* basse latinité, en italien *ammazare.* Wace, *Brut,* v. 3155, t. I, p. 150.
(5) Édit de février 1566 sur les petits domaines. Fontanon, II, 291.
(6) *Ibid.*
(7) *Pacte de fraternité d'armes* entre Louis XI et le duc de Bourgogne, déjà cité.
(8) Grimm, p. 17.

Note C. — (*Voy.* Introd., p. 34).

EXEMPLES DE FORMES TAUTOLOGIQUES ALLITÉRÉES.

I. — Formes romaines (1).

Felix Faustumque sit.
Fidem et Fœdera serva.
Puro Pioque duello.
Potes Pollesque (2).

Censeo, Consentio, Conscisco.

II. — Formes latines du moyen âge (3).

Firmum Fixumque.
Trado atque Transfundo. (a. 744, 759)
Tradimus atque Transfundimus. (a. 776)
Solve ac Satisfac.

Confirmavimus, Corroboravimus, Consolidavimus. (a. 1090)

III. — Formes allemandes (4).

Ganz und Gar.
Helfend und Haltend.
Eigen und Erbe.
Gut oder Geld.
Haut und Haar.
Schuld und Schaden.
Hauset noch Hofet.
Halten oder Haben.

Kurz und Klein (5).
Versehen und Verhoffen.

---

(1) *Voy.* Tite-Live, I, 9, 13 et 24; II, 20; VIII, 6;—Grimm, *Poesie im Recht*, § 5.
(2) Tite-Live, *Hist.* I, 24.
(3) *Voy.* Grimm, *Deuts. Rechtsalt.*, p. 23, 24, 25. *Voy.* un autre exemple, ci-devant, p. 313, no 2.
(4) Toutes les formes du premier groupe sont tirées du § 5 de la *Poesie im Recht* de Grimm.
(5) Pour les formes de ce groupe, *voy.* Grimm, *Deuts. Rechtsalt.*, p. 14-18.

Krige, Kumber und Koste.
Gefast, Gewert und Geeignet. (a. 1359)
Vereinen, Verbünden und Verstricken. (a. 1366)

Note D. — (*Voy*. Introd., p. 37).

RÈGLES ET MAXIMES DU DROIT ROMAIN QUI ONT LA MESURE
SYLLABIQUE ET LA RIME OU L'ASSONANCE.

**I. — Maximes qui ont la mesure et l'assonance et où l'assonance
se présente régulièrement.**

Fœminæ ab omnibus officiis
Civilibus vel publicis
Remotæ sunt.
Et ideo nec judices esse possunt,
Nec magistratum gerere,
Nec postulare, nec pro alio intervenire
Nec procuratores existere. — D. *de reg. jur.* 2.

Ejus est nolle
Qui potest velle. — D. *de reg. jur.*, 3.

Id quod nostrum est
Sine facto nostro ad alium transferri non potest.—Id., 11.

Quatenùs cujus intersit,
In facto non in jure consistit. — Id., 24.

Semper in stipulationibus
Et in cæteris contractibus
Id sequimur quod actum est.
Aut si non appareat quid actum est,
Erit consequens ut id sequamur,
Quod in regione in quâ actum est frequentatur. — Id., 34.

Nihil tam naturale est
Quàm eo genere
Quidve dissolvere
Quo colligatum est :
Ideo verborum obligatio
Verbis tollitur :
Nudi consensus obligatio
Contrario consensu dissolvitur. — Id., 35.

Culpa est immiscere se rei
Ad se non pertinenti. — D. *de reg. jur.*, 36.

Non videtur quisquam id capere,
Quod ei necesse est alio restituere. — Id., 51.

Bona fides non patitur,
Ut bis idem exigatur.— Id., 57.

Domum suam reficere unicuique licet,
Dùm non officiat invito alteri, in quo jus non habet. — Id., 65.

In totum omnia,
Quæ animi destinatione agenda sunt
Non nisi verâ et certâ scientiâ
Perfici possunt. — Id., 76 (1).

Donari videtur,
Quod nullo jure cogente conceditur. — Id., 82.

Ejus est actionem denegare,
Qui possit et dare. — Id., 102.

Qui in servitute est,
Usucapere non potest :
Nam, cùm possideatur,
Possidere non videtur. — Id., 118.

Nemo plus commodi hæredi suo relinquit,
Quam ipse habuit. — Id., 120.

Nihil dolo creditor facit,
Qui suum recipit. — Id., 129.

Omnis hæreditas, quamvis postea adeatur,
Tamen cum tempore mortis continuatur. — Id., 138.

Nunquam crescit ex post facto
Præteriti delicti æstimatio. — Id.

Nemo videtur fraudare eos, qui sciunt
Et consentiunt. — Id., 145.

(1) Ces assonances sont très-régulières, mais elles sont croisées. C'est une particularité qu'on a déjà pu voir dans le dernier groupe de la page précédente, et qu'on
remarque dans Virgile lui-même, dans ces beaux vers de l'épisode de Prométhée :

. . . . rostroque immanis vultur obuncO,
Immortale jecur tundens, fecundaque pœnIS
Viscera, rimaturque epulis, habitatque sub altO,
Pectore : nec fibris requies datur ulla renatIS.

Fere quibuscumque modis obligamur,
Iisdem in contrarium actis liberamur : ,
  Cum quibus modis adquirimus,
Iisdem in contrarium actis amittimus. — Id., 153 (1).

Non videtur vim facere, qui jure suo utitur,
  Et ordinariâ actione experitur. — Id., 155, § 1.

    Quod cuique præstatur,
    Invito non tribuitur. — Id., 156, § 4.

  Non est singulis concedendum
    Quod per magistratum
    Publice possit fieri,
Ne occasio sit majoris tumultûs faciendi. — Id., 175, § 1.

  Infinita æstimatio est libertatis
    Et necessitudinis. — Id., § 2 (2).

    Actionis verbo
    Non continetur exceptio. — D. verb. signif., 8.

    Plus est in restitutione
    Quam in exhibitione :
      Nam exhibere
    Est præsentiam corporis habere ;
      Restituere
    Est etiam possessorem facere,
      Fructusque reddere. — Id., 22.

Dedisse, intelligendus est etiam is, qui permutavit,
    Vel compensavit. — Id., 76.

    Derogatur legi aut abrogatur.
    Derogatur legi, cum pars detrahitur :
    Abrogatur legi, cum prorsùs tollitur. — Id., 102.

(1) Cette maxime peut encore être construite ainsi, en croisant les rimes :

    Fere quibuscumque modis
        Obligamur,
      Iisdem in contrarium actis
        Liberamur ;
      Cum quibus modis
        Adquirimus,
      Iisdem in contrarium actis
        Amittimus.

(2) Les règles ou maximes qui précèdent sont toutes tirées du titre *de Regulis juris.* Celles qui suivent appartiennent à plusieurs titres différents. Je n'ai pas donné toutes celles qui ont les mêmes formes.

Anniculus amittitur,
Qui extremo anni die moritur. — *Id.*, 132.

Solvere dicimus eum qui fecit,
Quod facere promisit. — Id., 176.

Inter divortium et repudium hoc interest,
Quod repudiari etiam futurum matrimonium potest. — Id., 191.

Qui fundum vendidit,
Pomum recepit. — Id., 205.

Ut sunt judicio terminata,
Transactione compositâ,
Longioris temporis silentio finita. — Id., 230.

Fabros tignarios dicimus non eos duntaxat, qui tigna dolarent :
Sed omnes qui ædificarent. — Id., 235, § 1.

Duobus negativis verbis
Quasi permittit lex magis,
Quam prohibuit :
Idque etiam Servius animadvertit. — Id., 237.

Contractus ineundi sunt voluntatis,
Initi sunt necessitatis.

Qui prior est tempore,
Potior est jure. — D. *qui potiores.*

ii. — Maximes où l'assonance se présente irrégulièrement.

Velle non creditur,
Qui obsequitur
Imperio patris vel domini. — *De Reg. jur.*, 4.

Quo tutela redit,
Eo hæreditas pervenit,
Nisi cùm fœminæ hæredes intersunt. — Id., 73.

Actus legitimi qui recipiunt diem
Vel conditionem,
Veluti mancipatio, acceptilatio,
Hæreditatis aditio,
Servi optio, datio tutoris,
In totum vitiantur per temporis
Vel conditionis adjectionem :
Nonnunquam tamen actus supra scripti tacite recipiunt,
Quæ aperte comprehensa vitium adferunt. — Id., 77.

Quod, quis dùm servus est,
Egit :
Proficere, liberto facto, non potest. — Id., 146.

Quæ ab initio
Inutilis fuit institutio,
Ex post facto convalescere non potest. — Id., 210.

Pueri appellatio tres significationes habet :
Unam, cùm omnes servos pueros appellaremus :
Alteram, cùm puerum contrario nomine puellæ diceremus :
Tertiam, cùm ætatem puerilem demonstraremus. *De Verb. sig.* 204.

III. — Maximes qui ont la mesure seulement sans assonance.

Regula est, quæ rem, quæ est, breviter enarrat.
Non ex regulâ jus sumatur :
Sed ex jure quod est, regula fiat. — *De reg. jur.* 1.

Jura sanguinis nullo jure civili dirimi possunt. — Id. 8.

Semper in obscuris quod minimum est sequimur. — Id. 9.

Is qui actionem habet ad rem recuperandam,
Ipsam rem habere videtur. — Id., 15.

Imaginaria venditio non est pretio accedente. — Id., 16.

Non debet, cui plus licet, quod minus est, non licere. — Id., 21.

In personam civilem nulla cadit obligatio. — Id., 22.

Plus cautionis in re est quàm in personâ. — Id., 25.

Nuptias non concubitus, sed consensus facit. — Id., 30.

Quod ad jus naturale attinet,
Omnes homines æquales sunt. — Id., 32.

Non debet actori licere,
Quod reo non permittitur. — Id., 41.

Culpâ caret, qui scit, sed prohibere non potest. — Id., 50.

Invito beneficium non datur. — Id., 69.

Nulla intelligitur mora ibi fieri,
Ubi nulla petitio est. — Id., 88.

Non solent quæ abundant vitiare scripturas. — Id., 94.

31

Omnia, quæ jure contrahuntur,
Contrario jure pereunt. — Id., 100.

Nemo domo suâ extrahi debet. — Id., 103.

Ubicumque cognitio est,
Ibi prætor desideratur. — Id., 105.

Libertas inæstimabilis res est. — Id., 106.

Cum servo nulla actio est. — Id., 107.

In toto pars continetur. — Id., 113.

Res judicata pro veritate accipitur. — Id., 207.

Servitutem mortalitati ferè comparamus. — Id. 209.

Note E. — (*Voyez* Introd., p. 37, 38.)

RÈGLES ET MAXIMES RÉDIGÉES EN VERS ET ADMISES DANS LE DROIT
FRANÇAIS.

**— Maximes rédigées en latin avec une certaine mesure syllabique
et l'assonance (1).**

Resoluto jure dantis,
Resolvitur jus accipientis.

Inclusio unius
Exclusio alterius.

Qui negat de uno,
Negat de altero.

Quæ temporalia ad agendum,
Perpetua sunt ad excipiendum.

Qui possidet et contendit,
Deum tentat et offendit (2).

Sic lex,
Sic judex.

---

(1) Quelques-unes de ces maximes viennent du Droit romain; mais elles ont été
adoptées par le Droit français, où elles ont pris leur forme métrique.
(2) Maxime de notre ancien Droit coutumier en matière de saisine. C'est la présomption qui milite en faveur du détenteur. *Voyez* Loisel, *Instit.,* liv. V, tit. IV,
règle 2.

Tantum judicatum,
Quantum litigatum.

Onus probandi,
Incumbit actori.

Qui negligit censum
Perdat agrum (1).

Tantum præscriptum,
Quantum possessum.

Testis unus,
Testis nullus.

Vox unius,
Vox nullius.

Quod abundat
Non vitiat (2).

Factum judicis,
Factum partis.

Tantum operatur fictio in casu ficto,
Quam veritas in casu vero.

Quem de evictione tenet actio,
Eundem agentem repellit exceptio.

Maritus vivit dominus,
Moritur socius.

II. — Maximes rédigées en français, avec la mesure métrique seulement.

Coutume passe droit.

Nul seigneur sans titre.

Nulle terre sans seigneur.

Ne dote qui ne veut.

L'Église est dans l'État (3).

(1) Maxime usitée dans le précaire et reproduite par Loisel dans ses *Institutes*, liv. IV, tit. II, règle 22.

(2) On trouve la même maxime dans le Droit romain, mais sans la rime : Non solent quæ abundant vitiare scripturas. *De Reg. jur.*, 94.

(3) Les Vénitiens disaient :

Siamo Veneziani,
Poi Cristiani.

Tertullien a dit : Fiunt, non nascuntur Christiani. *Apolog.*

La possession vaut titre (1).

La truie ennoblit le pourceau (2).

Il n'est héritier qui ne veut.

Le mort saisit le vif (3).

Le roi ne meurt jamais (4).

Le roi ne meurt point (5).

Gentiléce vient d'hoirie.

Un ancien fief sent la noblesse (6).

Nul ne nait chevalier (7).

Qui fait l'enfant, le doit nourrir (8).

Le chanteau part le vilain (9).

Argent rachète morte-main (10).

Don mutuel ne saisit point (11).

Douaire coutumier saisit (12).

(1) Code civil, art. 2279.

(2) Maxime usitée en Champagne. Les Lyciens avaient un pareil droit. Ils portaient le nom de la mère ; la filiation se comptait par les femmes, et les enfants d'une femme libre qui avait épousé un esclave étaient libres et nobles. Hérodote, Livre I, § 173. *Voyez* ci-après p. 361 et la note 5.

(3) Sur l'origine de cette maxime, *voyez* les Observations de Laurière sur les *Institutes* de Loisel (liv. II, tit. v, règle 1). Cf. aussi ce que j'ai dit ci-devant, à la *Symbolique*, p. 49.

(4)-(5) Maxime qui n'est reçue dans notre Droit que depuis l'édit de Charles VI, du mois d'avril 1403, confirmé par l'édit du 26 décembre 1407, et par un arrêt du Parlement de Paris de 1498. Auparavant, le règne comptait du jour du sacre et du couronnement. *Voy.* Loisel, *Inst.*, liv. I, tit. i, n. 3, tome I, p. 32 à 34, édit. Dupin et Laboulaye.

(6) Delaunay, *Com. sur les Inst. de Loisel*, p. 128. *Voy.* les *Instit.* de Loisel, liv. I, tit. i, n. 9, et les *Commentaires* de Laurière ainsi que ceux de MM. Dupin et Laboulaye.

(7) Chevalerie, récompense du courage et de la vertu ; les rois mêmes étaient faits chevaliers.

(8) Loisel, *Inst.*, l. I, tit. i, règle 41.

(9) *Chanteau*, pain : Les serfs sont divisés quand le pain n'est plus commun et partagé. *Voyez* ci-après p. 360, note 8.

(10) Loisel, *Inst.*, l. I, règle 77 ; *voyez* les observations de Laurière et celles de MM. Dupin et Laboulaye sur cette règle, qui présentait de grandes difficultés dans l'application (t. I, p. 130, édit. Dupin et Laboulaye).

(11) Loisel, *Inst.*, l. I, tit. ii, règle 27.

(12) *Id.*, tit. iii, règle 10.

Tuteur et curateur n'est qu'un.

Les tutelles sont datives.

Le pied saisit le chef (1).

Le bois acquiert le plain (2).

Convenances (3) vainquent loi.

Simple transport ne saisit point (4).

Il n'est pas marchand qui toujours gagne (5).

Perte et gain c'est marchandise (6).

Tout vendeur doit garantir.

Les premiers vont devant (7).

Rentes sont indivisibles (8).

Le cens est divisible (9).

Donner et retenir ne vaut.

Promettre et tenir sont deux (10).

Pour peu de chose, peu de plaid (11).

Témoins passent lettres (12).

(1) Cette maxime a un double sens, dont l'un est expliqué par de Laurière Loisel, l. II, tit. II, règle 29; et l'autre par Davot, sur la Coutume de Bourgogne. *Voy.* l'édit. de Loisel, par MM. Dupin et Laboulaye, t. I, p. 202.

(2) Empiétement d'une forêt banale sur les héritages voisins demeurés sans labeur pendant 30 années. Laurière sur Loisel, *Inst.*, l. II, tit. II, règle 30.

(3) Conventions. Loisel, *Inst.*, l. III, tit. I, règle 1. Cette règle est tirée des Assises de Jérusalem, cour des bourgeois, ch. CIII : *Convenant venque lei. Voy.* Laurière sur Loisel, t. I, p. 183, édit. Dupin et Laboulaye.

(4) Il faut la signification. Loisel, *Inst.*, l. III, tit. I, règle 10; et l. IV, tit. IV, règle 4.

(5) Loisel, *Inst.*, l. III, tit. IV, règle 4.

(6) Davot, sur la Coutume de Bourgogne, cité par MM. Dupin et Laboulaye dans leur édit. des *Institutes* de Loisel.

(7) Loisel, *Inst.*, l. III, tit. VII, règle 10. C'est la règle romaine *qui prior est tempore, potior est jure.*

(8) Loisel, *Inst.*, l. IV, tit. I, règle 25.

(9) *Id.*, tit. II, règle 1.

(10) *Id.*, l. IV, tit. IV, règle 6.

(11) *Id.*, l. V, tit. I, règle 5.

(12) Avant l'ord. de 1667. Loisel, l. V, tit. V, règle 5.

Lettres passent témoins (1).

Une fois n'est pas coutume (2).

Il est larron qui larron emble (3).

Le fait juge l'homme (4).

Qui veut bien juger, écoute partie (5).

Nécessité n'a point de loi (6).

III. — Maximes rédigées en français avec la mesure métrique et l'assonance finale.

Boire, manger, coucher ensemble,
C'est mariage, ce me semble (7).

Le feu, le sel et le pain
Partent l'homme morte-main (8).

Un parti,
Tout est parti (9).

Oignez vilain, il vous poindra ;
Poignez vilain, il vous oindra (10).

(1) De Laurière sur la dernière règle citée à la précédente.

(2) Loisel, l. V, tit. v, règle 11.

(3) *Id.*, l. VI, tit. i, règle 18. *Embler, voler.*

(4) *Id.*, tit. ii, règle 4.

(5) *Id.*, tit. iii, règle 12. *Voy.* ci-après p. 364, *in fine.*

(6) Loisel, *id.*, règle 14. M. Portalis a dit : *Nécessité fait loi.* (*De l'usage et de l'ab. de l'esprit philos.*) — *Voy.* ci-après, aux maximes du Dr. allemand, p. 366.

(7) Vieille maxime coutumière qu'il ne faut pas prendre à la lettre, en ce sens qu'il suffirait à une femme de passer la nuit avec un homme pour se dire mariée. Elle est relative à l'exécution du mariage qui couvre les irrégularités de la célébration. Aussi Loisel a-t-il soin d'ajouter : « mais il faut que l'Église y passe. » *Inst.*, l. 1, tit. ii, règle 6. *Voy.* Delaunay, *Comment. sur les Inst. cout. de Loisel*, règle 40, p. 293 à 297. Ainsi entendue, cette maxime peut encore aujourd'hui recevoir son application.

(8) Quand les mainmortables, vivant en commun, faisaient pain séparé, ils étaient censés établir entre eux une séparation de biens. Dans ce cas, la terre faisait retour au seigneur, qui succédait seul, au préjudice même de la ligne directe. *Partent* pour *partagent, séparent.* Loisel, *Inst.*, l. I, règle 76. *Voy.* Delaunay, ouv. cité, p. 452, 453 ; — Cout. du Nivernais, *Servit. pers.*, art 13 ; — Troplong, *Introd. au Comment. sur le Contrat de société.* — *Voy.* ci-devant p. 358, note 8 et ci-après note 9.

(9) Si l'un se séparait d'une communauté, par partage ou division de biens, tout le surplus, quant au seigneur, était réputé, *parti*, séparé, partagé, toute la communauté était dissoute, la succession réciproque abolie et le bien des décédés revenait au seigneur par droit de main-morte. *Voy.* Cout. du Nivern., art. 9 ; — Loisel, l. I, règle 75 ; — Delaunay, p. 451 ; — Troplong, *loc. cit.* — L'une de ces communautés s'est conservée dans le Nivernais. *Voy.* la lettre de M. Dupin à M. Etienne sur la communauté des Jault. *Réquisitoires*, t. VI. Cf. la note 8 ci-dessus.

(10) Proverbe juridique plutôt qu'une règle de Droit, mentionné d'ailleurs dans

Mariage,
Mort et vendage
Défait tout louage (1).

Vendage
Passe louage (2).

Qui mieux abreuve,
Mieux preuve (3).

Nul ne détient
Qui ne retient (4).

La verge anoblit,
Et le ventre affranchit (5).

Qui veut le roi,
Si veut la loi (6).

les *Institutes* de Loisel l. I, tit. ɪ, n. 31, édit. de Dupin et Laboulaye, t. I, p. 69, et dans le *Commentaire* de Delaunay, p. 227, 228. Richter, *axiomat. hist.*, ch. xxvɪɪɪ, a mis ce proverbe dans ces deux vers :

Rustica gens est optima flens : sed pessima gaudens ;
Ungentem pungit; pungentem turpiter ungit.

(1) Cout. de Lorraine, tit. xɪɪ, art. 27 ; Laurière, *Gloss.*, II, 72, et *voyez* ses observations sur Loisel, *Inst.*, l. III, tit. vɪ, règle 3.

(2) Loisel, *Inst.*, l. III, tit. vɪ, règle 1. *Voyez* sur la maxime précédente ce que dit Loisel à la règle 3 et les observations de de Laurière sur cette dernière règle.

(3) Loisel, *Inst.*, l. V, tit. v, règle 1. Cette maxime se rattache à l'époque de saint Louis et prit naissance dans la mauvaise humeur des barons au sujet de l'abolition du duel judiciaire que saint Louis remplaça par la preuve testimoniale, si mal vue alors par les seigneurs. Elle constate l'abus qu'on faisait déjà de la preuve testimoniale.

(4) Citée par Delamarre et Lepoitvin, *Contrat de commission*, II, n. 393.

(5) Vrai dans la plupart des anciennes coutumes. Dans quelques-unes le ventre anoblissait. *Voy.* ci-devant p. 350 et la note 2.

(6) Variante :

Que veut le Roy,
Ce veut la Loy.

On en a fait le vers suivant, qu'on trouve, avec cette variante, dans les Proverbes d'OEgidius Nuceriensis (Gilles de Nuits ou Desnoyers) :

Quæ vult rex fieri sanctæ sunt consona legi.

C'est le *quod principi placuit legis habet vigorem* des *Institutes* de Justinien, dont les Anglais avaient fait, dans leur ancien Droit, la maxime *à Deo rex, à rege lex*, maxime qui fut ruinée, comme je l'ai fait remarquer ailleurs, par la révolution de 1688, qui lui substitua la maxime contraire, empruntée d'ailleurs à Bracton, *sub lege Rex*. *Voyez* mon *Traité des Délits de la parole et de la presse*, t. I, p. 238, 2ᵉ édit. Il faut voir, au surplus, dans l'édition que MM. Dupin et Laboulaye ont donnée des *Institutes* de Loisel, les observations qu'ils font au sujet de notre règle ci-dessus, L. I, tit. ɪ, n. 1, t. I, p. 26 à 28.

> Li roy ne tient de nullui,
> Fors de Dieu et de luy (1).

> Fille fiancée
> N'est prise ni laissée (2).

> Fille fiancée
> N'est pas mariée (3).

> La douairière lotit,
> Et l'héritier choisit (4)

> L'aîné lôtit,
> Et le puîné choisit (5).

> On ne peut être héritier
> Et douairier (6).

> Qui garde (bail) prend,
> Quitte le rend (7).

> Terre chevauchée
> Est à demi mangée (8).

> Qui vend le pot,
> Dit le mot (9).

> De male vente,
> Telle rente (10).

(1) Cette maxime qu'on trouve en ces termes dans les Établissements de saint Louis (l. II, ch. LXXVI), a pris place dans notre ancien Droit public. Elle est admise par les *Institutes* de Loisel, en ces termes : *Le roi ne tient que de Dieu et de l'épée.*

(2)-(5) La première rédaction est de Loisel (*Inst.*, l. I, tit. II, règle 1), la seconde de Lhommeau (*Maximes du Droit français*, l. III, max. 44). Tel fiance, en effet, qui n'épouse point, dit Loisel ; car les fiançailles ne sont qu'une promesse qui permet de changer de volonté, sauf l'action en dommages-intérêts.

(4) Loisel, l. I, tit. III, règle 22.

(5) *Id., Inst.*, l. II, tit. VI, règle 1.

(6) *Id.*, règle 30.

(7) Si convient qu'il rende ce qu'il aroit tenu en bail quitte et délivre, sans dette nulle. Beaumanoir, XV, 3. *Voy.* Loisel, *Inst.*, l. I, tit. IV, règles 4 et 11.

(8) Ce qui signifie seulement qu'il faut avoir des terres qui ne soient pas trop éloignées de notre résidence, et sur lesquelles on puisse aller souvent, à cause de la déprédation des domestiques, quand les maîtres n'y sont plus. C'est une règle de conduite plutôt qu'une règle de Droit. Mais elle a pris place dans les *Institutes* de Loisel (l. II, tit. I, règle 18).

(9) C'est au vendeur à s'expliquer ; s'il s'explique mal, tant pis pour lui. Loisel, *Inst.*, l. III, tit. IV, règle 1.

(10) La vente déloyale tourne toujours à la ruine du vendeur, à cause du recours

En conquêt,
Ne gît retrait (1).

Qui sert et ne par-sert,
Son loyer perd (2).

Qui sert et ne continue,
Sa récompense est perdue (3).

Le cens n'est requérable,
Ains rendable et portable (4).

Souffrance
Est déshéritance (5).

Accoutumance
Est déshéritance (6).

Souffrance
Et accoutumance
Est déshéritance (7).

A tous seigneurs,
Tous honneurs (8).

Qui le sien donne avant mourir
Bientôt s'appreste à moult souffrir (9).

Au prester ami,
Au rendre ennemi (10).

Qui bien veut payer,
Bien se veut obliger (11).

de l'acheteur, ou parce que le bien mal acquis ne profite pas. Laurière sur Loisel, *Inst.*, l. III, tit. iv, règle 3.

(1) Loisel, *Inst.*, l. III, tit. v, règle 8.

(2) Si on ne sert pas pendant tout le temps qu'on s'est loué, on perd son loyer. Loisel, *Inst.*, l. III, tit. vi, règle 2.

(3) Même règle que la précédente.

(4) Loisel, *Inst.*, l. IV, tit. ii, règle 2.

(5) Bouteiller, *Somme rurale*, l. I, ch. xxxi. Celui qui souffre qu'un autre soit trop longtemps en possession de sa chose, la perd. De Laurière sur Loisel, l. IV, tit. iii, règle 33.

(6) Bouteiller, *id.*, ch. lxxxvi. Celui qui s'accoutume à payer une redevance qu'il ne doit pas, fait contre lui un titre à son adversaire. De Laurière, *loc. cit.*

(7) Loisel, *Inst.*, l. V, tit. iv, règle 28.

(8) *Id., id.,* l. IV, tit. iii, règle 37.

(9) *Id., id.,* l. IV, tit. iv, règle 14. Sage avertissement, dit De Laurière, plutôt qu'une règle de Droit.

(10) *Id., id.,* l. IV, tit. vi, règle 1.

(11) *Id., id.,* règle 2.

Le bon payeur
Est de bourse d'autrui seigneur (1).

Ancienneté
A autorité (2).

Témoin qui l'a veu est meilleur
Que cil qui l'a ouy, et plus seur (3).

Un seul œil a plus de crédit
Que deux oreilles n'ont d'*audivi*.

Voix d'un,
Voix de nun (4).

En grande pauvreté
N'y a pas grande loyauté (5).

Contre fort et contre faux,
Ne valent lettres ne sceaux (6).

Qui peut et n'empesche,
Pesche (7).

Qui fuit le jugement,
Condamné se rend (8).

Qui tost juge et qui n'entend,
Faire ne peut bon jugement (9).

(1) *Id.*, règle 4.
(2) *Id.*, l. V, tit. III, règle 1. In antiquis enunciativa probant.
(3) *Id.*, l. V, tit. v, règle 3. Oculis subjecta fidelibus. *Hor.*
(4) *Id.*, l. V, tit. v, règle 10.
(5) *Id.*, l. V, tit. v, règle 16. — Rara viget probitas, ubi regnat grandis egestas.
Villon a dit :

> Et sçaches qu'en grand poureté,
> Ce mot se dit communément,
> Ne gist pas trop grand loiauté.

Cependant Loisel a soin d'ajouter que *pauvreté n'est pas vice.*
(6) Rapportée par Olivier de la Marche, dans ses *Mémoires*, l. VI, p. 621, in-4o,
et citée par De Laurière dans ses observations sur les *Institutes* de Loisel, qui l'a
mis à la fin du tit. v, liv. V. Cela signifie que les contrats et les sceaux ont peu d'effet contre les personnes trop-puissantes et contre celles qui sont de mauvaise foi.
(7) Loisel, l. VI, tit. I, règle 4. Cette règle est prise de Masuer, tit. XXXVII,
p. 685 de la traduction française de Fontanon, 7e édit. in-12, Lyon, 1617.
(8) Loisel, l. VI, tit. I, règle 11.
(9) *Id.*, tit. III, règle 13. *Voy.* ci-devant p. 360.

Nécessité n'a loi,
Foi, ni roi (1).

Note F. — (*Voyez* Introd., p. 37.)

QUELQUES MAXIMES DU DROIT ALLEMAND AVEC LA MESURE MÉTRIQUE
ET LA RIME OU L'ASSONANCE.

Ist das Bett beschritten,
So ist das Recht erstritten.

Dès que le lit est couvert,
Le droit est acquis (2).

Ist der Finger (?) beringt,
So ist die Jungfer bedingt.

Quand l'anneau est au doigt,
La jeune fille est promise, fiancée.

Hehler
Sind stehler.

Recéleurs
Sont voleurs.

Gezwungner Eid
Ist Gote leid.

Serment forcé
Blesse Dieu.

Hast du mich genommen,
So must du mich behalten.

Une fois que tu m'as pris,
Il faut me garder (3).

(1) Loisel a dit : Besoin ou nécessité et volonté de roi n'ont loi. L. VI, tit. vi, règle 8. *Necessitas cogit legem.*
(2) Eisenhart, *Grundsœtze des deuts. Rechts in Spruchwœrtern,* p. 132, Leipzig, 1822. Cette maxime rappelle notre maxime de Droit : *La femme gagne son douaire au coucher.* Loisel, *Inst.,* l. I, tit. iii, règle 8; Cout. de Norm., art. 367. C'est, au reste, le Droit des anciens Germains qu'on retrouve dans le vieux Droit saxon, dans le *Speculator suevus* et dans les lois féodales du Tecklenbourg. *Voy.* Heineccius, *Ant. germ.,* III, 149, 150, 261; preuve de la filiation germanique de plusieurs de nos anciennes coutumes. *Voy.* Kœnigswarter, *Études hist. sur le Droit civ. franç.*— *Rev. de législ.* de Wolowski, t. XVII, p. 436 (I de la 3ᵉ série).
(3) Eisenhart, *Grundsœtze des deutschen Rechts in Sprüchwœrtern;* Leipzig, 1822. Cf. la règle 3 du tit. ii, l. I des *Inst. cout.* de Loisel.

Noth

Hat kein Gebot (1).

Nécessité

N'a pas de loi.

Note G. — (*Voyez* Introd., p. 41; *Symb.*, p. 40.)

FORMULES DU DROIT ROMAIN, CONSIDÉRÉES AU POINT DE VUE DE LA MESURE SYLLABIQUE ET DE LA RIME (2).

On sait que les recueils de Formules, publiés d'abord par Flavius, l'an 449 de Rome, ensuite par Sextus Ælius Catus, en 552, sont perdus. Gaius nous a conservé plusieurs fragments des formules orales usitées dans les *actiones legis*, avant l'abolition de ce mode de procéder et avant le remplacement de ces vieilles formules par le nouveau système qui prit naissance après la loi *OEbutia* et après les deux lois *Julia*. Il n'est pas invraisemblable d'admettre que ces fragments, cités par Gaius, se rattachent au moins aux formules publiées par Ælius. On peut tout aussi bien admettre également que les formules de ce recueil ne furent pas sans avoir quelque analogie avec celles que Flavius avait divulguées, ce qui rattacherait les formules, antérieures aux lois *OEbutia* et *Julia,* aux temps les plus reculés de la jurisprudence romaine. Cette filiation toute conjecturale, si elle était admise, unirait même à cette époque primitive les formules écrites du nouveau système formulaire usité du temps de Gaius et dont le commentaire de son 4e livre a révélé l'exposition. Car en comparant les anciennes aux nouvelles, il est bien évident que la rédaction des dernières a été souvent calquée sur celle du vieux formulaire. Tel est, d'ailleurs, le cours ordinaire des choses. On sentira mieux cette liaison quand j'aurai cité quelques exemples pris dans l'un et dans l'autre système.

Texte des formules orales appartenant au système des *actiones legis.*

Dans l'action connue sous le nom de *litis vindicatio* ou *lis vindiciarum,* celui qui revendiquait son esclave disait :

Hunc ego hominem ex jure quiritium meum esse aio,
Secundum suam causam, sicut dixi.
Ecce tibi
Vindictam imposui.

---

(1) *Voy.* ci-devant p. 360 et la note 6.
(2) Sur les formules, *voyez* encore ci-après, note I, p 373, 374, et à la *Symbolique*, p. 19, 40, 41 et suiv., et p. 195, 196.

Dans le cours de la cérémonie symbolique, l'une des parties disait
à l'autre :

> Jus peregi
> Sicut vindictam imposui.

à quoi son adversaire répondait :

> Quando tu injuriâ vindicavisti
> *D* æris sacramento
> Te provoco (1).

Dans l'action *nexu,* le demandeur interrogeait ainsi, devant le préteur,
celui qui s'était obligé envers lui par le *nexum :*

> Quando in jure te conspicio,
> Postulo
> An fias auctor,
> Quâ de re nexum mecum fecisti?

Dans l'action *per manus injectionem,* après l'exposition de la demande,
a partie disait :

> Ob eam rem ego
> Tibi manum injicio. — Gaius, IV, 24.

et dans l'action *pro judicato* de la même procédure :

> Ob eam rem ego
> Tibi pro judicato
> Manum injicio. — Gaïus, *id.*

Sur sa dénégation, il ajoutait :

> Quando negas,
> Sacramento quingenario
> Te provoco,
> Si propter te fidemve tuam
> Captus fraudatusve siem (2).

Le défendeur disait à son tour :

> Quando ais neque negas,
> Me nexum
> Fecisse tecum,
> Qua de re agitur,
> Similiter ego
> Te sacramento quingenario
> Provoco,

(1) Gaius, **IV,** 15.
(2) *Ibid.,* **IV,** 21.

> Si propter me fidemve meam
> Captus fraudatusve non sies (1).

Dans une autre espèce de l'action *per manus injectionem,* le demandeur disait :

> Quod tu mihi judicatus
> Sive damnatus
> Es sestertium X milia,
> Quæ dolo malo
> Non solvisti, ob eam rem ego
> Tibi sestertium
> X milium
> Judicati manus injicio (2).

Texte des formules écrites, appartenant au dernier système du Droit romain.

La mesure est moins marquée et l'assonance moins fréquente et moins indiquée que dans le système précédent ; mais la filiation est évidente, ce qui, comme je l'ai dit plus haut, unit les formules écrites aux formules des premiers temps de Rome.

> Quantum adjudicari oportet,
> Judex Titio
> Adjudicato (3).

> Judex Numerium Negidium
> Aulo Agerio
> X milia condemnato.
> Si non paret absolvito (4).

La plupart de ces formules écrites se terminaient par ces mots qui sentent une prononciation verbale fortement accentuée :

> Condemna :
> Si non paret, absolve (5).

ou bien :

> Condemnanto :
> Si non paret, absolvunto (6).

---

(1) Gaius, IV, 18.
(2) *Ibid.,* 21.
(3) *Ibid.,* 42.
(4) *Ibid.,* 43.
(5) *Ibid.,* 50.
(6) *Ibid.,* 46.

ou bien encore :

Condemnato :
Si non paret, absolvito (1).

Formule de l'action *depositi in factum.*

Judex esto.
Si parte, Aulum Agerium
Apud Numerium Negidium
Mensam argenteam deposuisse,
Eamque dolo malo
Numerii Negidii Aulo Agerio
Redditam non esse,
Quanti ea res erit,
Tantam pecuniam Judex
Numerium Negidium Aulo Agerio
Condemnato :
Si non paret, absolvito (2).

Formule de l'action *alieno nomine.*

Quod ego
Tecum agere volo,
In eam rem cognitorem do (3).

Formule *per sponsionem.*

Si homo quo de re agitur,
Ex jure quiritium meus est,
Sestertios XXV nummos
Dare spondes (4)?

Note H. — (*Voyez* Introd., p. 45, 46.)

FRAGMENTS DE LA LOI DES XII TABLES, AVEC L'INDICATION DE LA
MESURE SYLLABIQUE ET DE LA RIME.

Adsiduod
Vindecs adsiduos estod
Proleitariod

(1) *Ibid.*, 47.
(2) *Ibid.*
(3) *Ibid.*, 83.
(4) *Ibid.*, 93.

Quoi queis volet vindecs estod (1).

Sei morbos aivitasve vitiom escit
Qui endo ious vocassit
    Joumentom datod
Sei nolet arceram nei sternitod (2).

Post deinde manuis endojacitod esto
    Endo ious ducito (3).

Nei ioudicatom facsit
Aut quips endo eo im ioure vindicit
    Secom ducitod
    Vincitod aut nervod
Aut compedeibus quindecim pondo
    Nei maiosed
    Aut sei volet
    Minose vincitod (4).

Sei volet sovo
    Vivitod
Nei sovo vivit,
Quei em vinctom habebit
Libras faris endo dies datod :
    Sei volet plous datod (5)

Tertiis nundinis partis secanto,
Si plus minûsve secuerunt se fraude esto (6).

Sei membrum rupit,
Ni com eo pacit,
    Talio
    Estod (7).

Molieres cenas ne raduntod
Neive lesom fonereis ercod habentod (8).

Hemonem mortuom endo urbed nei sepelitod
    Neive ureitod (9).

(1) *Tab.* I, 4.
(2) I, 5.
(3) III, 2.
(4) III, 5.
(5) III, 4.
(6) III, 6.
(7) VIII, 2.
(8) X, 3 et 4.
(9) X, I.

Sei vindiciam falsum tulit
Praitor reei sive stlitis
   Arbitros tres datod
   Eorum arbitriod
Fructei duplioned deciditod (1).

II. — Fragments qui ont seulement la mesure syllabique, sans assonance.

Rem ubei paicont oratod (2).

Sol occasos soprema tempestas estod (3).

Adversus hostem aiviternad otoritas esto (4).

Sei pater fidiom ter venom duit
Fidios af patre leiber estod (5).

Utei lecasit super pecuniai tutelaive sovai rei
   Ita ious esto (6).

Quom nexom faxit mancipiomque
Utei lingua noncupasit ita ious esto (7).

FRAGMENTS DES LOIS ÉCRITES PAR CICÉRON, SUR LE MODÈLE
DE LA LOI DES XII TABLES, AVEC L'INDICATION DE
LA MESURE SYLLABIQUE ET DE LA RIME.

Pietatem adhibento :
Opes amovento.
Qui secùs faxit,
Deus ipse vindex erit.

Separatim nemo habessit deos
   Neve novos,
Sed ne advenas, nisi publice adscitos,
   Privatim colunto.
Lucos in agris habento :
Et larum sedes, ritus familiæ, patrumque servanto.

(1) Tab. XII, 3.
(2) I, 5.
(3) I, 8.
(4) III, 7.
(5) IV, 3.
(6) V, 3.
(7) VI, 1.

Feriis jurgia amovento :
Easque in famulis operibus patratis habento.

Quæque cuique divo decoræ,
Gratæ sint hostiæ
Providento :
Divisque aliis sacerdotes ,
Omnibus pontifices,
Singulis flamines sunto.

Interpretes autem Jovis
Optimi maximi publici augures signis
Et auspiciis
Postea vidento :
Disciplinam tenento.
Sacerdotes vinctâ, virgetâque et salutem populi auguranto.
Quique agent rem duelli, quique populare auspicium pæmonento :
Ollique obtemperanto :
Divorumque iras providento :
Ollisque parento :
Cœlique fulgura regionibus ratis temperanto ;
Et agros et templa liberata et effata habento.
Quæque augur injusta, nefasta, vitiosa
Dira defixerit, irrita
Infectaque sunto.
Quique non paruerit capitale esto.

Ethruriæque principes disciplinam docento.
Quibus divis creverint, procuranto.
Iidemque fulgura atque obstita pianto.

Incestum pontifices supremo supplicio
Sanciunto.

Sancti vota reddunto.
Pœna violati juris esto.
Quo circa ne quis agrum consecrato.
Auri, argenti, eboris sacrandi modus esto.
Sacra privata perpetua manento.
Deorum manium jura sancta sunto.
Hos leto dato
Divos habento.
Sumptum in ollos luctumque minuunto.

Note I. (*Voy.* Introd., p. 9 ,11, 42.)

USAGE DU CHANT DANS LA PROMULGATION DES LOIS, DANS LA PRONONCIATION DES FORMULES JURIDIQUES ET DES SENTENCES , AINSI QUE DANS LES PRO- CLAMATIONS PUBLIQUES.

La rédaction des lois dans une forme poétique et leur promulgation au son de la musique, sont des faits acquis et constatés par un grand nombre de documents historiques. A défaut de ces preuves irrécusables, on trouverait, dans les usages anciens ou actuellement existants de plusieurs peuples, des vestiges évidents de cet état primitif: « L'usage de mettre en chant « les lois et tout ce qui y avait rapport, dit Goguet (1), gagna tellement dans « la Grèce, qu'il continua même après que l'écriture y fut introduite. Le « crieur qui publiait les lois dans la plupart des villes grecques était « assujetti à des tons réglés et à une déclamation mesurée. Il était ac- « compagné du son de la lyre, comme un acteur sur la scène. Cette ma- « nière de publier les lois, les édits, etc., a subsisté longtemps chez les « Grecs (2). L'histoire nous en a conservé un exemple trop remarquable « pour ne le pas rapporter. »

Goguet raconte ici, d'après Plutarque, une anecdote relative au roi Philippe de Macédoine. Cette anecdote prouve que ce dernier usage existait encore à l'époque de la bataille de Chéronée. On sait que la nuit qui suivit cette bataille, Philippe, ivre de gloire et de débauche, se transporta sur le lieu du combat encore tout couvert des cadavres des Athéniens, et là, pour insulter aux morts, il se mit à parodier le décret que Démosthène avait fait rendre pour exciter les Grecs à s'armer contre lui, chantant ce décret, comme faisait le crieur public, en battant la mesure. *Démosthène, fils de Démosthène Pœnien, a dit : etc.*, (3).

A Rome, l'appellation de *carmen*, donnée par Cicéron à la loi des Douze-Tables, rappelle la qualification que Tite-Live donne à la loi qui instituait les décemvirs chargés de prononcer sur le sort d'Horace à raison du meurtre de sa sœur. Il l'appelle *lex horrendi carminis* (4). La formule du serment prêté par le *Pater Patratus* reçoit aussi, de la part du même auteur, le nom de *carmen* (5). Dans une autre occasion, Tite-Live dit aussi, dans le même sens, c'est-à-dire pour la formule du serment :

(1) *Origine des lois,* t. III, part. 2, l. I, ch. IV, art. 8, p. 158 édit. in-12.

(2) « Græcarum quippe urbium multæ ad lyram leges decretaque publica recitabant. » Martian. Capella, *de Nupt. philolog.,* l. IX, p. 313. — *Voy.* aussi Ælian., *Var. hist.,* l. II, c. XXXIX; — Stob., *Serm.* , 42, p. 291.

(3) Plutarch., *in Demosth.*

(4) *Hist.,* I, 26.

(5) « Pater patratus ad jusjurandum patrandum, id est, sanciendum, fit fœdus; multisque id verbis, quæ longo effata *carmine* non operæ est referre, peragit. » *Id.,* I, 24.—« Sua item *carmina* Albani suumque jusjurandum peregerunt. » *Ibid.*

Jurare cogebatur diro quodam carmine in exsecrationem capitis famiæque et stirpis composito (1). Ailleurs : *verba carminis*; et, dans un autre passage, il appelle le texte de la loi, *rogationis carmen* (2). De là, le nom de *carmen* donné aussi par Tite-Live lui-même à un traité, et la formule de proclamation du consulat, dans les comices du Champ de Mars, appelée par Pline le jeune *carmen comitiorum* (3). Ce sont là tout autant de réminiscences d'un ancien ordre de choses. Ces réminiscences prouvent que le mot *carmen*, employé par Cicéron, n'est pas écrit au hasard ou par forme de trope. Si *carmen* signifie en même temps *vers, chant, formule, loi, pacte* et *sentence*, c'est parce que, originairement, la *formule*, la *loi* ou la *sentence* étaient en vers et se chantaient. La synonymie des mots indique l'identité des choses ; et la comparaison avec ce qui se pratiqua longtemps, en Grèce, ne laisse aucun doute à cet égard.

La prononciation de la formule d'exécration s'adapte merveilleusement bien, d'ailleurs, avec la forme du chant. Appliqué à cet acte et à la proclamation du consulat dans les comices, le mot *carmen* est très-significatif. Cette application révèle, sans qu'il ne puisse plus rester aucun doute, le véritable sens du même mot dans les autres applications.

Le *carmen comitiorum*, comme formule de proclamation prononcée dans une sorte de chant, ne se lie pas seulement avec la pratique usitée en Grèce pour la promulgation des lois ; les formules de ce genre se rattachent encore aux usages existant du temps de Moïse. En parlant d'une publication ordonnée par le législateur des Hébreux, l'Exode, en effet, ne manque pas d'indiquer que cette publication se faisait en chantant : *Jussit ergo Moyses præconis voce cantari* (4).

Le moyen âge lui-même a conservé des traces de cet usage primitif. L'officier chargé de faire les proclamations publiques est appelé *incantator publicus* dans des lettres patentes de notre roi Jean (5). De là, dans les documents de cette époque, *incantator* et *præco* employés comme synonymes (6). De là, les expressions *vendre à l'enchantement* employées par les assises de Jérusalem, pour les ventes publiques (7), et le mot *inchanter*, pris dans le même sens dans des lettres patentes du roi de France Charles VII (8). De là enfin, les locutions latines, italiennes et françaises : *incantare, encantare, far incanti, vender all'incanto*, notre *vendre à l'encan*,

---

(1) *Hist.*, X, 38.

(2) « Recitabatque rogationis *carmen,* in quo, etc. » *Hist.*, III, 64.

(3) « Perpessus es longum illud *carmen* comitiorum, nec jam irridendam moram. » *Paneg.*, LXIII. M. Burnouf traduit ainsi : « Vous avez essuyé jusqu'au bout la longue formule (*carmen*) des comices, et toute cette cérémonie qui n'était plus une vaine dérision. » — M. Giraud traduit *carmen comitiorum* par « la convocation des comices. » *Introd. hist. aux élém. d'Heineccius*, p. 72, note 1.

(4) *Exod.*, XXXVI, 6.

(5) « Item, quod *incantator* publicus dicti castri (de gleola) valeat et debeat facere proclamationes. » an. 1351 ; Ducange, *Incantatores*, III, 1357.

(6) Ducange, III, 1357.

(7) Ch. 134, *ap.* Ducange, *loc. cit.*

(8) « *Item,* que ils facent crier et *inchanter* les terres et autres possessions vac-

et les mots *incantator, enchanteur, encanteur,* ce dernier encore usité de nos jours (1). Dans tous ces documents philologiques, dans ces *mots-témoins,* pour employer une expression de M. Ballanche (2), surtout dans les documents de la France et de l'Italie du moyen-âge, il est impossible de ne pas voir quelques restes de ces traditions italiques, qui n'ont jamais été entièrement perdues dans les lieux où elles prirent naissance, et qui de là se répandirent, par la conquête, dans les pays soumis à la domination de Rome, de sa civilisation et de sa langue. On peut y voir aussi, en prenant un point de vue plus général, des vestiges qui se rattachent aux temps primitifs de tous les peuples, à ces temps où toutes choses juridiques ou religieuses se manifestaient par le chant. Ici encore, comme dans tant d'autres occasions, la philologie vient éclairer l'histoire : car c'est avec raison qu'on a dit que « les annales des peuples sont dans leurs lan- « gues, comme les archives du genre humain sont dans les mouvements « des langues qui ont successivement régné (3) ». Aussi, dit encore le même penseur, « souvent un mot est un témoin qu'il faut interroger scru- « puleusement, parce qu'il a assisté à plusieurs révolutions, et qu'il en « sait le secret, témoin, naïf comme un enfant, impartial comme un vé- « nérable juge, impassible comme une loi que les hommes n'ont pas « faite (4). »

Il n'est pas jusqu'à notre usage actuel de faire procéder aux proclamations et aux criées publiques, au son de la trompette, de la corne ou du tambour, qu'il ne soit possible de relier à ces mêmes époques et qui ne rappelle les lois des premiers âges promulguées au son de la musique.

SYMBOLIQUE.

Note J. (*Voy.* Symb., p. 1, 20, 79, 242.)

ÉTYMOLOGIE DU MOT SYMBOLE (5).

L'étymologie de ce mot vient évidemment du verbe grec συμϐάλλειν, réunir, rassembler, racine du mot σύμϐολον, dont le sens primitif et

cans par défaut de tenementier. » An. 1454; Ordon. du Louv., t. XIII, p. 203.

(1) Ducange, *loc. cit.,* et vᵒ *Encantare,* III, 79. — Le mot *encanteur* n'est plus dans nos lois. Mais il s'est conservé dans la langue des praticiens. Toutefois des lois modernes ont retenu la locution de *vente à l'encan. Voy.* l'arrêté du 27 nivôse an V qui se l'approprie et la loi du 17 thermidor an VI, art. 6. Les lois qui sont plus récentes ont remplacé cette dernière locution par celle de *vente à cri public. Voy.* loi du 25 juin 1841, art. 1 et 2.

(2) *Palingénésie,* 2ᵉ partie, suite, § 2, *Prolégomènes de la formule générale.*
(3) *Ibid.,* p. 177.
(4) *Ibid.*
(5) Cette note, dans sa première moitié, n'est, pour ainsi dire, qu'un résumé de

l'idée la plus simple expriment *une chose composée de deux*. Les Grecs désignaient sous ce nom certains gages donnés de part et d'autre, formés des deux moitiés d'une tablette brisée par deux personnes qui contractaient des liens d'hospitalité. Chacun des contractants gardait soigneusement ces *symboles* comme un gage de leur mutuel contrat. Ces gages servaient aux hôtes à se reconnaître par la suite (1). Les Grecs donnaient encore ce nom de *symboles* aux traités d'alliance qu'ils concluaient. Ils nommaient ainsi ces traités, parce que, probablement, dans ces occasions, ils échangeaient entre eux certains *symboles,* afin de pouvoir les représenter par la suite comme preuves de la convention (2). Le nom s'étendit peu à peu à tous les contrats et s'appliqua successivement à tous les objets qui, par suite du progrès des temps, furent substitués, pour sanctionner les conventions, au signe grossier des antiques alliances. Plus tard, il désigna toute espèce de gage, tout signe ou même tout mot de reconnaissance, ainsi que tout signal à la guerre (3). Le moyen-âge donna même à un cri de guerre le nom de *symbolum* (4).

L'idée de *symbole* se confond avec celle de *signe, marque,* dans le sens le plus général. Aussi σῆμα, σημεῖον, chez les Grecs, et *signum,* chez les Latins, sont employés comme analogues (5). Tel est le sens le plus simple et le plus naturel du mot *symbole.*

Dans une acception plus élevée, il se rattache aux *signes* ou avertissements divers, objet de l'interprétation religieuse ou de la divination, *signes* qui tombent sous les yeux, qui ont quelque chose d'imprévu, de soudain, comme la rencontre inattendue d'une personne, les éclairs et autres météores semblables, le vol des oiseaux et tous les augures proprement dits. Ces présages, ces signes, ces avis pleins de mystère que la nature adressait à l'homme, on les appela *symboles.* A ce titre, l'origine des *symboles religieux* vient du ciel ; car ce sont les dieux qui donnent ces signes et qui en sont les premiers interprètes (6).

deux savantes dissertations de MM. Guigniaut et Creuzer, placées à la suite du tome Ier, 2e partie, de la traduction de l'ouvrage allemand de Creuzer sur la *Symbolique* des religions de l'antiquité. *Voyez* la note 2 du ch. II de l'*Introd.,* p. 530 et suiv., et note 4 du même chapitre, p. 543. On me pardonnera d'avoir fondu dans ce résumé quelques observations et citations qui me sont propres, et qui ne contrarient en aucune manière la pensée des deux savants philologues. Les citations, qui sont faites ou indiquées dans cette note J, n'appartiennent ni à M. Creuzer ni à M. Guigniaut.

(1) Robinson, *Ant. grecq.,* t. II, l. VIII, ch. XXI, p. 362 de la trad. fr.; — Euripide, *Med.,* v. 613.

(2) Robinson, *id.,* p. 142.

(3) Dans ce dernier sens, *voy.* Robinson, *id.,* p. 148.

(4) Ducange, sur l'Histoire de saint Louis, XIe dissertation, *Du cry d'armes,* p. 204.

(5) Goguet dit qu'en hébreu *schem* signifie *marque, signal,* aussi bien que *nom,* et il ajoute que c'est de ce mot hébreu *schem* que viennent les mots grecs σῆμα, σημεῖον. *Origine des Lois,* Introd., p. 3 à la note.

(6) *Voy.* ci-devant, *Introduction,* p. CIV; *Symbolique,* p. 10, 13, 20, 21, 22.

Ces noms, avec leurs significations, passèrent dans le christianisme primitif. L'Église appelait *symboles* ses dogmes principaux, ainsi que les sacrements, signes sensibles et gages visibles de l'invisible salut.

Signe, signe sensible, et, dans son application plus spéciale à la religion, *signe divin,* telles sont les expressions de notre langue qui me paraissent représenter le plus exactement le sens général du mot *symbole* ou son acception la plus élevée. *Image* et *figure* semblent à M. Guigniaut beaucoup trop vagues et trop étendus. Le *Sinnbild* allemand (*image sensible*) est plus déterminé; mais M. Creuzer le trouve dépourvu de ce caractère auguste et profond qui s'attache au vrai symbole. Cette observation de l'illustre professeur allemand, quoique faite spécialement pour le symbole religieux, peut s'appliquer aussi au symbole juridique, dans son expression la plus élevée, qui le rapproche du signe divin et l'assimile à ces avertissements mystérieux donnés à l'homme par le ciel. Quant à cette nuance du symbole juridique, qui appartient à un ordre inférieur, le *Sinnbild* des Allemands pourrait lui convenir, comme servant à représenter l'*emblème,* qui est seulement une acception inférieure du symbole (1). Le savant qui a le plus approfondi et le mieux compris, parmi les philologues modernes, la nature et l'application du symbole juridique, M. Jacob Grimm, indique le vieux mot allemand *Wahrzeichen,* qui veut dire *signe,* comme rendant parfaitement le sens religieux du mot *symbole* (2). On peut voir, en effet, dans le texte du second chapitre du premier livre de cet Essai, la raison qui doit faire préférer le vieux mot *Wahrzeichen* à tout autre, comme exprimant mieux le caractère solennel et presque mystérieux qui appartient souvent, jusqu'à un certain point, aux antiques symboles juridiques (3). M. Blaze semble indiquer *Gleichniss* comme signifiant *symbole* : « La « vie, dit-il, l'action humaine, la terre avec ses voluptés, n'est qu'un « *symbole (ein Gleichniss),* une *image* de la toute-puissance divine, de l'amour, etc. (4). » Je n'examine pas si, comme synonyme de *symbole,* *Gleichniss* a un sens bien exact dans ses rapports avec la *mystique.* Mais, dans le sens juridique, *Gleichniss* ne rendrait pas l'acception du mot *symbole ;* car il ne signifie, à proprement parler, que *parabole.* Le mot allemand qui rend le mieux le sens général du mot *symbole,* ou son sens restreint, mais dans son acception la plus élevée, en ce qui concerne le Droit, c'est évidemment la vieille expression *Wahrzeichen,* comme plus conforme à l'étymologie ancienne et à la signification la plus générale. Si, au lieu de *Wahrzeichen,* on voulait se servir d'un mot plus moderne, c'est *Sinnbild* qu'il faudrait dire, dans son application à l'emblème juridique.

---

(1) *Voy.* ci-devant page 23 liv. I, chapitre III, § 2.
(2) *Deutsche Rechtsalt.,* p. 109.
(3) *Voy.* ci-devant pages 10, 13, 20, 21, 22, 308.
(4) *Étude sur la mystique,* à la suite de la traduction que M. Blaze a donnée du 2e Faust (édit. Charpentier).

REPRÉSENTATIONS FIGURÉES. (*Iconisme*).			IMAGES PROPRES. (*Kyriologie. Kyriologica. Kyriologomaïna*).	
Symboliques,		Allégoriques,	et Mythiques.	
Symbolique et allégorie muettes;		Symbolique et allégorie parlées;	Mythologie.	
Symbole. Image sensible. Emblème.	Hiéroglyphes symboliques, énigmatiques; Figures symboliques des Pythagoriciens.	Image, métaphore (Comparaison, parallèle); (Métonymie, Synecdoche); Allégorie (dans un sens restreint), Sentence, Maxime, Proverbe, (Devise); Énigme. (Gryphos, Ænigma). OEnos (apologue), parabole, exemple.	Tradition, antique événement.	Tradition, Dogme antique, (Théomythie).
Allégorie des noms, — des signes, — de la matière, — de la forme, (architecture); — de la couleur; Action allégorique.	Noms et mots hiéroglyphiques.		Combinaison des deux branches mythiques :	
			Fait antique métamorphosé en dogme antique.	Dogme antique métamorphosé en fait antique.
La figure humaine devenue le sujet de l'allégorie et du symbole : Symboles divins.			Rameaux mythiques; Combinaison des rameaux mythiques : προςμυθευομενα	

Note L. (*Voy*. Symb., p. 23, 24, 25.)

USAGE DES ARMOIRIES SYMBOLIQUES DANS L'ANTIQUITÉ GRECQUE ET ROMAINE.

D'après une opinion généralement admise, l'origine des *armoiries* ou du *blason* remonte au XIe siècle. Les *armoiries* n'ont été réglées en Europe et n'ont formé un art qu'à l'occasion des tournois ou des expéditions militaires entreprises contre l'Orient (1). Depuis cette époque, elles sont devenues héréditaires.

Mais est-ce à dire que les anciens ne connaissaient pas cet usage?

On croit généralement que les Romains n'avaient que des *images* de leurs ancêtres, comme signes distinctifs de la noblesse de leur origine. Nous savons par Pline qu'ils faisaient graver ces *images* sur leurs boucliers (2). Laroque prétend, d'après l'auteur de la *Méthode du blason,* que les Grecs et les Romains ne portaient sur leurs boucliers que des chiffres, des espèces d'hiéroglyphes et de figures pour marquer leurs grandes actions (3). En effet, dans plusieurs tragédies d'Eschyle et d'Euripide, notamment dans *les Sept devant Thèbes* d'Eschyle, et dans *les Phéniciennes* d'Euripide, on peut voir que les Grecs, à ces époques si reculées, connaissaient l'usage des figures et des devises, peintes ou sculptées sur leurs boucliers (4). Gœthe, dans son *second Faust*, n'a eu garde d'oublier cet usage. Il fait dire à Phorkyas : « Ajax avait des *serpents* entrelacés sur « son bouclier, comme vous l'avez vous-même vu. Les Sept devant Thèbes « avaient chacun sur son bouclier des images, dont le sens était tout « symbolique (5). »

(1) *Voyez* dans le traité de Laroque sur le *Blason,* ch. I, l'opinion des auteurs à ce sujet et notamment celle des frères de Ste-Marthe, et de l'auteur de l'*Origine et progrès du blason.*— *Voy.* aussi Fauchet, de l'*Origine des armoiries*, l. I, ch. II, p. 514. Paris, in-4, 1610; — et les *Éléments de Paléographie* de M. Natalis de Wailly.

(2) « Scutis continebantur imagines. » Plin., lib. XXXV, cap. III; — Laroque, *Traité de la noblesse,* ch. III, p. 3.

(3) Les Germains, du temps de Tacite, ornaient leurs boucliers et les distinguaient par des couleurs (Tacit., *De morib. Germ.,* cap. VI). Les Gaulois en faisaient autant; mais ils mettaient aussi sur leurs boucliers des figures d'animaux (Diodor. Sic., lib. V, p. 307). Heineccius croit qu'il en était de même chez les Germains; mais ce n'est de sa part qu'une conjecture assez vraisemblable, qu'aucun texte d'ailleurs ne vient corroborer (*Ant. germ.,* II, p. 188, 189). Jusqu'à quel point ces couleurs et ces figures étaient-elles symboliques? c'est ce qu'on ignore.

(4) *Voy.* la dissertation de l'abbé Fraguier sur l'*ancienneté des symboles et des devises* (*Acad. inscr. et bel. let.,* t. II, p. 409 et suiv.). — Ce sont les Cariens, d'après Hérodote, qui, les premiers, ont orné de figures leurs boucliers, et qui ont enseigné aux Grecs cet usage (l. I, § 171, trad. Larcher).

(5)   CHOR
          Was sind Wappen?
          PHORKYAS.

                    Ajax führte ja
          Geschlungne Schlang' im Schilde, wie ihr selbst gesehn.

Le nom même d'*armoiries* ne fut pas inconnu aux Romains. Virgile se sert de ce nom en parlant des emblèmes peints sur la poupe des vaisseaux :

> .....celsis in puppibus ARMA Caïci (1).

Mais, si l'on en croit Laroque et l'auteur de la *Méthode du blason*, rien dans tout cela ne peut prendre la qualification d'*armoiries*, parce que ces symboles étaient purement personnels et n'avaient rien d'héréditaire (2).

Toutefois, je dois dire qu'un docte allemand, Hommel, soutient que ces signes ou emblèmes étaient propres à chaque famille et se transmettaient héréditairement (3). Un passage de Suétone et un vers d'Ovide semblent confirmer cette opinion. Suétone dit, en effet, en parlant de Caligula, qu'il priva chaque patricien des anciens signes distinctifs de sa famille, ôtant à Torquatus le *collier* (torquem) , aux Cincinnatus la *chevelure* (crinem), qui était le symbole particulier de leur maison (4). Ovide fait mention d'un symbole du même genre gravé sur la poignée d'un glaive :

> Cum pater in capulo gladii cognovit eburno
> SIGNA sui generis (5).

Il en est de même de Virgile dans les vers suivants :

> Pulcher Aventinus, clypeoque INSIGNE PATERNUM,
> Centum angues, cinctamque gerit serpentibus hydram (6).

Il est même certain que les Romains et les Grecs connurent les armoiries chantantes. Ainsi, les *Rhodiens* marquaient leur monnaie d'une *rose* à cinq feuilles, parce que *rhodon* signifie *rose* en grec (7). César fit mettre sur une de ses médailles un *éléphant*, parce que, dit-on, en langue punique, le nom de l'*éléphant* ressemblait à celui de César (8). La médaille

---

> Die sieben dort vor Theben trugen Bildnerei'n
> Ein jeder auf seinem Schilde, reich bedeutungsvoll.
>
> (Faust, Zweiter Theil, Dritter Akt).

(1) *Æneid.*, lib. I, v. 187.

(2) Les Orientaux ont aussi des armoiries; mais elles sont purement personnelles, non héréditaires. *Voy.* la *Description des monuments musulmans du cabinet de M. Blacas*, t. I, p. 119 et p. 72, *apud* Michelet, *Histoire de France*, t. II, p. 213.

(3) *Jurisprud. numism. illust.*, p. 168, 169.

(4) « Vetera familiarum insignia nobilissimo cuique ademit, TORQUATO torquem, CINCINNATO crinem. » Suet., *in Calig.*

(5) *Metam.*, lib. VII, vers 419.

(6) *Æneid.*, lib. VII, vers. 657.

(7) Montfaucon, *Ant. expliq.*, t. III, p. 191 ; — Fauchet, *Orig. des arm.*, l. I, ch. ii, p. 514.

(8) Fauchet, *loc. cit.*

de C. *Malleolus* porte un faisceau d'armes (*malleolum*) (1) ; celle de Quintus Voconius *Vitulus*, un veau (2) ; celle de L. Aquilius *Florus*, une large fleur épanouie (3) ; celle de la famille plébéienne des *Fonteii*, la double tête de Janus et un navire, Janus, dont la statue avait au revers de la double face la proue d'un vaisseau, pour signifier que cette famille avait pour auteur *Fontus* et, par lui, Janus ; car *Fontus,* le bon génie des sources, était fils de Saturne et de Janus (4). « Cicéron, dit le « président Fauchet, desdiant un présent à ses dieux, y ayant fait graver « dessus les lettres M. TULL., y adjousta un *chique* (pois chiche), au lieu « de Cicéron : sçachant bien que le *chique* estant appellé *cicer,* feroit « sçavoir son nom, même aux plus ignorans. Tellement, ajoute Fauchet, « qu'il ne faut douter que les devises qui parloient n'ayent de tout temps « esté pratiquées , de manière qu'il ne faut trouver estranges telles « armoiries (5). »

(1) Hommel, *Jurisp. numism. illust.,* p. 169. *Voy.* la médaille xxiii, dont il donne le spécimen.
(2) Fauchet, *loc. cit.;* — Hommel, *loc. cit.* — *Voy.* la médaille lxii qu'il rapporte à la fin du volume.
(3) Fauchet, *loc. cit.;* — Hommel, p. 171. *Voy.* la médaille qu'il rapporte, ainsi que les médailles lxiii, lxiv, lxv, lxvi, lxvii qu'il cite également, à la fin du volume et dont il donne l'explication aux pages 169, 170.
(4) Creuzer, *Symbolik,* trad. franç., l. V, ch. iii.
(5) *Loc. citato.*

REPRÉSENTATIONS FIGURÉES.

SYMBOLES.

Symbole proprement dit,
Emblème,   } Armoiries (blason),
Marque ou étiquette,   } Armoirie de la marchandise; monnaie.
Allégorie,
Mythe,
Formule,
Fiction de Droit.

ORIGINE.

Symboles humains. — Symboles nationaux.

GENRES.

NATURE.		FORME.	
Symboles purs.	Symboles mixtes.	Symboles naturels.	Symboles artificiels.
Symboles muets.	Symboles parlés (Mythe, Formule, Fiction de Droit).	1° *Nature inorganique.* (Symboles naturels inorganiques), La *terre.* } Symboles telluriques ; } Leurs émanations. L'*eau.* Le *feu.*	1° *Symboles en action.* } Parfaits; } Imparfaits. 2° *Symboles artificiels liés aux symboles personnels.* 3° *Symboles artificiels en rapport évident avec l'objet figuré.*
Symboles simples.	Symboles composés.	2° *Nature vivante.* (Symboles naturels vivants.) Les *bêtes.* } Leur produit. } Émanation. 3° *Nature vivante et pensante.*	4° *Symboles artificiels sans aucun rapport connu ou apparent.*
Simples, dans la forme et le fond. Simples, dans la forme seulement. Simples, dans le fond seulement.	Fusion de deux symboles en un seul. Union d'un symbole à un autre. Réunion de plusieurs objets pour créer le symbole.		

Note N. (*Voy.* Symb., p. 77, 80, 83, 169, 235, 311, 313, 323, 325).

LE FÉTU DE PAILLE ET LE RAMEAU ONT-ILS ÉTÉ DANS L'ANTIQUITÉ ET DANS
LE MOYEN AGE UN MODE UNIVERSEL D'INVESTITURE? FURENT-
ILS PARTICULIÈREMENT USITÉS A CE TITRE
CHEZ LES ROMAINS ?

§ I. — Du fétu de paille comme mode universel d'investiture ou comme mode particulier usité chez les Romains. — Étymologie du mot stipulation.

M. Michelet considère comme un mode universel la tradition ou, pour mieux dire, l'investiture par le *Fétu*. « Il est peu de nations, dit-il, chez « lesquelles on ne retrouve la *coemptio*..., la tradition par le *Fétu*... (1). » Ailleurs, il établit que ce mode symbolique fut spécialement usité chez les Romains dans la formalité de la Vindication, dans la Stipulation, dans la Manumission, et il cite, sur ce dernier point, les mots *festucá libera facta* de Plaute dans le *Miles gloriosus*. Ce n'est que plus tard que la *Baguette* remplaça, selon lui, la *paille* dans la solennité de l'affranchissement, la *baguette*, dont le licteur touche la tête de l'esclave (2).

Ces assertions sont tout autant d'erreurs que la saine et forte érudition de M. Michelet lui eût fait éviter, s'il ne se fût trouvé sous l'influence de la préoccupation d'un système de biographie symbolique qui a fait l'objet de mon examen (3).

Quant au *fétu de paille* comme mode universel d'investiture dans toute l'antiquité, c'est là une affirmation que rien ne justifie. Il faut mettre entièrement de côté cette assertion jusqu'à ce que M. Michelet ait rapporté les preuves à l'appui.

La question, réduite au droit et aux usages des Romains, présente plus d'intérêt. Ici, M. Michelet peut invoquer des autorités et des noms graves.

J. Grimm, sur la foi d'Isidore de Séville (4) et d'après un passage de la *Lex Romana* qu'on trouve dans le Recueil de Canciani (5), trompé

(1) *Origines du Droit français*, Introd., p. civ. M. Michelet exprime ailleurs la même idée. Dans son *Histoire de France* (t. V, p. 333), il considère la tradition (l'investiture) par la *paille* comme un de ces symboles généraux et communs employés presque partout. Cette opinion serait vraie, si elle était restreinte à la plus grande partie de l'Europe du moyen âge. — *Voy.* ce que j'ai déjà dit à ce sujet ci-devant p. 313.

(2) *Origines*, p. 119, 120.

(3) *Voy.* ci-devant chap. v, liv. II, p. 323 et suiv.

(4) Voici le passage d'Isidore : « *Stipulatio* a *stipula*; veteres enim, quando sibi aliquid promittebant, *stipulam* tenentes frangebant, quam iterum jungentes spon- iones agnoscebant. » *Origines*, IV, 24.

(5) « *Stipula,* hoc est, ut unus de ipsos levet *festucam* de terra et ipsam *festu-*

d'ailleurs par une fausse analogie étymologique, a cru découvrir une ressemblance entre la *stipulatio* du Droit romain et l'*effestucatio* germaine. Selon lui, la forme romaine de la stipulation fut, dans l'origine, accompagnée d'une opération symbolique dans laquelle on faisait usage du *fétu de paille*. A l'appui de cette hypothèse, il apporte l'origine du mot *stipulatio*, qu'il fait dériver de *stipula*, *paille*, *chaume*, *fétu* (1).

L'autorité de Grimm, bien autrement imposante que celle d'Isidore de Séville, quelque savant qu'il fût d'ailleurs, a entraîné sans doute l'opinion de M. Michelet.

Isidore de Séville a, le premier, proposé l'étymologie du mot *stipulatio*, comme venant de *stipula*, sans qu'on sache où il l'avait puisée, comme le fait remarquer André Desselius, l'annotateur du jurisconsulte Zoesius (2). C'est aussi le même Isidore de Séville qui, le premier, sur la foi de cette étymologie, a autorisé une assimilation entre le mode d'investiture germaine par la *paille* et les usages des Romains, assimilation dont il n'est fait mention nulle part, d'après l'observation d'Heineccius (3).

Voyons ce qui en est de ces deux points.

S'il faut s'en rapporter à l'étymologie donnée par le jurisconsulte romain Paul, *stipulatio* vient de *stipulum* qui, dans l'ancienne latinité, était synonyme de *firmum*. En effet, les stipulations ont été introduites dans le Droit romain pour donner un lien et une force juridiques aux engagements, et conséquemment pour les rendre fermes et stables (4). Justinien, dans les Institutes, adopte la même étymologie, en empruntant à Paul ses propres expressions : *quod stipulum, apud veteres, firmum*

---

cam in terra rejactet et dicat : per ista stipula omne ista causa dimitto ; et sic ille alter prendat ipsam illam *festucam*, et eum salvum faciat ; et iterum ille alius similiter faciat. Si hoc fecerint, et aliqui de illos aut de heredes eorum causa removere voluerit, ipsum *festucum* in judicio coram testes præsentetur, ambo duo, qui contendunt, et si hoc fecerint, ipsa causa removere non possunt. » *Lex romana ;* — Canciani, 4, 509, *ap.* Grimm, *Deutsche Rechtsalt.*, 129, 130. — M. de Savigny n'entend ce passage et celui d'Isidore de Séville que comme s'appliquant aux symboles germains. Il en repousse l'application à la *Symbolique* romaine. *Rechtsgesch. im Mittelalt.*, II, 229, 230.

(1) *Poesie im Recht*, § 10 ; — *Deutsche Rechtsalt.*, p. 128, 129, 130.

(2) *Ex quo auctore nescio. Zoesii Instit., addit.*, p. 487.—Isidore a pu emprunter cette idée au mot romain *stipula* qui signifie en effet *blé coupé, tige de froment*, et par suite *paille*. Voy. l. 40, § 3, D. *de cont. empt.*, XVIII, 1; l. 3, § 3, D. *ad leg. Aquil.*, IX, 2; l.12, § 10, *de instr. leg.*, D., XXXIII, 7; l. 30, § 1, *de verb. signif.*, D., L. 16 ; — et *voy.* aussi Dircksen, *Man. latin. jur. rom.*, vo *Stipula*. Mais Isidore a été trompé par une fausse analogie de mots que la réalité des choses repousse.

(3) « Quum nusquam hujus ritus fiat mentio, nisi huc referre velis ritum germanicis gentibus solemnem, adhibendi in firmandis obligationibus *festucam*. » *Ant. rom.*, l. III, tit. xvi-xx, n. 1, p. 560, édit. d'Haubold.

(4) « Obligationum firmandarum gratiâ stipulationes inductæ sunt, quæ quâdam verborum solemnitate concipiuntur : et appellatæ, quod per eos firmitas obligationum constringitur. Stipulum enim veteres firmum appellaverunt. » Paulus, *Recept. sent.*, lib. V, tit. vii.

appellabatur ; puis il ajoute : *forté a* stipite *descendens* (1). Cette addition, faite d'ailleurs, on le voit, avec une sorte d'hésitation, est une conjecture qui, dans la pensée du rédacteur des Institutes, a pour effet de confirmer le sens de ce qui précède, bien plutôt que de le détruire. Car ici l'ablatif *stipite* désigne le mot *stipes* (génitif *stipitis*), *pieu, tronc d'arbre, souche,* qui, en effet, emporte l'idée de consolidation, de stabilité que donne le vieux mot *stipulum (firmum).* L'addition des Institutes n'a donc rien de contraire à l'explication de Paul. Aussi est-ce avec cette explication que les commentateurs la font concorder (2).

Ces textes, de quelque manière qu'on veuille les entendre, contredisent énergiquement l'opinion de Grimm et d'Isidore de Séville. Il y a lieu d'être surpris que Grimm qui les connaît très-bien et qui les indique et les cite, les ait laissés de côté pour suivre l'opinion d'Isidore de Séville.

Voici maintenant une troisième opinion.

Varron (3) et Festus (4) font dériver le mot *stipulatio,* non de *stipes, pieu,* mais de *stips* (génitif *stipis*), la plus petite monnaie des Romains, dont la valeur, dans les premiers temps, était d'une once de cuivre et qu'on nommait à cause de cela *stips uncialis.* D'après cette dernière explication, la *stipulatio* romaine aurait eu, dans l'origine, quelque rapport avec l'ancienne forme du *nexus* qui consistait, comme on le sait, dans l'action de peser un morceau de cuivre (*æs*), plus tard une pièce de monnaie (*sestertius nummus*), et dans la présence d'un certain nombre de témoins et d'un *libripens.* Cette opinion de Varron et de Festus, indépendamment de la gravité qu'elle emprunte de l'époque à laquelle vécut Varron, acquiert une très-grande autorité par l'affinité intime qu'elle révèle avec les règles de l'étymologie et surtout avec l'esprit du vieux Droit romain, où l'on trouve si fréquemment la forme symbolique *per æs et libram.* Cette connexité est si évidente, que je suis, pour mon compte, porté à adopter cette dernière opinion et disposé à lui donner la

---

(1) « Hoc nomine inde utitur, quod stipulum apud veteres firmum appellabatur, forte a stipite descendens. » *Inst.,* lib. III, tit. xvi, in pr.

(2) *Voy.* Cujas, *Recept. sent.,* tit. vii;—Zoesius, *Inst.,* III, 16, p. 483, *Pandect.,* xlv, 1, p. 966 ; — Perez, *Instit.,* III, 16 ; — Lorry, *hoc tit.;* — Laferrière, *Hist. du Droit civ. de Rome et du Droit français,* t. I, p. 145.

(3) « *Stipendium* ab-*stipe* dictum, quod æs quoque *stipem* dicebant; nam quod asses librales pondo erant, qui acceperant majorem numerum non in arcâ ponebant, sed in aliquâ cellâ stipabant, id est componebant, quo minus loci occuparet; ab *stipando stipem* dicere cœperunt. *Stips* ab *stoibe* fortasse, græco verbo. Id apparet, quod, ut tum institutum, etiam nunc diis cum thesauris asses dant, *stipem* dicunt, et qui pecuniam alligat, *stipulari* et *restipulari.* Militis *stipendia* ideo, quod eam *stipem* pendebant; ab eo etiam Ennius scribit : *pœni stipendia pendunt. » De ling. lat.,* V, § 182.

(4) « *Stipem* esse nummum signatum, testimonio est et de eo quæ (id, quod) datur *stipendium* militi, et cum spondetur pecunia, quod *stipulari* dicitur.» Festus, v° *Stips.*

préférence sur l'étymologie proposée par Paul. Car elle satisfait en même temps à deux conditions indispensables pour l'étymologie d'un terme de droit, les exigences de la philologie et les rapports juridiques, que l'opinion de Paul ne satisfait pas au même degré.

Repoussée par Cujas (1), par Zoesius (2), par Heineccius (3),par Schrader (4) et par M. Laferrière (5), qui s'en tiennent à Paul, l'étymologie de Varron et de Festus est adoptée par Corassius (6), par le professeur Reyscher (7), et en dernier lieu par M. le professeur Ortolan (8).

Quoi qu'il en soit de cette dernière opinion, le système d'Isidore de Séville et de Grimm n'en est pas moins détruit. Soit qu'on adopte l'explication de Varron et de Festus, soit qu'on s'en tienne à celle de Paul et des Institutes, ce système, dans aucun cas, ne peut prévaloir ; car il n'a pour lui aucun texte, ni aucun témoignage émané de l'antiquité: la vraisemblance étymologique et tous les rapports juridiques le repoussent.

Il reste donc démontré que le mot *stipulatio* ne vient point de *stipula, paille.*

Entraîné par l'autorité de l'illustre philologue allemand, M. Michelet a été séduit encore par une ressemblance qui n'a pu que le confirmer dans son erreur. De ce que Plaute dit que le préteur, ou si l'on veut le licteur, dans la cérémonie de l'affranchissement, touche la tête de l'affranchi avec une *festuca* (9), cet écrivain a pensé que, chez les Romains, l'affranchissement avait lieu par le symbole de la *paille* (10) ; et comme d'ailleurs, dans la procédure des actions réelles, les Institutes de Gaius font figurer la partie avec une *festuca* à la main, M. Michelet affirme qu'à Rome la tradition de la propriété se faisait par la *paille,* aussi bien

(1) *Recept. sentent. comment.*

(2) *Instit.,* III, 16, p. 485 ; — *Pandect.,* lib. XLV, tit. 1, p. 966.

(3) *Ant. rom.,* III, 16-20 n. 1, p. 560, édit. Haubold.

(4) *Ad Instit.,* p. 495.

(5) *Loco citato.*

(6) *Miscellan.,* I, cap. xxv, *ap.* l'annotateur de Zoesius, *Inst.,* p. 487.

(7) *Symb. des germ. Rechts,* p. 10 et 11.

(8) « Le *nexum,* dit M. Ortolan, le pesage du métal *per œs et libram* est la souche primitive, tant des contrats *re,* que des contrats *verbis* et que des contrats *litteris·* C'est là le type. Les autres n'en sont que des dérivations. La *stipulation* est le premier de ces dérivés; et si nous en croyons la vieille étymologie donnée par Festus, le mot lui-même (*stipulatio, pecunia stipulata*) porterait l'empreinte de son origine. Ainsi le mot *stipulatio* indiquera que le métal (*stips, stipendium* quand il est monnayé, dérivé probable de *pendere*) est tenu pour pesé et donné. » *Du contrat formé par l'écriture chez les Romains (Revue de législ.* de Wolowski, t. XIV, p. 56). — C'est encore dans le sens du pesage de l'argent, du métal, que M. Ortolan explique l'étymologie du contrat romain appelé *expensilatio* (*id.,* p. 57 et 62).

(9) Voici le passage de Plaute *(Miles gloriosus):*

    « Quid ea ingenua, an *festucâ facta,* serva an libera est ?

    « Vah, egone ut ad te à libertinâ esse auderem internuncius

    « Qui ingenuis satis respondere nequeas cupidis tui. »

(10) *Origines,* p. 120.

que la tradition de la liberté. Voici comment il traduit le passage de Gaius auquel il fait allusion : « Celui qui revendique prend la chose en « tenant une *paille*, il place cette *paille* sur la chose en litige, en disant : « elle est à moi (1). » Mais lorsque, à la page suivante, il ajoute immédiatement : « *stipuler*, c'est lever de terre une *paille*, puis la rejeter à terre, « en disant : par cette *paille*, j'abandonne tout droit, etc. », M. Michelet ne fait pas attention qu'il traduit là, non plus un texte de droit romain pur, mais un fragment de la loi romaine arrangée ou pour mieux dire dénaturée par les barbares (2). Ce rapprochement et ce mélange forment une véritable confusion, à laquelle il ne fallait pas exposer le Droit romain du temps de Gaius.

Le brillant écrivain, quand il donnait cette traduction du passage de Gaius, que j'ai ci-dessous transcrit, ne faisait pas attention que, soit dans le vers de Plaute, soit dans Gaius, *festuca* signifie *baguette*, *verge*, au lieu de *paille*. C'est dans ce sens que le vers de Plaute est indiqué par les dictionnaires classiques ; c'est ainsi que les juristes traduisent le mot *festuca* de Gaius (3), et c'est encore ainsi qu'un bas-relief représente le préteur dans la cérémonie de l'affranchissement, tenant dans la main droite le *bâton* magistral et dans la gauche la *vindicta*, c'est-à-dire la *baguette* ou la *verge*, destinée à être donnée au licteur, pour que celui-ci en frappe un petit coup sur la tête de l'homme que le préteur déclare libre (4). *Vindicta* et *festuca* en droit romain sont synonymes. L'une et l'autre expression

_____

(1) Page 119. « Qui vindicaturus erat, rem apprehendebat *festucam* tenens et, rei *festucâ* impositâ, dicebat eam suam esse. » Gaii, *Instit.*, I, 19. — Mais pour avoir le sens complet de ce passage et surtout du mot *festuca*, il faut le rapprocher de cet autre passage du 4e livre : « Qui vindicabat, *festucam* tenebat, deinde ipsam rem adprehendebat, velut hominem, et ita dicebat : hunc ego hominem (vel fundum) ex jure quiritium meum esse aio, secundùm suam causam, sicut dixi ; ecce tibi *vindictam* imposui. Et simul homini (vel fundo) *festucam* imponebat, adversarius eadem similiter dicebat et faciebat ... *Festucâ* autem utebantur quasi *hastæ loco*, signo quodam justi dominii, omnium enim maxime sua esse credebant, quæ ex hostibus cœpissent : unde in centumviralibus judiciis *hasta* præponitur. » IV, 16. — Cf. ce que je dis ci-après, p. 388, 389, au sujet de ce dernier passage.

(2) *Voy.* le texte ci-devant, page 385 note 5.

(3) Je me borne à citer ici, chez les Allemands, le *Manuale latinitatis juris romani* de Dirksen qui indique *festuca* comme synonyme de *virga*, en citant le passage rapporté dans la note 1 qui précède. C'est encore dans ce sens que le mot *festuca* du vers de Plaute semble être entendu par Hommel *(Jurisp. numism. illust.*, p. 61, 65).— J'emprunte en outre à M. Laboulaye la citation suivante qui n'est que la traduction du 2e fragment de Gaius déjà rapporté : « Sur le lieu du litige, dit-il, « en présence du préteur, le demandeur tenant une *baguette* (festuca), emblème « du domaine quiritaire, revendiquait la chose par des paroles sacramentelles.... » *Hist. du droit de propriété en Occident*, p. 157. — « Le meuble litigieux, dit M. Bonjean, était apporté devant le magistrat. Le demandeur tenant d'une main une *baguette* que l'on nomme *festuca* ou *vindicta*, et qui n'est autre chose que le simulacre de la lance, appréhendait la chose de l'autre main.... » *Traité des actions*, § 147, t. I, p. 383 ; *Voy.* aussi § 148, p. 384.

(4) *Voy.* ce bas-relief rapporté par Hommel, *Jurisp. numism. illust.*, p. 61-65, planche 20.

n'y ont jamais d'autre sens que celui de *baguette*, de *verge*, *virga* (1).

Ce n'est pas tout encore. Les documents latins du moyen âge nous montrent même le mot *festuca* signifiant aussi souvent et plus souvent peut-être *bâton*, *verge*, *baguette*, que *paille* ou *fétu de paille*. Cette opinion, enseignée par plusieurs savants, comme nous l'apprend Ducange (2), est d'ailleurs partagée par lui-même (3) et par le professeur Reyscher (4). On trouve aussi *baculus*, bâton, comme synonyme de *festuca*, dans un document de 1249 concernant l'évêché de Paris (5). On s'exposerait à bien des erreurs si, dans les actes et les écrits du moyen âge, on voulait toujours traduire *festuca* par *paille* ou *fétu de paille*. Ce dernier sens n'est indiqué avec certitude, dans les documents de cette époque, que lorsque les documents ou les chroniques emploient les mots *calamus*, *stipula*, *scirpus* et *juncus*, ou lorsque le mot *festuca* est suivi d'un adjectif qui en désigne la spécialité, tel que *festuca nodata* (6). Quand le mot *festuca* est seul, il signifie *bâton*, *verge* ou *baguette*, aussi souvent peut-être que *paille*, quoiqu'il ait très-fréquemment cette dernière signification.

Revenons encore à ce mot *festuca* dans le langage du Droit romain.

Peut-on imaginer quelque chose de plus contraire aux origines de ce Droit que cette substitution arbitraire de la *paille* à la *baguette* (*festuca*), qui figure dans la procédure des *actiones legis* ? Qui ne sait, en effet, aujourd'hui, depuis la découverte du IVe livre des Institutes de Gaius, que cette *festuca* était un symbole, destiné à représenter la *lance* (*hasta*), dont usaient les anciens Romains en pareille occurrence (7)? Car, primitivement, à une époque dont la date ne peut être fixée, la procédure consistait en un véritable duel judiciaire; les procès et les jugements, pour me servir de la pittoresque expression de M. Ballanche, furent des combats et des victoires (8). Quand le combat fut remplacé par une re-

---

(1) Hommel, en parlant du rit symbolique de la manumission *per vindictam*, dit : « Tandem pronunciatis a prætore verbis quibusdam legitimis, lictor *virgam* adderet. » *Loc. cit.*, p. 61. Dirksen traduit *vindicta* par *virgula*. *Man. latin. jur. rom.*, p. 1005, vo *Vindicta*. *Voyez* d'ailleurs les Dictionnaires classiques pour le sens de *vindicta*.

(2) Gloss., *Festuca*, III, 410; *Investitura*, id., 1521.

(3) Il dit, en effet, quelque part : *Festuca, quæ interdùm fustis dicitur.* Gloss., *Investitura*, III, 1521.

(4) *Symb. des germ. Rechts.*

(5) « Ad quod homagium admisit eundem D. Episcopus, volens ipsum investire per *baculum* vel *festucam*, prout moris est. » Ducange, *Investitura per annulum*, III, 1528.

(6) *Voyez* les textes cités par Grimm, p. 124, 153; et par Ducange, *Festuca nodata*.

(7) *Voyez* le 2e fragment cité dans la note 1 de la page 387.

(8) C'est Vico qui le premier, et avant la découverte du 4e livre des Institutes de Gaius, a deviné ce fait historique. *Voy. Scienza nuova (Spiegaz. della dipint.)*, lib. II *(Politica degli Eroi)*, lib. IV *(De' duelli)*; — Giraud, *Introd. hist. aux élém. du Droit romain*, p. 83 et 166; — Ballanche, *Palingénésie* (Proleg., part. 3). Quant à M. Laferrière, il semble en douter. *Hist. du Droit civ. de Rome et du*

présentation symbolique, la *lance* fut changée en une simple *festuca*, qui en devint le symbole. On comprend très-bien, dès lors, le rôle de la *baguette* dans les mains des parties, parce qu'elle est l'emblème de la *lance, quasi hastæ loco*, symbole elle-même du domaine quiritaire, provenant du butin fait sur l'ennemi. Mais un simple *fétu de paille* n'eût été qu'un emblème ridicule qui ne pouvait ni rappeler l'idée du combat primitif, ni représenter, sous aucun rapport, l'origine toute guerrière du domaine quiritaire.

Il faut donc conclure de tout ce qui a été dit, que l'emploi de la *paille* ou du *fétu* dans les cérémonies judiciaires, soit pour l'investiture d'un fonds de terre, soit pour l'affranchissement, fut entièrement ignoré et inusité chez les Romains.

Ce symbole appartient exclusivement aux Germains; car c'est chez eux qu'on le trouve d'abord et qu'on le voit fréquemment employé.

§ II. — Du rameau ou de la branche d'arbre, comme mode d'investiture ou comme signe de la propriété foncière dans l'antiquité et particulièrement chez les Romains.

Si l'on en croit M. Creuzer, « un *rameau* était, chez les anciens, l'image « de la propriété foncière. » Pour joindre l'exemple au précepte, l'illustre professeur ajoute : « Les Romains prenaient-ils possession, dans « un sens quelconque, d'une telle propriété, ils détachaient un *rameau.* » Cette phrase indique évidemment que, dans son opinion, c'est, en particulier, chez les Romains que le *rameau* fut l'image de la propriété ; car il a soin de déclarer qu'il n'en était pas ainsi chez les Grecs (1). Creuzer cite, en note, un passage de Cicéron dont je parlerai bientôt, puis il dit : « Cet usage avait passé dans l'ancien droit germanique, où il est souvent « fait mention de la tradition par le symbole du *rameau* (2). »

Hommel, en parlant de l'investiture germaine par le *rameau*, dit que le *rameau* représente le fonds, la propriété, et ajoute que ces sortes de symboles ne furent pas ignorés des Romains, s'il est vrai que, chez eux, la possession perdue se recouvrât par la rupture d'un *rameau* (3).

Droit fr., t. I. Mais M. Laferrière n'aurait pas éprouvé une pareille hésitation si, au passage de Gaius ci-devant rappelé, p. 387, note 1, il avait ajouté, en les rapprochant l'un de l'autre, un passage d'Aulu-Gelle, sur le sens duquel il ne peut plus y avoir de doute, lorsqu'il dit que la *rei vindicatio* avait lieu originairement, d'après Ennius, *bello ferroque et verâ vi atque solida*. A. Gellius, XX, 10.

(1) Le *rameau* ne fut pas absolument étranger aux Grecs comme symbole juridique. Il exprime à leurs yeux et chez les Romains l'idée de la paix. Mais ils empruntèrent à la religion cet usage.

(2) *Symbolik*, trad. fr. de M. Guigniaut, Introd., ch. III.

(3) « *Ramus* autem pro fundo est, quæ nec Romani symbola ignorarunt, si quidem apud hos possessio apprehendebatur, et amissa recuperabatur, *surculo defracto*. » *Jurisp. numism. illust.*, p. 257.

M. Michelet, au lieu de généraliser, à l'exemple de Creuzer, se renferme dans l'espèce particulière que Cicéron nous fait connaître. Il se borne à dire qu'à Rome, « la prescription d'une terre était interrompue « par la rupture d'une *branche* (1). »

Lequel de ces trois écrivains est dans le vrai ? Je n'hésite pas à reconnaître que c'est M. Michelet. Hommel en approche, et Creuzer s'en écarte entièrement.

Le mode symbolique de la rupture d'une *branche d'arbre* ne nous est révélé, comme Hommel le remarque (2), que par le témoignage de Cicéron, qui nous apprend que ce moyen était employé pour interrompre la prescription d'un fonds de terre (3).

Voici les formalités suivies à cette occasion.

On se transportait, avec un certain nombre d'amis, sur le fonds contesté. Là, en présence du détenteur, à qui on avait indiqué jour, et en présence de la propriété litigieuse, on prononçait certaines paroles solennelles par lesquelles il était enjoint au détenteur de déguerpir et de laisser la possession au demandeur. On brisait en même temps une *branche d'arbre*, un *rameau*. Après cette formalité, le demandeur quittait le fond litigieux et retournait chez lui avec ses amis. Telle est, dans tous ses détails, la description de ce rit symbolique donnée par un savant jurisconsulte (4).

Ce n'était là, on le voit bien, qu'une voie de fait symbolique entièrement semblable, dans son esprit et dans son but, au *jet de la pierre*, usité aussi chez les Romains pour interrompre la prescription. La *rupture du rameau* s'appliquait à la propriété rurale; le *jet de la pierre* était plus spécialement relatif à la propriété urbaine. Mais le *rameau* ne représente pas plus le *champ* que la *pierre* ne figure l'*édifice*, la *maison*. Il est probable que le *rameau brisé* se prenait dans le champ litigieux (5). Cette circonstance ne fait que mieux caractériser la voie de fait, l'interruption symbolique de la prescription ; elle n'élève pas le *rameau* à la représentation de la propriété.

Une voie de fait symbolique du même genre existe encore en France, notamment en Normandie. Les huissiers, même de nos jours, quand ils prennent possession d'un fonds de terre, ont coutume de donner plusieurs coups de pioche dans le sol, en cassant en même temps une ou

(1) *Origines*, p. 124.

(2) *Loc. cit.*, p. 238.

(3) « Etiam hâc instituendo divisione utuntur, sed ita : ut non jure aut judicio aut denique recuperare amissam possessionem, sed ut ex jure civili *surculo defringendo* usurpare videantur » (*De orat.*, lib. III, 28). — On sait que, dans le langage du Droit romain, *usurpare* signifie *interrompre la prescription*. Voyez la note 5 ci-après.

(4) Rævardus, *de Auctoritate prud.*, cap. IX, *ap.* Hommel, *Jurisp. numism. illust.*, p. 237, 238.

(5) C'est ainsi, en effet, que semble l'entendre Cujas. « Usurpare, *dit-il*, est interrumpere præscriptionem, quod utique fit, etiam si quis frequenter non utatur : et si *ex agro* tantùm *surculum defringat*. » *De usurpat.*

plusieurs petites *branches* sur les arbres plantés dans le fonds. Si, au contraire, il s'agit d'une maison, ils constatent la prise de possession tantôt par le *bris* de quelques carreaux de *vitres*, et tantôt par la *rupture* de plusieurs *briques* dans les appartements (1).

Ces divers actes ont tous le même but, la même signification, la même portée. Ils ne sont les uns et les autres que des actes matériels de propriété, ayant un sens symbolique, mais n'étant pas l'image de la propriété foncière. Ils représentent, à l'aide d'une action symbolique, la prétention de celui qui se dit propriétaire, mais ils ne figurent pas le champ ni la maison. Il n'y a donc, on le voit, aucune ressemblance, aucune analogie entre la voie de fait symbolique de la *rupture du rameau* et l'investiture germaine par le *rameau,* qui représente réellement soit le droit de propriété, soit le fonds.

Comme image de la propriété, le *rameau* n'est pas, d'ailleurs, dans les idées des Romains, le véritable signe de la propriété ; à leurs yeux, c'est la *lance,* qui sert à la conquête, la *lance,* symbole et en même temps sanction du droit, comme le dit fort bien M. Giraud (2) ; car la propriété, chez les Romains, eut primitivement une origine toute guerrière (3); et c'est sur cette origine que repose leur distinction des biens en *res mancipi* et *res nec mancipi,* en domaine *bonitaire* et domaine *quiritaire,* domaine du guerrier acquis et conservé par les armes, par la *lance,* Quir (4).

---

(1) Voici un procès-verbal dressé le 18 novembre 1840 par Mᵉ Lizé, huissier à Elbeuf, qui contient la plupart de ces actes symboliques : « J'ai, en présence des « (témoins) susnommés, déclaré prendre possession (de ladite masure), au nom de « ma requérante, laquelle prise de possession a été marquée et constatée 1o par *la* « *culture de ladite masure* que j'ai faite avec une pelle dans différents endroits ; « 2o *par diverses petites branches que j'ai cassées aux arbres y existant.* Par-« venu dans un petit jardin, formé ladite masure, j'ai également *béché avec* « *une pelle,* pour marquer et constater ladite prise de possession. Ensuite je me « suis rendu dans une maison à droite en entrant par la rue, couverte en chaume, « désignée ci-dessus, où étant dans le domicile, immédiatement j'ai pris possession « de ce logement que j'ai aussi constatée par *la casse de plusieurs briques* dans « les pièces dont se compose ledit corps de logis. » Cet acte a figuré dans un procès jugé par le tribunal de 1re instance de Rouen le 15 mars 1841, entre le sieur Du-londel et la veuve Gosselin. Ce jugement fait lui-même allusion aux actes de possession qui viennent d'être mentionnés, lorsqu'il déclare que l'huissier « a fait, en « présence des parties, des actes de prise de possession, consacrés par l'usage, » et formant une véritable exécution. Ce jugement a été confirmé, avec adoption de ses motifs, par un arrêt de la cour de Rouen, (2e chambre), du 14 août 1841. J'ai eu l'occasion, dans l'exercice de mes fonctions près la cour de Rouen, de tenir entre les mains et de recueillir un grand nombre de procès-verbaux du même genre, dressés de nos jours ou dans les dernières années qui ont précédé la Révolution de 1789.

(2) *Introduction historique aux éléments du Droit romain,* p. 83 et 127.

(3) « Omnium enim maxime sua esse credebant quæ ex hostibus cœpissent. » Gaius, *Inst.,* IV, 16.

(4) Giraud, p. 47. — « *Cures* Sabini hastas nominant. » Denys d'Halyc., II, 147. C'est du sabin *curis,* pique, lance (racine *cur, queir*) que vient *quiris, quirinus, quirites;* d'où les mots français *cri, guerre* et l'allemand *Krieg,* qui a ce dernier sens. *Voy.* Creuzer et Guigniaut, *Relig. de l'antiq.,* t. II, part. 1, p. 457 note 2, et 495 note 8. *Voyez* ce que j'ai déjà dit sur cette étymologie à la page 135 note 1.

Note O. (*Voy.* Préface et Symb., p. 7.)

RÉCAPITULATION DES LOIS, ARRÊTÉS, ORDONNANCES, DÉCRETS, RÉGLEMENTS,
ARRÊTS ET JUGEMENTS, RENDUS DEPUIS 1789 JUSQU'A NOS JOURS,
CITÉS DANS LE COURS DE L'OUVRAGE, DANS L'INTRO-
DUCTION OU DANS LA SYMBOLIQUE, AVEC
L'INDICATION DES PAGES OÙ CES
DOCUMENTS SONT CITÉS.

§ 1. — Lois et ordonnances françaises spéciales.

Décret du 22 décembre—janvier 1790, article 8 .... *Symb.*, p. 118, note 4, 237 note 5.

Décret du 15-16 mai 1790 .... *Introd.*, p. 35 note.

Instruction aux assemblées administr., 12-20 août 1790, ch. vi .... — p. 112 note 1.

Loi du 19-22 juillet 1791 (Code correctionnel), art. 22 .... — p. 113 note 3.

Loi du 28 septembre—6 octobre 1791, tit. II, art. 21 .... — p. 111.

Loi du 28 août 1792 .... — p. 35 note.

Loi du 10 juin 1793 .... — p. 35 note.

Loi du 18 floréal an II .... *Symb.*, p. 175 note 2.

Arrêté du 27 nivôse an V .... *Note* I, p. 375 note 1.

Loi du 17 thermidor an VI, art. 6 .... — p. 375 note 1.

Loi du 11 brumaire an VII, art. 17 .... *Symb.*, p. 253 note 1.

Loi du 14 ventôse an VII .... *Introd.*, p. 35 note.

Arrêté des consuls du 18 pluviôse an VIII... *Symb.*, p. 175 note 2.

Arrêté des consuls du 23 prairial an VIII.... — *id.*

Traité entre les États-Unis et la République française, octobre 1800 .... *Introd.*, p. 39 note 1.

Convention avec le saint-siége (concordat), 26 messidor an IX .... *Symb.*, p. 118, 237 note 5.

Loi du 18 germinal an X (articles organiques du concordat), art. 27 .... — p. 118, 237 note 5.

Loi du 21 germinal an XI, art. 33 et 36 ..... *Introd.*, p. 97 note 2.

Loi du 3 septembre 1807 (sur l'usure) .... *Symb.*, p. 260.

Avis du conseil d'État du 12 avril 1808 ...... — p. 270.

Décret du 14 décembre 1810, art. 35 .... — p. 149.

Décret du 2 juillet 1812, art. 12 .... — p. 149.

Décret du 6 novembre 1813, tit. I, art. 10.... — p. 227.

Loi du 25 mars 1822, art. 7 .... — p. 261.

Loi du 20 avril 1825 (sacrilége) .... — p. 262.

Loi du 18 juillet 1828, art. 15 .... — p. 261 note 2.

Ordonnance du 31 août— 7 septembre 1830,
art. 2.................................... *Symb.*, p. 237 note 5.
Loi du 11-14 octobre 1830 (abolition du sa-
crilége).............................. — p. 262.
Loi du 28 avril 1832 (révision des Codes pé-
nal et d'inst. crim.)................. *Symb.*, p. 25 note 2, et p. 262.
Loi du 9 septembre 1835, art. 12.......... *Symb.*, p. 261 note 2.
Loi du 2 juin 1841....................... — p. 253.
Loi du 25 juin 1841, art. 1 et 2............ *Note* I, p. 375 note 1.

§ 2. — Codes français.

I. Code civil.

Sur l'ensemble........ *Introd.*, p. 117, 122, 123; *Symb.*, p. 233, 335.
Art. 1.................................... — p. 49, 234.
Art. 25................................... — p. 234.
Art. 26.................................... — p. 234, 238.
Art. 27................................... — p. 234, 238.
Art. 29................................... — p. 234.
Art. 30................................... — p. 234.
Art. 33................................... — p. 234.
Art. 104.................................. — p. 95, 238.
Art. 177.................................. — p. 235.
Art. 512 .... — p. 235.
Art. 724.................................. — p. 49.
Art. 734.................................. — p. 67.
Art. 743.................................. — p. 67.
Art. 745.................................. — p. 67.
Art. 767.................................. — p. 235.
Art. 768.................................. — *id.*
Art. 769.................................. — *id.*
Art. 834.................................. — p. 22, 241.
Art. 960.................................. — p. 235.
Art. 1009................................. *Introd.*, p. 35.
Art. 1012................................. — *id.*
Art. 1095................................. *Symb.*, p. 235.
Art. 1098................... *Introd.*, p. 67, *Symb.*, p. 163, 241.
Art. 1119
1121
1122
1130
1162 } .... *Symb.*, p. 235.
1187
1202
1219
1229

II. Code de procédure civile.

III. Code de commerce.

IV. Code pénal.

V. Code d'instruction criminelle.

VI. Code forestier.

§ 3. — Arrêts et jugements par ordre chronologique.

§ 4. — Lois étrangères depuis 1789.

FIN.

TABLE DES MATIÈRES

PAR ORDRE DE CHAPITRES.

LIVRE I. — Technologie.

LIVRE II. — Histoire et philosophie.

NOTES, DÉVELOPPEMENTS ET EXPLICATIONS.

INTRODUCTION.

FIN DE LA TABLE.

ERRATA.

I. — INTRODUCTION.

Page 9, note 2, dernière ligne, au lieu de *la note 1*, lisez *la note* 1.

Page 11, 1ʳᵉ ligne de la note 2 de la page précédente, au lieu de *opérer*, lisez *exercer*.

Page 11, fin de la note 2 de la page précédente, au lieu de *la note* 1, lisez *la note* I.

Page 12, ligne 9, au lieu de *enfantés*, lisez *enfantées*.

Page 12, 15ᵉ ligne, au lieu de *lois écr..*, lisez *lois qu'ils disaient avoir été écrites*.

Page 12, note 1, 1ʳᵉ ligne, au lieu de νόμος, lisez νόμοι.

Page 12, note 1, 5ᵉ ligne, au lieu de *note* 1, lisez *note* I.

Page 35, note 1, ligne 9, au lieu de *appartiennent*, lisez *appartient*.

Page 37, ligne 27, au lieu de *citée*, lisez *usitée*.

Page 40, note 1, ligne 1, au lieu de *dc..s* lisez *de*.

Page 67, ligne 21, au lieu de *de Bar, c 2,* isez *de Bar dire*.

Page 103, ligne 6, au lieu de *soient*, lisez *sont*.

II. — SYMBOLIQUE.

Page 29, note 2, au lieu de ἄλαινα, lisez Φάλαινα.

Page 113, ligne 1, au lieu de *symboles*, lisez *symboles*.

Page 236, ligne 20, au lieu de *l'individu*, lisez *la personne*.

Page 238, lignes 3 et 4, au lieu de *appartenant*, lisez *qui appartiennent*.

Page 250, ligne 7, au lieu de *le représente*, lisez *la représente*.

Page 260, note 1, ligne 1, au lieu de *aux dispositions*, lisez *pour les dispositions*.

Page 271, note 1, ligne 2, au lieu de *ce qui les rend si aisément intelligibles sur les symboles humains. Voy.*, lisez *ce qui les rend si aisément intelligibles. Sur les symboles humains, voy.*

Page 282, note 2, avant-dernière ligne, au lieu de *note* 2, lisez *note* 1.

Page 286, ligne 23, au lieu de *vaine comédie* (en caractères italiques), lisez vaine comédie (en caractères ordinaires).